不列颠古典法学丛编

欧诺弥亚译丛

激情社会

——亚当·弗格森的社会、政治和道德思想

The Passionate Society：

The Social, Political and Moral Thought of Adam Ferguson

[澳]丽莎·希尔（Lisa Hill） 著

张江伟 译

华东师范大学出版社

华东师范大学出版社六点分社　策划

欧诺弥亚译丛·总序

近十余年来,汉语学界政治法律哲学蔚然成风,学人开始崇尚对政治法律生活的理性思辨,以探究其内在机理与现实可能。迄今为止,著译繁多,意见与思想纷呈,学术积累逐渐呈现初步气象。然而,无论在政治学抑或法学研究界,崇尚实用实证,喜好技术建设之风气亦悄然流传,并有大占上风之势。

本译丛之发起,旨在为突破此等侧重技术与实用学问取向的重围贡献绵薄力量。本译丛发起者皆为立志探究政法之理的青年学人,我们认为当下的政法建设,关键处仍在于塑造根本原则之共识。若无此共识,则实用技术之构想便似空中楼阁。此处所谓根本原则,乃现代政法之道理。

现代政法之道理源于对现代人与社会之深入认识,而不单限于制度之塑造、技术之完美。现代政法世界之塑造,仍需重视现代人性之涵养、政道原则之普及。若要探究现代政法之道,勾画现代人性之轮廓,需依傍塑造现代政法思想之巨擘,阅读现代政法之经典。只有认真体察领悟这些经典,才能知晓现代政法原则之源流,了悟现代政法建设之内在机理。

欧诺弥亚(Εὐνομία)一词,系古希腊政治家梭伦用于描述理想政制的代名词,其着眼于整体福祉,而非个体利益。本译丛取其古意中关切整体命运之意,彰显发起者们探究良好秩序、美好生活之要旨。我们认为,对现代政治法律道理的探究,仍然不可放弃关照整体秩序,在整体秩序之下看待个体的命运,将个体命运同整体之存续勾连起来,是现代政法道理之要害。本译丛对现代政治法律之道保持乐观心态,但同样尊重对古典政法之道的探究。我们愿意怀抱对古典政法之道的崇敬,来沉思现代政法之理,展示与探究现代政法之理的过去与未来。

本译丛计划系统迻译、引介西方理性时代以降求索政法道理的经典作家、作品。考虑到目前已有不少经典作家之著述迻译为中文,我们在选题方面以解读类著作为主,辅以部分尚未译为中文的经典文本。如此设计的用意在于,我们希望借此倡导一种系统、细致解读经典政法思想之风气,反对仅停留在只言片语引用的层面,以期在当下政治法律论辩中,为健康之政法思想奠定良好基础。

译丛不受过于专门的政法学问所缚,无论历史、文学与哲学,抑或经济、地理及至其他,只要能为思考现代政法之道理提供启示的、能为思考现代人与现代社会命运有所启发的,皆可纳入选目。

本译丛诚挚邀请一切有志青年同我们一道沉思与实践。

欧诺弥亚译丛编委会
二零一八年元月

目　录

缩略语说明

Essay

《文明社会史论》(*An Essay on the History of Civil Society*)

P. I. and P. II.

《道德和政治科学原理》(*Principles of Moral and Political Science*)

Institutes

《道德哲学要义》(*Institutes of Moral Philosophy*)

Analysis

《圣灵学和道德哲学分析》(*Analysis of Pneumatics and Moral Philosophy*)

History

《罗马共和国兴亡史》(*History of the Progress and Termination of the Roman Republic*)

Correspondence

《弗格森通信集》(*The Correspondence of Adam Ferguson*)

"Sermon Preached in the Ersh Lauguage"

《对陛下的苏格兰高地步兵团的埃绪语布道词》("A Sermon Preached in the Ersh Language to His Majesty's Highland Regiment of Foot")

Stage Plays

《对舞台剧道德性的严肃思考》(*The Morality of Stage Plays Seriously Considered*)

Reflections

《国民军建立前的思考》(*Reflections Previous to the Establishment of a Militia*)

Remarks

《对近期普莱斯博士出版的题为"论市民自由的性质"的小册子的评论,一位乡下绅士写给议员的信札》(Remarks on a Pamphlet lately Published by Dr. Price, intitled "Observations on the Nature of Civil Liberty …", in a Letter from a Gentleman in the Country to a Member of Parliament)

Biographical Sketch

《陆军中校帕特里克·弗格森传略及回忆录》(*Biographical Sketch or Memoir of Lieutenant-Colonel Patrick Ferguson*)

Sister Peg

《玛格丽特(通常称为佩格,约翰牛先生唯一合法的妹妹)案件始末》(*History of the Proceedings in the Case of Margaret Commonly called Peg, only Lawful Sister to John Bull, Esq.*)

Joseph Black

《医学博士约瑟夫·布莱克的生平和品行纪闻,在爱丁堡皇家学会的演讲》("Minutes of the Life and Character of Joseph Black M. D", Addressed to the Royal Society of Edinburgh.)

致　谢

　　我想向下列对写作本书给予支持的人士表示感谢:澳大利亚研究理事会的慷慨资助确保了本书写作的顺利完成;能干的乔纳森·劳斯、卢克·淳维斯和尼克尔·文森特坚持不懈地协助我的研究;波林·格兰斯细心地打印了初稿;斯普林格委托的四名匿名读者撰写了博学而详尽的推荐信;我的丈夫菲利普·格兰斯给予我深深的爱意和支持。

　　我也要感谢慷慨地允许我重印下列论文部分内容的期刊:《亚当·弗格森著作对 19 和 20 世纪社会思想的预见》,《欧洲社会学杂志》(*European Journal of Sociology*),37(1),1996,pp. 203—228;《亚当·弗格森和进步与衰落的悖论》,《政治思想史》,18(4),1997,pp. 677—706;《弗格森和斯密论"人性"、"利益"以及慈爱在市场中的作用》,《欧洲观念史杂志》,4(1—2),1996,pp. 353—399;《亚当·弗格森的看不见的手》,《欧洲的遗产》,3(6),1998,pp. 42—65,http://www. tandf. co. uk 以及《冲突社会学在 18 世纪的先声》,《观念史杂志》,62(2)4 月,2001,pp. 281—299,霍普金斯大学出版社。

献　给

我的父母,本·希尔和夏尔曼·希尔

第一章　导论:激情社会

亚当·弗格森的社会、政治和道德思想

[1]亚当·弗格森(1723—1816)生活和写作的时期,正是通常所谓的苏格兰启蒙运动的智识活动活跃期,这是"欧洲文化史上最伟大的时期之一"。[①] 在其所处的时代,弗格森是一位著名的、非常受人尊敬的人物,他的思想具有原创性和独特性。他在爱丁堡大学占有富于声望和令人垂涎的道德哲学讲席(1764—1785),并对外产生了重要的智识上的影响,这种影响不仅波及不列颠和欧洲(在欧洲,他的著作被翻译成了所有主要语言),[②]也波及美洲。

[①]　Alexander Broadie,《苏格兰启蒙运动》(*The Scottish Enlightenment*,Edinburgh, 2001),页 5。

[②]　"弗格森的仰慕者在法国有他同时代的霍尔巴赫和伏尔泰以及后来的孔德(Comte);在德国有赫尔德(Herder)和席勒(Schiller)、雅可比(Jacobi)等文学家。他也影响了 19 世纪德国一般的社会思想。他生前当选为柏林的社会科学学会荣誉会员。"A. G. Smith,《作为对卢梭之回应的亚当·弗格森的政治哲学:政治发展和进步的发展》(*The Political Philosophy of Adam Ferguson Considered as a Response to Rousseau:Political Development and Progressive Development*),Unpublished Doctoral Thesis,Yale University,页 9。约翰·斯图尔特·密尔非常尊敬弗格森以及"苏格兰学派"的其他成员,他将其父亲詹姆斯·密尔置于休谟、卡梅斯(Kames)、斯密和弗格森组成的"这一伟大学派"的连续线的末端。《给孔德的信》(Letter to A. Comte),January 28,1843 见 J. S. Mill,《密尔选集》(*Collected Works of John Stuart Mill*),J. Robson,F. Mineka,N. Dwight,J. Stillinger,and A. Robson,(eds),Toronto,1963,Vol. 13,页 566。

然而,他的声望长期被他的那些光芒四射的同时代人休谟、斯密遮蔽。① 此外,尽管他和他们两人持有一些不同意见,但也常常能够见到一些材料,在这些材料中,他的观点和取向不自觉地与他们和苏格兰启蒙运动的其他成员混同在一起。②

弗格森在 19 世纪的视野中近乎销声匿迹,这被归因为他不断批判"自私的体系",而此时后者已经得到了不容质疑的尊重。正如邓肯·福布斯所言,弗格森的失误在于他神谕般地"揭露"了一个"充斥着追求相对而言无价值对象的次等公民的次等社会"。③ [2]弗格森认为,文明社会不能沦为市场社会。更糟糕的是,市场自身可能包含有专制的种子。④

虽然苏格兰启蒙思想家被看成是试图"使处于发展初期的布尔乔亚文明合法化"(特别是在斯密的形象中),⑤但弗格森却并未如此,他以不断颠覆它并取消其合法性的姿态站在另一边。20 世

---

① 这是 1800 年以后"多数苏格兰人的命运"。Fania Oz-Salzberger,《启蒙运动解析:18 世纪德国的苏格兰市民理论》(*Translating the Enlightenment*:*Scottish Civic Discourse in Eighteenth Century Germany*,Oxford,1995)页 130。即使在更为接近他的时代,弗格森"的大众名声也被他的爱丁堡大学道德哲学教席的继任者杜格尔·斯图沃特(Dugald Stewart)大大遮蔽。"N. Phillipson,《苏格兰启蒙运动》("The Scottish Enlightenment"),见 Porter, R and Teich, M. (eds),*The Enlightenment in National Context*, Cambridge,1981,页 37。

② 约翰·罗伯特森(John Robertson)最近呼吁要更为清晰地意识到"苏格兰道德哲学内部潜存的断裂",使人们注意到了弗格森作品的独特性。《苏格兰人对启蒙运动的贡献》("The Scottish Contribution to the Enlightenment"),见《苏格兰启蒙运动》(*The Scottish Enlightenment*),*Essays in Reinterpretation*, Paul Wood (ed),Rochester,2000,页 47—48。

③ Duncan Forbes,"亚当·弗格森的《文明社会史论》导言"("Introduction" to Ferguson, A, *An Essay on the History of Civil Society*, Edited and With an Introduction by Duncan Forbes, Edinburgh, 1967),页 xiii—xv。

④ 更深层的探讨,亦可参见 John Varty,《文明还是商业? 亚当·弗格森的文明社会概念》("Civil or Commercial?: Adam Ferguson's Concept of Civil Society"),见 *Democratisation*, Vol.4, 1997,页 29—48。

⑤ Hiroshi Mizuta,《定义苏格兰启蒙运动》("Towards a Definition of the Scottish Enlightenment"),*Studies in Voltaire*, Vol. 154, 1976,页 1459—1464、页 1459。

纪前期,对社会学的起源以及早期的现代性批判感兴趣的学者让他重见天日。更近一些时期以来,他又被探求有关文明社会的性质及其维系的早期资源的学者们重新发现。①

　　如同苏格兰启蒙运动的其他成员(包括休谟、斯密、威廉·罗伯森、约翰·米勒、杜格尔·斯图沃特和卡梅斯勋爵)一样,弗格森受到周围的社会和物质的巨大变化之刺激而投身于研究社会。这项研究的目的并非简单描述或列举规律(以便发展一种道德科学)。他的社会科学不可避免地与对这些变化的规范性批判有关,特别是就这些变化对美德、共同体和社会生活的情感内容的影响而言。

　　人们有时会认为,弗格森对政治腐败的关注使他在揭示机械化、劳动分工、官僚化、商业化、冷漠和过度扩张这些社会结构变量的因果地位方面预见到了 19 世纪社会学的许多方面。这种观点有相当的道理,尽管他是在对公民身份和德性的公民人文主义关注中获得最初灵感的。② 我们还需牢记,他并非孤身奋

---

① 比如说,Ernest Gellner,《亚当弗格森以及文明社会的惊人稳定性》("Adam Ferguson and the Surprising Robustness of Civil Society"), *in Liberalism in Modern Times : Essays in Honour of Jose G. Merquior*, Ernest Gellner and Cesar Cansino (eds), London: CEU Press, 1996 以及同一作者的《亚当·弗格森》("Adam Ferguson"), in *Conditions of Liberty : Civil Society and Its Rivals*, London: Penguin Books, 1994; M. Foley, and R. Edwards,《文明社会的悖论》("The Paradox of Civil Society"), Journal of Democracy, Vol, 7 (3) 1996, pp. 38—52 and Varty,《文明还是商业? 弗格森的文明社会概念》("Civil or Commercial? Adam Ferguson's Concept of Civil Society").

② John Brewer 在其关于弗格森的有见地的作品中也发现了这一点。参见. J. D. Brewer,《18 世纪的推测史,社会学和社会变迁:亚当弗格森和劳动分工》("Conjectural History, Sociology and Social Change in Eighteenth Century Scotland: Adam Ferguson and the Division of Labour"), 载于《苏格兰的铸造:国家、文化和社会变迁》(*The Making of Scotland : Nation, Culture and Social Change*), D. McCrone, S. Kendrick and P. Straw (eds), Edinburgh: Edinburgh University Press, 1989 以及同一作者的《亚当·弗格森和剥削问题》("Adam Ferguson and the Theme of Exploitatio"), *The British Journal of Sociology*, 37, 1986, pp. 461—478.

战，而是与其他苏格兰人并肩作战，发展出了自己的观念，这些苏格兰人包括［3］斯密、休谟、罗伯森和米勒，他们相互影响、相互扶持。

弗格森处在观察现代化带来的社会变迁的强大力量的有利位置。正如比约恩·埃里克森所述，在弗格森的时代，苏格兰是"一个鲜活的关于生存的阶段或模式的社会学博物馆"。

> 高地的部落毫无疑问处于游牧阶段。尽管农耕正在向资本主义的、以市场为导向的生产转变，但农耕阶段依然历历在目；在 18 世纪下半叶，当苏格兰低地地区成为欧洲的经济奇迹之时，商业阶段势不可挡。①

毫不奇怪，首先阐述社会学的早期形态的是苏格兰人。② 弗格森对这一特定情况十分敏感。作为一个高地人和讲盖尔语的人，他在苏格兰启蒙运动的同时代人中是独特的。③ 这种独特性的一部分体现在，他和卢梭一样，认为现代性在社会、道德和情感方面是有代价的，而他的许多同时代人则不怎么愿意承认这种代价。虽然许多

---

① Bjorn Eriksson，《社会学的最初形成：18 世纪话语的变革》("The First Formulation of Sociology：A Discursive Innovation of the Eighteenth Century")，*Archives-Europeennes-de-Sociologie*；Vol. 34（2），1993，pp. 251—276，p. 272. 休谟给爱德华·吉本写信说苏格兰可能是"所有欧洲国家中最野蛮的，最贫困的，最为动荡不安的"。《给爱德华·吉本的信》("Letter to Edward Gibbon")，March 18 1776，David Hume，《休谟的信》(*The Letters of David Hume*)，edited by J. Y. T. Greig，in Two Volumes，Oxford：Clarendon Press，1932，Vol. 2，p. 310.

② Eriksson，《社会学的最初形成》("First Formulation of Sociology")，pp. 251—276；Phillipson，《苏格兰启蒙》("The Scottish Enlightenment")，p. 21.

③ 如福布斯所说的："《文明社会史论》是这样的一个人的作品，他从内部切身地了解两种分裂 18 世纪的苏格兰的文明：部落的 Gemeinschaft，属于过去，进步性的 Gesellschaft，属于商业性的低地地区。"Forbes，"Introduction" to Essay，pp. xxxviii—ix.

观点不一致，①当卢梭宣称"我们的心灵随着艺术和科学的进步而相应地腐化"②时，弗格森却忍不住寻思是否正确。弗格森反对越来越主导社会和商业生活的理性化、个人主义、享乐主义和自利，他试图重新发现社群以及主导它的驱动原则，也就是激情（因而从含义上看就不是理性，或者至少不完全是理性）。他赞同卢梭对某些人的质疑，这些人借赞美"友情、怨恨和爱"等"浅薄的（simple）激情"③，来"嘲笑拥有古老名字的爱国主义和宗教"。④ [4]结果出现了对非认知过程在两条战线上的辩护。一条是道德和情感的，潜藏在关注腐败和团结的美德的公民人文主义的框架中，并且聚焦在自发的感情的重要性上。第二种是社会科学的。在论证激情是社会秩序的来源时，弗格森设想了一种非常先进的自生自发秩序理论，为社会科学的诞生提供了指导和帮助。他在此主要批判的是这样一种先天的推理，它与理性建构主义和契约论相关，并过度依赖工具理性原则解释社会生活的维系。弗格森代之以一种非认知的、非理性的历史和社会理论，这一理论预示了对社会模式、制度和习俗之发展与延续的结构功能主义解释。理性、显性的契约和长期的规划退居次位，让位于激情和次理性的驱动力（sub-rational drives），后者不仅是我们复杂的社会结构的——也是社会的历史进程和总体均衡的推动器。

---

① 例如，卢梭对自然状态的信念，他对伟大立法者和社会契约的态度以及他的明显的尚古主义。虽然卢梭不是严格意义上的尚古主义者，但在英国，人们"总是不断地并且不友好地将他与之联系在一起"。James H. Warner，《18 世纪英格兰对卢梭二论的回应》（"The Reaction in Eighteenth-Century England to Rousseau's Two Discourses"），*Publications of the Modern Language Association of America*，Vol. 48（2）June，1933，pp. 471—487，p. 480.

② 卢梭，《论艺术和科学的道德后果》（"A Discourse on the Moral Effects of the Arts and Sciences"），in J. J. Rousseau，*The Social Contract and Discourses*，Translation and Introduction by G. D. H. Cole，London：Everyman Library，p. 8.

③ *Essay*，p. 166.

④ Rousseau，《论艺术和科学的道德后果》（"A Discourse on the Moral Effects of the Arts and Sciences"），*Social Contract and Discourses*，p. 17.

一、第一位社会学家？

虽然社会学家们一般认为，"19世纪上半叶"社会学才诞生，①但有时候弗格森被认为是"第一位社会学家"或"现代社会学之父"。他影响了涂尔干、滕尼斯、韦伯、埃利亚斯（Elias）和哈耶克等许多人，或者堪为其先声。②孔德承认他对实证主义发展的贡献，③斯宾塞阅读他的著作，并在发展自己有关"劳动分工……社会分层、个体化和融合"的观念方面可能深受其影响。④在德国，弗格森的著作为人熟知并产生了一些影响。⑤

① H. Strasser，《社会学的规范性结构：社会思想中的保守性和解放性论题》（*The Normative Structure of Sociology: Conservative and Emancipatory Themes in Social Thought*），London：Routledge and Kegan Paul，1976，p. 225.

② 例如，弗里德里希·冯·哈耶克明确地提到在阐释自发秩序理论上受惠于弗格森。哈耶克，《人类行动的结果而非人类设计的结果》（"The Results of Human Actions But Not of Human Design"），*Studies in Philosophy，Politics and conomics*，London：Routledge and Kegan Paul，1967，p. 97. 这篇文章的标题直接引自弗格森，这也表明哈耶克是如何受到前者理论影响的。

③ 虽然孔德认为孔多塞而非弗格森才是他的"精神导师"，他认为前者是仅次于孟德斯鸠的社会学创建者。Robert Bierstedt，《18世纪的社会学思想》（"Sociological Thoughtin the Eighteenth Century"），in T. Bottomore and R. Nisbet（eds），《社会学分析史》（*A History of Sociological Analysis*），London：Heinemann，1979，p. 22.

④ W. C. Lehmann，《亚当·弗格森和现代社会学的开端》（*Adam Ferguson and the Beginnings of Modern Sociology*），New York：Columbia University Press，1930，p. 240. 莱曼的著作首次试图系统地奠定弗格森社会学创建者的地位。

⑤ 他影响了赫尔德、莱辛（Lessing）、席勒、黑格尔、马克思、伊萨克·伊瑟琳（Isaak Iselin）、弗里德里希·海因里希·雅可比（Friedrich Heinrich Jacobi）以及克里斯汀·加尔弗（Christian Garve）。有关弗格森对德国影响的详尽讨论，参见 Oz-Salzberger，《解析启蒙运动》（*Translating the Enlightenment*），尤其是第五章。罗伯特·所罗门（Robert Solomon）认为，弗格森产生的影响超过了席勒和黑格尔的著作。Robert C. Solomon，《深入黑格尔的精神：对黑格尔〈精神现象学〉的研究》（*In the Spirit of Hegel: A Study of G. W. F. Hegel's Phenomenology of Spirit*），New York：Oxford University Press，1983. 同时参见 Laurence Dickey，《黑格尔：宗教，经济学和精神的政治学 1770—1807》（*Hegel: Religion, Economics and the Politics of Spirit 1770—1807*），Cambridge：Cambridge University Press，1987 以及 Dushan Bresky，《席勒对孟德斯鸠和亚当·弗格森的欠债》（"Schiller's Debt to Montesquieu and Adam Ferguson"），*Comparative Literature*，Vol. 13（3），1961，pp. 239—253.

[5]他影响了马克思①并且启发了黑格尔有关需求、市民社会和劳动分工的后果的观点。② 龚普洛维奇(Ludwig Gumplowicz)和桑巴特(Werner Sombart)都将社会学的起源追溯至弗格森,③而巴尔内斯(Harry Barnes)曾说,"如果在圣西门和孔德之前有人配享有'社会学之父'的称号,那人便是弗格森"。④ 20 世纪上半叶,这

① Karl Marx,《哲学的贫困》(*The Poverty of Philosophy*, With an Introduction by Frederick Engels), International Publishers: New York, 1969, pp. 129—30. Ronald Hamowy 认为,弗格森"在下述事情上相对于斯密可以主张优先权,这就是提供了第一个讲究方法的、深入的社会学分析,而非在不是两者首先提出的那些问题的经济分析上主张。前一分析在知识史上具有广泛影响,本质上有助于奠定马克思主义的社会学基础"。R. Hamowy,《亚当·斯密,亚当·弗格森和劳动分工》("Adam Smith, Adam Ferguson and the Division of Labour"),*Economica*, Vol. 35 (139), August, 1968, pp. 244—259, p. 259. Jack Barbalet 认为由于"明确地了解劳动分工的社会后果不同于劳动分工的经济后果,以及其关于历史发展的描述",弗格森可能是"现代社会学"的最为重要的先驱。J. M. Barbalet,《情绪,社会理论和社会结构》(*Emotion, Social Theory and Social Structure*), Cambridge: Cambridge University Press, 1998, pp. 11—12. 虽然卢梭在其《论不平等的起源和基础》中先于弗格森探讨了异化论题,但是劳动分工在其描述中没有扮演核心的角色。Forbes, Introduction to Essay, p. xxxi.

② Norbert Waszek,《苏格兰启蒙运动和黑格尔对市民社会的描述》(*The Scottish Enlightenment and Hegel's Account of Civil Society*, Boston: M. Nijhoff, 1988), pp. 137—141, pp. 225—227.

③ Gumplowicz 将《文明社会史论》列为"社会的自然史中的第一个"。Strasser,《社会学的规范结构》(*Normative Structure of Sociology*), p. 52. 按照罗纳德·米克的观点"弗格森的《文明社会史论》……毫无疑问地是这个时代最为重要的作品之一。富有原创性,微妙并且特别复杂,今天它正确地被认为是现代社会学家标划定他们自己的领域中最初重要尝试中的一项"。R. Meek,《社会科学和无知的野蛮人》(*Social Science and the Ignoble Savage*), Cambridge: Cambridge University Press, 1976, p. 150. 类似地, Robert Bierstedt 将弗格森的社会学洞见描述为巨大的成就。Bierstedt,《18 世纪的社会思想》("Sociological Thought in the Eighteenth Century"), p. 29.

④ H. Barnes,《孔德之前的社会学:一个文献的总结和导引》("Sociology Before Comte: A Summary of Doctrines and an Introduction to the Literature"), *American Journal of Sociology*, Vol. 23, July 1917, pp. 174—247, p. 234.

样的论断司空见惯。①虽然有时这样的论断要么夸大其词,要么断章取义,但仍值得认真对待。

弗格森对现代社会科学还有许多启示,②他的著作[6]代表了

---

① Barnes,《孔德之前的社会学》("Sociology before Comte"), p. 235；D. Macrae,《亚当·弗格森:社会学家》("Adam Ferguson: Sociologist"), *New Society*, Vol. 24, 1966, pp. 792—94 以及同一作者的《亚当·弗格森》(Adam Ferguson) in T. Raison,(ed.)《社会科学的奠基者》(*The Founding Fathers of Social Science*), London: Penguin Books, 1969, pp. 27—35. See also N. Waszek,《人的社会性:历史背景下的一个苏格兰启蒙运动话题》(*Man's Social Nature: A Topic of the Scottish Enlightenment in its Historical Setting*), Frankfurt: Peter Lang, 1986, 141；Strasser,《社会学的规范性结构》(*The Normative Structure of Sociology*), p. 52；A. Swingewood,《社会学的起源:苏格兰启蒙运动的例子》(Origins of Sociology: The Case of the Scottish Enlightenment), *The British Journal of Sociology*, Vol. 21, 1970, pp. 164—80；Lehmann,《亚当·弗格森》(*Adam Ferguson*), 前揭。

② 苏格兰启蒙思想家总体上都是如此。1967 年的德文版约翰米勒的《等级区分的起源》在"其未编号的尾页中"指出米勒,与斯密和弗格森并列,是"18 世纪下半叶创立社会学的三个伟大的苏格兰人中的一个"。Louis Schneider,《约翰·米勒思想中的紧张》("Tension in the Thought of John Millar"), *The Grammar of Social Relations: The Major Essays of Louis Schneider*, Jay Weinstein (ed) with an Epistolary Foreward by R. K. Merton, New Brunswick: Transaction Books, 1984, p. 109, n. 8. 关于弗格森在社会学史上的地位的更为细致的描述,参见 Brewer, "Adam Ferguson and the Division of Labour". Herta Jogland 注意到弗格森对现代社会学的贡献的重要性遭到不同的评论者的低估或高估。Herta Helena Jogland, *Ursprunge und Grundlagen der Sociologie bei Adam Ferguson*, Berlin: Dunker and Humbolt, 1959, pp. 18—19. 并参见: D. Kettler,《亚当·弗格森的社会和政治思想》(*The Social and Political Thought of Adam Ferguson*), Indiana: Ohio State University Press, 1965, pp. 8—9；Lehmann, Adam Ferguson; passim；Fania Oz Salszberger, *Translating the Enlightenment*, pp. 89—92；L. Hill,《亚当·弗格森作品对 19、20 世纪社会思想的预见》("Anticipations of Nineteenth and Twentieth Century Social Thought in the Work of Adam Ferguson", *European Journal of Sociology*), Vol. 37 (1), 1996, pp. 203—228；Barnes, "Sociology before Comte", p. 235；F. Ferrarrotti,《创造性紧张中的文明社会和国家结构》("Civil Society and State Structures in Creative Tension"), *State, Culture and Society*, Vol. 1, Fall 1984, pp. 3—25；R. Meek,《经济学和意识形态以及其他论文》(*Economics and Ideology and other Essays*), London: Chapman and Hall Ltd., 1967, pp. 34—50；A. Ryan,《一篇关于文明社会史的论文》("An Essay on the History of Civil Society"), *New Society*, Vol. 3, 1966, pp. 63—64. (转下页注)

对资本主义和市场社会的第一个持续的批评,这一批评建立在对

（接上页注）L. Schneider,《苏格兰道德学家论人性和社会》(*The Scottish Moralists on Human Nature and Society*）, Chicago: University of Chicago Press, 1967; A. Silver,《商业社会的友谊:18 世纪的社会理论和现代社会学》("Friendship in Commercial Society: Eighteenth Century Social Theory and Modern Sociology"）, *American Journal of Sociology*, Vol. 95 (6), 1990, pp. 1474—1504, p. 1479; R. L. Emerson,《推测史和苏格兰哲学家》("Conjectural History and Scottish Philosophers")Historical Papers, Vol. 63, 1984, pp. 63—90; R. Pascal,《赫尔德和苏格兰历史学派》("Herder and the Scottish Historical School"）, Publications of the English Goethe Society, Vol. 14, 1938—9, pp. 23—49 以及同一个作者的,《财产和历史:18 世纪的苏格兰历史学派》("Property and Society: The Scottish Historical School of the Eighteenth Century") *Modern Quarterly*, Vol. 1, March, 1938, pp. 167—79; Christopher J. Berry, Social Theory of the Scottish Enlightenment, Edinburgh: Edinburgh University Press, 1997; D. Forbes,《科学的辉格:斯密和米勒》("Scientific Whiggism: Adam Smith and John Millar") *Cambridge Journal*, Vol. 6, 1954, pp. 643—670; Brewer, "Adam Ferguson and the Theme of Exploitation"; Swingewood, "Origins of Sociology"; G. Bryson,《18 世纪的一些社会概念》("Some Eighteenth Century Conceptions of Society", The Sociological Review, Vol. 31, 1939, pp. 401—421, p. 403; R. Hamowy,《苏格兰启蒙运动和自生自发秩序理论》(*The Scottish Enlightenment and the Theory of Spontaneous Order*）, Southern Illinois University Press, 1987; H. M. Hopfl,《从野蛮到苏格兰人:苏格兰启蒙运动中的推测史》("From Savage to Scotsman: Conjectural History in the Scottish Enlightenment"）, *Journal of British Studies*, 17 (2) 1978, pp. 19—40.

    并非所有的学者都对弗格森对社会科学的贡献表现出热情。例如,Bernard Barber 坚持认为"在弗格森这里,没有什么关于社会的伟大的、未被发现的或者惊人的新知识"。B. Barber,《一篇关于文明社会史的论文》("An Essay on the History of Civil Society"）, *Contemporary Sociology*, Vol. 9, (2), March, 1980, pp. 258—259, p. 258. Ernest Mossner 认为弗格森在其时代作为爱丁堡"最为智慧的心智"之一"从未得到充分认可"。他继续指出:"在弗格森这里总是存在一些肤浅的东西"。Ernest Campbell Mossner,《亚当·弗格森与罗伯特·亚当、威廉·克莱亨,休谟和威廉·维克"高地远足中的对话"》(Adam Ferguson's "Dialogue on a Highland Jaunt" with Robert Adam, William Cleghorn, David Hume, and William Wilkie), *Restoration and Eighteenth-Century Literature: Essays in Honour of Alan Dugald McKillop*, Chicago: University of Chicago Press, 1963, p. 297. 我们知道休谟对《文明社会史论》感到失望,虽然不知道原因为何。Mossner 给出了一种可能性,这就是休谟反对弗格森对进步必然性的坚持。E. Mossner,《休谟的生平》(*The Life of David Hume*）, London, Thomas Nelson and Sons, 1954, pp. 542—543.

新生的异化和失范后果，也就是社会亲密性的破坏的觉察和阶级剥削理论的基础之上。他的推测史和对劳动分工的社会后果的详细阐述，也被誉为对现代社会学方法和思想的主要贡献。①

毫无疑问，在很大程度上，弗格森的著作是 19 世纪和 20 世纪社会学思想的前兆，但他是否值得享有"社会学之父"的头衔存在争议，尤其是因为，在英美社会学开始孕育和确立自己独立学科地位的这个世纪中，他似乎已经被遗忘了。然而，人们未曾看到的是，在这一段时间，他通过马克思、黑格尔、斯宾塞以及龚普洛维奇等重要的人物影响了这一学科。

显然，那个时候社会学学科还没有与道德哲学分离，②但以此为理由取消弗格森第一位社会学家的头衔是不恰当的。同时，将"社会学之父"的头衔加诸任何一个思想家都是对该学科多元起源的否定。③ 如果说[7]有人配享这个头衔的话，那么孟德斯鸠和赫勒敦(Ibn Kaldhoun)都享有优先权。按照弗格森自己的话来说，他只是在孟德斯鸠开始的基础上建设并加以完善(他可能还没有注意到赫勒敦)。但同样值得注意的是，在这个过程中，与孟德斯鸠不那么系统和有组织的尝试相比，他成功创造出了一些更丰富和更"鲜明的社会学的"东西。④ 因而，认定他为社会学众多父母

---

① Brewer，《亚当·弗格森和劳动分工》("Adam Ferguson and the Division of Labour")，前揭。

② Forbes，《文明社会史论》"导言"(Introduction to *Essay*)，p. i；Ryan，"Essay"，p. 63.

③ 正如 John Brewer 所注意到的，《亚当·弗格森和剥削问题》("Adam Ferguson and the Theme of Exploitation")，p. 462.

④ S. Mason，《弗格森和孟德斯鸠：隐含的批评?》(Ferguson and Montesquieu: Tacit Reproaches?)，*British Journal for Eighteenth Century Studies*，Vol. 2 (2)，Autumn，1988，pp. 193—203，pp. 194—195. 孟德斯鸠坚持前社会状态的存在，极大地限制了他在社会学方面的努力。Charles-Louis Montesquieu，《论法的精神》(*The Spirit of the Laws*)，Translated and Edited by A. M. Cohler B. C. Miller，H. M. Stone，Cambridge: Cambridge University Press，1990，1. 1. 2.，p. 6.

中的一位、而且是其中主要的一位是公允的。

　　但有一点十分重要,不能因为现代"社会学家"的标签,就掩盖弗格森规划中的古典倾向。在他看来(与后人的观点相反),他的著作是历史学、哲学和"社会学"的,同时也是道德哲学和自然神学①方面的实践。这些著作还试图重申上帝的角色在理解社会运作中的中心地位,而这一角色已经为曼德维尔、休谟②和众多 18 世纪法国哲学家的世俗论描述所质疑。但弗格森的视野并未因这一企图而受到多大限制,首先,因为他提及的上帝通过次级自然法则发挥作用,因而也是通过非人为的且不变的社会法则发挥作用,这种社会法则属于真正现代社会科学的范畴,③其次,因为在 18 世纪,道德哲学关注的范围远远不局限于伦理学,而是一门在 19 世纪已经分化为不同社会科学的学科。④ 弗格森极少让他的道德

---

① 特别是以某种基督教-廊下派神学的形式。下文将予以讨论。

② 斯密在这里是排除在外的,因为他似乎不是一个无神论者。对斯密的信念体系的讨论参见 Lisa Hill,《亚当·斯密隐藏的神学》("The Hidden Theology of Adam Smith"),*European Journal of the History of Economic Thought*,8 (1),Spring 2001,pp. 1—29.

③ "我们越是审视宇宙,我们越是发现每一件事物都是被一般性法则所统治的……在人以及所有动物的情况下,每一个个体的善不是单独地被考虑的,相反每一个物种的善都是同时被提供的;如果不是这样的话,那么就不存在人或者野兽可以用来规范自己的行为的一般性法则了"。Adam Ferguson,《道德和政治科学原理:主要是对爱丁堡大学课程的回顾》(*Principles of Moral and Political Science:Being Chiefly a Retrospect of Lectures Delivered in the College of Edinburgh*),in Two Volumes,Edinburgh:Printed for A. Strahan and T. Cadell. London;and W. Creech,Edinburgh,1792,(hereafter cited as P. I. or P. II.) p. 338.

④ Gladys Bryson,《18 世纪中的一些社会概念》("Some Eighteenth Century Conceptions of Society"),pp. 405—406. 弗格森自己对道德哲学的定义是"关于应该如何的知识,或者对应该决定自行行动者的选择的规则的应用"。Adam Ferguson,《道德哲学要义》(*Institutes of Moral Philosophy*),New York:Garland Publishing Company,1978,(以下简称《要义》),p. 11. William Lehmann 同意这一点,即弗格森的工作归根到底是一个道德学家的工作。W. C. Lehmann,《对 P. Salvucc 的〈亚当·弗格森〉的评论》("Review of P. Salvucci's *Adam Ferguson*:Sociologica e Filosofia Politica".),*History and Theory*,Vol. 13 (2),1974,pp. 163—181,p. 173.

偏见干涉经验性的证据,这部分地和他的理论是一种廊下派式的神义论(Stoic theodicy)有关。弗格森坚信社会是一个被善意地创造出来、由社会法则统治、并趋于积极平衡的体系,他发现甚至我们明显的恶意,也有[8]潜在的积极功能。他的这种形而上学的世界观,使其在观察经验世界时更多地使用科学的好奇心而非高压的道德教化。在某种程度上,弗格森发展社会学的努力,可以理解为格劳修斯从古典时代前基督教自然法传统中汲取资源的工作的延续。自然法并非援引宗教权威或圣经而建立,而是作为公正的(有益于社会和道德上必要)和自然的(普遍的和永恒的)法则被通情理的人们所感知。①

　　弗格森的很多洞见都具有开创性,并且是真正现代的,不只是在社会科学历史上反理性主义和反契约论的趋势中标出了十字路口,更具体来说,在于他在以下主题上的观察:结构功能主义;异化和失范的影响;习惯;环境与社会的交叉;冲突社会学;情感社会学以及他对"具有自由之倾向的"(proto-liberal)习俗和价值的深刻洞见。弗格森关于制度的宏观社会学——他的自生自发秩序理论——是迄今为止最综合和复杂的体系,他也对古典自由思想的一个重要潮流有重大贡献,这就是被哈耶克(他也引用弗格森作为直接的思想渊源)所发展和大众化的反建构主义和自由放任。

　　虽然弗格森的情感社会学以哈奇森的方法(特别是他对社会激情的效用的强调)为基础,但它更复杂,也更社会学,标示着一颗领先于其时代的精妙头脑。通过将我们的"激情"、"情感"、"欲望和厌恶"作为独立变量,他提出了一种关于社会变革和均衡的精当理论,这标志着与关于社会制度和秩序之起源的传统的历史编纂和契约论神话的彻底决裂。正如一位评论者所述:"弗格森有我们

① 萨拜因,《政治学说史》(*A History of Political Theory*),Third Edition, London: George Harrop and Co. Ltd. ,1964,pp. 422—424.

时代的风格,我们可以视情况选择对我们的时代而言适合的语言或者他的时代的语言讨论他。"①

最后,弗格森对早期自由主义蕴含的享乐主义的异议,标志着自由主义价值和情感发展上的关键一刻。弗格森所处的社会环境宣扬享受、政治上的安定和进步带来的风俗上的柔化。弗格森反对他感受到的社会的懒散的、伊壁鸠鲁式的倾向,坚持认为任何社会离开了公民美德便无法繁荣;它同样也离不开仁慈和团结的美德。公正、美德、审慎和合宜等冷冰冰和消极的美德以及节俭、廉洁和守时(斯密将其提升为现代秩序的支柱)等次要的美德当然是有用的,但它们还不足以维持像人类这样如此"气血旺盛"和复杂的物种。我们不能指望它们支撑一个社会,这是一个孕育人类的幸福、安全和美德的基体以及一个需要被理解为比审慎互动的市场远为复杂的实体。弗格森在休谟那里也没有得到多少安慰,后者坚信"产业和[9]改进"的时代是具有空前的文明、理性、进步和社会性的黄金时代。虽然斯密和休谟也提出了有关社会秩序的非理性主义理论,但他们对这一进步的社会后果更为满意。

二、社会变革、美德及社群的"再发现"

虽然我们已经表明,在当时社会学还不是一个独立学科,但弗格森仍然是它的前史中的一个重要人物。"社会学"这个术语的含义无疑存在争议,其"边界宽广、难以划定"。② 然而,如果将其宽松地界定为关注对社会、冲突和变革的研究,以及关注于确立关于社会世界的法则的知识,那么弗格森无疑是一位早期开创者。如

① Bierstedt,《18 世纪的社会学思想》("Sociological Thought in the Eighteenth Century"), p. 29.
② D. Jary and J. Jary (eds)《科林斯社会学词典》(*Collins Dictionary of Sociology*), Glasgow: Harper Collins, 1991. pp. ix, 603.

果社会学的恰当目标是社会结构(即一种关系结构,这种关系结构超越于或独立于任何特定时刻在这种结构中占有位置的特定群体或个人),那么弗格森感兴趣的东西可以被适当地认定为是社会学的。① 作为知识分子,弗格森的意图在此也是相关的。据说,社会学是作为理解从传统社会向现代社会的过渡造成的意义深远的剧变的尝试而兴起的,②而这也正是激励弗格森的地方。麦克雷描述得十分恰当:"弗格森很困惑,他想公正地评估我们从社会变革中获得了什么,失去了什么。"③

弗格森想理解他自己所在社会的明显的感情和道德堕落背后的过程。他也希望发现能够做些什么来弥补由于民众对"公共情感无动于衷"而使国家遭致的损失。④ 他特别恼怒于笛福、孟德斯鸠和休谟等思想家提出的标准论证,后者认为古典的美德概念是尚武的,因为孕育它的社会在经济上是原始的。根据这种观点,现代市场经济没有它也能良好运转。⑤ 弗格森反驳说,离开了公民美德,一个社会无论如何发达都不能存活和繁荣,并且这也正是通往物质进步的过程中牺牲掉的。现代性使[10]专业化、差异化、个体化、私有化、非人化和享乐主义水平不断提升,不可避免地导致没有足够早地察觉道德腐化之迹象的那些国家毁灭。

---

① 如 John Brewer 所指出的:"弗格森比其他苏格兰人彻底得多,他讨论了一系列被赋予解释性地位的社会结构变量,这些变量使得各个部分之间具有因果关系,但又是整体性单元的社会结构变得可见"。Brewer,《亚当弗格森和劳动分工》("Adam Ferguson and the Division of Labour"), p. 27.

② 安东尼·吉登斯,《社会学:一个批判性简论》(*Sociology: A Brief but Critical Introduction*), 2nd ed., MacMillan Education, London, 1986, p. 9; G. Marshall, (ed)《牛津社会学词典》(*Oxford Dictionary of Sociology*), Oxford: Oxford University Press, 1998, pp. 629—630.

③ MacRae,《亚当·弗格森:社会学家》("Adam Ferguson, Sociologist"), p. 793.

④ 《要义》, pp. 243—244.

⑤ J. G. A. Pocock,《美德,商业与历史》(*Virtue, Commerce and History*), Cambridge: Cambridge University Press, 1985, p. 147.

　　弗格森的观点不仅应该置于商业化的背景中来认识,还应该考虑 1707 年"合并法案"(the Act of Union)这一特殊的历史背景。虽然早在 1603 年王冠集于一人后,苏格兰法院和王室就转到伦敦,[1]然而菲利普森认为该法案对苏格兰的灵魂来说只是"外伤"。苏格兰议会和枢密院的废除"剥夺"了苏格兰的政治机构和任何政治独立的希望,苏格兰知识界被迫面临如何在传统基体(matrixes)缺失的情况下保持政治美德的难题。[2] 他们所面对的问题的一部分是要寻找一种能够有助于他们解释自身独特处境的"不同于公民美德的替代性语言"。正如菲利普森所言,为了做到这一点,他们所发展起来的早期社会学是他们对于启蒙运动事业的"独特贡献"。[3] 他们在逆境和边缘中写作,但是成就巨大。休谟在私人通信中很好地把握了他们这种强韧的创造精神:

　　　　这不奇怪吗,当我们失去我们的国王、我们的议会、我们独立的政府甚至我们的贵族阶级时,我们却对我们使用的陈腐的方言的语调和发音不满;这不奇怪吗,在这种情况下,我们真的能成为欧洲学界的翘楚吗?[4]

---

[1] Oz-Salzberger,《文明社会史论》"导言"(Introduction to *Essay*),p. ix. "当苏格兰的詹姆斯六世变成英格兰的詹姆斯一世"。Broadie,《苏格兰启蒙》("The Scottish Enlightenment"),p. 7.

[2] 弗格森将"政治形势"描述成"知识和道德进步的学校,在这所学校中人们注定会在知识,智慧以及所有恰当的生活习惯上取得进展"。P. I. ,p. 263.

[3] Phillipson 认为"他们寻找的是一种对地方性群体的经济,社会和历史经验做出回应的语言,并且意识到地方性市民阶层的德性更可能因为经济和文化制度而消散,而不是因为国家议会远离地方性市民之世界。并且他们警告一个不尊重其地方省份的独立性的政体不可能说成是自由的"。Phillipson,《苏格兰启蒙运动》(The Scottish Enlightenment),pp. 21—26.

[4] Hume,《大卫·休谟书信集》(*Letters of David Hume*),p. 255.

　　但是,作为苏格兰低地同辈的代表,弗格森从未期望恢复苏格兰的政治独立。他似乎相信联邦能使苏格兰"经济繁荣、政治自由、文化昌盛"从而接受了联邦。① 弗格森、罗伯森等苏格兰人将弗莱彻(Andrew Fletcher)视为爱国者,②但同时也欢迎合并所造成的变得更为文明和富裕的后果。罗伯森写道,苏格兰人已经被"吸纳到一套宪制中",其法律优于他们自己的法律并且更加自由。结果,他们"扩张了商业、改善了习俗,生活更加优雅,艺术和科学更加昌盛。"③

　　[11]然而,与他的同辈不同的是,弗格森仍然对合并的一些长远影响及其所带来的经济发展保持警惕。他对未来的担心唤起了对古代斯巴达、罗马、希腊和苏格兰高地传统上亲密无间的勇士文化的怀旧之情。虽然在某种程度上,他承认进步是自然的,他仍然反对自利的审慎对仁慈的侵蚀,责骂共同体和社会团结的衰落,这两种趋势都被认为是由进步引起的。④ 对共同体的怀旧和担忧并非弗格森仅有的关怀。他也对社会运行过程中谨慎推理(prudential)、官僚理性(bureaucratic rationality)和中央计划(centralised planning)越来越重要的角色感到烦恼,特别是为它们对民族道德力量的影响而感到烦恼。

　　虽然进步是自然的并且应该接受,但还是应该采取一些措施缓和其不利影响。在提出了一些制度上的措施之后,弗格森寻求更为一般的解决方式,这就是发展和培养道德品质(特别是对野蛮人而言是自然的那些品质)。进步的第一个缺陷是民族美德的缺

---

① Oz-Salzberger,《文明社会史论》"导论"(Introduction to *Essay*), p. viii; Smith,《亚当·弗格森的政治哲学》(*The Political Philosophy of Adam Ferguson*),pp. 19—20.

② Broadie, *The Scottish Enlightenment*,前揭,p. 32.

③ William Robertson,《苏格兰史》(*History of Scotland*) in Two Volumes, London: 1759, 2, p. 254.

④ *Essay*, p. 215.

失,这是文明国家"孱赢和柔弱"的结果。因为这是精神上的而非物质上的状况,弗格森寻求可以在心理上和想象上重构这一美德的手段。

这一文化上的解决方式涉及恢复甚至重新发明弗格森从古代历史、当时的各种"人类学"资源以及"当地过去的遗迹"(relics of the local past)中再创造的传统。它的目的似乎是修复被进步毁坏的社会结构(或"社会纽带")①,同时也造成一种文化上的独立感,这在 1707 年合并法案之后以及商业的均质文化变得更为稳固之时更显迫切。② 弗格森对这些文化遗产,特别是对他强烈认同的苏格兰高地部落文化抱有热情,③这一热情在他支持(并且据说他曾参与这一创作,但这说法并未得到证实)麦克弗森(James Macpherson)再现奥西恩(Ossian)(传说中 3[12]世纪的游吟诗

① Peter Womack,《改进和浪漫:建构高地神话》(*Improvement and Romance:Constructing the Myth of the Highlands*),Basingstoke:Macmillan 1989,pp. 43—44.

② 据 Colin Kidd 所说,苏格兰的凯尔特身份已经遭受了许多毁灭性的"智识上的攻击,它从未从这些打击中充分恢复过来",其中包括学术上对其"古代的达尔里阿迪克神话故事"的诋毁(从 16 世纪中期开始),以及对"弗格森的君主制的古远赖以存在的诸王世系的时序和真实性"的质疑。Colin Kidd,《启蒙运动中爱尔兰和苏格兰的盖尔古迹与民族认同》("Gaelic Antiquity and National Identity in Enlightenment Ireland and Scotland"),*The English Historical Review*,Vol. 109 (434) November 1994,pp. 1197—1214,p. 1206.

③ 虽然,根据弗格森自己的描述,他不是一个真正的高地人,因为 Athole 位于高地的边缘,"几乎就在盖尔语开始成为粗俗话的极限位置,而且这里高地神话和传统相对于更里面的地区而言影响更微弱"。《给亨利·麦克齐的信》(*Letter to Henry Mackenzie*),March 26,1798,Adam Ferguson,《亚当·弗格森通信集》(*The Correspondence of Adam Ferguson*),Edited by V. Merolle with an Introduction by J. B. Fagg,in Three Volumes,London:William Pickering,1995 (hereafter cited as *Correspondence*),No. 337,II. p. 430. 此外,当还是一个小孩的时候,他就被送到学校了。Jane Fagg,《传记性介绍和通信》(*Biographical Introduction,Correspondence*),I. pp. lxviii,lxxii. 关于弗格森的地方性身份的更多讨论参见 Michael Kugler,《地方性知识分子:认同,爱国主义和启蒙了的边缘》("Provincial Intellectuals:Identity,Patriotism,and Enlightened Peripheries"),*The Eighteenth Century:Theory and Interpretation*,Vol. 37,1996,pp. 156—173.

人)的史诗上达到顶点。① 但是,虽然给人这样的初始印象,弗格森从未主张完全地返祖。事实上,他自己"融合了尚古主义和进步的复杂智识"被当作"一直就有的"重新塞回到《奥西恩》中。② 因为结合了古代和现代最好的部分,弗格森的新的道德原型并不粗糙和野蛮。军事和公民德性意味着文雅、高贵、慷慨和仁慈的苏格兰勇敢的新一代接受的是一种全面教育。③ 新的"富有情感的人"是进步的、优雅的,同时也是有道德的和充满柔情的,富于血性但也文明和有教养。④ 显然他是男人。与休谟不同,弗格森并不想

① Luke Gibbons,《奥西恩,凯尔特和殖民主义》("Ossian, Celticism and Colonialism") in Terence Brown (ed) *Celticism*, Amsterdam:Rodopi, 1996, p. 284. 但是如福布斯正确地注意到:"在《文明社会史论》中没有直接提到高地部落……高地的激发掩饰在流行装扮之下;对斯巴达的信仰,古典的公共精神和现代的自私的对比,现代人类学对古典的援引,美洲印第安人的风俗,诸如此类"。Forbes, "Introduction" to *Essay*, p. xxxix. 弗格森避免提到高地文化可能是想要避免他的怀旧之情被解读成对詹姆士二世党人抱有同情。关于奥西恩的更为一般的讨论参见 K. L. Haugan,《奥西恩和文本史的虚构》("Ossian and the Invention of Textual History"), *Journal of the History of Ideas*, Vol. 58 (2) 1998, pp. 309—327. 按照 Nicholas Phillipson 的说法,"奥西恩是一个肆无忌惮的年轻人詹姆士·麦克弗森的创造,他被亚历山大·卡莱尔,亚当·弗格森以及他们的朋友送到高地人中去发掘凯尔特人的荷马的史诗,他们认为这个人必定存在。不存在这样的史诗,但是麦克弗森完全满足于根据他能够找到的一些盖尔语的诗歌片断编造一部。他的恩主为他提供金钱,出版商以及编辑上的帮助,而休·布莱尔撰写了一篇关于奥西恩的漂亮,微妙且颇有影响的论文,这一虚构的游吟诗人经过伪装之后得以在下一个世纪出现在大陆以及盎格鲁-撒克逊世界的读者面前"。Phillipson,《苏格兰启蒙运动》("The Scottish Enlightenment"), p. 34. 弗格森拒不承认在这一材料的写作上,他自己涉嫌"欺骗",关于这一点参见《给约翰·道格拉斯的信》(Letter to John Douglas) July 21, 1781, *Correspondence*, No. 198, II. p. 288.

② Gibbons,《奥西恩,凯尔特和殖民主义》, p. 284.

③ John Dwyer,《忧郁的野蛮人》("The Melancholy Savage") in Howard Gaskill (ed), *Ossian Revisited*, Edinburgh: Edinburgh University Press 1991, pp. 170—171.

④ "道德情感通向善以及礼貌……虽然道德情感被认为对每个人都是自然的,苏格兰人深知它们能够通过教育来培育的程度"。John Dwyer,《导论--一个特殊的赐福:苏格兰从哈奇森到伯恩斯的社会逆流》("Introduction-A Peculiar Blessing: Social Converse in Scotland from Hutcheson to Burns"), in J. Dwyer and R. B. Sher (eds),《18 世纪苏格兰的社会性和社会》(*Sociability and Society in Eighteenth Century Scotland*), Edinburgh: The Mercat Press, 1993, pp. 6—7.

要吸引女性读者，他对女性的经验也没有表现出太大兴趣，除非当其能够说明一个有趣的人类学观点。但也没有任何线索显示他厌恶女人。仅仅是因为他关注的往往是公共领域，并且根据他自己的定义，那是男人的世界。

为了融合苏格兰发展中彼此竞争的高地和低地文化，弗格森在《奥西恩》(《奥西恩》恰好是由他从前的学生麦克弗森发布的)中寻找的不是字面或者实际的、而是隐喻的解决方式①(这很可能就是他自己注入的)；这是一种重构的、富于情感的并且专门为苏格兰的想象打造的道德理想，这一苏格兰的想象被认为已经被文化帝国主义、市场和似乎将要构成首要联系模式的温和而冷漠的陌生人关系的新伦理所败坏了。② 正如约翰·德威尔的评论：

> 麦克弗森的英雄们并非远古时代的理想类型而是感伤的现在的象征性模型。奥西恩的诗歌可能哀叹古代高地社会的消逝，但它们代表的与其说是打在正随着商业和农业发展而逐渐消失的理想尚武社会之上的廊下派的和感伤的印记，不如说，它们为苏格兰人的子孙后代提供了道德传说或寓言。③

---

① Fiona Stafford 认为弗格森不仅是麦克弗森的恩主，而是可能对他产生了直接的影响。Fiona Stafford，《崇高的野蛮人：关于詹姆斯麦克弗森以及奥西恩诗歌的研究》(*The Sublime Savage：A Study of James Macpherson and the Poems of Ossian*)，Edinburgh：Edinburgh University Press，1988，pp. 157—158. 另一方面，Jane Fagg 认为，没有证据显示弗格森在这些诗歌的真实性上参与作假。Fagg, Biographical Introduction，lxxi.

② 关于商业"陌生性"观念的更为充分的讨论参见 L. Hill and P. McCarthy，《休谟、斯密和弗格森：商业社会的友谊》("Hume, Smith and Ferguson: Friendship in Commercial Society")，in Preston King and Heather Devere，(eds)《现代性中友谊遭遇的挑战》(*The Challenge to Friendship in Modernity*)，London：Frank Cass，2000.

③ Dwyer，《忧郁的野蛮人》("The Melancholy Savage")，pp. 170—171.

弗格森与低地的其他文人不同,他不将粗野的高地人视为"过往时代的尴尬遗留",[①]他认为他们的性格值得称赞,某些方面甚至值得效仿。在苏格兰社会历史的重要转折点,他的感伤性的想象式重建是想要作为一剂解毒药,不仅针对苏格兰的失去独立,而且针对进步的力量;也针对市场中的情感荒芜、功利主义、理性主义和个人主义;他深信这些力量正在削弱社会性,进而对整个群体的、公民的和民族的生活基础造成损害。尼古拉斯·菲利普森认为《奥西恩》有更深远的作用。对于那些拥护苏格兰的进步、贸易和新的繁荣的精英分子来说,《奥西恩》能够"缓解他们可能感受到的内疚之情,这种内疚是他们带着怀旧之情歌颂过去而认为某种德性已经不再适应时代时会感受到的。"[②]缺乏政治制度,并且建立苏格兰国民军的希望越来越小,弗格森力图在18世纪重现与13世纪的"凯尔特文物复兴"类似的影响。后者被认为赋予了"种族上不同的苏格兰民族"以一种"集体身份感",让他们决心对抗金雀花王朝维护苏格兰的独立。[③] 弗格森很可能认为他能帮助苏格兰在社会和文化意义上而非直接在政治意义上重建公民认同。[④]

三、反理性主义和早期的情感社会学

[14]作为一个在社会科学上有抱负的道德哲学家,弗格森不仅仅希望为激情——它不仅是社会团结的媒介,也是社会的进步和秩序非常重要和关键的动力——提供详尽的辩护。他所做到的是,是以宏大的风格,向他的读者传达了迄今为止最精妙、详尽和系统化的关于自生自发秩序的解释。弗格森反对他的时代和此前

① Oz-Salzberger, Introduction to Essay,前揭, p. x.
② Phillipson,《苏格兰启蒙》, 前揭,p. 34.
③ Kidd, "Gaelic Antiquity and National Identity", 前揭,p. 1205.
④ 非常感谢匿名评论者对此思路的建议。

出现的理性主义和契约论的历史观,他提出了一种有关历史和社会秩序的非认知、非理性主义的理论,预示着对社会制度、模式和习俗发展与维持的结构功能主义解释。他的方法也反对个人主义。秩序和变革的取得是随着时间而发生的社会过程,反映的是一代代人的无意识的智慧,而非规划师、立法者或有影响的行动者的有意识的目的。人类的繁衍,家庭的起源与维持,社会分工,语言,技术和艺术的进展,现代国家的出现仅仅是行动者们追求有限目的的一些非意图的结果。次理性的冲动取代理性、显性缔约和长期的计划,成为我们复杂的社会结构、历史发展和社会总体平衡的驱动力。对我们人类的繁荣而言更重要的是功能或制度,它不太可能留给个别行动者的脆弱的意志和判断,因而驱动力、激情和情感是弗格森体系的中心。

早期情感社会学

对当代的情感社会学家而言,弗格森的作品非常具有预见性。而且这是极为热情的知识史学家在一个早期的思想家那里所读出来的真正的情感社会学,而不是偶然的一鳞半爪。在他的社会秩序和变革理论中,弗格森视情感(即,"激情"、"感情"、"欲望和厌恶")为重要自变量,而非附带现象。[1] 同时,他在用精确的语言区分这些各式各样的冲动、欲望、情感和激情方面是粗枝大叶的,部分是因为他不善于精确地分类,部分是因为他的主要关注点在于将作为次理性的人类经验的整体与理性的整体进行对比。他的模式也是复杂难懂的,因为先天的冲动往往被社会习得的意义所覆盖。例如,在社会存在的普通进程中,人的"群居的"或社会的本能

---

[1] 例如,杰克·巴巴莱特(Jack Barbalet)注意到,情感在弗格森的社会理论中具有何等重要的意义。弗格森对人类构成的详细解释"形成了后面内容的方法论和理论基础,并且主要是关于与社会和政治关系以及组织有关的那些情感倾向"。Barbalet,《情感,社会理论与社会结构》,前揭,p. 12.

相对其他具有类似冲动的物种更为复杂和多变。在其他的动物中,社会性仅限于聚居的倾向,而在人类中,它却显示出[15]多样性,如"两性彼此间的感情"、"父母和孩子"之间的爱、"朋友间的喜爱",以及其他倾向,如爱国、"同情"、利他、"仁慈"以及"对功德的尊重和对正义的爱"。①

虽然弗格森有社会—文化和符号互动论的倾向,但总体上他还是视情绪、冲动和情感为先天性的,因而是社会结构和关系的原因,而非其表征。② 虽然他没有使用现代术语,但他对于"情感文化"、"情感社会化进程"以及"社会结构和情感规范之间关系"的浓厚兴趣与现代社会学家并无二致。③

当然,弗格森并不否认我们具有理性能力,也不否认它是一种值得培养的能力。毕竟,他是在使用理性为激情辩护,并且是理性使我们得以欣赏自然的运作,理解我们在造物主的规划中扮演的角色。④ 实际上,他认真地纠正那些将人类描述成"仅具有动物式的感受性,而没有展现出"那些使人类形成"政治联盟",发展高雅的"道德情感"或者以复杂的语言表达自己的能力的人。⑤ 他

---

① *P. I.* p. 125.
② "19 世纪和 20 世纪初的主要社会学家也重视各类情感的解释性价值。亚历克西·德·托克维尔(Alexis de Tocqueville)、古斯塔夫·勒庞(Gustave Le Bon)、爱弥儿·涂尔干(Emile Durkheim)、维尔弗雷多·帕累托(Vilfredo Pareto)、斐迪南·滕尼斯以及格奥尔格·齐美尔(Georg Simmel)是欧洲著名的社会学家,他们视各类情感为重要的解释性变量。在同一时期,在美国的社会学家如阿尔比恩·斯莫尔(Albion Small)、威廉·格雷厄姆·萨姆纳(William Graham Sumner)以及莱斯特·弗兰克·沃德(Lester Frank Ward),包括爱德华·罗斯(Edward Ross)和查尔斯·霍顿·库利(Charles Horton Cooley)等人的著作中,也能找到各类情感的解释性作用。" Barbalet,《情感,社会理论与社会结构》,前揭,pp. 11—13.
③ Peggy Thoits 考察了现代晚期社会学家们的兴趣。Peggy A. Thoits,《情感的社会学》("The Sociology of Emotions"),*Annual Review of Sociology*, Vol. 15, 1989, pp. 317—342, pp. 327, 317.
④ *P. I.* p. vii.
⑤ *Essay*, p. 8.

发现人类的故事比任何动物性的冲动或者有意识的意图都要丰富得多。如果我们承认人类是拥有意识、想象和技艺等额外能力的另外一种动物,便能更好地理解人类。他坚持认为,我们始终拥有超越本性冲动的选择能力(即自由意志)。人具有两种能力,即理解力和意志力。[1] 一方面,我们具有意识层面的理性、认知能力,感觉和知觉、推理和预测、记忆、想象和抽象的能力,但我们也有动物性的或者行动的能力,并受到以下法则控制:自我保存的法则;社会的法则以及评价或者进步的法则。但因为我们的"动物性"本性和"理智本性"是"结合在一起的",所以它们也应当被一起研究。[2]

弗格森反对启蒙思想的理性主义潮流,对人类生活给出了一个基于次理性的细致而周到的描述。为风俗、习惯、理性和想象所辅助的情感不是任意或者无序的,而是被(仁慈的造物主)精心地安排和校准,以达到意想不到的后果。例如,阶级怨恨、贪婪和嫉妒会导致正式政府和政治派别斗争以及(从而)权利和自由的维系;嫉妒的比较产生了对卓越,财富和进步的寻求;父母之爱导致家庭以及随后民族国家的形成和维系;羞耻是社会控制的一种有力手段;物质和道德的进步来源于"野心",这种野心由躁动、进取精神和对进步的强烈欲望交织而成;竞争、冲突、斗争和敌意间接地维护了社会凝聚力,并使得那些有益的制度得以产生,比如有组织的国家,实定法以及防卫技术和治国术方面的进步;社会规范形成于或者依赖于主体间的确认,而道德判断因共同的或相互的情感反应而得以加强。

宣泄也是弗格森的一个主要论题。因为情感是重要的、强大

---

[1]　*P. I*., p. 68.

[2]　亚当·弗格森:《圣灵学和道德哲学分析》(*Analysis of Pneumatics and Moral Philosophy*),爱丁堡大学学生用书,Edinburgh, 1766(此后引用标注为:*Analysis*),p. 7.

的,有时也是有害的,宣泄无论在生物方面还是在社会方面都是必要的。一些排遣的基本机制能够使那些潜在危险的激情得以安全地释放,包括典礼、游戏、竞赛、战争甚至商业。例如,战争提供了一种表达我们的好战倾向以及对身体侵犯的内在需求而有利于社会的方式;派别斗争提供了阶级怨恨的发泄渠道,而商业疏通了我们本性中的躁动和不可餍足的"野心"。最后,我们对于体育、游戏甚至冒险的热爱导致了有组织的比赛,以抵消日趋繁复的社会中程序化的社会关系的压抑效果。

弗格森反对霍布斯、曼德维尔,有时甚至反对斯密,他很重视"结盟"的社会激情。不是涉及私利的而是不涉及私利的激情,如利他、友爱、父母之情、民族自豪感、团队认同感、骑士精神和自发的信任使社会生活变得有益和可能。人们本能地渴望群体和团队参与,但这并非出于任何自利动机,而是为了(在短期来看)最大化感情上的召唤,以及(长远来看)为了实现上帝所赋予我们的本性。弗格森不认为斯密所拥护的理性(即,效用最大化)自利比他虑的激情更具解释力。虽然两人都承认他虑的激情值得赞扬,从而因其本身就值得追求,但他们对其拥有多大的社会塑造力量持有不同意见。弗格森认为,人们干相当多的事情起因于更为散漫的、利他的和未经计算的冲动。

然而,弗格森也没有丢弃自虑的激情,这也是使他成为过渡性思想家的部分原因。在他的体系中,利益、"自我保存",利己主义都具有重要的社会功能。它们毕竟是神赋予我们的结构中天然的组成部分。事实上,"自我保护"是本性交给我们的首要任务。当弗格森反对新的利益政治时,他并未试图忽略它。他是一位自由的廊下派论者;同时作为公民和商业的人文主义者(借用波考克的分类),他警惕进步的陷阱,但也接受它的必然性,它的好处甚至它创造新的美德的能力。他拥护进步,但也守护主要的传统美德,对腐败这一古典主题保持兴趣。

[17]弗格森的观点要在他自己的公民传统的版本之背景下才能领会,他设计这一版本是为了应对大尺度的商业政治体的需求。它在以下两个重要的方面不同于绝大多数的古典版本(波利比乌斯和马基雅维利除外):首先,绝对的共和政体是不适宜的,因为它们只在小规模的社会中才能良好运行,因此,应该采纳混合君主制。之所以认可混合君主制还因为弗格森信奉渐进主义和自生自发秩序。既然混合君主制是英国的现行政制(并且既然不列颠是他的主要关注对象),它也可能就是最为合适的。第二个对古典共和主义者的重大偏离体现在没有严格区分其功能是作为自治公民的社会成员和主要功能服务于经济的社会成员。[1] 在商业环境中,每个人(也就是说,每个成年男人)都是自给自足的并因而都能参与公民活动。因此,弗格森不仅仅是就其作为目的本身,而且就其作为维持政治共同体的间接方式,而对于经济自给自足和繁荣的条件感兴趣。

四、政治科学

弗格森在处理生活中不可避免的凌乱,以及在其社会科学内部考虑这一事实方面表现出不同寻常的挥洒自如。他也认为他的许多同辈所珍视的社会和谐的实际理想是可疑的。[2]生活意味着

---

[1] 弗格森对这种区分的关注参见 *P. I.* pp. 252—253. 关于公民传统的苏格兰变种的特殊性的精彩讨论参见 John Robertson:《公民传统限制下的苏格兰启蒙运动》("The Scottish Enlightenment at the Limits of the Civic Tradition") in I. Hont, and M. Ignatieff, 以及《超越公民传统的苏格兰政治经济学:〈国富论〉中的政府和经济发展》("Scottish Political Economy Beyond the Civic Tradition: Government and Economic Development in the *Wealth of Nations*"), *History of Political Thought*, Vol 4 (3), Winter 1983, pp. 451—482.

[2] 斯密蔑视所有形式的冲突和社会失调;实际上,"社会的和平与秩序甚至比救济不幸者更为重要"。Adam Smith,《道德情感论》(*Theory of Moral Sentiments*), Edited and with an Introduction by D. D. Raphael and A. Macfie, Oxford: (转下页注)

冲突,不和谐,甚至有时候混乱。休谟和斯密渴望的政治上的平静
是非常有害的,因而弗格森赞同派别斗争。

　　对弗格森而言,道德哲学首先是一种社会行动。哲学必须为
共同体作出实际的贡献。[1] 我们必须效仿苏格拉底这个榜样,他
认为"道德智慧的首要职责"是"将人类的注意力从天上召回到地
上,或将其从关心距人类生活遥远的事件引到近处与人类生活直
接相关的事情上。"[2]这或许可以解释弗格森为何通常避开形而上
学的主题和运思精微的哲学,而偏爱更俗世的利益,例如他就当时
的一些争议性问题撰写了政治性小册子[3],此外还参与了各种文
化政治活动。[4]

　　政治科学对维护好的社会是关键的,但这门科学不仅仅应该
提供治国术方面的实用训练,而应该提供更多。为了该目标,弗格
森保持了规范性道德教化的古典兴趣。实际上,他将《道德和政治
科学原理》划分为两个部分。第一部分处理人类历史和制度的"事
实",而第二部分是伦理的,专注于"权利的原则,或判断和选择的
基础,无论是就个人品质、法律、礼仪还是政治制度而言。"[5]但它
不是为了自身目的而进行道德教化。正如弗格森所说,所有的体

　　(接上页注) Clarendon Press, 1976 (hereafter cited as *TMS*), VI. ii. 1. 20,
　　p. 226.休谟赞赏人们随着进步变得更加节制和平和的事实。Hume,《论技艺的改
　　进》("Of Refinement in the Arts"), *Essays*, pp. 273—274. See also Richard Boyd,
　　《重新评价苏格兰道德学家与文明社会》("Reappraising the Scottish Moralists and
　　Civil Society"), *Polity*, Vol. 33, Fall 2000, pp. 101—125, p. 113.

[1]　凯特勒(Kettler):《亚当·弗格森》,p. 7; *Essay*, pp. 169—171.

[2]　*P. I.*, p. 4.

[3]　约翰·达尔林普尔爵士(Sir John Dalrymple)指出,其他文人都致力于写作"能给他
　　们带来财富和荣耀的伟大著作",[弗格森]自发地匿名发表有时对政府具有真实用
　　处的小册子。引自法格(Fagg), *Biographical Introduction*,前揭, xlix.

[4]　例如,他曾担任卡莱尔委员会(Carlisle Commission)秘书、拨火棍俱乐部成员,在道
　　格拉斯事件中发挥作用,关注议会改革并参与长老会事务和竞选活动。Fagg, *Bi-
　　ographical Introduction*, 前揭.

[5]　*P. I.*, p. 9.

制和机构都是为了使人幸福。这是"政治科学的基本原则。如果
人类已经幸福,我们没有权利去追问它们还要服务于其他的什么
目标,因为这本身就是所有人类制度的目标。"①然而,弗格森并非
严格的功利主义者,因为幸福在于行动者运用仁慈的和他虑的情
感的能力。② 合理和真正有益的道德哲学避免吹毛求疵(无关紧
要的思辨)的分析,并将自己限定在更加实用地研究"人类应该是
什么,为了他们自身和他们的国家,他们应当期待什么"。③ 政治
科学不能简化为对治国的实用艺术、政治经济学和战争的研究,因
为好的统治不只是功利地关注国家的财富和力量的增长。④ 并且
它肯定不只意味着约束和引导利益的简单任务,正如自由的含义
远广于对私人行动不加限制。⑤ 毋宁说,政治学是使得政治的领
域具有美德、富有活力、免于伤害的艺术,是界定"在社会中实现安
全以及对人的更好统治所需要的条件"的艺术⑥。

　　而且,它应避免关于有组织国家的起源和性质的契约论假设,
以更为深入地理解支配它的社会法则。在某种意义上,弗格森的
政治科学继承了孟德斯鸠的事业。像后者一样,他的兴趣远不止
是为读者提供一个详尽的政体形式分类,论述它们堕落的病因并
提供合适的救济方式(尽管他确实提到过这些[19]。)⑦像孟德斯
鸠一样,弗格森也试图让他的政治科学"更具文化性和比较性"⑧,

---

① 　P. II., pp. 411—412.

② 　例如,参见 Essay, p. 244. 幸福也是行为正直的后果。Essay, p. 200.

③ 　Institutes, p. 80.

④ 　毕竟,参与公民生活是"人们的最好才能发挥作用"的地方。Essay, p. 149.

⑤ 　弗格森关于自由的宽泛定义参见 P. II., p. 465.

⑥ 　P. I., p. 206.

⑦ 　有关弗格森和孟德斯鸠的关系的更完整的讨论参见梅森(Mason),"Ferguson and
　　Montesquieu",前揭。

⑧ 　S. 科林利(S. Collini)、D. 温奇(D. Winch)和 J. 伯罗(J. Burrow),《高贵的政治科
　　学》(That Noble Science of Politics),Cambridge:Cambridge University Press,
　　1983,p. 17.

处理法律、制度以及惯例与国家的文化和历史的关系。①

　　要理解弗格森的著作,便要理解它与商业发展的关系,以及特别是,与自利作为社会和经济生活的调节原则日趋重要这一点的关系。据说后一个发展将政治科学的重点从"基于美德和堕落之间辩证关系的、更为循环的和富有道德说教意味的政治概念"转变成了聚焦于限制和约束政府的法治主义的概念。利益现在被看成兼具消极和积极的功能;试图通过培养美德来消除它的影响毫无意义。其实,关键是要控制和约束它。这种新的"利益政治"是一种现代性的现实政治,专注于通过制度方式约束和调节公共生活中的利益。伴随着道德焦点的这种转变的是政治经济学这一新生科学的发展以及它对政治学研究的渗透。这些发展有助于形成一种不同于其"古代和文艺复兴先驱"的新政治学。②

　　弗格森考察了这个新观点,但他没有放弃对公民美德主题的坚守。虽然他欢迎自由的扩散和传播,他并不像斯密和休谟那样对支撑现代经济学兴起的[消极]自由的现代概念兴趣浓厚③。虽然他承认利益在人类事务中的作用,并非常关注它如何能被有效地约束和引导,④他仍然坚持认为公民美德是政治生活中重要力量。唯一真正能配得上其名头的自由,并非来自主要目的是保护财产和人身安全的最小国家,而是来自稳固的共同体的维系和国家引导的公民振兴计划,该计划是为了避免政治腐化和最终走向专制。弗格森赋予以下观点以一种准法则的地位,而非只是给予

---

① 例如,参见 *Institutes*, p. 261.

② 科林利等,《高贵的政治科学》,前揭,p. 29."当他们着手为联邦共和国制定宪法时,能够遏制和平衡利益的机制无疑是美国的创立者们商议的主题。这个联邦共和国要在一个'广袤'的大陆幸存下来,并且它的人民都不再具有'美德',无论是孟德斯鸠所界定的古代意义上的美德还是技术意义上的美德。"同上书,p. 19.

③ Oz-Salzberger,《解析启蒙运动》,前揭,p. 110.

④ 关于这点更充分的讨论见第五章。

一些边缘性的关注:"政治制度是人类外部条件最重要的部分"。[①] 弗格森含蓄地反驳了所谓斯密的反政治学,他告诉我们"自然自由不会受到政治制度的损害",反而"因政治制度而获得自己的存在"。[②] 在此,弗格森再次展现了他的原创性。他的原创性是[20]:

> ······一种论辩性的信息,直接针对以下朋友和同仁:他们越来越准备将自己的信任寄托在宪政机制和个人之间自我激发的商业互动之上,将之看成政治福祉的充分保障。[③]

与其说政治科学是"可能的艺术",不如说其是保存与神圣的建筑师规划相一致的美德和制度形式的艺术。虽然制度很重要,但它往往从属于美德以及体现美德的人物。如弗格森所说:

> 自由是每个人都必须随时自我维护的权利。我们甚至不能依赖政治制度来保护自由;它们可以滋养自由,但无法取代那种坚定不移的精神,自由的心灵秉持这种精神随时准备抵制冒犯,将保障安全系于己身。[④]

这样休谟和斯密所宣扬的关于政府的律法主义的和有限的概念的充分性[⑤]就遭到了质疑。对日益专业化和疏远了的政府进行

---

① *Institutes*, p. 261.

② *Institutes*, p. 266.

③ Oz-Salzberger,《解析启蒙运动》,前揭,p. 111.

④ *Essay*, p. 251.

⑤ Oz-Salzberger,《解析启蒙运动》,前揭 pp. 118—119. 例如,弗格森似乎是在(批判地)提及斯密的有限政府观念和他消极的、交换正义理论时说:"如果任何一个民族公开宣称它所有内部改革的政治目的只是为了确保国民的人身和财产安全,而完全不考虑国民的政治品性,那么它的政体可能是确实是自由的,但它的成员不配享有他们的自由,也不能保存自由。这种政体的后果是使各个阶层的人民沉浸在对快乐的独自寻求中,几乎不受干扰;或者使他们各自追求私利,而不关注公共福利。"*Essay*, p. 210.

法律约束虽然重要,但其本身不能无力防止政治腐化的发生。而公民美德和积极、警惕的大众是它最可靠的守卫。有关人身保护令他写道:"这始终是反对滥用权力的最明智方式。但是,要保证其效果,就要有一个相当于大不列颠整个政治体系的组织,以及与这个幸运民族桀骜不驯、骚动不安的热情相当的精神。"①同样地,警惕法律对公民自由和美德的阻碍也十分重要:

> 如果用于奴役人民而非为了制止犯罪的严厉政策真的有可能腐化人们的风尚、抹杀民族精神;如果政策的严厉是为了制止自由人民的骚动不安,而不是为了消除他们的堕落;如果有些政体常常受到赞赏,被认为是有益的,仅仅是因为它们会压制人类的呼声,或者另一些政体受到谴责,被认为是有害的,是因为它们允许这类呼声;那么,我们可以猜想文明社会许多大肆鼓吹的所谓进步只不过是些使政治精神归于平静的手段,与其说它们制止了人们的骚动不安,不如说它们压抑了人们积极向上的美德。②

为了调和他对进步的支持和对美德的关注,弗格森希望提出一种综合的解决方案,融合古典共和主义的情感和商业主义的条件与约束。按照他自己的解释,他试图"融合军事精神和文明与商业[21]政策"。③ 新生的自由主义和他最为敏感的共和主义之间的一个张力是公共责任和私人自治之间的关系。虽然高兴地注意到伴随着进步,个人自由的水平不断提高,他仍然警惕进步对道德品质以及人们为公共而行动的意愿所施加的影响。私人财富和公共美德之间传统上的对立是一个误解,因为"人类社会对两者都负

---

① *Essay*, p. 160.

② *Essay*, p. 210.

③ Adam Ferguson, *Reflections Previous to the Establishment of a Militia*, London; R and J. Dodsley, 1756 (hereafter cited as *Reflections*), p. 3.

有重大责任。"①因而设计一些服务于两者的制度和文化措施尤为重要。和他的古典导师们不同,弗格森力图将技术和物质的进步与道德和精神领域隔离开来。② 社群和商业、财富和美德、公民激情和个人自由;所有这些都能彼此调和而非互相对抗。这至少是弗格森的期望,尽管他对这两组目标的尝试性调和从来不是终局性的。③ 其实,对财富和进步的矛盾心理可以说是他全部著作的基调。许多明显的犹豫不决都来自他的两种关键信奉之间的冲突:一方面是他古典的、复古的偏好,另一方面是他将进步看成是自生自发秩序的天意法则的结果。

弗格森同时用 18 世纪的政治话语中两种相互矛盾的语言对我们发言:公民人文主义专注美德的语言和权利的话语。对他而言,在正在快速消逝的苏格兰身份的情感依恋和苏格兰现实而直接的经济问题之间做出选择是非常艰难的,这些经济问题由达连湾计划的失败外加 17 世纪 90 年代"一系列灾难性的歉收"引起。④ 进步

---

① *Essay*, p. 141. 同时参见 A. 卡利瓦斯(A. Kalyvas)和 I. 卡兹尼尔森(I. Katznelson)《亚当·弗格森悄然回归:镜中的自由主义》("Adam Ferguson Returns: Liberalism Through a Glass"), Darkly, *Political Theory*, Vol. 26 (2), April, 1998, pp. 173—197, pp. 175—176.

② Oz-Salzberger,《解析启蒙运动》,前揭,p. 113.

③ 理查德·谢尔(Richard Sher)对此也有论述,《从穴居人到美国人:孟德斯鸠和苏格兰启蒙运动论自由,美德和商业》("From Troglodytes to Americans: Montesquieu and the Scottish Enlightenment on Liberty, Virtue, and Commerce"),载《共和主义,自由和商业社会 1649—1776》(*Republicanism, Liberty and Commercial Society 1649—1776*), David Wootton, (ed), Stanford: Stanford University Press, 1994, pp. 394—395. 我认为盖尔纳(Gellner)正确地注意到,弗格森并未完全说服自己相信财富/美德的对立实际上是一个误解。Gellner, "Adam Ferguson", 前揭,p. 68.

④ 达连湾是一项"在巴拿马地峡建立苏格兰殖民地的计划,它的失败耗费了苏格兰近乎整个国家流动资本的四分之一"。布罗迪(Broadie),《苏格兰启蒙运动》,前揭, p. 7. 在近期对联合法案的研究中,保罗·亨德森·斯科特(Paul Henderson Scott)批评历史学家夸大了"联合前的苏格兰的贫穷和政治混乱",认为这"很可能是蓄意捏造的政治宣传"。P. H. Scott,《自诩的改进:1707 年合并的后果》(*The Boasted Refinements: The Consequences of the Union of 1707*), Edinburgh: The Saltire Society, 1999, p. 1.

（特别是对联盟的默然接受以及因此给苏格兰带来的经济利益）不仅是自然的,还仿佛是供养饥饿的苏格兰人的唯一方式。弗格森发现自己在此处境尴尬,这是他耗费了许多心力以图渡过的难关。

自由、权威和义务

[22]弗格森在解释公民自由时,对权威和义务的传统问题相对保持沉默,他和休谟一样,认为这个问题对实际的政治不是十分有用。① 在一般的条件下,他赞成权威原则,②因为他允许合法性建立在惯例、习俗和伤害原则而非某些类似于神圣权利的不可侵犯的或基础性的原则之上。

> 当我们回顾政府的起源,会发现一个人没有命令另一个人的原始权利,除非是为了防止他受到伤害,我们依靠惯例,惯例是一个人拥有命令权,或另一个人服从义务的唯一原则。在这些惯例之前,我们说,主权保留在公众手中;但是,当我们应用理性来审视这些话语时,它们的含义不过是说,在惯例之前,每个人都有权处理他自己的事务,只要不影响他人的安全;群体也享有权利,因为群体是个人组成的,每个个人都拥有权利;但是,公众作为一个集合体以何种形式运用它,必须依靠个人达成的共识。在惯例之前,多数人支配少数人的权利并不多于一个人支配另一个人的权利。③

---

① David Kettler,《亚当·弗格森的政治视野》("The Political Vision of Adam Fergu-son"), *Studies in Burke and His Time*, Vol. 9 (1)No. 30, 1967, pp. 763—778, pp. 775—776.

② 例如,*P. II.*, p. 291.

③ *P. II.*, p. 290. 休谟有关权威和习俗的论述参见 David Hume,《完美共和国的观念》("Idea of a Perfect Commonwealth"),《道德和文学论文集》(*Essays Moral Political and Literary*)(以下引用标注为 *Essays*), Eugene F. Miller (ed), Indiana: Liberty Classics, 1987, p. 512.

他对等级区分体系的自然性的坚持,并不意味着服从社会上级的义务同样自然。① 我们必须服从恰当地建立的权威,但只有当它不是暴虐的和专制的之时。但如果强制、暴政和恐吓是事情的本质,那么反抗甚至革命都是不可避免的自然结果,②就像"洪水"和"激流"等自然现象一样,这些自然现象正如凯特勒所说的,是"权利学说既无法排除,也无法理解的。"③

但这并不意味着个人的反抗权是至高无上的,因为弗格森认为政治社会在道德上和逻辑上先于个人。也就是说,在事情的一般状况下,在非暴君统治下,服从是被建议和被要求的。

> 机构应该为了人民的利益,人民也应该支持他们的机构。人民的幸福的最大措施就是通过这一措施,人民成为锻造一个幸福的共同体的手段。如果共同体的成员使他们自己从事对国家而言最好的事情,那么这不过只在从事对他们自己的保存和福利而言最好的事情。

[23]而且,公民必须"偶尔……为了国家利益忍受个人的艰难困苦。"④因此,弗格森的立场似乎是对格劳修斯服从原则的修正,也就是即使权利被侵犯,只要不是被有组织地和持续地侵犯,公民也有义务服从合法建立的政府。⑤ 虽然弗格森偶尔也会用个人权利的术语谈话,⑥但他一般避而不谈自然权利。就这一点而言,他

---

① *P. I.*，p. 257.

② *P. II.*，p. 291.

③ Kettler, "Ferguson's Principles",前揭,p. 214.

④ *P. II.*，p. 412.

⑤ 另两位苏格兰思想家(大卫·福代斯[David Fordyce]和托马斯·里德[Thomas Reid])也采用了同一原则。Oz-Salzberger,《解析启蒙运动》,前揭,p. 104.

⑥ 这些"原始权利"主要来自自我保存和社会联合的自然法,可以归结为自我防卫和免于伤害的权利。*Institutes*, pp. 172—174. See also *Institutes*, p. 168. 他也提到一种处置"自然天赋"的自然权利。*Essay*, p. 63.

的思想似乎是出现在 18 世纪末反对"人的权利"理论的保守思想
的典型支派。被托马斯·斯科菲尔德界定为保守的或"神学的功
利主义"的这个支派(不同于边沁似的科学功利主义),其最好的代
表是威廉·佩利的著作。这一观点认为,美德存在于"为人类做善
事,服从上帝的意志,将永恒的幸福作为目标"。臣民必须按照以
下顺序服从政府:

> 上帝意欲使人幸福;文明社会有利于那个目标的实现;
> 只要社会利益需要,也就是只要反对已经确立的政府不会不
> 导致公共不便,那么服从已经建立的政府就是上帝的
> 意愿。①

弗格森认为,"人的权利"路子是错误地试图将实际上是"取
得的权利"当成是自然的或者原始的。"占有、财产和命令"(命令
是"获得他人的服务或服从的权利")都是取得的,因而是"讨论的
事情"而非理所当然的资格。"只有在它们被证明的情况下",它
们才可获承认。国王的神圣权利丝毫不比人民主权的自然权利
更大一些。毕竟,"没有人可以对不可能或者不现实之物享受权
利"。②

因此,弗格森一般会避免与政治相关的严格死板的规则。统
治和被统治的艺术更多的是一种临时和实操的练习,在这一练习
中统治者和被统治者应该如何共处的问题需要不断地求解。正如
大卫·凯特勒正确地指出,弗格森是"第一位也是少数几位严肃的

---

① T. M. Schofield,《英国回应法国大革命的保守政治思想》("Conservative Political
Thought in Britain in Response to the French Revolution"),*The Historical Jour-
nal*, Vol. 29 (3), 1986, pp. 601—622, pp. 605—607. 存在三种保守思想流派:"功
利主义、契约论(contract)和自然法(natural law)"(前揭)。

② *Institutes*, p. 174.

政治思想家,他们强调本身并非统治者的人们所采取的行动的连续政治影响。"①公众的职责和活动具有重大利益,因为历史,特别是共和国的历史"充分地说明"公共美德和政治效能"与人们被允许投入到他们社群的事务、国家咨询、国家职务或者任何种类的公共服务中的关注成比例。"②

五、文　明　社　会

当涉及到"文明社会"(civil society)这一核心概念时,弗格森指的是什么意思? 这并非一个容易回答的问题,因为弗格森自己也没有清晰或始终如一地使用这个概念,不时在这个术语的传统用法和他自己的用法之间转换,在传统用法上,它与"文雅"(polished)或发达(developed)社会同义。

文明社会这个被认为是起源于古典法学(ancient jurisprudence)的术语,在不同的历史阶段有不同的含义。在中世纪,它被用于区分教会体系和其他形式的社团。在 17 世纪,它表示在"政府统治下"生活的状态,以区别于自然状态。在 18 世纪,它表示"一种比部落更大并且不同于部落的社会形态",③比粗鲁和野蛮的形态更发达和文明化。④ 直到黑格尔文明社会才被认为独立和有别于国家。但弗格森认为,市场、国家及其所有的法律、政治制度通常都是文明社会的组成部分,⑤虽然有时他也明确地觉察到

---

① Kettler,《亚当·弗格森的政治视野》,前揭,pp. 775—776.

② P. I. , p. 266.

③ Edward Shils,《文明社会的美德》("The Virtue of Civil Society"), *Government and Opposition*, Vol. 26 (1) Winter 1991, pp. 3—20, p. 5.

④ Varty,《文明或商业?》,前揭,pp. 30—31.

⑤ "黑格尔阅读和使用了用弗格森的著作,弗格森的《文明社会史论》的德语译本推动了'bürgerliche Gesellschaft'这一概念在德国学术圈的流行,这一事实是观念史中的讽刺之一。" Oz-Salzberger, Introduction to *Essay*, 前揭,p. xix.

国家和市场对非国家的和自发的政治行动构成威胁。① 然而,在大多数情况下,他似乎将所有的方面都纳入一个实体:文明社会。因此,文明社会史即是政治和法律制度、社会结构、艺术、科学、风俗、人口、文学、生产、消费、财富和自由取得进步的历史。② 这是广义上理解的社会和政体的历史,涉及发展的过程,通过这一过程,人们逐步改善了政治社会,通过法律"调整他们的关系"和冲突,文明和秩序得以风行,国家和谐,人民积极踊跃。③

[25]但是,重要的是我们要意识到,文明社会对弗格森来说不具有起源的意义。④ 既然从来没有自然状态,既然人类往往生活在某种类型的政治秩序中,文明社会就一直存在。弗格森笔下的历史追寻了与人类相始终的状态的进步。文明社会的最初特征包括临时的制度,分散的权威和有组织的暴力的使用,以及更加均匀,也就是说,平等的社会结构。它经过多个阶段,发展为更加正式、精致、集中和永恒的制度,这些制度以结构化的等级区分和层级制为特征,在其中大多数人从军事职责转变为生产事务。⑤

因为相对于他的某些苏格兰同辈,他不是进步必胜主义者,也较少关注经济,在追踪文明社会各阶段中起作用的政治条件的改

---

① 如约翰·基恩对 18 世纪思想家的一般论述。John Keane (ed)《市民社会和国家:欧洲的视角》(*Civil Society and the State*:*New European Perspectives*),London:Verso,1988,p. 65.

② Varty,《文明或商业?》,前揭,pp. 30—31. Pocock,*Virtue*,*Commerce and History*,前揭,p. 194.

③ Krishan Kumar,《文明社会:探究这一历史词汇的用处》("Civil Society:An Inquiry into the Usefulness of an Historical Term"),*The British Journal of Sociology*,Vol. 44 (3) September 1993,pp. 375—395,p. 377. *Essay*,p. 28.

④ 因此,奥兹萨尔伯格指出,"弗格森并不同意卢梭在他的《论不平等》(1755)中的著名论断,即土地的第一位占有者是'文明社会的真正创造者'"。Introduction to *Essay*,前揭,xviii.

⑤ 盖尔纳(Gellner),"Adam Ferguson and the Surprising Robustness of Civil Society",前揭,p. 121.

变时,弗格森的阶段史建立在社会和政治的范畴上,也建立在生存的经济手段的范畴之上。① 虽然他的很多同辈认为历史是朝着更好、更加精致的社会和政治效果不可阻挡地前进,弗格森更为谨慎。进步带来了有效的政治条件的增长,但它也造成了损失。一方面,社会凝聚力和团结的激情都遭到损害,但另一方面,自由和法律权利也得到了扩张,同时财富扩散因而经济独立扩散,所有这些方面随后的发展都有激活政治社会并使之富裕的倾向。② 因此,在弗格森看来,“文明”(civilised)和“文雅”(polished)这两个术语并非同义词。文雅社会的特征包括复杂的生产和消费模式,持久和规范的政治和法律制度以及风俗的改善。然而“那些在商业或者商业依据的技艺上没有多少进步的国家中,文明也是清晰可见的”③。例如,罗马“建立了一个非常有成就的共和国,并表现出很多优秀特征;然而,在家庭财产和生活习俗方面,他们的条件与农民和农夫无异。”④“文雅”社会[26]是商业社会,⑤而“文明”社会是人类发展的每个阶段都能达到的。⑥

----

① 他的提法是:“野蛮的”(savage)、“未开化的”(barbarous)、“文雅的”(polished),而斯密的是,如狩猎、游牧、农业和商业。

② 野蛮社会更具美德、亲情和团结,但也更倾向“宗教迷信”及与之相伴的“对人类残忍和恶意的对待”。*P. I.*, p. 305. 虽然“野蛮人享有人身自由”并且彼此平等,她/他却失去了只能由“良好的政策”及“司法的规范管理”而带来的“自由”。*Essay*, p. 247.

③ 弗格森似乎对“国家”持有一种几乎不具争论性(更不用说含糊)的定义,即在特定范围内的一群人。有关“国家”这个术语在 18 世纪的含义的讨论参见克里斯托弗·贝里(Christopher Berry),《国家和习俗》(“Nations and Norms”), *The Review of Politics*, Vol. 43, 1981, pp. 74—87, p. 77.

④ *P. I.*, p. 252.

⑤ 参见 *Essay*, editors note Z, p. 213, 弗格森在此交互地使用这两个术语。

⑥ 尽管如此,奥兹萨尔伯格还是让我们注意弗格森对这些分类明显的纠结。在《文明社会史论》的第一版,他写到:“从词源上看,文雅的(polished)这一术语最初指的是就法律和政府而言的国家状态。”在 1768 年的版本中,他补充说:“文明人(men civilized)指的是履行公民职责的人。”紧接此句他又说:“文明人指学者、时尚人物和商人。”*Essay*, p. 195 以及编者注释。

六、过渡的思想家

弗格森的哲学因反映了西方政治和社会思想的过渡阶段而变得更加复杂。它是奇特的,因为它在两个重要的方面跨在不同的传统上:首先,它同时是神学的与世俗的,锚定在自然宗教上但指向现代社会学的关注。其次,当它以怀旧的赞美之情不断提到古代时,也具有很多现代和早熟的方面。虽然很多弗格森的评论者试图将他要么归入共和主义,要么归入雏形自由主义(proto-liberal)的阵营,我希望表明他的全部著作都表现出持续地在以下两者之间开辟一定空间的努力:一方面是古典公民人文主义,另一方面是新兴的自由主义(emergent liberalism),以便创造一种完全是它自身的传统,一种"自由的廊下派主义"。①

虽然,他并不总是一帆风顺,他的努力也产生了一些显著后果。经常看起来,弗格森的世界观好像是由下面这一持续的问题所塑造:一方面是,他在多大程度上准备对现代性和原初自由主义予以让步,另一方面,他忠诚于古代资源(主要是罗马的廊下派)的深度。这项研究旨在基于弗格森对不同传统都保有分化的忠诚的前提,尽可能近地在不同传统中标定弗格森的位置。这些冲突包括下列内容:他拥护进步,同时也为其感到遗憾;他批评任何激进形式的改革,然而似乎又欢迎早期的法国大革命;他强调仁慈和社

---

① 约翰·布鲁尔(John Brewer)首先注意到了这个企图,他写到:"弗格森标志着这样的时刻,即有关社会结构的社会学论述开始从公民人文主义的论述中产生。"Brewer,《亚当·弗格森和劳动分工》("Adam Ferguson and the Division of Labour"),页 26。布鲁尔还注意到弗格森的公民人文主义和原初社会学(proto-sociology)之间的张力,参见他优秀的文章"Adam Ferguson and the Theme of Exploitation",前揭,pp. 461—478。约翰·波考克将这一苏格兰融合描述成"商业人文主义"(波考克,《德行、商业和历史》,页 194),然而,在弗格森这里,这种融合并不那么协调。

会性是美德的极致,而又支持军事勇气、侵略甚至暴力;他常在抽象和宗教意义上作为廊下派世界主义者发言,但又在政治上忠诚于不列颠,同样,在文化和情感上忠诚于苏格兰。① 弗格森在黑色守卫团中就职的根本原因展现了其位置的独特性。他之所以成为如此有吸引力的候选人是因为他拥有"非常罕见的两种资格的结合":[27]一方面"掌握盖尔语",另一方面"忠于汉诺威"。②

弗格森自己的政治信仰也很难确定。一方面,他表现为托利党立场,非常关注维持秩序,但他恪守自由原则并反对詹姆斯二世党人又与辉格党立场一致。他使用罗马的历史赞美共和政体是典型的辉格式做法,然而他反对所有宏大改革的观念。此外,他对共和政体的支持是有很大修正的。③

因为他的努力和方向似乎经常是冲突的,弗格森是一个有趣也使人困惑的人物。他的体系充满了张力和悖论,甚至矛盾,读者只有在极度忍耐,努力探寻文本之后,这些矛盾中的许多才是可以调和。这不仅是因为缺乏系统化,而且是因为弗格森有时候似乎满足于传达给其读者的那种深深犹豫的感觉。

最重要的是,弗格森是一位务实的思想家。他的教化并不是为了抽象的观念,而是为了寻找增加人类幸福的途径。如同他将其理想化并试图效仿的务实且影响深远的罗马廊下主义者一样,弗格森认为哲学必须对共同体有实际作用。它必须具有和生活事

---

① 虽然他偶尔在私人通信中称苏格兰为"北不列颠"。这在 1707 年之后并不稀罕。Broadie,《苏格兰启蒙运动》,页 58。

② Kettler,《亚当·弗格森的政治视野》(*The Political Vision of Adam Ferguson*),页 777—778。

③ 但考虑到他所处的背景,应该注意到,虽然这些张力让今天的读者震惊,弗格森自己是否强烈地感受到了它们是存在疑问的,因为党派标签在 18 世纪"非常模糊不清"。Addison Ward,《罗马史中的托利视角》("The Tory View of Roman History"),*Studies in English Literature*,1500—1900,Vol,4(3),1964,pp. 413—456.

实的某些相似性。世界并不像某些哲学家想象的那样简单，经常是看不见的、计划外的、次理性的以及看似有害的力量带来秩序，而非相反。因此，弗格森的体系是复杂、散乱甚至有点粗糙的。凯特勒敏锐地指出，弗格森的思想"使那些喜欢根据所谓的'意识形态'模式对政治思想家进行分类的人感到困惑"。他"为我们提供了一种很难分类的视角"，但同时，它"易于运用到我们所知的世界"，也就是说，一个以分化，"冲突和不确定性"为特征，"每一个政治选择都引发下一个政治问题"的世界。①

弗格森并不常表现出斯密和休谟般的精致，有时他的论述显得陈腐和缺乏想象力。但有时也带有真正的光芒、原创性和想象力。他并不像后人所记住的，仅仅是斯密和休谟的同伴，而是平等地对待他们，与之争论，表示支持，并且有时候不仅有助于形塑他们的观念②，而且有助于形塑那些同样令人印象深刻的后来人物的观念。

虽然离开了对历史的关注并将之置于历史脉络下，便无法欣赏弗格森的成就，但本书是关于他的观念，他的道德、[28]社会和政治思想，而非他的生平、背景或他在历史上的特殊地位的研究。为此，我将展现他在其时代流行的和正在出现的智识传统中处在什么位置。但我更致力于探求他的思想作为一个概念体系是如何运作的，而这包含着探索这一体系中的任何疑难或者任何反常。这是一个体系，它具有连贯性，即使偶尔充斥着张力，也并非如它最初看起来（如许多评论者所认为的）那样是冲突和不相容的信念的大杂烩。最后，我也将致力于评估弗格森的成就，以及他的观念可能引发当代读者共鸣的方式。

---

① Kettler，《亚当·弗格森的政治视野》，前揭，页776—777。
② 如布罗迪指出的，苏格兰文人将思考视为一种"社会行动"，他们是"将自己的著作置于公共领域，并在公共场合相互讨论和争辩的作者"。《苏格兰启蒙运动》，前揭，页20。

第二章　解读弗格森

一、弗格森著作的主旨和背景

[29]弗格森是位有些混乱和啰嗦的学者,但他思想的主体是潜在协调的。一旦他著作中所谓的"谱系边界"的复杂性被仔细地标出,一个有机的统一体就被会发现。弗格森是一只文学的园丁鸟,从众多不同的源头借来资源发展出特定的概念。但他很少偏离其事业早期就已经确立的核心信仰和方法论原则。汲取广泛的观念和影响,他建立了自己的思想体系,以及自然的和自生自发的秩序这一首要的主题,他的思想体系就是围绕这一主题建立的。因为在弗格森的时代,道德哲学是个非常宽泛的学科,想要理解他思想的读者,势必卷入范围极广的主题,历史、"圣灵学"或心理学、政治学、伦理学、神学和人类学,弗格森设法将所有这些主题都融为一体,以便创造出特别的属于他自己的思想。

弗格森的书频频付梓。他发表的第一部主要著作《文明社会史论》(1767)在其生前有七个版本。[①] 该书和他的第三部著作《道

---

① 奥兹萨尔伯格编辑的《文明社会史论》是第一版的复制(爱丁堡,1767),编辑者标注了后来所有版本的变化。

德哲学要义》(1769)一样,都令人瞩目,使其名声大噪。[1]《圣灵学和道德哲学分析》(1766 年出版的教科书),《道德哲学要义》以及《道德和政治科学原理》(1792)都是基于他的课堂讲稿。《圣灵学和道德哲学分析》是《道德哲学要义》的原型,而《道德哲学要义》又是《道德和政治科学原理》的原型。它们在本质上都是与伦理有关的。而《文明社会史论》真正关注的是历史,他的《罗马共和国兴亡史》(1783)不只是简单的"国王与王后"的历史。

　　弗格森除了发表这五部主要的著作,还撰写了大量公开发表或未公开发表的论文。他第一部发表的著作是题为《对陛下的苏格兰高地步兵团的埃绪语布道词》(1746)的小册子。1756 年,他发表了《国民军建立前的思考》,随后是《对舞台剧道德性的认真考量》(1757)。1761 年发表的赞成国民军的小册子《玛格丽特(通常称为佩格,约翰牛先生唯一合法的妹妹)案件始末》的原创作者是谁[30]一直存在疑问,但现在普遍认为弗格森是其作者。[2] 弗格森 1776 年发表的小册子涉及到他对美国独立战争的反对。它简略的标题为《对近期普锐斯博士出版的小册子的评论》。弗格森最后出版的著作实际上是传记。他的《约瑟夫·布莱克的生平和品行纪闻》(1801)在爱丁堡皇家学会印刷,而《陆军中校帕特里克·弗格森传略及回忆录》则发表于 1816 年。[3] 大部分这些著作都受到欢迎,弗格森也成为他的时代受人尊敬,享有声誉的作家。[4] 我们也能够欣赏他未公开发表的哲学论文,他可能想发表,但是它们

---

[1]　Oz-Salzberger,《文明社会史论》导论,页 xvi—xvii。

[2]　这里的讨论参见 Fagg, *Biographical Introduction*, 前揭, p. cv, note 116.

[3]　帕特里克·弗格森是 Pitfour 的安·莫里(Ann Murray)和詹姆斯·弗格森(James Ferguson)的儿子。Fagg, *Biographical Introduction*, 前揭, 页 xcviii。

[4]　例如,《文明社会史论》有六个版本,译成了法语、德语、瑞典语、俄语和意大利语。Fagg, *Biographical Introduction*, 前揭, p. xi. 对于弗格森各种出版物的成就参见前揭,各处。同时可参见同一作者的《亚当·弗格森:苏格兰的加图》(*Adam Ferguson: Scottish Cato*),未出版的博士论文,北卡罗来纳大学教堂山分校,1968。

没有被编辑，直到上个世纪晚期才重现。[①] 这些论文大部分被认定写于 1799 年之后。[②]

　　遗憾的是，弗格森没有隐藏的作品或者遗稿等待发现。像之前的斯密一样，弗格森同样不相信出版商，他在 1810 年销毁了所有他不想要的文字，[③]不过我们仍然保有他的信件和一些重要的论文，它们最近已经被汇集和编辑得非常容易获得。它们提供了洞察此前未曾触及的弗格森思想领域的有利途径。[④]

　　尽管弗格森的著作具有相对的异质性，但学者的任务是要用贯穿其著作始终的总体上一致的道德和政治观点来简化它。自然，就像在任何庞大而分散的著作体中一样，也能发现一些不一致，但是这些不一致一般没有多少实质的重要性。[⑤] [31]有人认

———————

① 第一位编辑者是威尼弗雷德·菲利普（Winifred Philip），《亚当·弗格森未发表的论文》（*The Unpublished Essays of Adam Ferguson*）（3 卷，私人编辑和出版，Argull，1986），近期有 Yasuo Amoh，《亚当·弗格森：论文集》（Adam Ferguson, *Collection of Essays*）（Yasuo Amoh 编辑并序言，Kyoto，1996）。

② 这些论文没有标注日期，但所使用的纸张的水印表明它们写于 1799—1808 年。Amoh，《〈亚当·弗格森：论文集〉导言》（Introduction to Adam Ferguson, *Collection of Essays*），页 xviii。

③ 实际上，弗格森帮助斯密烧毁了他的不想公开发表的手稿和论文。V. Merolle，《〈亚当·弗格森通信集〉前言》（"Preface" to Adam Ferguson, *Correspondence*，Vol. 1）页 x。

④ 参见《通信集》，第 1 卷和第 2 卷。这里以及 Amoh 的论文集里面没有出现的文字都保留在爱丁堡大学图书馆的手稿文集中，其中最重要的是他的讲义。

⑤ 谢尔提出，弗格森在《道德和政治科学原理》中对里德及常识哲学的热衷在他的其他著作中并没有出现。R. B. Sher，《苏格兰启蒙运动中的教会和大学》（*Church and University in the Scottish Enlightenment*）（Princeton University Press，1985），页 313。但是，早在《文明社会史论》中，弗格森就表明，他的研究受到了常识原则的指引。例如，参见《文明社会史论》，页 8。福布斯认为，弗格森在其后期的著作《历史》中重新思考了他就伟大立法者的神话所持的立场。《文明社会史论》导读，页 xxiv。虽然弗格森确实在这本书中提到了那些"罗马帝国的命运所依赖的人"，这更可能是它作为一部标准的"国王和王后"的历史而非别的什么的副产品。Adam Ferguson，《罗马共和国衰亡史》（*The History of the Progress and Termination of the Roman Republic*，London，1834 年版，此后引用，标为《历史》）页 110。无论如何，弗格森不断地持守这本书中的观念是有表征的。例如，参见《历史》，页 12、419、449。弗格森在这部晚期的著作中也坚持他的早期著作中详尽描述的信念，即，历史的进步总体上来说是渐进的。《历史》，页 170。

为,弗格森的《埃绪语布道词》是他唯一的加尔文教性质的著作。[1]因为《圣灵学和道德哲学分析》以及《道德哲学要义》具有明显的教学性质,涉及"所有弗格森认为能够启迪年轻人的主题",[2]某些可能不适宜的主题被排除在外,另一些在《道德和政治科学原理》中删去的传统的虔敬主题则包含在内。[3]然而,两部著作都包含许多令人感兴趣的内容并与弗格森的其他思想融合无间。同样值得注意的是,弗格森在推测史学方面的努力主要限于《文明社会史论》,[4]虽然没有证据说明自从他采用了他在后期的著作中获得的见解之后便不再信任这种方法。很多学者认为,在写作《道德和政治科学原理》的时候,弗格森对商业化所产生的衰退和腐化的兴趣已经减小甚至消失了。[5]但实际上,弗格森对腐化主题的兴趣贯穿于其所有的著作中,包括《道德和政治科学原理》。

在此,值得一提的是,弗格森思想中的许多发展变化。其中最显著的是他对法国大革命的态度。如同欧洲和不列颠的大多数人,弗格森起初对大革命持非常积极的态度。[6]他似乎将其视为充满活力

---

[1] Charles Camic,《经验和启蒙:18世纪苏格兰文化变迁的社会化》(*Experience and Enlightenment: Socialisation for Cultural Change in Eighteenth Century Scotland*,University of Chicago Press,1983),页55—56。

[2] Kettler,《亚当·弗格森的社会和政治思想》(*Social and Political Thought of Adam Ferguson*),页7。

[3] 这些主题被称为:"论上帝存在"(Of the Being of God)、"论上帝的属性"(Of the Attributes of God)。

[4] 正如约翰·布鲁尔所述。《推测史学、社会学和社会变迁》(*Conjectural History, Sociology and Social Change*),页18。

[5] 参见 Pascal,《财产和社会》(*Property and Society*),页174—175;D. Kettler,《弗格森的原则;永恒的宪制》("Ferguson's Principles; Constitution in Permanence"),见 *Studies in Burke and His Time*,Vol 19,1978,页208—222、页209;Lois Whitney,《尚古主义和进步观念》(*Primitivism and the Idea of Progress*,Baltimore,1934)页153。

[6] 如斯科菲尔德所述:"不列颠的统治圈以惊讶、悲叹和自鸣得意而非敌意来迎接法国大革命的到来。"Schofield,《不列颠的保守政治思想》(*Conservative Political Thought in Britain*),页602。

的共和行动主义和平等主义的实例,①并预测这将使法国在亚洲和欧洲成为比此前"更好的领邦"。② 虽然弗格森一般会谴责任何形式的巨变,但他认为极端条件下的"骚乱"是可接受的,而大革命前的法国满足这样的条件。法国君主制已经烂透了,它因盲目地追求"快乐"和对继承等级的迷信态度而受损。弗格森写到:"它的每一个部分都充满了愚蠢和困难"。③ 当他1790年写信给麦克弗森时,他听起来并不十分担心,他说当时法国人正"忙于将他们的君主政体转化为民主政体"。④ [32]然而,如同大多数人一样,当雅各宾的恐怖统治确定无疑时,他的自鸣得意最终变成了沮丧。⑤ 虽然他继续坚持认为法国朝廷已经腐化,因而应该被推翻(他写道他乐于看到"伪装成贵族的堕落的轻佻者"消亡),⑥他视雅各宾党人为"比已知的人类历史上任何政体都血腥和恐怖的暴政"的创建者。⑦ 此外,法国越来越被视为可怕的"九头蛇"(Hydra),它威胁不列颠及其他欧洲国家的安全。弗格森认为在拿破仑(新的恺撒)的统治下,共和国只有通过军事帝国主义的侵略才能幸存。⑧ 到了18世纪90年代中后期,他认为,法兰西共和国体现了两种恶,"(大规模的)民主和无神论"。⑨ 它

---

① 革命分子"被民主所触动,如同被电光和闪电冲击,自此充满能量。"《致卡莱尔》(Alexander Carlyle)的信(October 2, 1797, *Correspondence*, No. 332, II),页423。

② 致麦克弗森(John Mcpherson)的信(January 19, 1790, No. 265, *Correspondence*, II),页337;Kettler,《亚当·弗格森的社会和政治思想》,前揭,页94。

③ Oz-Salzberger,《解析启蒙运动》,前揭,页104。

④ 致麦克弗森的信(July 31, 1790, *Correspondence*, No. 269, II),页340。

⑤ 《论法国大革命及其在欧洲实际和即将发生的影响》("Of the French Revolution with its Actual and Still Impending Consequences in Europe"), *Collection of Essays*, No. 14),页134。

⑥ 致麦克弗森的信(July 15, 1799, *Correspondence*, No. 354, II),页455。

⑦ 《论法国大革命及其在欧洲实际和即将发生的影响》,前揭,页134—135。

⑧ Kettler,《亚当·弗格森的社会和政治思想》,前揭,页94;致麦克弗森的信(March 1796, *Correspondence*, No. 308, II),页384—385。

⑨ 《致卡莱尔的信》(November 23, 1796, *Correspondence*, II, No. 322),页408。法国军队不是要吞噬外国军队,就是要在国内吞噬。致麦克弗森的信(September 26, 1797, *Correspondence*, II, No. 331),页420。

们合起来在弗格森的心里代表了"敌基督本身"①。

一些其他的变化也值得一提。首先,弗格森在他早期著作中更加注重扩大公民权的观念。在《道德哲学要义》中,他提出应该给予"下层阶级"对"贵族决定"的否决权,或者给予其选择"谁将代表他们行动"的权利。② 这个论题,至少是它的明确运用,在他后来的著作中再未出现。

此外,弗格森在晚年不再支持《奥西恩》。18世纪90年代后期,他在写给麦肯齐的信中,他疏远了麦克弗森,承认他早就怀疑后者"从史诗的创作中挖掘自由"。③ 到了他生命的最后岁月,他对共和主义价值和帝国主义危险似乎不再那么热衷,主张对美洲反叛者采取严厉的军事行动,反对爱尔兰独立并拒绝支持威利领导的约克郡改革运动。总之,他对于所有改革计划的态度似乎随着年龄的增长以及对政治变革现实的认识而逐渐严苛。④

[33]然而,总体来说,弗格森思想具有相当程度的一致性。尽管他的灵感来源非常广泛(偶尔不那么协调),他的世界观的基础轮廓是相当稳固的。研究弗格森的学者的任务是精确地确定其各

---

① 《致卡莱尔的信》(November 23,1796,*Correspondence*,No. 322,I),页408。然而他宣称自己对波拿巴的荣誉勋章制度印象深刻,这项制度对包括大不列颠在内的所有军事机构都是很好的激励机制。Fagg,《传略,通信集》(*Biographical Intro-duction,Correspondence*,I),页 lxxxii。参见致邓达斯(Henry Dundas)的信(August 2,1802,*Correspondence*,No. 369),页480—481。

② 《道德哲学原理》,页272—273。

③ 致麦肯齐的信(26 March,1798,*Correspondence*,No. 337,II),页430—431。

④ 但是,应该注意的是,弗格森对于激烈改革和"推翻"体制的态度始终是消极的。例如,参见《道德哲学原理》,页293—294。弗格森并非唯一一位对共和主义的热情被美洲和法国革命削弱的英国思想家。菲利普(Mark Philp)认为,这些事件"强烈谴责共和主义的花言巧语"并且"使英国坚决抵抗大众参与"。Mark Philp,《18世纪90年代的英国共和主义》(English Republicanism in the 1790s),见 *The Journal of Political Philosophy*,Vol. 6(30),1998,页235—262、270。

项参数。如同许多其他的弗格森评论者一样,[1]史密斯也注意到这些观点的一致性,但他也认为弗格森要求他的读者自己做一些艰苦的概念性工作,在头脑中将个别的观念粘接成一个统一的体系。"当弗格森精心地提出每一项观察时,他给读者留下了一个需要仔细辨别的体系。"[2]这是对摆在弗格森的读者面前之任务的公正评价。此外,弗格森自己也承认,他不注意标注其文献来源,[3]他的风格散漫且冗长。因而,有许多跑腿的工作需要去做。这样做了之后,不同的部分才能被置于恰当的位置。在此意义上,本书试图更加系统地组织和安排这些部分,反对那种认为他的思想缺乏任何体系的观点。

尽管弗格森并未阐述一个综合的历史理论,他的著作可以被视为是由"历史叙述"松散地联系起来的"第一原则"的集合体。[4]他努力构建一种关于历史的社会学意义上的科学;其历史性体现在对"描述或者叙述的事实的收集",其科学性体现在"确定一般规则……以解释特殊情况"。[5] 弗格森的社会科学概念与其有关自然均衡的元理论相关。这是一个极为复杂的建筑,反映了他希望避免展现一个整齐划一、简单抽象的世界,而是将其描述成其本来的样子,展现其复杂、多样和表面的混乱。他反对用少数齐整的变量解释人类制度的演化和维系。相反,在这一过程中,多种力量发挥了作用,包括欲望、短视的理性、习惯、冲突和逆境、环境因素甚

---

① 例如,参见 Willke,《亚当·弗格森的史学思想》(*The Historical Thought of Adam Ferguson*),各处。凯特勒(David Kettler)认为,弗格森从未改变其观点的一般倾向。《亚当·弗格森的社会和政治思想》,前揭,页 153。惠特尼(Lois Whitney)认为,弗格森对于"存在巨链"概念的忠诚贯穿于其所有的著作,包括最后的作品在内。Whitney,《尚古主义和进步观念》,前揭,页 150—151。

② Smith,《亚当·弗格森的政治哲学》(*The Political Philosophy of Adam Ferguson*),页 24—25。

③ *P. I.*,页 8;*Essay*,页 66。

④ Bryson,《人与社会》(*Man and Society*),页 41—42。

⑤ *Institutes*,页 2—3。

至人类弱点。这些不同力量是高度交织的,弗格森认为将它们作为离散的变量而分隔开来是不合适的。

　　尽管社会是由一些可辨识的法则所调控,但它们数量庞大并且往往只有在一定距离之外才可了解。人类事务不能被理解成是由少数简单的法则涵盖的。总是存在例外,环境、文化和自由意志经常发挥干扰作用,使得画面模糊。弗格森发现他大部分的朋友、同行和敌人都急于过度简化以得到心仪的体系:

　　　　[34]在收集史料的过程中,我们往往不愿意像我们所发现的那样接纳我们的探究对象。我们不想让历史细节的多样性和明显的前后矛盾令我们感到尴尬。从理论上来说,我们自承要探究普遍原理;为了使我们探究的问题不超出我们理解范围,我们乐于采纳任何一种体系。①

　　流行的用来描述社会秩序的启蒙运动的机械类比被拒斥了,代之以一个更为灵活和有机的模型,这个模型更好地体现了弗格森的下述观点,即将社会秩序看成是多变、戏剧性和不和谐的,但是最终融合在一起。社会秩序的"美""不是静止的"。相反,"大全在行动上是有活力的……并且不断地改变"。② 对现实主义的渴望牺牲了雅致的简单性,以成全经过修正的和精心安排的混乱性。这一后果因弗格森在试图将其周围的世界理论化时使用相当广泛的资料而变得更为严重。他使用复杂的棱镜感知世界,导致拼凑的效果,弗格森自己也委婉地承认这一点。③

　　史密斯正确地指出,给定"其作品的多样性和复杂性……他的

————————

① *Essay*,页21。
② *P. I.*,页174。
③ *P I.*,页7—8。凯特勒首先注意到这种"拼凑"效果。《亚当·弗格森的社会和政治思想》,前揭,页7。

思想主体广泛地遭到误解并不令人奇怪，尽管这些误解也确实常常把握住了他思想的某些方面"。① 弗格森哲学的混杂性质极易令人误解。他的读者需要始终意识到，在解释任何特定的观念时，弗格森会首先采纳某个权威的观念，当它们不再与他的世界观一致时，他就摒弃它们并继续吸收其他观念。例如，他的目的论便是一例，其形式最初是亚里士多德式的，②很快就放弃了，转向以基督教和廊下主义冲淡过的牛顿主义。另一个恰当的例子是弗格森对自利的处理，在他牢固地坚持某些基督教/廊下派原则的时候，他向斯密甚至曼德维尔作出了重大让步。

只有在对其谱系边界缺乏一幅详尽绘制的地形图时，弗格森的哲学才表现出矛盾冲突。维尔克如此敏锐地写到："弗格森的著作就像马赛克——具有光影和切面的漂亮马赛克"，"可以拼成有序且明艳的整体"。③ 为了全面理解弗格森，避免不公平地将其解释为繁杂和混乱，读者必须密切关注这些多变"光影"。

并不像某些学者所认为的那样，弗格森的观念互相排斥。④毋宁说，他的哲学是复杂和复合的。[35]弗格森使用"手边"的无论什么工具，创造性地使用观念和资料，无论何时，只要合适就毫不犹豫地修改它们，只要其他方式似乎更为有用，随时准备抛弃它们。他是一个创造性的调适者。"博学者"对这样一个人来说可能是一个太过宏大的词，这个人更为谦逊地将自己视为是一个采集

---

① Smith，《亚当·弗格森的政治哲学》，前揭，页13。

② *P. I.*，页312。

③ Jean Willke，《亚当·弗格森的史学思想》(*The Historical Thought of Adam Ferguson*)，Unpublished Doctoral Dissertation，Washington D. C：The Catholic University of America，1962，页223。

④ 例如，参见Bernstein，《弗格森和进步》，页100；Kettler，《亚当·弗格森的社会和政治思想》，前揭，页293。《永恒宪法》，前揭，页213；Charles Camic指出了弗格森的"相互冲突的信念"(Camic，《经验和启蒙》，前揭，页54)而Kettler特别提及了进步/衰退的问题，认为弗格森的回应无论如何不能被看成是形成了观念上的一致。《亚当·弗格森的社会和政治思想》，前揭，页222。

者,从古代和现代作者所奠定的"取之不尽的思想领域"中汲取并在此基础上从事建造。① 此外,弗格森很少为他的思想渊源所局限,②而是用它们锻造自己独特的道德、社会和历史视野,这种视野是按照功利主义而非审美的路径设计的。

二、所受的影响

为了理解弗格森在观念史上的地位,确定其灵感来源十分重要。如前所述,这些影响源数量庞大、种类繁多,并且,尽管他的主要思想来源是古典的,但他的著作也接受了很多现代影响。他所受的古典影响主要是廊下派,特别是罗马廊下派,他多次明确承认受惠于此。③ 除了宿命论的方面(虽然他偶尔也温和地予以承认),他几乎喜欢廊下主义的一切,从它的宗教和道德内容到它对生活的实用建议。弗格森特别喜爱的是奥勒留和爱比克泰德,对他们怀有崇高的敬意,④他们是道德和神学领域的重要权威。弗

---

① *P. I.*,页 viii。

② Willke,《弗格森的历史思想》,前揭,页 228。

③ 例如,参见 *P. I.*,页 7—8。Norbert Waszek 正确地指出,弗格森的廊下主义沿袭着罗马的路径。N. Waszek,《人的社会性》(*Mans Social Nature*),页 154—155。同时参见 J. Small,《亚当·弗格森传略》("Biographical Sketch of Adam Ferguson"),见 *Edinburgh Review*, Vol. 75 (255), 1867,页 48—85;Lawrence Castiglione,"1973 年重印的《道德和政治科学原理》导言"("Introduction" to the 1973 reprint of *Principles of Moral and Political Science*, New York,1973);Kettler,《永恒的宪制》,前揭,页 211,以及相同作者的《亚当·弗格森的社会和政治思想》,前揭,页 141,页 156,页 182。

④ 在《道德和政治科学原理》中,弗格森将马可·奥勒留和爱比克泰德作为宗教虔诚的最为精细的解释者而引用,并指出"对这一宏伟宗教的如许情感可以被合理地视为被造智能存在者的最高成就"。马可被认谓为"神一般杰出"的人类。*P. I.*,页 312、页 331—332。虽然弗格森特别地挑出马可和爱比克泰德,但他敬佩所有廊下派哲学家。弗格森可能是经由沙夫兹伯里和哈奇森了解廊下主义的。而孟德斯鸠对廊下主义的喜爱无疑让其学说对弗格森更具吸引力。Montesquieu, *Laws*, 5. 24. 10,页 465—466。弗格森写到:"这个学派为那些了解其真正精神的人的崇拜,包括沙夫兹伯里勋爵、孟德斯鸠、哈奇森先生以及许多其他人士。"*P. I.*,页 8。尽管弗格森最崇拜的导师是廊下派的信徒,但是那些特殊的修改是他自己提出来的。

格森认为"罗马法中较好的部分"是由廊下派的学说推衍出的,并且坚持认为这是一个"法学必须不断回溯"的源头。① 弗格森如此多地提及"古罗马"的廊下主义［36］以至于《爱丁堡评论》将其称为"苏格兰的加图"。② 弗格森并非唯一一位受廊下主义影响的苏格兰文人。例如,斯密就长期被认为是其信徒。③ 廊下主义在 18 世纪的苏格兰大为复兴,基督教-廊下派的综合广受欢迎。④ 但在弗格森的同辈中,没有人如此依赖廊下主义解释社会生活,特别是在自然中明显的邪恶和冲突被注意到的地方。

正如置身于其时代的弗格森,奥勒留是廊下派"思想过渡时期"的代表。它较少强调自足,而更乐意反思我们对改进的需要。不是专注于古典廊下派骄傲的美德,奥勒留对服务和仁爱的关注反映了对弗格森接受的基督教谦卑德性的预见。⑤ 在弗格森那里也残存了廊下派泛神论的痕迹。当然,基督教受惠于廊下派很多。

---

① *P. I.*,页 8。

② 他的朋友邓普斯特(George Dempster)称他为"我现代的爱比克泰德"。Fagg,《亚当·弗格森:苏格兰的加图》,前揭,页 264。

③ 参见 Waszek,《人的社会性》,前揭,第 4 章,以及同一作者《两种道德概念:亚当·斯密伦理学的特征及其廊下派来源》("Two Concepts of Morality: The Distinction of Adam Smith's Ethics and its Stoic Origin"),见 *Journal of the History of Ideas*,Vol. 44(4),1984,页 591—606。亦可参见 MacFie and Raphael,"《道德情感论》导言"(Introduction to *TMS*),页 5—10。我在其他地方已经指出,斯密相对于弗格森不那么廊下派。Hill,《弗格森和斯密论人性》(Ferguson and Smith on Human Nature),各处。

④ M. A. Stewart,《苏格兰希腊讲席的由来》("The Origins of the Scottish Greek Chairs"),见 *Owls to Athens: Essays on Classical Subjects*,E. M. Craik(ed),Oxford,1990,页 399。以及同一作者 M. A. Stewart,《早期苏格兰启蒙运动的廊下派遗产》(The Stoic Legacy in the Early Scottish Enlightenment),见 M. J. Osler(ed),《原子,普纽玛和宁静》(*Atoms, Pneuma and Tranquillity*),Cambridge,1991。亦可参见 Sher,《教会和大学》,前揭,特别是第 8 章和 Waszek,《人的社会性》,前揭,各处。

⑤ Maxwell Staniforth,"马可·奥勒留的《沉思录》导言"("Introduction" to Marcus Aurelius, *Meditations*,Translated and with an Introduction by Maxwell Staniforth,London,1964),页 2。

基督教神学的"圣灵"最初在廊下派神学中表现为宇宙的"创造之火"(creative fire)或精神,而基督在第四福音中被描述为"逻各斯",这个廊下派术语指的是话语或理性。基督教和廊下派还共同持有我们是上帝子孙的信念,一如两者均持有最终的大火(final conflagration)的教义。实行禁欲主义对两者都很普遍,两种体系都是完美主义的,都将圣人看成是完美的典范。① 哈奇森(奥勒留的翻译者和影响弗格森的关键人物)将所有美德都归为仁慈,这是基督教中爱的哲学对应物,而奥勒留强调"人道"(humanitas)(仁慈)、同情(sympathia)(我们与他人的有机联系)和集体主义(communalism)等团结性美德的重要性。② 他写到:"自然这样构造理性存在者,是为了他们自己相互的好处,每个人都依据对方的应得之分帮助他的同伴,而绝不伤害他们。"③他强调,无私就是自身的奖赏,④并且相信我们明显是被创造出来服务于"公共福利"并践行"善意行为"的。⑤ 此外,爱比克泰德[37]和奥勒留都坚信世界是仁慈的,其间没有什么是病态或罪恶的,每一件事物不管外观怎么样都符合神的总体规划。弗格森同样持有所有这些信念。⑥

　　非常重要的是,要意识到相较于与廊下主义(在希腊廊下主义中更加明显)普遍相关的退隐思想,政治活跃、军事勇猛这些更加热情的罗马廊下派公民美德对弗格森更具吸引力。虽然他们的观点非常模糊,这些廊下主义者似乎既不是坚定的泛神论者,也不是彻底的决定论者。⑦ 相应地,他们视社会批判和服务为其最重要

---

① Staniforth,《〈沉思录〉序言》,前揭,页 23—26。
② D. D. Raphael and A. Macfie, Introduction to *TMS*,前揭,页 6—7。
③ Marcus Aurelius,《沉思录》,9.1,页 137。
④ Marcus Aurelius,《沉思录》,11.4,页 166。
⑤ Marcus Aurelius,《沉思录》,9.42,页 149。
⑥ *P. I.*,页 312—313。
⑦ A. A. Long 争辩说,"廊下派的决定论不排除关于人类自愿行动或道德责任的融贯理论。""廊下派的人类行为理论中的自由和决定论"(Freedom and Determinism in the Stoic Theory of Human Action),见 A. A. Long, (ed.), *Problems in Stoicism*, London, 1971,页 174。

的任务。廊下主义,特别是在其罗马晚期阶段,更多地不是一种忍耐的哲学,而是一种行动主义和个人责任的哲学,①鼓励其信徒参与政治活动。廊下派不动心(apatheia)的教化只适用于在我们控制之外的事件。例如,奥勒留写到,人"不会仅仅因为犯罪而有罪,往往也因为疏忽而有罪"②,他的社会和法律改革计划以及他重要的军事生涯都是这种信仰的证明。罗马廊下派思想中的退隐和积极部分因以下事实而和解:廊下派秩序是由法则驱动的。爱比克泰德和奥勒留都认为,美德存在于对职责的认可和履行,这种职责融合了宙斯所赋予人的第二身份或者地位:

> 你的目的是……回到你的故土,消除你亲属的疑虑,履行你作为公民的职责,缔结婚姻,生育子女,处理惯常的事务。我想,你来到这个世界不是为了选择一个非常好的地方,而是在你出生或者作为公民登记的地方生活和处理相关事务。③

一般的期待是有见识的人将会参与公共生活,除非一些现实的困难阻碍他们。④ 他们不认为自己被免除了任何公民职责,他

---

① Passmore,《人的完美性》(*Perfectibility of Man*),页 57。Epictetus,《道德手册》(*Enchiridion*, translated by George Long, New York: Prometheus Books, 1991, 5),页 14。

② Marcus Aurelius,《沉思录》,9.5,页 139;;Philip Noyen,《马可·奥勒留:最伟大的廊下派实践者》("Marcus Aurelius: The Greatest Practitioner of Stoicism"),见 *Antiquite Classique*, Vol. 24, 1955,页 372—383,页 378。亦参见 Epictetus,《阿利安辑录的谈话录,手册和片段》(*Discourses as Reported by Arrian, the Manual and Fragments*, W. A. Oldfather 英译,2 Vols, London, 1989, 2.10.1—2),页 275,Lisa Hill,《第一次女性主义浪潮:廊下派女性主义运动?》("The First Wave of Feminism: Were the Stoics Feminists?"),见 *History of Political Thought*, Vol. 22 (1) 2001,页 12—40。

③ Epictetus,《谈话录》,前揭 2.23.36—40,页 417。

④ M. Griffin,《塞涅卡,一位政治中的哲人》(*Seneca, A Philosopher in Politics*, Oxford, 1976),页 331。

们认为恰恰相反。① 参与政治生活的偏好是我们"保护和捍卫"同伴的欲望的自然流露。② [38]塞涅卡强调参与公共事务的重要性，而帕那提乌斯则鼓励世界主义，像其他"公民"那样行动，享受"话语和生活的普遍纽带"，形成并参加"公共集会"，为他自己、他的家人以及其他"他与之亲近"的人的物质需要做准备。③ 那些不能直接贡献于公共生活的廊下主义者（例如，还是奴隶的爱比克泰德），通过发挥他们对精英的影响，对治国方略和公共政策的评论以及对糟糕的政府的谴责寻求间接地参与公共生活。④ 每一个被指定的位置都有其相应的责任，爱比克泰德认为，应该严格遵守这些责任。⑤ 勤勉地履行"日常责任"是一种美德，也是普通人力所能及的。⑥ 廊下主义者认为，美德往往在某些特定情形中显现。特定的社会角色与特定的义务和"适当的行为"（kathekonta）相关联，这些职责的正确履行产生了次级的美德，诚然低于追随着智慧的美德，但仍值得赞赏。⑦

　　但值得注意的是，对于好的廊下主义者而言，当宙斯的永恒法与"恺撒"的世俗法发生冲突时，前者始终优先。⑧ 弗格森似乎与

---

① 世界主义（Cosmopolitai）通常被认为由于下述事实而成为连接邻近的共同体与更为广阔的世界的纽带，即他们似乎具有"极强的韧性和自我控制力，不同寻常地特立于直接的社会认可之外，因为他们被认为对宇宙法则持有独特见解。"S. R. L. Clarke，《智者之城》（The City of the Wise），见 Apeiron，Vol. 20 (1)，1987，页 63—80，页 74。

② Cicero，《论至善和至恶》（De Finibus Bonorum et Malorum，H. Rackham 英译，London，1961，III），页 68。

③ Epictetus，《谈话录》，2. 10. 7—13，页 277。

④ 更深入的讨论，参见 Lisa Hill，《罗马廊下派的两种共和主义》（"The Two Republicae of the Roman Stoics"），见 Citizenship Studies，Vol. 4 (1) 2000，页 65—79。

⑤ Epictetus，《谈话录》，2. 10. 7—13，页 277。

⑥ E. V. Arnold，《罗马廊下主义》（Roman Stoicism，New York，1958），页 305。

⑦ Christopher Gill，《人格与个性：西塞罗〈论义务〉中的四种人格理论》（"Personhood and Personality: The Four Personae Theory in Cicero, De Officiis I"），见 Oxford Studies in Ancient Philosophy，Vol. 6，1988，页 169—200，页 175。

⑧ I. Xenakis，《哲学家—治疗师爱比克泰德》（Epictetus Philosopher-Therapist，Martinus Nijhoff，The Hague，1969），页 126。有关该问题的深入探讨亦可参见 Hill，《罗马廊下派的两种共和主义》。

这个廊下派最重要的原则作斗争。虽然他在某些方面拥护世界主义的观念和理性灵魂的举世的同袍之爱,我们应该看到,当发生冲突时,他的爱国主义和地方性的同情占据优先地位。

无论如何,其他主要的思想来源包括温和的苏格兰长老派以及其他重要的人物,如格劳修斯、牛顿、①培根、沙夫茨伯里勋爵、哈奇森、孟德斯鸠、②亚里士多德、塔西佗、波利比乌斯、修昔底德和西塞罗。后者被当成是廊下主义来使用。弗格森表明,西塞罗主要是作为(早期和中期的)廊下主义阐释者的角色。③沙夫茨伯里和哈奇森都是罗马廊下派的信徒,④虽然弗格森似乎是直接地[39]从最初源头寻求灵感。然而,哈奇森的著作还是给弗格森留下了印象,特别是因为他们的神义论有如此多的共同点。⑤

在弗格森那里似乎也经常出现马基雅维利,学者们也倾向于

---

① 例如,弗格森毫不讳言他对牛顿的赞美之情,参见 *P. I.*,页 200、页 312。

② 例如,弗格森对孟德斯鸠深深的钦佩可参见 *Essay*,页 66 以及"已故的约瑟夫·布莱克博士传略"(Biographical Account of the late Dr. Joseph Black),见 *Royal Society of Edinburgh Transactions*,Edinburgh,Vol. V. (3),1801,(此后引用标注为"布莱克博士"),页 101—117、页 102。关于孟德斯鸠对弗格森的影响的更多细节,参见第 4 章和第 9 章。

③ *P. I.*,页 8。

④ 哈奇森将《沉思录》译成英文。Sher,《教会和大学》,前揭,页 118。沙夫茨伯里对爱比泰德和马可·奥勒留的著作都非常熟悉。W. A. Oldfather,"爱比克泰德导读"(Introduction to Epictetus),见 *Epictetus*,《谈话录》,页 xxviii。弗格森和哈奇森一样希望用温和的基督教和廊下主义的原则"铸造青少年"(mould teenage boys)。R. B. Sher,《美德教授:18 世纪爱丁堡道德哲学教席的社会史》(Professors of Virtue: The Social History of the Edinburgh Moral Philosophy Chair in the Eighteenth Century),见 M. A. Stewart. (ed.),《苏格兰启蒙运动哲学研究》(*Studies in the Philosophy of the Scottish Enlightenment*),Oxford,1990,页 119。

⑤ 有关哈奇森神义论更深入的讨论,参见 James Moore,《哈奇森的神义论:〈道德哲学体系〉的论点和背景》(Hutcheson's Theodicy: The Argument and the Contexts of *A System of Moral Philosophy*),见 *The Scottish Enlightenment*,Paul Wood,(ed.),Rochester,2000。沙夫茨伯里和莱布尼茨(Gottfried Leibniz)的神义论也对弗格森产生了无法摆脱的影响。

将马基雅维利的影响看成是当然的,[1]尽管弗格森或多或少地完全拒绝引用他,更不必说承认他的存在。[2] 马基雅维利的思想是间接地进入弗格森的。哈林顿使马基雅维利的思想大众化,并将其带入 17 世纪大众的视野中。曼德维尔(弗格森耗费了很大精力批判他)[3]也将马基雅维利的思想传递给英国公众,而孟德斯鸠(人们认为,他大量借用马基雅维利的思想而没有适当地表示感谢)[4]是另一个可能的来源。但也有可能众多被归于马基雅维利的影响来自于马基雅维利所找到的同一个地方,即塔西佗、西塞罗和其他古典权威。

在 18 世纪想要不受卢梭的影响是很难的,卢梭的影响似乎确凿无疑,虽然弗格森只引用了卢梭两次,一次是同意他的观点,另一次是反驳他。[5] 卢梭在很多地方会惹怒弗格森,[6]而弗格森的写

---

① 参见 Kettler,《亚当·弗格森的社会和政治思想》,前揭,页 7;J. G. A. Pocock,《马基雅维利时刻》(*The Machiavellian Moment*,Princeton,1975),页 499—500;Willke,《亚当·弗格森的史学思想》,前揭,页 226;Smith,《亚当·弗格森》,页 391;Forbes,"《文明社会史论》导言",前揭,页 xxviii、页 xxxi。

② 罕见的例外参见《罗马共和国兴亡史》,页 4。

③ 弗格森对曼德维尔的反对,参见 *Essay*,页 36—37 以及"道德评估的原则"(Principle of Moral Estimation),见 *Collection of Essays*,No. 25,页 231。

④ Duncan Forbes,"科学的辉格主义:亚当·斯密和约翰·米勒"(Scientific Whiggism:Adam Smith and John Millar),见 *Cambridge Journal*,Vol. 6,1954,页 643—670、页 660。实际上,孟德斯鸠曾有一次承认马基雅维利是"伟大的人物"。*Laws*,1.6.5,页 77。而第二次他是以蔑视的口吻提及"马基雅维利主义"。*Laws*,4.20,页 389。关于马基雅维利和孟德斯鸠关系的讨论,参见 William Mullen,《共和主义的发展:罗马学派》("Republics for Expansion:The School of Rome"),见 *Arion*,Vol. 3,1976,页 298—364。

⑤ *Essay*,页 116、页 11。弗格森不会承认他和卢梭在任何观点上是一致的,基于这个信念,伯恩斯坦(John Bernstein)认为,卢梭不可能影响他。J. A. Bernstein,《亚当·弗格森和进步观念》("Adam Ferguson and the Idea of Progress"),见 *Studies in Burke and His Time*,19 (2),1978,页 99—118。

⑥ 例如他的契约论、尚古主义;对侵入性和管制性国家的重要性的强调;认为在自然状态中,通过易得的"简单的必需品"人的需要自然地得以满足的观点;主张健全的政府的最可靠的标志是人口的增长;所有的宪制都有堕落的自然趋势以及他所宣传的文明扩散论。

作似乎也经常是在反对卢梭。但他们也有很多并行不悖的思想。
两者都关注公民美德、"柔弱"（effeminacy），以及进步所付出的道
德和公民代价。[1] 两者都大量引用孟德斯鸠，[2]崇尚廊下主义，[3]相
信[40]人类天生是善的，[4]蔑视过度扩张的[5]中央集权，[6]帝国主义
和使用雇佣兵，[7]都提出了早期的异化理论。[8] 他们也担忧，现代
生活中不断增长的对私人利益的关注有损对公共领域的关注。[9]
的确，大部分弗格森的思想似乎都在斯密的进步主义、现代主义、
自由主义和自由放任主义以及卢梭的浪漫主义、平等主义和统制
经济（dirigiste）之间徘徊。

　　除了罗伯森、卡梅斯、卡莱尔和斯图尔特这些苏格兰文人之
外，[10]弗格森的好友亚当·斯密和休谟也在消极和积极的方面对

---

[1]　参见 Rousseau，《论人类不平等的起因和基础》，见 Social Contract and Discourses，
　　页 57。
[2]　例如，卢梭追随孟德斯鸠，提出"明智的立法者并不从制订良好的法律本身着手，而
　　是先要考察一下，他为之而立法的那些人民是否适宜于接受那些法律。"Rousseau，
　　《社会契约论》（Social Contract），页 17，页 250—255。
[3]　K. F. Roche，《卢梭：廊下派和浪漫主义者》（Rousseau：Stoic and Romantic，Lon-
　　don，1974）。
[4]　就像苏格兰启蒙运动的所有其他主要人物一样。Rousseau，《论人类不平等的起因
　　和基础》，前揭，页 118。
[5]　Rousseau，《社会契约论》，页 219—221。
[6]　Rousseau，《社会契约论》，页 263—264。
[7]　Rousseau，《论政治经济学》（A Discourse on Political Economy），见 Social Contract
　　and Discourses，页 157、页 158。
[8]　这种异化或者自我疏离（self-estrangement）的主题在卢梭的《论人类不平等的起因
　　和基础》中比弗格森的《文明社会史论》出现得更早，但弗格森对此处理方式不同，
　　因为他关注劳动分工，而这是卢梭所缺乏的。Forbes，《文明社会史论》导言，页
　　xxxi。
[9]　Rousseau，《社会契约论》，页 265—266。
[10]　奇特尼斯（Anand Chitnis）认为："在他们的时代，主要有五位学者主导社会哲
　　学……大卫·休谟、亚当·斯密、威廉·罗伯森、亚当·弗格森和约翰·米勒"。
　　Anand Chitnis，《苏格兰启蒙运动》（The Scottish Enlightenment，London，1976），
　　页 92。

他产生了重要影响。在某些方面,他将自己视为他们的对手,经常指责而吝于赞赏他们,但有时又对他们做出很大让步,就像即将说明的那样。特别是,他并不像两者中的任何一人那样相信进步一般是积极的。他反对他们的明显的功利主义,不赞同他们对社会冲突的厌恶。虽然斯密对于公民美德和仁爱在社会生活中的作用的态度刺激了弗格森,但休谟的快乐主义、形而上学的和认识论的怀疑主义才是他最大的困扰,他认为这必然导致人类的两大错误,无神论和宿命论。这些分歧,包括他与卢梭的分歧,对于阐释弗格森作为一个过渡思想家的地位尤为重要。和大部分苏格兰启蒙运动的思想家一样,对霍布斯、洛克和曼德维尔的利己主义的反对也是一贯的主题。

　　弗格森研究中老生常谈的一个问题是,弗格森著作受到他的诸多犹豫不决以及使用太过分散的资料所造成之矛盾的困扰。某些人认为这一问题在于缺乏支撑性体系,[1]而另一些人则认为所谓他的"彼此冲突的信念"和他同时信奉现代和古典的价值有关。[2] [41]这意味着,他的著作是不连贯的,因而是失败的,或者至少是片面的。

　　有关"文雅"时代的发展问题,弗格森确实是矛盾的,但他基本的立场是一致的。尽管存在真正的张力,以及偶尔的矛盾,他的很多表面的不一致都是由于他的方法的复杂性以及他常常凌乱的写作风格。

---

①　例如,伯恩斯坦认为弗格森"作为一个历史哲学家如此缺乏系统性,以至于任何其他人都很难将他留下的散乱的和难于协调的观念体系化。"Bernstein,《亚当·弗格森和进步观念》,前揭,页 100。

②　Kettler,《亚当·弗格森的社会和政治思想》,前揭,页 293,以及同一作者的《永恒的宪制》,前揭,页 209、页 221—222;K. G. Ballestrem,《观念史中历史唯物主义的来源》("Sources of the Materialist Conception of History in the History of Ideas"),见 *Studies in Soviet Thought*, Vol. 26 (1) 1983,页 3—9、页 7;Camic,《经验和启蒙》,前揭,页 54—55。

他试图综合以下两者：一种是指向共同善的古典取向和新近复兴的仁爱的伦理（由坎伯兰、沙夫茨伯里和哈奇森等思想家阐发）；另一种是现代的状况和私人利益这一更新的伦理（因为它既然存在，并且似乎是相当有用的，就必须被考虑）。[1] 为了完成这项任务，弗格森发现自己卷入了一场持久战，不仅是与霍布斯和曼德维尔作战，也和斯密、休谟等被他（可能是不公正地）视为伊壁鸠鲁主义的代表作战。对弗格森而言，伊壁鸠鲁主义是罗马堕落的原因（因而，言外之意，它对不列颠也产生了相同的影响），因为它将伦理学化约为快乐和痛苦的快乐主义，对公共领域不关心，将"善"限制在私人事务上，并且最后，否定神意。[2]

弗格森的著作常常是古代廊下主义和伊壁鸠鲁主义之争的延续和重演。[3] 实际上，这才是他的伦理学的关键潜台词，下文将会说明这一点。虽然他在很多方面与他们是一致的，弗格森必须避免完全在他的对手的道德和知识论地盘上上场，他认为他们有些人低估了进步的代价，错误地为传统社会生活的崩溃而欢欣鼓舞。因而，他需要构想一种新的哲学以安顿仁慈和公民美德，同时承担为现时代界定最好的政治社会形式的实际功能。[4] 所以，就此而言，弗格森的哲学不同于他的苏格兰同辈，而并非人们有时认为的那样，[5]

---

[1] Smith，《亚当·弗格森的政治哲学》，前揭，页 35。

[2] *History*，页 169—170。更深入的探讨参见 Sher，《教会和大学》，前揭，页 180。

[3] 例如，参见 *Institutes*，页 137—139，*P. II.*，页 3—5。

[4] Smith，《亚当·弗格森的政治哲学》，前揭，页 35。Waszek 认为，探究在现代性的压力下，共同体会将会如何时，弗格森的思想"受过往知识的指引，但也具有高度原创性并指向未来"。《人的社会性》，前揭，页 140。

[5] Bryson，《人与社会》，前揭，页 30—52。Bryson 正确地指出，弗格森与他的苏格兰同辈一样关注类似的"一整套观念"，但忽视了他处理那些相同观念的方式往往是独特的。弗格森的传记作者法格也认为，"弗格森是典型的文人……只有他是在美国为卡莱尔和平使团效力，出生在高地边缘，会讲盖尔语这些才使他与众不同。"Fagg，《亚当·弗格森：苏格兰的加图》，前揭，页 333—334。亦可参见 Lehmann，《亚当·弗格森》，前揭，页 235；A. Silver，《商业社会中的友情：18 世纪（转下页注）

是"苏格兰学派"的"典型"。①

[42]阐释弗格森的社会思想时,我们可以注意他是在什么地方试图连接或综合表面上不相容的传统的。例如,他有关"圣灵学"的著述,产生于如下时刻:他必须决定如何回应斯密有关自利和仁爱的观点,如何在对手的强大论证下维护公民人文主义和他自己对经验科学的信奉。另一个这样的时刻是他对国家衰退的讨论,当时他同时抱有以下两种感情:一种是关于商业时代的"现代的"乐观主义,一种是对伴随着进步而发生的公民美德和团体情感之丧失而抱有廊下派式哀悼。通过仔细分辨这些"分水岭"时刻以及弗格森对由此导致的不协调的尝试性调和,我们可以追寻他构建新领域的轨迹。最终,弗格森实现了别扭的协调,主要不是因为不一致而别扭,而是因为全然的复杂性而别扭。

（接上页注）的社会理论和现代社会学》（"Friendship in Commercial Society: Eighteenth-Century Social Theory and Modern Sociology"）,见 *American Journal of Sociology*, Vol. 95 (6), pp. 1474—1504, 1990,页 1481 以及 Pascal,《赫尔德和苏格兰历史学派》,前揭,页 27。

① 例如,参见《道德评估的原则》,前揭,各处,它批判了斯密和休谟的伦理学。关于弗格森和休谟的主要分歧的阐述参见《要义》,页 156 以及 Kettler,《弗格森的社会和政治思想》,前揭,页 453。

第三章　弗格森的神学/存在论

[43]弗格森是在他的先验神学和道德信念的背景下尝试建立社会科学,理解这一点极为重要。社会学的研究与道德哲学相分离,弗格森的人文科学似乎是世俗的。他所构建的将相互对立的宗教世界和科学世界连接起来的桥梁是通过如下信念实现的,即上帝的意志是通过动力因或者第二因表达的,而非通过神圣的直接干预。① 世界是设计的结果,人类事务可观察到的一贯秩序在性质上是这种设计和目的的直接后果。② 因为弗格森的上帝是遥远的、不干涉的"普遍神意"(General Providence),世界需要内置的法则去维持事物之间的秩序,这些事物在互相作用以及彼此干扰的状态中,相互协调并且彼此制衡。人类事物达致这种平衡很大程度上是通过非意图的后果或者目标多样性法则;也就是说,通过自生自发秩序的自然的社会法则。这种自生自发秩序的安排在弗格森的整个社会科学中处于核心地位,用他自己的话

---

① "尽管自然之主自己通过对第二因的干预在任何地方都是全能的……第二因是人手上赖之以在许多情况下达成[上帝的]意图的工具。""论因果、目标和手段、秩序、结合与设计"("Of Cause and Effect,Ends and Means,Order,Combination and Design"),见 *Collection of Essays*,No. 13,页 124。

② 例如,参见 *P. II.*,页 27。*P. I.*,页 53、页 180;*Essay*,页 89—90。

说,是神意论的上层建筑使得他的体系运作。他相信神意,部分是因为他深信有一个进行设计的上帝,部分是因为无论他本人还是其他人都无法提出一种有关进化或进化心理学的非目的论理论供他使用。然而,从更为现代的观点看,即使神意论被排除之后,他的体系作为一种适当的社会科学仍然有效,因为社会秩序活动的主要场所是处在动力因层面。世界是设计出来的,但没有为其间发生的事情指定直接代理。事情的发生是因为非个人的、永恒不变的和自我调节的自然法则,而非上帝的专门干涉。上帝通过第二因规定自然的运行,理解自然的法则也就是理解上帝的命令。① 因此,信赖第二(动力)因与持有运动的神意观并非不一致。

然而,据说,设计的概念"明确地被苏格兰人拒绝了",并且他们的社会"理论提供了对复杂社会结构的起源的解释,而不需要假定存在一个智慧的指导者"。[44]和他的苏格兰同行的理论一起,弗格森的理论被看成是"适应性演化"的某种变体。② 就弗格森而言,这一点确实是对的,即从人类行动者的角度看,设计是多余的,但是在社会体系的层面上却并非如此。尽管从狭义上将弗格森的方法看成是演化的是准确的,但这是借助设计(虽然不是人类的设计)的演化。从因果关系上看,弗格森的理论是一个双层的安排,包括个人心灵(individuopsychic)或动力因层面,以及社会体系或目的因层面。他非常热衷于给读者留下如下印象,即他的体系是由目的因的概念所驱动的,而那些仅仅依靠有效因或者"物理力

---

① 牛顿也持这种观点。J. E. McGuire,《力,活力原则与牛顿的隐形王国》("Force, Active Principles and Newton's Invisible Realm"),见 *Ambix*, Vol. 15, 1968,页 154—208、页 202—207。

② Hamowy,《自生自发秩序》(*Spontaneous Order*),页 3—4。哈耶克也暗暗地地略去了弗格森视野中的神意论支撑。参见 D. Simpson,《约瑟夫·熊彼特和经济学的奥地利学派》("Joseph Schumpeter and the Austrian School of Economics"),见 *Journal of Economic Studies*, Vol. 10,(4),1983,页 15—28、页 26。

量"的运作的解释不可信。①

一、弗格森的个人信念：竞争的观点

关于弗格森理论的性质，学者们的观点存在分歧。某些人认为他的哲学是自然神论的，或者是反映了一位放弃信仰的基督徒的失望。② 另一些人明确或者隐晦地指出，他的计划是世俗的或者本质上是纯粹唯物主义的。③ 某些学者试图将弗格森塑造为第一位"社会学家"的热情，似乎导致了时代错置地展现他的观点的趋势。本研究旨在说明，弗格森整个社会秩序的大厦以及造就它的复杂的自然法则，需要参照他有关设计、目标和终点的坚定的基

---

① 例如，*Essay*，页 12；*P. I.*，页 312 以及 *P. II.*，页 27。

② 维尔克(Jean Willke)认为，在弗格森的成熟时期，他是一位"彻底的自然神论者"。Willke，《亚当·弗格森的史学思想》，前揭，页 34。亦可参见 G. L. McDowell，《商业、美德和政治：亚当·弗格森的宪政主义》(Commerce, Virtue and Politics: Adam Ferguson's Constitutionalism)，见 *Review of Politics*，Vol. 45 (4)，1983，页 536—552。斯金纳(Andrew Skinner)在弗格森的哲学中发现了一种对"神圣的理性智慧"的信仰。Andrew Skinner，"经济与历史—苏格兰启蒙运动"("Economics and History-The Scottish Enlightenment")，见 *The Scottish Journal of Political Economy*，Vol. 12，1965，页 1—22、页 22。有关弗格森是一位放弃信仰的基督徒的观点，参见彼得·盖伊(Peter Gay)，《启蒙运动：一种解释》(*The Enlightenment: An Interpretation*，in 2 Vols，London，1970，Vol. 2)，页 336。谢尔认为："弗格森在 18 世纪 50 年代退出教会的事件让不熟悉苏格兰教会事务复杂性的学者们"提出了这种错误的假定。Sher，《教会和大学》，前揭，页 125。

③ 某些唯物主义者或世俗论者是这样的解释的：福布斯在其《文明社会史论》的导言(页 xviii)中指出，弗格森对冲突的分析"完全是就事论事，干巴而世俗"。德国史学家布雷西格(Breysig)将弗格森刻画为"一位纯粹的经验主义者，同时摆脱了神学的和理智的目的论"的假定。Lehmann，《评论》(*Review*)，页 177。亦可参见 Pascal，《赫尔德和苏格兰历史学派》，前揭，页 27；Ferrarotti，《创造性张力中市民社会和国家结构》(Civil Society and State Structures in Creative Tension)，页 11—12；Meek，《苏格兰人对马克思主义社会学的贡献》(*The Scottish Contribution to Marxist Sociology*)，页 34—45；D. Zaret，《从政治哲学到社会理论》(From Political Philosophy to Social Theory)，见 *Journal of the History of the Behavioural Sciences*，Vol. 17，1981，页 153—173。

督教-廊下派信仰才能理解。

　　有人认为，弗格森的事业本质上是世俗的，"虽然表面虔诚，但他是一位根深蒂固的世俗主义者"。[①] 或许，这里的意思是弗格森的"表面虔诚"只是为了[45]出版安全和防止读者疏远的掩饰。大多数弗格森的同辈都清醒地意识到，异端或不虔诚的指控是非常危险的，即使是在 18 世纪开化了的苏格兰。艾肯海德（Thomas Aikenhead）1697 年被绞死的情景在他们脑海中历历在目（艾肯海德是爱丁堡大学的一名学生，也是不列颠最后一位因异端而被处决的人）。在更近一些的时候，并且离家更近的地方，休谟因为其怀疑论而遭受不幸，苏格兰教会（the Kirk）成功地阻止了他的两次教席申请，一次是 1745 年在爱丁堡大学（道德哲学），继而是1752 年在格拉斯哥大学（逻辑和修辞学）。[②]

　　但是，每当提及相关主题，弗格森就会公开批判正统宗教，[③]并且在他的《道德和政治科学原理》的序言中宣告了自己的意图，这就是将自己的神学结论限制在"常识"所指向的结论之上。[④] 虽

①　Kettler，《亚当·弗格森的社会和政治思想》，前揭，页 131。

②　Broadie，《苏格兰启蒙运动》，前揭，页 33—35。

③　弗格森毫不隐瞒他对启示宗教的厌恶之情，并且任何时候也没有将自己描述为基督徒。参见 *P. I.*，页 vii；*Institutes*，页 235—236；以及《对舞台剧道德性的严肃思考》（*The Morality of Stage Plays Seriously Considered*，Edinburgh，1757），页 5。尽管如此，《杰出苏格兰人传记词典》还是将弗格森记录为，受苏格兰教会教义的滋养……是启示真理的恭敬的信奉者。《杰出苏格兰人传记词典》（*A Biographical Dictionary of Eminent Scotsmen*，Vol. II，Edinburgh，1864），页 201。

④　弗格森的著作中很少或者说没有重要的正统基督教的内容，除了其哲学是特别为了教育青年的地方。Kettler，《亚当·弗格森的社会和政治思想》，前揭，页 153。但是，即使在这份材料中，他也非常明确地批判了宗教的"决疑论"。例如，参见 *Institutes*，页 235，页 164。在很大程度上，弗格森要么忽视要么间接批判启示宗教和建制性宗教。例如，"在宗教的名称之下，我们钦佩和热爱至高无上的存在者可感知到的完美，但是偏执和迷信也可能以宗教的名义存在，以对人类的压迫和残忍行为代替对上帝的义务。因而，在正直和人道的德性之路的方向上，我们不可以随便相信任何以宗教或者良心为名的东西，也不可以相信在这个世界上短暂流行的东西。"*P. II.*，页 320。重点为弗格森所加。亦可参见 *P. I.*，页 vii。他也提到伴随"宗教的滥用"产生的"致命后果"，并且赞同《十二铜表法》（Twelve Tables）的下述规定：允许"每个家庭""以他们自己的方式"自由地"崇拜上帝"。*Institutes*，页 216；*History*，页 12。

然他所受的神学教育在本质上主要是基督加尔文教的，[1]他并不隐讳对自然宗教的偏爱。对于那些质疑他"将讨论仅仅局限于自然宗教"的决心的人，弗格森给予了明确的回应：

> 这是每一种上层建筑无论是道德还是宗教的基础，并且应该被单独处理，他认为这是分配给他的工作的一部分。制度可能会改进，但无法代替全能的神在其作品，以及在理性对人的建议中所揭示的。……我们自然之主所传授的东西应被视为随后他所提议的每项制度的检验标准。[2]

弗格森所有的神学论点都不是从圣经或者建制性宗教教义，而是从自然的作品中拣选而来。"真正的宗教"在于"研究自然，通过这种研究，我们被引导着用物理因素的运作所展现的智慧的天意"代替"恐吓或者愚弄无知者的幻象"。[3]

[46]如果所谓的弗格森的"表面虔诚"只是一个幌子，那么为了保护他自己他所做的已经远超必要。无论如何，如将要说明的，他体系的很多部分在逻辑上是（至少按照他自己的观点）有赖于自然中的设计和目的的原则。

需要指出的是，考虑到出现在启蒙运动时期的关于宗教信念的令人头晕目眩的一系列范畴及其排列组合[4]，准确地把握弗格森的神学立场不是容易的任务，在这个时候，在这一主题上规避和模糊化几乎是一种潮流。同时，所有的含糊性同样可追究为这一事实，即弗格森的神学是混成的，有时候还混成得难以梳理，并且

---

① Kettler，《亚当·弗格森的社会和政治思想》，前揭，页171。

② *P. I.*，页 vii—viii。

③ *Essay*，页89—90。

④ J. Viner，《上帝在社会秩序中的作用》(*The Role of Providence in the Social Order*，Philadelphia：American Philosophical Society)，页13。

常常是暗示而不是明示。正因如此,将讨论限制在辨别那些更为核心的神学信条上似乎是更有收获的选择,这些神学信条在弗格森的哲学内部是起作用的并且不可或缺的,例如上帝的存在,设计的观念特别是自然中的目的的观念,自由意志和否认罪恶存在的学说。

　　遗憾的是,在弗格森的分析中,很少(如果有的话)有系统地建立神学框架的企图。它们始终是散乱和隐晦的。如果对其进行整理,就会出现如下图景。从广义上讲,或许他的神学最好被描述成基督教-廊下派的,但若考虑其细节,它是以下几种思想的结合:牛顿主义和亚里士多德主义(就其关于因果关系问题的观点)神学;①廊下主义(就其对神义论、公民和他虑价值,普世主义的信奉,以及认为哲学家的使命是识别自然法则以便我们遵循的信念);②以及哈奇森阐述和传达给弗格森的那种形式的基督教(它的完美主义,它有关创世、设计和自由意志的主张以及将所有美德

---

① 弗格森认为这两种来源是一致的。*P. I.*,页 312。关于牛顿主义神学的更详尽的讨论,参见 M. A. Hoskin,《牛顿,上帝和宇宙之星》("Newton, Providence and the Universe of Stars"),见 *Journal of the History of Astronomy*, Vol. 8, 1977, 页 77—101;P. Casini,《牛顿:经典注解》("Newton: The Classical Scholia"),见 *History of Science*, Vol. 22, 1984,页 1—23;James E. Force,《休谟以及几个英国皇家学会成员论科学与宗教的关系》("Hume and the Relation of Science to Religion Among Certain Members of the Royal Society"),见 *Journal of the History of Ideas*, Vol. 45 (4), 1984,页 517—553,页 523;D. Kubrin,《牛顿和宇宙循环:上帝和机械哲学》("Newton and the Cyclical Cosmos: Providence and the Mechanical Philosophy"),见 *Journal of the History of Ideas*, Vol. 28 (3), 1967,页 325—346;J. Gascgoigne,《从本特利到维多利亚时代:牛顿自然神学的兴衰》("From Bentley to the Victorians: The Rise and Fall of Newtonian Natural Theology"),见 *Science in Context*, Vol. 2 (2), 1988,页 219—256 以及 G. W. Trompf,《论牛顿主义史学》("On Newtonian History"),见 Stephen Gaukroger, (ed.), *The Uses of Antiquity*, Amsterdam: Kluwer Academic Publishers, 1991, 页 213—249。

② "上帝的意志""体现"或反映在"他的作品所建立的秩序中"。*P. I.*,页 166—167。亦可参见 *P. I.*,页 vii、页 312、页 338。

化约为仁慈,这一基督之爱在哲学上的等价物)。① 弗格森受到哈奇森将"自由开明的和自然主义的解释"引入加尔文神学的影响,后者显然同情温和派或"自由开明者(liberals)"。② 自然,在这些来源中有些信条是重叠的,比如一个普通的基督徒和牛顿主义者在创世上的信念。[47]这样,谢尔认为弗格森的著作在本质上是彻底的基督教廊下主义这一结论似乎是最令人信服的,③虽然这些作品也能被轻易地,更为一般地被描述成自然神论者的作品。④ 霍尔丹公开地批评弗格森在戏剧上的观点,将其描述为"公然的自然神论者……与邪恶为伍……我们的基督及其信徒的卑鄙的亵渎者和诽谤者"。⑤ 当然,弗格森与斯密和休谟一样都痛恨"偏执和迷信"的宗教,⑥但他只是一个轻微的反叛者。即使他辞去了黑色

---

① Raphael and Macfie, "Introduction" to *TMS*,前揭,页6。有关哈奇森对弗格森的影响,参见 Sher,《教会和大学》,前揭,页167以及 T. D. Campbell,《弗兰西斯·哈奇森:苏格兰启蒙运动之父》("Francis Hutcheson: Father of the Scottish Enlightenment"),见 R. H. Campbell and A. S. Skinner, (eds),《苏格兰启蒙的起源与性质》(*The Origins and Nature of the Scottish Enlightenment*), Edinburgh: John Donald Publishers, 1982。

② Willke,《亚当·弗格森的史学思想》,前揭,页34。

③ Sher,《教会和大学》,前揭,页177、页324—328。弗格森对廊下派自然宗教和正统基督教的结合不像它起初给人的印象那样存在问题。维纳(Jacob Viner)认为,"自然神论"并不是创新。天主教最晚在中世纪末期就已经将其作为启示学说的补充和强化。在早期的英国国教中也能找到它。J. Viner,《上帝的角色》,前揭,页12。

④ 尽管这个术语不是十分严谨,因为"自然神论者相信神的存在以及神的某些性质,拥抱人道主义的伦理,但在有关灵魂、不朽和末日审判等问题上存在分歧。"M. A. Stewart,《宗教和自然神论》(*Religion and Rational Theology*),见 Alexander Broadie (ed.) *The Scottish Enlightenment*,前揭, Cambridge: Cambridge University Press, 2003,页33。

⑤ John Haldane,《表演者的苦难》("The Player's Scourge"), Fagg, *Biographical Introduction*,页 xxvii。弗格森卷入了围绕约翰·霍姆的戏剧《道格拉斯》(*Douglas*)的论战,使他公开与教会发生了冲突。弗格森参与了该剧的剧本和排演的工作。他还发表了一本小册子(*The Morality of Stage Plays Seriously Considered*)批评爱丁堡长老会对戏剧的谴责。Fagg, *Biographical Introduction*,前揭,页 xxviii。

⑥ *P. II.*,页320。亦可参见 *P. I.*,页304—305。

守卫团(the Black Watch Regiment)牧师的职位,并发誓将"不再与苏格兰神职人员有更深联系",他没有辞去在苏格兰长老会最高会议(the General Assembly of the Church of Scotland)的职位,并且仍然积极促进教会中温和派的事业。① 在此弗格森的动机很可能是策略性的,而非别的。苏格兰教会对苏格兰社会具有极大影响。他很可能将其视为实现他关于苏格兰前进最佳道路之观念的重要工具。无论如何,总的来说,他的神学倾向通常是温和的,反映了容忍和宽容,有时甚至近于对其时代的宗教争论漠不关心。

二、神义论,因果和设计

神义论或许是弗格森信仰体系的基调。卡米克相当正确地写道,尽管弗格森有意摈弃"他的基督教继承物的要点……他的著作也位居那些启蒙思想家之列",这些人试图解释上帝允许罪恶存在的秘密。② 他许多的思想都致力于这项任务,在《道德和政治科学原理》名为"罪恶的起源"一章中,[48]他明确地表示,他试图"向世人昭示上帝对人所行之事的公正"。③ 拐弯抹角地将自己看成是一位有神论者,他反对自己的对手"无神论者",他主张明显的罪恶不是否定了上帝存在而是清楚地证实了上帝存在。④ 那些智慧并心存"感恩"之情的人能够理解,"自然秩序中的每种处境或每个事

---

① Fagg,《传略》,前揭,页 xxix。这些事情包括他为休谟和其他"异教徒"思想家辩护,使其免受苏格兰教会保守派的攻击,以及撰写了一些有关《道格拉斯》和国民军等有争议问题的小册子。谢尔认为,在 18 世纪 80 年代中期,弗格森退出学术圈,赢得了教会温和派领袖的名誉。Sher,《教会和大学》,前揭,页 71—72、页 99、页 125。

② Camic,《经验和启蒙》,前揭,页 61。

③ 弗格森在章节名称的下方引用了一段弥尔顿《失乐园》(*Paradise Lost*)中的著名段落来表达他的意图:"愿您的光明驱除我心中的蒙昧,举起并且支撑我的低微;使我能够适应这个伟大主题的崇高境界,使我能够阐明恒久的神意,向世人昭示上帝的公正"。*P. I.*,页 172。

④ *P. I.*,页 172—203。

件……都在说明或者颂扬上帝无上的智慧与善"。① 每一存在都是有理由的；世间没有一种事物是真正罪恶的，因为在仁慈主人的计划中，所有事物都发挥着积极作用。奥勒留在《沉思录》中持有类似观点，他认为，即使是"流氓"（roguery）和"厚颜无耻"（impudence）"对这个世界来说也是有必要的"，②正如"疾病、死亡、诽谤、阴谋以及所有别的那些让愚人欢喜忧虑的事情"都"不足为奇"。③他教导那些疑虑的，抱怨生命中明显的罪恶的悲观主义者记住，这"只不过是自然之道，并且在自然之道中，是不能找到邪恶的。"④奥勒留认为宇宙是由仁慈的冲动所驱动的单一、一体和统一的单元。

> 要始终这样想：宇宙乃是一个活的有机体，只有一个实体，也只有一个灵魂；并且注意一切事物……是如何受那个唯一的冲动支配，并且在发生的每一件事情的因果联系中扮演各自的角色。⑤

弗格森认为，甚至信奉"多神论"，即使这是"人类心灵中盛行的极大错误"之一，也是赐福于人的，因为这有助于道德知识，并最终引导我们信奉唯一的上帝。⑥ 人们对"道德罪恶的抱怨"实际上同样是"进步的或者改进的人性的征兆"。⑦

弗格森不是将自己对上帝存在的信念建立在圣经的权威上，而

---

① *P. I.*，页 187。
② Marcus Aurelius，《沉思录》，9.42，页 148。弗格森持有完全相同的观点，认为骗子和无赖的罪恶比"温和且光明的榜样"更能为端正行为提供动机。"Of Things That Are or May Be"，*Collection of Essays*，No. 27 (1)，页 229。
③ Marcus Aurelius，《沉思录》，4.44，页 73。
④ Marcus Aurelius，《沉思录》，2.17，页 51。
⑤ Marcus Aurelius，《沉思录》，4.40，页 73。
⑥ *P. I.*，页 168。
⑦ *Institutes*，页 124。

是建立在从经验世界(虽然是英勇地)做出的推断上。它们是:因果关系论证;设计论证;宇宙论论证,道德论证和普遍同意论证。①

目的论论证是设计论证的一个普遍的新教变体,它主张,既然所有被创造出来的生命似乎都是有目的的,那么这必然是被设计出来。② 设计论证假定原始的不动的推动者,[49]以解释自然世界中的秩序和对称。③ 道德论证(设计论证的组成部分)认为,既然世间产生了有道德的动物(人类),必定有一种超越的道德来源能解释这种道德本性。④ 与此同时,宇宙论论证假定世界产生于原初的、非偶然的原因。弗格森有关进步的理论(弗格森将这一理论放在变化原理上)在不断催生变化的永恒的发动者的行动上找到解释。⑤最后,他祈求更现代的人类学的论证,即"基于人类普遍同意的论证"。在不同地域、不同文化中,都普遍信仰上帝的存在,因而,这

---

① 关于这些论证的总结,参见 Alan Richardson and John Bowden, (eds),《新基督教神学词典》(*A New Dictionary of Christian Theology*), London, 1983,页 37—39。

② *Institutes*,页 117。"谁会怀疑,眼睛是为了看,耳朵是为了听,牙齿是为了咀嚼,胃是为了消化食物,无数尽管各不相同但同样指向智慧发明的力量的例子、无限连续的类似,以及不同部分的组合都是为了一个仁慈和有益的目的。"《论存在或可能存在的事物》("Of Things that Are or May Be") (Part 1), *Collection of Essays*, No. 27,页 220。亦可参见"Of the Intellectual or Conscious Powers",前揭,*Collection of Essays*, No. 31,页 266 及各处。

③ *P. I.*,页 338。弗格森声称,关于上帝,我们知道的第一件事情是"他根据设计来行动并意在实现相应的目的"。《对于至高的创造性存在能够确定什么或者领会什么》(What may be Affirmed or Apprehended of the Supreme Creative Being), *Collection of Essays*, No. 2,页 8。

④ *Institutes*,页 122。

⑤ "力量和产物或者原因和结果的相继不是永恒的。必定有一种非派生的(或者没有其他动力先于它的)动力"。《论知识能力或者意识能力》(Of the Intellectual or Conscious Powers), *Collection of Essays*, No. 31,页 263。"万有都是从第一因中派生出来"。《论原因和后果,目的和手段,秩序,结合和设计》("Of Cause and Effect, Ends and Means, Order, Combination and Design"), *ibid*, No. 13,页 120。而且,"这一永无差错的心灵现在所做的就是其一直所做的,不会改变;因为,改变意味着偏离最好的状态。"*P. I.*,页 180。

种信仰必定是自然的，也就是内在的。既然人的构成是被设计的，上帝便很可能存在。①

　　一系列不同但是同样大胆的假设使得弗格森相信灵魂不朽。在此他结合了推测和一些基本的生命事实：人类灵魂不朽是由以下这个简单事实推断出的：我们首先被创造出来，此后又被供以生产手段。创造的意志意味着保存的意志；因此，存在死后生活的假设就显得合理了。② 但值得注意的是，弗格森在此的基调是有限制和谨慎的。凯特勒指出，"他非常小心，并没有顽固地强调不朽的可能性"。③

　　回到他宗教信仰的主旨，弗格森似乎故意不把自己的宗教倾向界定清楚，虽然他明确地说他既非无神论者亦非不可知论者。④ 同时，[50]他没有予人任何迷惑，他对基督教的实践和教义没有多大的兴趣，除非和廊下派自然宗教一致的部分。⑤ 弗格森信奉下列一致的信条：仁慈的"上帝"的存在；人类控制事件的有限程度；客观伦理标准的实在性；公共善对私人善的优先性，以及仁爱的至上价值。这一一般规则的最为明显的例外是他对西塞罗主义/基督教的自由

----

① *Institutes*，页 114—116.

② *P. I.*，页 330—332。

③ Kettler，《亚当·弗格森的社会和政治思想》，前揭，页 174—175。

④ 对弗格森而言，在其时代成为一名无神论者是不同寻常的。Norman Hampson，《启蒙运动》(*The Enlightenment*，London，1982)，页 131。实际上，弗格森将无神论者比喻为破坏其他人内心宁静的盗贼。《论原因和后果，目的和手段，秩序、结合和设计》，*Collection of Essays*，No. 13，前揭，页 127。弗格森公开的信仰是虔诚的。据说，他在临终时给他的女儿们的遗言中写到："有另一个世界"。《国家地理词典》(*Dictionary of National Biography*)，Leslie Stephen and Sidney Lee (eds.)，Vol. Ⅵ，London：Oxford University Press，1917。他为自己选的墓志铭是："我已看见上帝的工作，现在轮到你了；凝视它们并欣喜吧。"弗格森在私人的通信中表现得非常虔诚。在给他亲密的朋友麦克弗森的信中，他写到："指导宇宙的智慧就在这里此时此刻，悉知我们的所思所为。或许他从未在我们的思想中缺席。"Letter to John MacPherson，April 29，1800，*Correspondence*，No. 360，Ⅱ. 前揭，页 466。

⑤ 孟德斯鸠在《论法的精神》中也表达了类似的双重想法。*Laws*，5. 24. 10，页 465—466。

意志教义的信仰,这是廊下主义的教诲中所淡化的(并且看起来不存在)。但他否定圣经的权威,拒绝救赎依赖上帝的恩典这一加尔文主义教义,[1]拒绝上帝的特殊恩典以及彻底拒绝罪的概念,无论是原罪还是其他的罪,这些都使得他远离基督教。[2]

弗格森顺便将自己描述为"一神论者"的时候,是他最直截了当地表述他自己的宗教信仰的时候。[3] 这最多只不过说明他信仰一个与人类有某种直接关系的上帝。他的著作更多是透露出一个类似于廊下主义而非基督教的上帝概念。在他那里,"上帝"和"自然"两个术语是可以互换使用的,而且他心目中我们与上帝的关系闪现着廊下主义的泛神论。像廊下主义者一样,弗格森将上帝视为自然。[4] 在其他时候,"他"是"自然之主"、"全能者"[5]或仅仅是"上帝",[6]但绝不是肉身的存在。[7] 术语的代替使用说明弗格森毫无挂碍地将基督教和廊下派的观念结合在一起。尽管我们能辨别弗格森神学的主要原则,他的许多阐述是针对表象的世界,这与他自己的如下观点是一致的:追求"形而上学"在本质上是一项徒劳无益的事业。这并不代表

---

① 这是反对人类行动者的独立奋斗的。凯特勒认为,"弗格森著作中的这一英勇旋律(heroic theme)至少部分是反对加尔文基督教派对英勇旋律的贬低(anti-heroic)"。Kettler,《亚当·弗格森的社会和政治思想》,前揭,页176。

② 这不是一个像初看起来那样激进的立场,戈德曼(Lucien Goldman)认为,在启蒙运动时期,"作为一个基督徒并不需要接受教会确立和承认的所有教义。"教会成员只信奉那些他自己明确表示信仰的主张和信条。Lucien Goldman,《启蒙运动哲学》(*The Philosophy of the Enlightenment*,London, 1973),页57。同样,沃特曼(Anthony Waterman)也指出,"认为在18世纪的不列颠,自然神学被视为无论如何都是反基督教的或与基督教不一致的是一个误解。"A. M. C. Waterman,《作为神学的经济学:亚当·斯密的〈国富论〉》("Economics as Theology: Adam Smith's *Wealth of Nations*"),见 *Southern Economic Journal*,Vol. 68 (4),2002,页907—921、页919。

③ *P. I.*,页172。

④ *P. I.*,页vii。弗格森引述马可·奥勒留,增强其泛神论:"啊,多么完美的自然秩序! 无论季节变换带来什么,都是我的果实,对我来说不早也不迟。"*P. I.*,页312。

⑤ *P. I.*,页vii。

⑥ *P. I.*,页53。

⑦ *P. I.*,页338。

弗格森是怀疑主义者，相反，某些事物，例如[51]"上帝存在"和善等都是不证自明的。弗格森称这些信念为"终极事实"。这些"事实"是真正的信仰条目，是不允许因为知识论上的理由而探查的。① 某些关键命题没有经过严格辩护就被给出了：上帝存在；世界是设计的产物，人类事务中可观察到的恒常性是设计和目的本身的直接结果。② 弗格森始终保持乐观主义，马可·奥勒留的格言鼓舞了他："我们没有理由……相信上帝可以创造出一个比现在更好的世界。"③

因此，弗格森没有采纳任何休谟对神学予以批评的主张除非顺带反驳他们。在因果问题上，他援引亚里士多德和廊下派来抨击休谟，在信仰的基础上捍卫设计论证。世界有一个第一因是"终极事实"，它展现了设计的所有特征也是"终极事实"，而终极事实是我们关于它们的感觉经验给予的，不需要其他验证。④ 弗格森反对休谟所称的"结果与原因相关，它们密不可分"的观点，因为"有些存在除了自己之外没有任何外在的原因"（第一因或者原初的不动的推动者）。⑤ 休谟将所有原因都归约为有效因是没有道理的，至少对弗格森是这样。毕竟，离开了某些"终极目的的概念，连续的手段的所构成的整个织物就将无法完成。"⑥

上帝的存在可以由我们对其存在的普遍信仰所确认。弗格森推论，这种信仰必然是内生的，"怀疑论者"的抽象思辨无法"减损"如此强有力的经验证据。⑦ 弗格森似乎决意完全忽略休谟的观

---

① *Institutes*，页8—9；*Essay*，页12。

② *P. I.*，页173—175；*Essay*，页12。

③ *P. I.*，页338。

④ *Institutes*，页117。

⑤ *P. I.*，页153。

⑥ 《道德评价的原则》(Of the Principle of Moral Estimation)，*Collection of Essays*，No. 25，页214。弗兰西斯·哈奇诸也诉诸目的论论证，当然，我们可以将它们追溯到亚里士多德和廊下主义。Waszek，《人的社会性》，前揭，页48。

⑦ *Institutes*，页114—115。

点，他声称，"怀疑主义者并不否认此类知觉的实在性；他们甚至抱怨它是一般的和低劣的谬误的基础。"对上帝的信仰是"自然的感情"，在它显著的真实性之外，不需要寻找其他"理由"。[①] 于是，弗格森接着承认"多神"信仰的存在，但不能为此矛盾性的证据提供任何令人信服的解释，除了说它代表了一种正确思想的"堕落"。[②] 乍看起来，这似乎只不过是赤裸裸的种族中心主义，但这同样容易与弗格森的廊下派思想联系起来。廊下主义者认可宗教信仰的多样性，但他们认为所有文化都只是以不同的名称来崇拜同一个（虽然是单一的）神。

[52]无论如何，休谟的观点要么被忽视、反驳，要么被有意地误解了。弗格森对设计论证的赞同，通过将宇宙的目的和秩序与人类谋划中明显可见的那种类型的设计联系起来，明显地体现出将上帝的心灵等同于我们自己的心灵。[③] 他改造过的宇宙发生学和不加掩饰的神人同形同性论，表明他完全拒绝在任何重要方面与休谟契合。他对休谟的回答就是休谟最初所抨击的那种论证，这就使得他们两人陷入了相当无趣的神学论争。就其很好地发展融合了廊下派和基督思想而言，弗格森的神学是值得关注的，但它没有像休谟一样提供批判性的或者突破性的洞见。

弗格森毫不怀疑内在的自我调节和发展是秩序的潜在力量。秩序在创世的时刻就被以内置自然法则的方式从外面安排了。弗格森所坚持的社会秩序的自发性并不意味着世界的设计或目的的缺失；而只是意味着人类设计（即，大规模的计划）在其间并不起作用。但是"神圣的建筑师"通过隐德来希组织人类事务的主题不断地重复出现。[④] 因此，弗格森的目的论便偏离了亚里士多德的

---

① *Institutes*，页 116。

② *Institutes*，页 120。

③ *Institutes*，页 117。

④ 例如，*P. I.*，页 53。

目的论,后者否认柏拉图式造物主(Platonic demiurge)的存在。[1]
它们的差异也因为它是一种超越的目的论,与亚里士多德和后来
的休谟阐释的内在的目的论相反。[2] 它类似于西方宗教目的论,
这种宗教目的论与亚里士多德学派不同,涉及从外部施加在自然
运行之上的目的,并且通常涉及到创造的观念。弗格森的目的论
与亚里士多德的区别还在于,它假定一个动态的而非静止的宇宙,
并且它是一元的(被设计为一个相互依赖的世界体系)而非多元
的。[3] 地球及其上的所有事物都只是宇宙的一部分,在宇宙中,创
造者和作品都是一。[4]

> 自然的创造者在其作品中的任何一个部分都没有将个体
> 彼此分来。心灵和物质都密切联系、彼此组合。连接的链条
> 从单个到多数,从物种到物种,甚至从世界到世界,贯穿于自

---

[1]　Joseph Owens,《亚里士多德的自然目的论》("Teleology of Nature in Aristotle"),
见 *The Monist*, Vol. 52, 1968,页 158—173、页 163。

[2]　埃德尔(Anthony Edel)这样描述这种区别:"哲学史有时候将目的论分为超越的
(transcendent)和内在的(immanent)。就前者而言,目的是从外面强加在自然世界
的运行上的;就后者而言,在某种意义上,计划或者设计内在于它。西方宗教的目
的论通常是超越的:上帝先于世界,创造世界并设计事物和生灵之道。亚里士多德
的目的论当然与此不同;而且,他的描述不涉及创造,而是预设了一个形式永恒不
变的世界。因此,它被归入内在的目的论。"A. Edel,《亚里士多德及其哲学》(*Aristotle and His Philosophy*, London, 1982),页 65。亦可参见 Owens,《亚里士多德
的自然目的论》,前揭,页 170。

[3]　一元论的目的论,如弗格森所阐释的,设想完整的世界计划,高度地相互依存和相
互关联,然而,多元论的目的论如亚里士多德的目的论,"预设了世界中的分离的系
统,每个都有自己的计划;每个系统试图做什么取决于其性质,但是这些系统如何
关联主要是偶然的,没有呈现出任何单一的统合性计划或者性质"。亚里士多德的
目的论就其将人看成是生物界的最高秩序,并且自然似乎是被安排来为人服务的,
也是人类中心论的。Edel, *Aristotle*, pp. 65—66. 这也是弗格森的观点。比如说,
参见 P. II., p. 28.

[4]　"Of the Intellectual or Conscious Powers", 前揭,*Collection of Essays*, No. 31,
pp. 266—267.

然的智识体系和物质体系。①

弗格森的目的论似乎是受基督教、廊下派哲学、牛顿学说和亚里士多德主义影响的一个综合体，并且以坚定的神义论信仰为基础。②

　　　就其创造者的伟力而言，自然的体系是宏伟的。就为了达成它们的目的，各部分的紧密配合，以及它们被调配来达成的仁慈的目的而言，它也是美丽的。

弗格森也通过声称所有人类进步，离开了"协调良好的设计"都是无意义的，会导致"无序、混乱和极度的畸形"，从而澄清对他的误解，即他的方法是纯粹的演化论的③。想要通过将自然的运作追溯到物理法则而非追溯到设计它们的"不出错的心灵"来废除心灵和神的存在，是一个"巨大的错误"。④ 设计有确定的目的；因此，对哲学家来说最紧急的问题是探寻人类存在的目的。⑤ 在此弗格森的态度是拒斥休谟对于"辨别神圣目的"的可能性的否定。休谟认为，这涉及到粗暴地将创造者心灵与手段与和我们自己的等同起来。⑥ 此外，休谟也确信，即使我们可以确证创造者的目

---

① *P. II.*，p. 324. "关于神存在的信念是普遍的"并且似乎是内生的或内在的。*Institutes*，pp. 114—116.
② Kettler 相当正确地指出，弗格森"随意地使用亚里士多德的和廊下派的论证，而不怎么注意哲学细节。"《亚当·弗格森的社会与政治思想》，前揭，p. 127.
③ *P. II.*，p. 27.
④ *P. I.*，p. 180.
⑤ 《道德评价的原则》，前揭，*Collection of Essays*，No. 25，p. 214.
⑥ Kettler，《亚当·弗格森的社会与政治思想》，前揭，p. 122. 虽然公正地说，弗格森似乎一定程度上意识到这可能是一个问题。当提到多神论的"谬误"时，他批判性地指出一些"国家根据来自于人类种族的模子列出了它们的神的名单，数量众多并且以性别和年龄，以及秉性和地位相区分。" *P. I.*，p. 168.

的,这种知识对于理性的人来说没有实际作用。① 显然,弗格森不仅认为这种知识是非常有用的,还认为是我们可以掌握的。至于休谟认识论上的异议,弗格森简单地争辩到,神圣目的的存在是一个无可争议的或者"终极的事实",有足够多的经验(感觉)证据。②

尽管休谟尽了最大努力,弗格森仍然深信"世界由上帝的智慧统治"。"智慧的上帝"通过不变和确定的自然法则运行。③ 上帝是第一因,是存在于他完美地创造的世界之前的一般的而非特别的神意。④ 因为自然世界[54]拥有统一的法则维持其运行,上帝的直接介入是多余的。上帝通过自然的物理规则的动力因(我们的本能与自然的物质力量协作)来保障自生自发秩序和我们的道德与实践的进步,我们的目的(telos)或目的因。⑤

三、作为进步主义目的论的社会秩序⑥

弗格森同意罗伯森的观点,认为历史包含了所有设计的痕迹;⑦

---

① David Hume,《论灵魂不朽》("Of the Immortality of the Soul"), *Essays*, passim; Kettler,《亚当·弗格森的社会与政治思想》,前揭, pp. 122—3.
② *Institutes*, pp. 8—9. Kettler,《亚当·弗格森的社会与政治思想》,前揭,pp. 123—124.
③ *P. I.*, pp. 53, 180; *Essay*, pp. 57, 89—90.
④ 区别如下,"'一般的神意'指代的是创世时刻的行动。一开始,神创造了自然的物质架构,并且使它遵循同样为他所创造的自然法则运作。相对一般神意的原初创造性行为的是'特殊神意',它指代的是取消或者干扰正常自然运作过程,神直接进行干预的特殊行为。" J. E. Force,《休谟以及几个皇家协会成员中间科学与宗教的关系》("Hume and the Relation of Science to Religion Among Certain Members of the Royal Society"), *Journal of the History of Ideas*, Vol. 45 (4), 1984, pp. 517—553, p. 519。
⑤ 比如说,参见, *P. I.*, pp. 305, 312; *History*, p. 170.
⑥ 虽然目的论解释可以被追溯到亚里士多德,"目的论"这个词是一个现代词汇,明显是为了指代对目的因的研究,而在18世纪用拉丁语所创造的一个词。这个词几乎立刻就被吸收进了现代哲学词汇中。它广泛地被用到任何具有意图或者目标指导的活动上。Owens,《亚里士多德的自然目的论》("Teleology of Nature in Aristotle"), p. 159。
⑦ Broadie,《苏格兰启蒙运动》(*The Scottish Enlightenment*), pp. 57—58.

它具有一个有序而非任意的理智结构。世界的"美丽"在于"它的每个部分"都明显地呈现出"智慧、创意、明智和善的迹象"。① 所有的人类行为都有可辨别的目的,这就是被视为是持续并不断逼近之过程的道德完善。不像亚里士多德那样将任何被创造的事物都看成是具有自我实现的本质,仅仅"心灵"才注定会进步。这一进步过程,一旦确立便拥有独立的动能。人类被赋予不变的进步本能以及其他保障其生存的驱动力。人类的独立性和能动性与神定秩序的观念联系在一起。物质世界,自然奇迹般的平衡,是这些内在驱动力表现的场所和基体。人类的成就(知识以及我们社会和政治制度的发展)是不知不觉和逐步发展的,它既磨砺了道德也为其演化提供了温床。它们内在于人类本性以及被仁慈的造物主所精心设计的外部条件中。人类发展的种子已经种下,保证其结果的条件也已配备。② 上帝逐渐退隐,人类成为注意力的焦点,摸索通往自己宿命的道路。人类的存在是进步和动态的;它有一个目的,那个目的同时也是它的原因。目的并不仅仅意味着"目标"或"意图"。③ 严格地说,它也是我们发展的目的因,就像橡子包含着橡树的潜能,促使它成长为橡树而非其他种类的树。④

[55]因为进步主义,弗格森的历史编纂是现代的,但就完美主义和目的论方面而言,它也是传统神学的。弗格森认为人类的进步与发展都源自上帝的计划。但因为创造者是一般的而非特殊的天意,责任的担子主要落在有死者的肩上。当人类卷入到自我实现的渐进过程中的时候,自由意志、短视的理性以及有意识

---

① "Of Things that Are or May Be" (Part 1), *Collection of Essays*, No. 27, p. 221.

② *Essay*, p. 120。

③ 海德格尔(Martin Heidegger),《关于技术的问题以及其他论文》(*The Question Concerning Technology and Other Essays*),Translated and with an Introduction by William Lovitt, New York: Garland Publishing Inc. , 1977, p. 8。

④ Edel,《亚里士多德》(*Aristotle*),p. 64. 弗格森本人也使用了典型的亚里士多德式的橡子/橡树比喻。*P. I.*, p. 188.

的能动性占据了舞台的中心。[1] 弗格森整个哲学都体现了对我们的选择自由的积极主张。他强调，每个人"都是自动的元体"。[2] 弗格森拒绝宿命论和道德必然的学说，拒绝将机械的因果解释运用于有机的生命形式，特别是人类之上。[3] 一方面是霍布斯"无神的宿命论"，另一方面是笛卡尔、培根、斯宾诺莎和休谟的严格决定论，[4]都被决然地摈弃。我们将在后面更为充分地发掘弗格森的历史编纂之含义的地方，更为详细地讨论弗格森思想的这一方面。

四、一种神意论社会科学？

据说，弗格森研究社会采取的带有浓厚神学和目的论色彩的路径使其失去了世俗社会科学的重要先驱的资格。很多证据可以反对这种指责。尽管按照其定义，我们习惯于将社会科学设想为一项世俗事业，但是没有什么理由说明我们在解释社会科学所关注的有效因的存在问题上，应该排除第一因的可能性。[5] 弗格森社会理论的解释力所及之处，神学维度对结果没有什么大的影响，因为活动的主要场所处在个体—心理，有效因的层面，这一点下文将更为详细地说明。在大多数情况下，[6]弗格森的解释既不依赖于第一因，也不依赖于上帝的特殊干预。弗格森认为，因为"上帝"

---

[1] *Essay*，pp. 12—13.

[2] *Institutes*，p. 125.

[3] Whitney，《尚古主义和进步的观念》(*Primitivism and the Idea of Progress*)，p. 148. See *Institutes*，p. 75.

[4] D. P. Sailor，《牛顿之受惠于德沃思》("Newton's Debt to Cudworth")，*Journal of the History of Ideas*，Vol. 49 (4)，1988，pp. 511—516，p. 511.

[5] 真正的问题明显是诉诸目的因，而排除任何对行为或者演化的科学理解，这些理解将之看成是开放的。

[6] 除了他的下述主张，即将人类的缺陷看成是为了保障秩序和进步而被有意赋予的。下面将会进一步讨论。

是"一般"而非"特别的神意",秩序由动力因产生,因此这种模式实际上可以与同时代如休谟的或 20 世纪哈耶克的世俗解释进行比较。与休谟的主要差异在于,虽然休谟不在意,但是弗格森关注这些动力因的最初原因和第一因。两种解释都有双重安排,两种模式都由处在动力因层面的内生驱动力产生,两者都依赖于目的异质性的法则。只要活动的主要场所处在动力因层面,[56]只要这些原因导致总和为正的结果,它便是一种真正的自生自发秩序理论。所有真正世俗的自生自发秩序模式都具有四个基本特征:它的无指导性,它的渐进性,它的必然性和它的普遍。所有这些都包含在弗格森的解释中。无指导性指代的是个体—心理的层面,而非特别地在必然性和一贯性上表现出设计的所有明显标志的目的因层面(哈耶克同样强调"人类行为的意外结果")。① 对弗格森而言,世界秩序是设计的结果,而休谟则认为世界好像是设计的结果,因为世界安排得如此整齐。②

五、结　论

在弗格森早期社会科学中,设计原则主导了整个画面。世界是设计的产物,它的秩序和发展由神意激发。支撑其体系的乐观的存在论来源于廊下主义。世界被创造为一个和谐、自我恢复的

① Roger A. Arnold,《哈耶克和制度演化》("Hayek and Institutional Evolution"),*The Journal of Libertarian Studies*, Vol. 4(4), 1980, pp. 341—351, p. 341. My emphasis.
② 巴瑞认为"关于自生自发秩序理论最为重要的一点是,它所审视的制度和惯例显示出结构完善的社会模式,这些模式看起来是某一进行筹划的全知全能的心智的产物,但在实际上是无数个人的行动自发协调的结果,而这些个人没有想到要产生这一总体秩序。" Norman Barry,《自生自发秩序的传统》("The Tradition of Spontaneous Orde"), Literature of Liberty, Vol. 5 (2), 1982. pp. 7—58, pp. 8—10. My emphasis. See also Edna Ullmann-Margalit,《看不见的手的解释》("Invisible Hand Explanations"), Synthese, Vol. 39 (2), 1978, pp. 263—291, pp. 268—270. 进一步的讨论见第六章。

单元,"我们没有理由相信上帝能创造一个比现在更好的宇宙"。①
弗格森深受基督教的影响,这就是基督教宣扬创世、设计、自由意
志以及所有德性可归结为仁爱。因而,每当我们察觉弗格森著作
中的社会学味道时,都要留心其神学背景。但这个事实不需要否
认弗格森的先见之明,因为他依赖动力因或次级因维持均衡,无疑
是很久之后社会学依靠潜在的或次理性的诸过程解释社会秩序的
前兆。

---

① *P. I.*, p. 338.

第四章　方法论和历史编纂

[57]本章考察弗格森的历史、社会和道德规划的方法论问题。同时也界定他追求的目标。弗格森关注于发掘我们这一种群的"性情",其风格可以被描述成近似"方法论整体主义"。他反对霍布斯,坚持人类天生的社会性,[①]他着手构筑早期的社会心理学或人类学,而这体现在他将"人类学的经验主义"和推测史相结合。那些主张弗格森的作品表现出一种雏形的马克思主义分析的观点也将简要地予以处理,同时也将略微关注其历史编纂的神学和自生自发维度。

一、一般方法

自然法则,特别是那些与社会秩序有关的,必须被理解以便恰当地遵循它们。只有正确地观察才能理解。弗格森试图"科学地"和经验地发现支配人性的法则("生机勃勃且富于智慧的体系的法则"),并从中推论出指导行为的道德原则或准则。[②] 如许多其他

---

① 例如,参见 *P. I.*,页,198。
② *Essay*,页 8—9。亦可参见《论道德科学的不同面向》("Of the Different Aspects of Moral Science"), *Collection of Essays*, No. 29,页 251。

方面一样，他在此仿效了廊下派的爱比克泰德，后者认为哲学家的任务是发现我们本性的法则以便我们遵从它并因而遵从上帝的意志。结果是一道既是经验性也是规范性的程序。

> 在我们可以确定人类的道德规则之前，应知晓人的本性的历史，他的性情倾向，他特有的快乐和痛苦，当下的状况和前景。①

只有通过彻底审查人的构成及其状况才能实现自我掌控，它是我们依据本性来生活所需要的。② 事物有由"固定"的"自然法则"所调节的"确定的秩序"。这一秩序"是上帝的杰作，人类学习的对象，技术、智慧和艺术的基础。"③

[58]对现代读者来说，《文明社会史论》似乎是人类社会的历史，但对弗格森来说，它同时也是道德哲学的一个练习。根据爱比克泰德的忠告，他将对于把"心灵提升到获得对神圣的意志的恰当认识"必要的概念工具缩减为两种："对自然历程的关注以及感恩的心灵"。哲学家的任务是为他自己而推断上帝的意志，并且对于弗格森而言，因其坚定的经验主义立场，没有比我们人类自身的历史更好的起点了。④ 因而，他的历史的主题是人类社会，个体行动者的存在、发展和进步的基体。和他所预示的 19 世纪和 20 世纪社会学家一样，弗格森力图开创关于社会联系的形式以及支配它们的法则的深入研究。

---

① *Institutes*，页 11。亦可参见 *P. I.*，页 5 以及 Barnes，《孔德之前的社会学》(Sociology Before Comte)，页 234。

② *P. I.*，页 3。

③ *P. I.*，页 179。这也正是哈奇森的方法。Francis Hutcheson，《道德哲学体系》(*A System of Moral Philosophy*，两卷，London：1755，I：1)。

④ *Essay*，页 14—16。"为了了解人性……我们不仅要利用单个人的意识，而且要在更大程度上利用在人类历史上呈现出来的那些多样性。"*P. I.*，页 49。

　　弗格森谨慎地强调他所描述的历史以及他视为合理地从中引申出的规范性指示之间的区别。"法则"这个术语在两种意义上被使用。"物理性"法则指的是控制物质和心智的法,也就是能够观察到的一致性,①而"道德法则"是规范性的。道德法则是一种"因其正确,或者因其所出自的权威;而不是因为就是事实本身,我们希望普遍遵循的法则"。② 弗格森对第二种法则有浓厚的兴趣,因为正如他说:"了解我们自己应该渴求的状况比了解我们的祖先据说给我们留下的什么更加重要"。③ 弗格森似乎是在暗示,他作为一个"科学的"史学家的计划从属于他作为道德学家的任务。然而,这两种功能密切相关,后者的成功几乎完全依赖于执行前者的技能。④

　　弗格森采纳牛顿的经验主义并将其与孟德斯鸠描述的和历史的方法相结合,以便达到显著的社会学效果。他和亚当·斯密一样,非常尊重牛顿,认为他是一位以观测到的数据取代"无效的推测"的"真正的科学家"。⑤ 弗格森钦佩牛顿使用两大普遍法则,即运动定律和万有引力定律全面地解释行星的运动。⑥ 他力求在观察到的一致性并且不求助于圣经或者人格化上帝的特殊干预的基础上,使用普遍的法则或者第一原理来理解人的本性或者构成。⑦

---

① "自然的物理法则必须是从充分多的特殊情况中搜集而来,虽然在环境上不同,并且在表现上也不相同,这些法则对许多物体而言意味着共通的事实。" *P. I.*, p. 115. 或者"一条自然的物理法则是触动知觉和洞察能力,并且在事物的秩序中一贯或者共有的普遍状态" *P. I.*, pp. 159—160.

② 在别处也做出了同样的区分。"我们现在不是在探寻人应该做什么,而是它们行进的一般畛域。" *P. I.*, p. 263.

③ *Essay*,页 16。

④ *P. I.*,页 5。

⑤ *P. I.*,页 116—117;Smith,《天文学史》(*The History of Astronomy*),见 Adam Smith,《哲学论文集》(*Essays on Philosophical Subjects*, I. S. Ross,(ed.),Oxford, 1980)页 97—105。关于弗格森对"假设和无效的推测"的厌恶,亦可参见 *Joseph Black*,页 111。

⑥ *Institutes*,II. 2,各处。

⑦ *Essay*,页 30—31。

[59]理解世界及其运作的关键是研究如其所是，而非我们所期待其所是的物质世界。弗格森谴责那些"不科学"的历史学家，他们"用假设替代事实"，因而"混淆了想象和理性、诗歌和科学的领域"。① 他的志向是在社会科学中应用"物理科学"的方法，也就是发现"事物的实际状态"。② 上帝的意志通过其作品传达给我们，自然就是本体论和知识论的至高参照点。③ 弗格森的前辈，英国的经验主义者们和哈奇森，从一种类似的认识论框架建立了他们的道德哲学，即在道德研究中引入牛顿主义和培根主义的"自然科学"原则。④ 同样，弗格森的方法可被视为对笛卡尔主义的"没有任何现实证据，假定建立在假定之上"的先验主义的反应。⑤ 关于这个世界我们所需要知道的一切都在我们面前展开于巨大的"自然卷册"之中，弗格森民主地将这一卷册视为"公开给全人类的信息"。⑥ 和廊下派学者一样，弗格森从社会角度理解这一任务，将之理解为我们所有人都在从事的一项事业。他评论到，"世界是一个体系，我们所能做的最好的事情就是相互交流，帮助彼此理解这一体系的部分以及它们之间的联系"⑦。

弗格森拒绝自然状态的观念以及人为和自然的传统区分，强调每一种环境和状况对人类来说都是自然的。他使用所能得到的广泛的民族学资源，采用早期的结构功能主义，有意识地避免在他所处的时代仍然很流行的民族中心论。⑧ 他相信，每一种社会，无

---

① *Essay*，页 8。

② *P. I.*，页 160。

③ 参见 *P. I.*，页 213、页 166—167。

④ Oz-Salzberger，《解析启蒙运动》，前揭，页 111。

⑤ *P. I.*，页 118。

⑥ *P. I.*，页 218。

⑦ 《道德评价的原则》，前揭，页 204。

⑧ 例如："众所周知，不管是道德情感还是虔敬在人的风俗或者宗教仪式中的外在表现，像他们语言中的词语一样，只不过是习俗可以改变的武断标记。但是情感本身，在所有这些外在表现的变换之下，仍然保持着独有的性质。"*P. I.*，p. 223. See also *P. II.*，p. 142.

论其处于何种发展阶段(除非是专制),都是一种令人满意的状态,同样能提供人类繁荣的条件。① 但他无法彻底摆脱其无意识的西方民族中心论。相信潜在的人类统一性,他有志于探索和分析文化的共性,②[60]这包括所有的文化都以大致相同的方式发展的自然倾向。当然,欧洲(特别是英国)文化被视为是最先进的典范,因此象征和预示着其他发展中文化的方向。

尽管弗格森主要关注的是社会,但他并未忽略人的构成。他打算研究"人的"个别的和集体的运作以便推导出规范性原则。因而他花了很大的精力研究"圣灵学",这一心理学在 18 世纪的对应物。③ 18 世纪的人类学比其当代化身范围更广,必然不仅涉及到经验元素,而且涉及到对"人"的形而上学的,存在论的和本质属性的先验研究。这项研究不可避免地导致对人类心理学的基本研究或"一般而言对灵魂,特别而言对人的灵魂的了解"④。

但是,因为弗格森还有志于建立准规律性的社会解释,他将此项研究和非常依赖广泛的民族学证据的发现结合在一起。弗格森努力构建一种雏形的人类学(proto-anthropology),按照他自己的说法,这一人类学在于记录"冷静的旁观者"的观察,这一观察者所

① *Essay*,页 94。弗格森对于民族中心论的简短补充参见 *Essay*,页 194—195。

② 例如,弗格森注意到,普遍的"道德科学"是通过"从局部的仪式和风俗中萃取"而获得的。*P. II.*,页 113。

③ 杜格尔·斯图尔特赞同理论性历史的基础是研究人类心智的发展。Mary Fearnley-Sander,《哲学史与苏格兰改革:威廉·罗伯森与诺克斯传统》("Philosophical History and the Scottish Reformation: William Robertson and the Knoxian Tradition"),见 *The Historical Journal*,Vol. 33 (2),1990,页 323—338、页 325。进一步的讨论参加第五章。

④ 至少在《大英百科全书》(*Encyclopaedia Britannica*)中威廉·斯梅利(William Smellie)是如此定义的。F. Vidal,《18 世纪的心理学:百科全书的视角》("Psychology in the Eighteenth Century: A View from Encyclopaedias"),见 *History of the Human Sciences*,1993,Vol. 6 (1),页 89—119、页 95—96。

关注的是"外在的表象"并且将之与更为个人化和内省的"心灵史"联系起来。① 对于弗格森而言,需要某种程度的自我审视以便理解"我们内化……道德、社会和智识观念"以及"习得道德文化"的过程。② 虽然通常除了这种补充的内省方法,他的目的是经验的,是基于观察到的一贯性得到一般规则。他试图使用严格的"科学"方法并只是简单地报告其发现。当然,总是存在"终极事实"(不能被任何预先知道的规则所解释的事实)的自明真理的问题,其更为深层的运作超出我们理解范围之外。这些必须留给信仰,因为对每一个事实要求先验证据,就是假设人类的知识要求事实和解释的无限序列,这是不可能的。实际上,"穿透表象,徒劳地寻求解释终极事实"的事业已经"阻碍了科学进步"。③

就这样全面地研究"细节"或可观察到的现象远比试图推测事物的起源或原因有用。④ ［61］弗格森谴责贝克莱和休谟关于感官再现物质世界的可靠性的怀疑主义(唯心主义),而赞同托马斯·里德的常识实在论。揭露"外部存在"的细节的科学是站得住脚的,"知识的实在性是可以被安全地假定的",因为知觉大体上是可信的;也就是说,感官能够被信任为忠实地反映了外部世界。弗格森视自己为里德方法的信徒,他决心"拨开假设和隐喻的迷雾",而只是寻找"事实的状态"。科学进步要求我们关注自然法则的"运用和结果",而非它们的"起源"。因此,他对人的构成的研究,是观察而非"解释"观念和意志的法则。认识论和形而上学的怀疑主义不仅无意义,⑤也是对弗格森所希望追求的社会科学的阻碍,后者即一种系统的通俗或前

---

① *P. I.*,页 49,*P. I*,页 3—6。不要与斯密的无偏的旁观者(impartial spectator)混淆。

② Phillipson,《苏格兰启蒙运动》,前揭,页 20—21。

③ *Institutes*,页 8—9。例如,"道德感"的存在是"我们本性构成中的一个终极事实"。这是一项"法则"因为其"运作"和"本性"是一致的,但同时,也是"不可能解释或证明的"。同理,"重力、合力、磁力、电力、流动和弹力定律"也是终极事实。*P. II.*,页128。

④ *Essay*,页 29。

⑤ *P. I.*,页 75—76。

理论的心理学,在这一心理学中,人的精神和外部世界的本体被当成是基本的解释性概念,而非是要寻求解答,解析和分析化解的对象。① "现实的知识(固然是终极事实)是可能获得和值得追求的"。弗格森反对休谟等怀疑论者,他发现不仅信任我们感官的报告,而且基于它们所记录的观察到的恒常趋势(换言之,归纳)做出一些可靠假设是完全合理的。为了回应休谟最著名的例子之一,弗格森提出,"太阳的升起和降落,即使一个人自己没有亲眼所见,通过他观察到的轨迹,也可以推定它是从东方升起,从西方落下"。这样,我们可以,例如,有把握地假定,我们人类的原初状态处在友好和平而非孤立或战争的混乱状态,因为 a)我们没有"证据"证明我们的"最初时代"是永恒的战争场景;b)在大多数社会中,即使是在最为野蛮的社会,人们也倾向于友好地相处"直至发生某些争执"。②

　　类似地,弗格森在其《文明社会史论》的开篇就决定彻底地避免任何形而上学的推测,任何对宗教主题的讨论,例如,上帝的本质和属性或"人类"的属灵命运,除非是凭经验能够直接地推论出来的。他强调,他不会在这些事情上浪费时间,他坦承自己在认识论上的无知。③ 他在此也仿效了培根,④虽然应该注意到,他的决心有时也会失败。即便如此,就其背景而言,弗格森的社会科学雄心是令人印象深刻的。福布斯恰当地评论到:

　　　　在弗格森之前,除了孟德斯鸠还有谁如此彻底和明确地抵制住了沉溺于对人类社会的起源,以及进一步,不仅对家

---

① 弗格森承认"怀疑主义"对于"防止轻信"这一错误是有用的。然而,"如果太极端,就会阻碍对真理的追求,延缓知识的进步,成为对所有精神力量的麻痹"。*P. I.*,页9。

② *P. I.*,页198。

③ *Essay*,页36—37。*P. I.*,页320。

④ 弗格森非常钦佩培根。*Institutes*,页 xvii。到 18 世纪 30 年代,培根的科学是所有苏格兰大学"课程中的重要组成部分"。Wood,《人的自然史》(*The Natural History of Man*),页 90。

庭,而且对人总是处在其中的群体,"军队和团体"的起源进行想象和推测性重建的诱惑呢?①

[62]对弗格森而言,人类心理学的关键不在对孤立个人的研究("处在某种虚构的自然状态"),而在于研究作为一种社会存在的"人"。往往被开化社会视为稀奇的野蛮小孩的事例(例如,香槟野女孩梅米耶·勒·布朗克和被送给约翰哈巴斯诺特研究的汉诺威的野彼得)②,被看成是不仅不能在人类科学上告诉我们什么,而且不可避免地会引发"许多异想天开的假设"的偏差。弗格森建议有人类学志向的同行从更明智的假设开始:"人类应当被视为一个群体,就像他们一直就是的那样"。他嘲笑企图通过设定幻想的"存在来源"来"穿透自然的秘密",并提醒我们,"人类总是出现在我们的观察范围之内,出现在历史的记录之中"。③ 我们始终具有社会性并始终处于进步的状态。霍布斯和卢梭的错误被一笑置之。"我们一被某人告知自然状态已经远去,一个新的状态取而代之,我们就必须进而假设这是人自己干的。"④理解人类的关键就在眼前;在平常

---

① 福布斯的结论是"不能说是维科、曼德维尔或卢梭,也能说是休谟"。"Introduction" to *Essay*,页 xvi。

② C. Fox, R. Porter 和 R. Wokler,《发明人文科学:18 世纪的领域》(*Inventing Human Science: Eighteenth Century Domains*), Berkeley: University of California Press,1995,p. 12. 梅米耶·勒·布朗克的故事因一本在 1762 年出版于爱丁堡的书而广为人知。《关于在香槟森林发现的野女孩的记录》(*Account of a Savage Girl found in the Woods of Champagne*, Edinburgh, 1762). Eriksson, "The First Formulation of Sociology", p. 268. 弗格森毫无疑问知道这个事情。

③ *Essay*, p. 8. 孟德斯鸠试图用社会秩序的原理只能从社会实在中得到的主张取代自然状态理论,在这一方面他为弗格森树立了榜样。Strasser, *Normative Structure of Sociology*, p. 42. 然而,他与自然状态理论的决裂绝不像弗格森这样决绝。

④ *P. I.*, p. 199. 休谟也讽刺自然状态概念,将之描述成"不过是虚构,和诗人们发明的黄金时代并无二致"。David Hume,《人性论》(*A Treatise of Human Nature*), Analytical Index by L. A. Selby-Bigge, Second Edition with Text Revised and Notes by P. H. Nidditch, Oxford: Oxford University Press,1976,3.2.2,p. 493.

的和日常的生存方式中证据随处可见。弗格森说,"正是从事物的普通进程中,自然法则被收集起来"。虽然"新鲜和奇异能取悦想象力……但新奇的假象"是误导"科学"的原因。[①]

　　霍布斯式的(及其后的卢梭式的)"自然状态"的建构被谴责为既不真实也毫无用处,即使作为分析工具也是如此,不仅因为弗格森并不寻求赖之以建立抽象的义务和权威的原则,而且也因为经验上的原因。从来没有所谓的自然状态,因为人类总是生活在某种形式的文明社会之中。与卢梭的"自然"不怎么关注"联合"和造就"亲社会的"的人的主张相反,[②]我们的"友好和敌视的混合倾向"[63]以及我们"推理……语言和发声"的能力都是我们的天然社会性的明确证据。[③]确实,"社会的氛围……就是人类心智在其中吸取第一息智慧的元素,也是崇高的道德情感得以点燃的生命之火"。[④]人类的行为只能被社会性地理解。其实,弗格森认为被孤立地培养成的人并非真正的人。[⑤]弗格森通过说明所有的生存形式都必然是"社会性生存的形式",以此来论证启蒙运动的个人主义概念在其形而上学变种中的不一致。[⑥]所有"本能"的冲动都会涉及到社会,人类总是并无处不是处于自然状态。"如果我们被问及何处可寻得自然状态?我们应该回答,就在此地;不论我们是在大不列颠的一个岛屿上这样回答,在好望角还是在麦哲伦海峡这样回答。"所有的环境和条件对人类来说都是自然的。技艺和自

---

① *P. I.*,页 5。

② Rousseau,《论人类不平等的起源和基础》,前揭,in *Social Contract and Discourses*,页 70。

③ *Essay*,页 9。

④ *P. I.*,页 268—269。

⑤ *Essay*,页 23:"如果把他独自一人扔到沙漠中去,他就像一株连根拔起的植物,虽然躯壳残存,但每一个机能都在萎缩、凋零;人类的躯壳和品格都不复存在了。"

⑥ Ted Benton,《多少种社会学?》("How Many Sociologies?"),见 *Sociological Review*,Vol. 26,1978,页 217—236、页 226。

然之间的区分失去了意义,因为我们天生就会创造和谋划并一直如此。①

弗格森以一种相对开放的心胸完成他的计划,援引来自于广泛的文化以及从同样广泛的民族学资源中所筛选出来的种族群体的证据。② 他将他的资料看成是"从地球的每一个角度中收集来的最早的也是最晚的记述。"③他的《罗马共和国兴亡史》几乎利用了所有有用的古代史和他所处时代的"人类学"资料:布丰(Buffon)的《自然史》(*Natural History*)、哈雷(Halley)的《图册》(*Tables*),Lowthorp 的《哲学汇编节略》(*Abridgement of Philosophical Transactions*),华莱士(Wallace)的《人的数量》(*Numbers of Mankind*),休谟的《古代国家的人口稠密》(*Populousness of Nations*),拉菲托(Lafitau)的《美洲野蛮人的风俗》(*Moeurs des Sauvages Ameriquains*)④,阿布尔盖兹(Abulgaze)的《鞑靼种族史》(*Geneological History of the Tartars*),夏尔丹(Chardin)的《旅行》(*Travels*),马斯登(Marsden)的《苏门答腊史》(*History of Sumatra*),科尔登(Colden)的《五族史》(*History of Five Nations*),沙勒瓦(Charlevoix)的《新法兰西史》(*History of New France*),D'Arvieux 的《野蛮阿拉伯人史》(*History of the Wild Arabs*),Rubruquis 的《旅行》(*Travels*),Carceri 的《环球游记》(*Voyage Around the World*),Strahlenberg 的《欧亚北部与东部的历史地理》(*Historical-Geographical Description of the North and Eastern Part of Europe and Asia*),琼斯的《论亚洲》(*Dis-*

---

① *Essay*,页 12—14。休谟完全同意这种观点。参见 *Treatise*,3.2.1,页 484。

② "欧罗巴人、萨摩亚人、鞑靼人、印度人、黑人和美洲人"是六种独立的可辨识的"种族",虽然他偶尔也会将"阿拉伯"视为独立种族。*Essay*,页 106—118;*Institutes*,页 20。

③ *Essay*,页 9。

④ 拉菲托被视为"社会人类学之父"。Eriksson,"The First Formulation of Sociology",前揭,页 256。

sertations on Asia)和科尔布的《好望角的现状》(*The Present State of the Cape of Good Hope*)。①

尽管弗格森的资料来源具有多样性,他的目的不是构建关于差异的人类学,而是获得普遍的解释。[64]他承认自由意志的作用和外部环境的多样性导致了差异,与此同时不断使用一般性的术语强调一致性。例如,仁慈是一种普遍的激情,虽然它"在不同的国家任意地表现为不同的习俗"。②

二、自然或推测的历史:一个阶段论

弗格森的历史是以豪放的笔触勾勒、追踪人类在艺术、风俗习惯、政治和法律制度方面进步的历史。但他的描述非常无序,缺乏日期和真实的编年,而代之以一系列人类从"幼年"到"成熟"的印象。③ 需要注意的是,"历史"一词在 18 世纪远没有今天这么严格。弗格森对历史作为"描述或叙述的事实的集合"的定义正好就是他自己传达给其读者的。④

弗格森非常崇拜孟德斯鸠,他的史学有意向孟德斯鸠的风格致敬。⑤ 他效仿后者经验主义的方法论,将整个体系置于他对亚里士多德关于人类天生具有社会性的假定的认可之上;⑥分享前者对于人类本性永恒不变且一以贯之的信念;⑦赞成社会法则是

---

① 弗格森完整的人类学资料来源,参见"参考文献",第二部分。
② *Institutes*,页 224—225。人类普遍具有"在社会中结合,关注与同类有关之事"的特征。他们同样"普遍欣赏那些构成或者促成人类之善的品质,诸如智慧、公正、勇气和宽容"。*Institutes*,页 38。
③ *Essay*, 页 10。
④ Bryson,《人与社会》,前揭,页 255。
⑤ Bryson,《人与社会》,前揭,页 51。弗格森(非常慷慨地)认为"我现在这个样子"是由于孟德斯鸠。*Essay*,页 66。
⑥ 格劳秀斯可能是这个观点的另一个来源。
⑦ Chitnis,《苏格兰启蒙运动》,前揭,页 95—96。

通过人的构成而产生的；①采用他对政治形式和有效的政治条件的分类法（关注如下论题比如马基雅维利的公民道德和稳定的制度的要素）；辨识环境因素在塑造后者中的作用，并且关注国家衰败的原因和解决方式。同孟德斯鸠一样，弗格森的分析单位是社会，他关注于发现支配社会的一般法则以及对社会事实之间的因果关系进行解释。因而他对孟德斯鸠的著名格言非常倾心，即历史不能由单一的事件而应由根本的原因和规律性关系来解释：

> 支配世界的不是命运，罗马人可以为此提供证明……在每一个君主国中都存在总体性原因，道德上的或者是外界的原因，提升它，维系它，或者颠覆它。所有发生的事情都受制于这些原因；并且如果一个特定的原因，比如战争的偶然结果，摧毁了一个国家，[65]这是总体性原因使得这个国家因为单独的一场战争而崩溃。总而言之，总体的趋势裹挟着各种各样的特定事件。②

弗格森（彼时其他的苏格兰史学家也一样）思想的另一个重要来源是普芬道夫。如同他的苏格兰模仿者，他将私有财产的出现视为社会发展的关键因素。其次，他似乎是首次提出进步阶段论的人。③ 斯密、米勒、凯姆斯、罗伯森和弗格森等苏格兰人热情地接纳了这种观念。

现在转向弗格森的历史编纂，值得注意的重要方面是，它是相当现代的，提出了关于人类事务的进步主义、完美主义、自发性和

---

① Montesquieu, *Laws*，1.1.2.，页 6。格劳秀斯也认为社会法则以及秩序的来源是人类的本性。他写到："人的本性是自然法之母。"Hugo Grotius，《格劳秀斯的生平和作品·绪论》(*Prolegomena, to The Life and Works of Hugo Grotius*)，W. S. M. Knight，London：Sweet & Maxwell Ltd.，1925，Section 16。

② Charles-Louis Montesquieu，《罗马盛衰原因论》(*Consideration of the Causes of the Greatness of the Romans and Their Decline*，New York，1969)，第十八章。

③ Salzberger，"Introduction" to *Essay*，前揭，页 xiii。

法则驱动的概念。反对将契约这一理性装备作为"解释历史的主要原则",[1]弗格森诉诸一种依靠内生的和无意识的原因的演化的完美主义。自生自发秩序的法则不仅保护我们重要的社会制度,也保证我们人类随着时间在道德和实践上不断进步。我们的体制、习俗和生存环境中的秩序不是简单地维持着;我们人类也不断地被驱使着产生实践和道德方面的演化。历史是自然的决定论(尽管是温和的)过程,由人类内在的特性产生,并且受人的意志和能动性的调节。然而弗格森的"进步的目的论"也强调我们人类的自我创造,以及作为最高形式的被造物的地位。因而,这是典型的人类中心论。弗格森的《文明社会史论》以提出两个最重要的假定开篇。首先,我们的进步远比"其他的动物"强,其次,其他动物仅仅是各自地由"幼年向成年"状态发展,而人类是集体发展,按照自然的和目的性的顺序,从"野蛮"进入"文明"。[2]

为了证明人类的经历符合自生自发秩序的法则,弗格森想表明我们的历史从属于统一的法则,它具有逻辑结构,并且依照人类的"自然"进步趋势,社会自然地和可预见地从野蛮向文雅状态发展。历史的进步涉及从一种社会结构到另一种社会结构的发展性变化。孟德斯鸠首次研究了这些社会类型,但正如罗纳德·米克所说,没有明确的迹象表明。他将这些不同的结构视为"社会随着时间的推移而发展的连续的阶段"。[3] 然而,如果弗格森在这一点上确实受了孟德斯鸠的影响,这很可能是弗格森认为孟德斯鸠所意指的。弗格森确实将这些阶段视为对所有文化来说都是连续的、依次的和普遍必然的,正如斯密和米勒等其他思想家一样。例如,米勒同意弗格森的观点,认为人类"欲望"的"相似性"以及[66]

---

[1] Lehman,《亚当·弗格森》,前揭,页 237。

[2] *Essay*,页 7、页 10—11。

[3] Ronald Meek,《社会科学和粗鲁的野蛮人》(*Social Science and the Ignoble Savage*, Cambridge: Cambridge University Press, 1976),页 35。

"这些欲望赖以满足的能力"的相似性随处都"在[人类的]发展的各个阶段产生了高度的一致性".①

历史具有自然的和前后相续的线性秩序,弗格森用三阶段论的形式予以呈现。弗格森的比较人类学所揭示出来的基本模式或一般法则是一个自然的和普遍的趋势,即所有文化都是依次地通过几个分别的阶段,从"野蛮"(savage)(狩猎和采集)经过"未开化"(barbarous)(农业)最终发展为"文雅"(polished)(商业)的社会形式。② 这些形式,我们发展的神圣蓝图,内在于"人类的本性"。③

这个重要的"发现"引导弗格森(与斯密、米勒、罗伯森、斯图沃特、卡姆斯、斯图尔特及其他苏格兰人一道)④建立了一种自然的或"推测的"历史,弗格森的学生杜格尔·斯图沃特之后造了这个词用以描述他们的方法。⑤ 这种历史是自然的,它试图揭示人类发展趋势,虽然这一趋势会被强势的个人或历史的"意外"干扰。它是推测的,因为这种发展在缺乏完备数据的情况下也能被描绘出来,特别是当存在来自于类似社会的数据去填补空缺、完善画面时。推测的历史因而经常(尽管并非只是)体现出比较的方法。⑥

---

① Millar,《等级区分的来源》(*Origin of the Distinction of Ranks*),页 176。

② *Essay*,页 80—105。

③ 甚至适合那个时代的制度都是按照目的论构想的:"每一种形式的种子早已存在人性之中,季节一到它就发芽、成熟。"(《文明社会史论》,页 139)*Essay*,页 20。

④ 有关其他苏格兰人的推测史的更深入的探讨参见 Christopher J. Berry,《苏格兰启蒙运动的社会理论》(*Social Theory of the Scottish Enlightenment*, Edinburgh, 1997),页 61—70。

⑤ Dugald Stewart,《亚当·斯密的生平与著作》("Account of the Life and Writings of Adam Smith", LL D, I. S. Ross [ed.] in Adam Smith, *Essays on Philosophical Subjects*, W. P. D. Wightman and J. C. Bryce [eds], Oxford, 1980),页 292—293。

⑥ J. C. Wilsher,《财产的力量——18 世纪和 19 世纪早期英国历史著作的社会和经济解释》("Power Follows Property — Social and Economic Interpretations in British Historical Writing in the Eighteenth and Early Nineteenth Centuries"),见 *Journal of Social History*, Vol. 16, 1983,页 7—26,页 10。在缺乏可比较的数据或直接证据时,合理的推测可以接受。这至少是斯图尔特的观点。Salim Rashid,《亚当·斯密的神话》(*The Myth of Adam Smith*, Cheltenham: Edward Elgar, 1998),页 54—55。

弗格森对比较方法的使用被视为奠定了此后社会学家所使用的比较方法的基础。①

弗格森告诉我们，通过考察"那些仍然处于我们意欲描述的阶段的人们的生活"，"我们便能形成一种对于我们从摇篮以来的进步的正确观念"。例如，美洲原住民目前的状态就能告诉我们所有欧洲人（并且所有其他人）的来源，因为"从他们目前的状况中，就像是从镜子中，我们能够看到我们自己祖先的特征"②。推测方法允许使用从人类的实际趋势中得出的推断填补空缺。例如，[67]现代人所表现的社会本能并不是新的，而是在人性中一直存在；既然人类的本性是不变的，人类就必然总是具有社会性。③

弗格森使用这种方法的灵感最初并非来源于所谓的杜尔哥，而是"希腊和罗马的史学家"，如修昔底德和塔西佗，他们在"未开化民族的习俗中"找到了"比希腊更加古老的礼仪"。④ 灵感的第二个更加现代的来源可能是科尔登（Cadwallader Colden），第一位使用比较方法的美国作家。科尔登的《印第安五族史》出版于1727 年，曾为弗格森所引用。

但直到弗格森准备重建历史时，才使用这种比较方法。推测

---

① Frederick J. Teggert，《历史理论》(*Theory of History*，New Haven，Conn：Yale University Press，1925)，页 89，引自 Hamowy，《亚当·弗格森的社会和政治思想》(*Social and Political Thought of Adam Ferguson*)，页 127。

② *Essay*，页 80。

③ *Essay*，页 21。布鲁尔(John Brewer)认为，弗格森对推测的历史编纂的运用表明"他对 19 世纪社会学的预测"有局限性，因为"它指向对文明社会前景的关注，而这一关注总是激发出对公民人文主义话语的使用"。虽然我认为，弗格森对于腐化的关注激发了其最深刻的社会学洞见，布鲁尔的观点还是有价值的，他认为"这种替代性话语将弗格森拉回来，阻碍他将它们发展到其极致。"Brewer，《亚当·弗格森和劳动分工》，前揭，页 22—23。

④ *Essay*，页 78—80。参见 K. E. Bock，《人类学的比较方法》(The Comparative Method of Anthropology)，见《社会和历史的比较性研究》(*Comparative Studies in Society and History*)，Vol. 8，1965—1966，页 269—280、页 271。

方法的一个困难是它倾向于在下列意义上的证实主义：即从人类发展趋势和历史中推断出来的人类命运的证据，未加批判地被接受为科学的。弗格森使用比较方法的另一个问题使他不自觉地采用了一种方法论的尚古主义，而这是他作为进步主义者通常希望避免的，从而使他卷入一种方法论的矛盾中。当弗格森声称最好的展现我们本性的是那些生活在"野蛮"和"未开化"状态中的人时，他似乎暗指这些环境中的人的行为更加"自然"，①这就与他所有的状态和阶段都同样自然的假定相矛盾。此外，推测的方法具有高度的民族优越感。他按照西方文化将"人类本性"普遍化，将"所有非西方的民族纳入到单一的，并在西方文化上达致其顶峰的进步系列中"。② 将这种方法与卢梭彻底地反完美主义论的尚古主义进行对比是有用的。卢梭这里也是三阶段范式，即前社会的原始状态、过渡的野蛮状态和最终的文明社会。卢梭的理想不是通常所认为的前社会状态，而是过渡阶段，它以自给自足、未充分发展的社会性形式和"人类能力的发展"为特征。从而，在"原始状态中的懒散与我们自负（amour-propre）的任性行为之间维持一个正好的平衡"。他指出，在这种状态中发现了大多数的"野蛮人"，这"似乎证明了人们想要停留于此阶段"。任何"后续的发展"并未带来什么，除了"人类的衰败"。③

[68]不过，弗格森在使用推测方法时仍很有批判性和自知之明。他提醒说，这种方法只有当其使用者明了如下事实时才有效：他们一直受到约束，即他们自己也是历史的主题，因而必然也是特定的历史和文化环境的产物。他们不仅具有文化上的偏见，也有

① *Essay*，页23。
② R. Nisbet，《进步的观念史》（*History of the Idea of Progress*，London：Heinemann，1980），页149。
③ Rousseau，《论人类不平等的起因和基础》，见 *Social Contract and Discourses*，页91。

理解力上的认知局限。①

　　不同于斯密和米勒所采用的生存方式的"四阶段"模式（狩猎、游牧、农耕和商业），弗格森的"三阶段"模式中的类型既基于经济条件也基于社会结构。"野蛮"、"未开化"和"文雅"等术语涉及法律水平，政府，"自由、机械艺术、文学和商业技艺方面的智巧"。②弗格森希望其分类的基础不仅是社会特征，也是经济特征，因为他偏爱社会和政治而非经济的条件，③因而约翰·波考克认定弗格森的分析"在苏格兰人对此问题的研究中最具马基雅维利倾向"。④弗格森的焦点是规范性和政治性，而斯密和米勒则试图运用纯粹描述的方法界定经济类型。⑤例如，在描述野蛮社会的生

_____

①　"我们所采用的方法还是过于频繁地将所有一切都基于推测之上；过于频繁地将我们天性中的每一个优点都归因于我们所掌握的艺术；也过于频繁地设想只要否定我们的所有美德就足以描绘原始状态的人。我们假定我们自身就是文雅和文明的标准；我们认为，那些没有出现我们特征的地方便没有什么可探究的。但是，很可能正是在这一点上，也像我们在许多别的问题上一样，我们没有能力从假定的原因预测结果，或者确定在我们所处的那些环境并不存在的情况下，即使我们的本性一样，性质和运作将会是什么。"*Essay*，页75。

②　是否存在第四个阶段是个开放性的问题。凯特勒关于（《亚当·弗格森的社会和政治思想》，页229）弗格森将"专制"设想为历史上的第四个阶段的主张值得怀疑。从分类学上来说，专制并非一个发展阶段，而是政治制度的一种类型。*Analysis*，页54—55。弗格森没有描述历史的第四个阶段，但这并不意味着他没有预测，他只是避免"无用的推测"。这种误解可能源自孟德斯鸠（弗格森主义的主要来源）不仅将专制统治视为一种制度，也视为一个发展阶段。

③　D. MacRae，《亚当·弗格森：社会学家》（"Adam Ferguson: Sociologist"），见 *New Society*，Vol. 24，1966，页792—794。有关阶段问题的深入讨论，参见 H. Hellenbrand，《建设而非破坏：杰弗逊、印第安人和共和党的宽容》（"Not to Destroy But to Fulfil: Jefferson, Indians and Republican Dispensation"），见 *Seventeenth Century Studies*，Vol. 18 (4)，1985，页523—548；Meek，《社会科学和粗鲁的野蛮人》，前揭，页154 以及 Meek，《苏格兰人对马克思主义社会学的贡献》，前揭，页34—45 和 K. G. Ballestrem，《观念史中历史唯物主义概念的来源》（"Sources of the Materialist Conception of History in the History of Ideas"），见 *Studies in Soviet Thought*，Vol. 26 (1)，1983，页3—9。

④　J. G. A. Pocock，《马基雅维利时刻》（*The Machiavellian Moment*，Princeton: Princeton University Press，1975），页499。

⑤　参见 *P. I.*，页252，弗格森在此处明确表示，他的分类并非严格意义上经济的。

存方式时,弗格森更注重发展有关女性在其中(与奴隶相比)的相对地位的道德理论,而非分析这一生存方式本身的经济方面。[1]

阶段理论在弗格森的完美主义中发挥着重要的作用,阶段作为一种渐近的目标具有目的论意义,越来越"文明"。这使弗格森成为众多 18 世纪思想家的典型,[69]对这些思想家而言不断地远离不文明代表逐渐地通向完美。"文明"这个弗格森第一次在英语中使用的词汇,"不仅意味着历史的重要进程,也是这个进程的最终结果"。[2]

三、弗格森是雏形的马克思主义者?

弗格森对于发展阶段的独特分类使得我们难以想象他的观点是怎么与雏形的唯物主义,甚至雏形的马克思主义的历史编纂联系在一起(众多先驱性的弗格森学者曾经尝试这样做),这甚至比将斯密和米勒的观点与之联系在一起更为困难,后两者的范畴明显是经济性的。帕斯卡是个典型的例子,他认为,《文明社会史论》的主题是,社会的"形式与发展取决于私有财产的结构和发展,这种社会发展的模式经由内部的冲突、财产上处于对立关系的阶级间的斗争而进展"。[3] 福布斯认为,这种误读是由于对"18

---

[1] 对此问题的简单讨论,参见 J. G. A. Pocock,《野蛮与宗教》(*Barbarism and Religion*, Cambridge: Cambridge University Press, 1999, Vol. 2),页 335—337。

[2] "弗格森的苏格兰同事的著作也毫不隐讳地出现了进化理论,例如邓巴(James Dunbar)的《论野蛮与文明时代的人类史》(1780)以及罗根(John Logan)的《哲学史原理》(*Elements of the Philosophy of History*, 1781),他们视暴力为文明社会的对立面,并乐观地认为在现代文明社会中它正在衰落。"Keane,《文明社会》(*Civil Society*),见 *Old Images*,页 119。

[3] Pascal,《财产和社会》,前揭,页 178;Hamowy,《自生自发秩序》,前揭,页 22;R. Meek,《斯密、杜尔哥和"四阶段"理论》("Smith, Turgot and the 'Four Stages' Theory"),见 *History of Political Economy*, Vol. 1, 1971,页 9—27 以及 R. Meek,《苏格兰人对马克思主义社会学的贡献》,前揭,页 34—50;Swingewood,《社会学的起源》,前揭,页 171。

世纪的背景"不够了解。① 弗格森不断向我们强调,"主从关系"
(subordination)和"等级区分"(rank distinctions)不仅完全是自
然的,②而且对于商业社会的运作也是必不可少的。③ 主从关系
被认为是"有价值的",作为劳动者的出卖者或者雇佣者没有什么
"可耻的"④。因此,认为在《文明社会史论》中已经出现了充分发
展的雏形的马克思主义阶级斗争理论很可能是一种歪曲,尽管两
者有一些重要共同点。弗格森的历史确实具有辩证的面向,他确
实预见到了一种阶级冲突的多元主义理论,但这些辩证的效果局
限在政治和制度的[70]安排上。⑤ 同样,弗格森对"财产是一种进
步"⑥(这些唯物主义解释依赖这一点)的主张并非等于主张"进步
就是财产而已"。⑦ 弗格森仅仅注意到财产关系随着文明进步发
生改变的方式;财产关系本身并不驱动历史,虽然它们确实起到
一定作用。紧接着上述段落,弗格森指出,私有财产观念在野蛮
时代没有出现,而在未开化时期,它是"人们关注的主要对象",尽

---

① Forbes,《文明社会史论》"导言",页 xxv。

② 例如,"在不同的自然禀赋中有主从原则",在获得性的"财产、权力和依附的分配不
　均"中也同样存在主从原则。《论部分的划分》"Separation of Departments",*Col-
　lection of Essays*, No. 6,页 143。

③ *Essay*,页 63—64。亦可参见 Forbes,《文明社会史论》"导言",页 xxv。罗伯森
　(William Robertson)也认为,"没有任何一个社会不存在主从关系"。引自 Daniele
　Francesconi,《罗伯森论历史的原因和未意图后果》("William Robertson on Histor-
　ical Causation and Unintended Consequences"),见 *Cromohs*, Vol. 4,1999,页 1—
　18,页 8。顺便注意一下弗格森如何不同意斯密认为人生而具有同等禀赋的观念。
　有关斯密的观点,参见《国民财富的性质和原因研究》(*An Inquiry Into the Nature
　and Causes of the Wealth of Nations*, R. H. Campbell, and A. S. Skinner, [eds],
　Oxford: Clarendon Press, 1979)(以下引用此书标注为 *WN*),I. ii. 4.,页 28。

④ 弗格森补充到,只有劳动力出卖者和劳动力雇佣者的"罪恶"才应该批判。这些罪
　恶包括:"贫穷者的嫉妒和贪婪,富有者的傲慢和放肆"。《论部分的划分》(Of the
　Separation of Departments),《论文选》(*Collection of Essays*), No. 15,页 165。

⑤ 更详尽的讨论见第七章。

⑥ *Essay*,页 81。

⑦ 福布斯首次注意到。《文明社会史论》"导言",页 xxv。

管此时还未受政府的调节。当弗格森告诉我们"财产是一种进步"时,他并没有将财产本身等同于变革的动力。他只是发现,当人们掌握了支撑财产占有的法律和技术手段之时,私有财产才在"未开化"时代出现。① 弗格森在此也重申了自己的观点,即贪婪这心理上的驱动力才是人类进步的重要因素。"制造和商业技艺肇始于对财产的喜爱,并且被希求安全和盈利所加强。"②并非财产本身,而是对财产的喜爱,也就是贪婪间接地推动了变革。这并不否定物质因素与弗格森的分析之间的关系。他毫无疑问部分地是唯物主义者。最重要的是要牢记,他思想中的唯物主义维度并非社会变革的唯一决定因素,而只是众多决定因素中的一项,我们即将说明这一点。此外,它是推动历史的次要因素,主要因素在性质上是心理发生性的,我们也即将说明这一点。无论如何,温奇指出,近年来,这种对苏格兰思想的唯物主义解读在"稳步地消退"。③

四、自生自发秩序的历史编纂与
首创立法者的神话

涂尔干曾经指出,不抛弃伟大立法者的理论社会科学是不可能的。④

---

①　*Essay*,页 81—82。

②　*Essay*,页 164。

③　D. Winch,《亚当·斯密"不朽的特别贡献"》("Adam Smith's 'Enduring Particular Result'"),见 I. Hont, and M. Ignatieff, (eds)《财富与德性》(*Wealth and Virtue*),页 259。对此争论更深入的讨论参见 A. Skinner,《苏格兰人对马克思主义社会学的贡献》("A Scottish Contribution to Marxist Sociology"),见 I. Bradly, and M. Howard, (eds)《古典的和马克思主义者的政治经济学:米克纪念文集》(*Classical and Marxian Political Economy：Essays in Honour of Ronald L. Meek*), London：1982,页 79—114 以及本书第 10 章。

④　涂尔干(Emile Durkheim),《孟德斯鸠与卢梭》(*Montesquieu and Rousseau*, Ann Arbor：University of Michigan Press, 1960),页 12。

立法者的神话可追溯至柏拉图，[①]在 18 世纪非常兴盛，福布斯认为，"它的破灭或许是苏格兰启蒙运动的社会科学最具独创性和最大胆的变革"。[②] [71]弗格森历史编纂的一个基本前提是，历史不会是被单一的愿景所推动的，而是一个社会地，次理性地和逐渐地生发出来的自生自发过程。值得注意的是，人类的发展进程或多或少具有统一性，而这不能归因于文化上的接触，或者对个别或少数天才人物的观念的传播或模仿。弗格森问到："既然每个社会都有自己的原则，只需要有利时机便能使其发扬光大，为何还要从外部寻找艺术的起源呢？"[③]毕竟，"迄今为止，没有外来典范或者各学派的指导的帮助，事态已经进展到如此之远。"[④]我们进步的驱动力、"野心"和"自我保存"都是本能的，并且既然人类的本性相同，那么文明以大体上相同的方式发展是毋庸置疑的。例如，"诗歌是每个国家最早的文学类型，这没有什么奇怪的"。[⑤] 每个国家"虽然都受外国的启发"，皆掌握"为自己量身打造的科学和技艺"。[⑥] 虽然机会和好运在进步过程中时常起一定的作用，但这种"意外"终究是无关紧要的；离开了它们，我们大体上仍然能取得同样的进展。[⑦] 原始的创

---

① J. T. Valauri，《社会秩序和法的限制》（"Social Order and the Limits of Law"），见 *Duke Law Journal*，Vol. 3 (3)，June，1981，页 607—618、页 610。

② Forbes，《文明社会史论》"导言"，页 xxiv。米勒也赞同这个观点。John Millar，《等级区分的来源》，重印于 W. C. Lehmann，《格拉斯哥的约翰·米勒 1733—1801》（*John Millar of Glasgow* 1733—1801，London：Cambridge University Press，1960），页 177—178。

③ *Essay*，页 162。

④ *Essay*，页 168。

⑤ *Essay*，页 165。

⑥ *P. I.*，页 283、页 42。

⑦ *Essay*，页 162。休谟在他的一篇论文中以类似思路主张真正的进步是社会的产物，而"依赖于少数人的事物在很大程度上要归因于机遇"。此外，社会地产生的变革往往更加敏感于也更适应现存状况，反之，"单个的人更容易受幻想、愚蠢或任性的影响，而不是受一般激情或利益的影响"。Hume，《艺术与科学的兴起》（The Rise of Arts and Sciences），见 *Essays*，页 112。

新压力以及人类的基本需求都是不变的,因而我们有望找到某些跨文化的一致性,只要被比较的文化是处在其自然发展的同一阶段并且相对地享有国内的"政治繁荣"。甚至那些"向邻国借鉴的国家,很可能只是借鉴那些他们几乎自己就要发明出来的东西"。这些发明与其特定的社会形式携手而来,新的进展在时机成熟之前是不可能出现的,也就是说"直至类似的环境条件具备,铺好道路"。①

弗格森很可能是在评论《百科全书》的作者及他们的文明传播理论。根据这一观点,文明由其源头埃及开始从一个国家传播到另一个国家。② 希腊人从埃及人那获取了众多知识,这是 17 世纪的学问中老生常谈的一个问题,并且这种信条[72]一直流行到 19 世纪的早期。③ 但弗格森告诫我们,"对古代立法者和建国者的传统历史故事要保持警惕",他提醒我们,大体上,历史是无数的行动者经年累月的行为所产生的自生自发的事件。与通俗的历史相反,罗马和斯巴达的政府"是审时度势、顺从民心而建立,而非出自单个人的规划"。④ 此外,弗格森和斯密一样认为这样的安排(悖论性地)远比任何人深思熟虑的计划更能保障人类的繁荣。⑤ 孟

---

① *Essay*,页 162—163。

② Forbes,《文明社会史论》"导言",页 xxiv。詹姆斯·伯内特(James Burnett)(蒙博杜勋爵)(Lord Monboddo)也支持这种观点。J. Gascoigne,"埃及人的智慧"(The Wisdom of the Egyptians),见 S. Gaukroger, ed.,《古迹的用处》(*The Uses of Antiquity*),页 204。卢梭也是如此。《论科学和艺术对道德的影响》,页 8 以及《论人类不平等的起因和基础》,页 61—62,见 *Social Contract and Discourses*。

③ 18 世纪诸多的自然神论者也持有这种传播论的论点。R. Emerson,《彼得·盖伊和圣神之城》("Peter Gay and the Heavenly City"),见 *Journal of the History of Ideas*, Vol. 28, (3), 1967,页 383—402,页 391。更深入的讨论参见 M. Bernal,《黑色的雅典娜》(*Black Athena*, London: Free Association Books, 1987, Vol. 1),页 121—160。

④ *Essay*,页 121。

⑤ Smith, *WN*. I. IV. v. b. 43. 页 540。

德斯鸠也持有类似观点，他劝告立法者尊重各种因素之间的微妙联结，这些因素产生的国家"精神"在任何时刻都是合适的，"因为没有什么比我们自由地追寻我们的自然爱好去做更好的了"。[1]弗格森相信，独立于人的意志之外有一种自然秩序，它并不需要在建构主义的宏伟幻觉之下苦干的"体系之人"的干预，甚至还会受到其阻碍。哈耶克后来也继承了这一憎恶，主张分散知识和个别化欲望的自生自发体系的优越性。[2]

　　弗格森对"传统"历史学家的理性主义假定的一个反对是，他们依赖对人类能力的神话式设想。我们中没有任何人掌握了随心所欲地改变和塑造历史所需要的才能，远见或者实践能力。对弗格森的怀疑式头脑而言，"传统的"历史编纂对人民忍受快速变革的承受力抱有不合理的期待。指望全体人民欢欣鼓舞地接受立法者凭空虚构出来的每一项"改进"是荒唐的。[3] 弗格森与斯密、休谟、米勒和斯图亚特一样，都反感"体系"和自以为是的立法者设计的乌托邦方案。例如，斯密非常嘲笑傲慢的社会设计者，他"自以为自己是全国唯一聪明和值得尊敬的人"，非常自大地认为"他的同胞应该配合他，而不是他应该配合他的同胞"。斯密将此类比于棋类游戏，指责那些"自负"的立法者"妄想自己能够安排不同的棋子"，而没有意识到"在人类社会这个巨大的棋盘上，每个独立的棋子都有自己的行动原则，完全不同于立法机构强加给他们的原则"。[4] 类似地，米勒认为[73]"即使其自身非常完美，也没有一个体系有望获得稳定

---

[1]　Montesquieu, *Laws*, 3. 19. 5. 页 310。

[2]　例如，参见 F. A. Hayek，《致命的自负》(*The Fatal Conceit*, edited by W. W. Bartley, London: Routledge, 1989)，页 84—85。

[3]　*Essay*，页 120。

[4]　Smith, *TMS*, 页 234。休谟同样将任何大规模的"政府计划"，如柏拉图的《理想国》、托马斯·莫尔的《乌托邦》，拒斥为"彻底的幻想"。但哈林顿的《大洋国》是个例外，他认为这是"提供给民众的唯一有价值的共和国模式"。Hume，《论完美共和国的观念》("Idea of a Perfect Commonwealth")，见 *Essays*，页 514。

性,或者产生良好的秩序与服从,除非它与共同体的普遍呼求相一致"。① 斯图亚特认为,相信伟大立法者神话的人具有下列谬误:

> 不是因为设想出来的计划,而是基于存在于真实生活和事务中的环境,立法者和政治家在人群中脱颖而出。是他们所处时代的实际状况,而不是哲学和思辨的建议,指导着吕库古和梭伦的行动。②

休谟同样相信社会的非理性基础。基于工具理性的蓄意的社会契约的整个概念都站不住脚。"在(人类的)粗野和未受教化的状态中这是不可能,只是通过研究和反思他们才能获得了"这样的"知识"。③

齐整宏伟的计划无法容纳人类事务,因为它们凌乱、混杂且原因复杂。"人类的集合"既不是静态的也不是"沉寂的",而是动态的,不断自我调整以达到"普遍的结果",这是通过"平衡、补偿和相互校正"的过程产生的"有益和公正"的结果。④ 因此,立法者的人为干涉往往是误入歧途。我们千万别忘记,历史应该被恰当地理解为自生自发的事情。

五、结 论

由于信奉自生自发秩序,弗格森似乎认为,一般来说,我们之

---

① John Millar,《英国政府史:从撒克逊人在不列颠定居至斯图亚特家族即位》(*An Historical View of the English Government from the Settlement of the Saxons in Britain to the Accession of the House of Stuart*, Four Volumes, Glasgow: 1787—1803, III.),页 329。

② Gilbert Stuart,《论欧洲社会》(*A View of Society in Europe*, Edinburgh: Bell and Murray, 1778),页 54—55。

③ Hume, *Treatise*, II. Iii,页 486。

④ *P. II.*,页 511—512。

所是反映的就是我们应该成为的。换句话说，他用描述性的东西来界定规范性的东西。这并不像初看起来那么平庸和同义反复，因为他在此的目标是纠正可能会阻碍行为的"自然"进程的那种理性主义(甚至迷信)谬误。为了勾勒人类行为的普遍倾向，他联合了经验、内省和推测的方法，以便获得他所确信的对典型人类行为的忠实刻画。这些努力的结果将在此后的章节中呈现。

　　从方法论上来说，弗格森并未真正给我们带来一种边界界定明确的，严格经验的或者定量的关于社会的科学，因为他的规划还受制于 18 世纪特定的圣灵学、道德哲学和政治学学科的方法。他创造更充分发展的社会科学的能力受到了以下任务的阻碍：即他给自己指定的用社会科学锻造一种新型的道德科学的任务。虽然如此，他认真地对待社会科学的决心还是产生了某些具有开拓性的［73］独特的社会学见解，特别是他对社会事实的专注以及试图提出对传统历史编纂的可行替代。弗格森努力以历史为基础来理解社会、政治、道德和文化现象，他的著作构成了历史社会学的一种早期的形式。①

―――――――――――――

① 莱曼也这样认为。《亚当·弗格森》，前揭，页 247—248。

第五章　弗格森的官能和道德心理学

显然弗格森没有研究过心理学,因为它直到 20 世纪前半叶才是一门完全独立于哲学的实验学科,关注感觉的识别、听觉、视觉、认知和记忆。理所当然,现代心理学没有提到弗格森,因而后人恰当地将他的体系看成是由道德哲学家和历史学家所撰写的官能心理学。[1]

即使是 18 世纪所理解的那种心理学,弗格森也没有多少兴趣去思考它。虽然,18 世纪的心理学通常被视为洛克《人类理解论》工作的继续。[2] 弗格森的努力可以被理解为对洛克宣扬的那种形而上学式的吹毛求疵的一般性回应,以及对他的经验主义(唯心主义)的特定回应。弗格森赞同里德的观点,认为常识能够准确地记录世界,分析这些记录的内容要比无休止地讨论有关它们的性质和真实性的认识论问题有用得多。弗格森希望理解人的构成及其与社会世界的互动,而非人类的心智。[3] 他曾写信给爱德华·吉

---

① 例如,参见 J. Pierce,《苏格兰常识学派和个体心理学》("The Scottish Common Sense School and Individual Psychology"),见 *Journal of Individual Psychology*, Vol. 31, 1975,页 137—149、页 140。

② Vidal,《18 世纪的心理学》,前揭,页 90。

③ 虽然在提及制度或者机构时,他也常使用"心智"一词。

本,"我的职业就是研究人类的本性"。① 因此,弗格森感兴趣的是社会而非严格意义上的个体,但是为了理解什么使社会运转,他必须首先理解其构成部分的运转。人类世界的秩序不仅要从社会体系的层面上理解,而且要从个体心理的层面上理解。应当将个体置于其所处的社会背景进行研究。弗格森有关人类激情的心理学是其社会科学的重要推论。② 既然人类是自然世界的组成部分,那么就有可能科学地研究人类的本性。与物质世界一样,人的构成也受到可感知的法则的统治。③ 确实,圣灵学的研究与解剖学和生理学的研究是重叠的。④

[76]弗格森的部分原创性在于他对我们的好斗、竞争和冲突的驱动力的强调,⑤以及他以一种在心理学和其他学科中依然流行的类似方式精细地处理本性/教养之争。就其抵制当时正在兴起的带有功利主义倾向的体系;就其反对休谟和斯密将同情作为道德判断的机制,⑥以及坚持仁慈的践行是:a)社会秩序的原因和种族幸存的明显特性;b)幸福的主要来源而言,他的心理学是特别的。因而,他关于人类力量的理论与(实际或被认为的)具有自由主义之雏形的享乐主义者(proto-liberal hedonists),如曼德维尔、斯密和休谟等人形成对立,就这一点而言,他的著作标志着自由和商业感受性出现的关键点。他的任务是在不求助于圣经、宗教诡辩或者尚古

---

① 《给吉本的信》(*Letter to Edward Gibbon*),April 18, 1776, *Correspondence*, No. 88, I. 页 141。

② 哈孔森也已经注意到了斯密和休谟的心理学也是如此。Knud Haakonssen,《立法者的科学:大卫·休谟和亚当·斯密的自然法理学》(*The Science of the Legislator: The Natural Jurisprudence of David Hume and Adam Smith*, Cambridge: Cambridge University Press, 1981),页 6。

③ *Essay*,页 8—9。

④ *Analysis*,页 7。

⑤ 第八章将更深入探讨这一点。

⑥ 罗伯森(John Robertson)也注意到了这一点。《苏格兰对启蒙运动的贡献》,前揭,页 48。

主义的多愁善感的情况下,合理地捍卫仁慈的激情以反击其对手。

弗格森的著作也可视为对法国唯物主义者如孟德斯鸠的要求的回应,后者的"科学唯物主义"试图将生命体及其过程严格地描述成机器,并使用物理和化学事件的术语对之进行描述。另一位法国唯物主义者拉美特利在其《人是机器》(1748)中主张,人类无论在身体上还是精神上都与机器类似。[①] 拉美特利将身体视为由不同部件构成的系统,每个部分都被自身的自我运动的原则所驱使。按照此观点,"没有独立于身体的灵魂",[②]并且我们和动物一样,是纯粹的享乐主义者。到了 19 世纪中期,这种研究生命体的方法成了规范。[③] 依据弗格森的思想,"唯物主义者"犯了不可原谅的错误,即"将人视为机器"而非认为"他"是神奇、复杂的造物,具有高深莫测的情感、反应、判断、功能和道德情操。[④] 而且,人的身体是一个被唯一的引擎,也就是灵魂或者"心灵"所驱动的综合系统。

一、一　般　方　法

对弗格森来说,心理学不是医学上的努力,也不是科学的生物学。他对于行为的心理—病理学没有兴趣。只有人类行为的常规、"健康"的路径才能吸引他,因为这构成了社会模式,他真正有兴趣的是界定和解释社会模式。没有正式的科学,也没有使用实验方

① M. Wertheimer,《心理学简史》(*A Brief History of Psychology*, New York: Holt, Rhinehart and Winston, 1970),页 20。

② John P. Wright"18 世纪苏格兰生理学中的唯物主义和生命灵魂"(Materialism and the Life Soul in Eighteenth Century Scottish Physiology),见《苏格兰启蒙运动》(*The Scottish Enlightenment*),Paul Wood (ed.), Rochester: University of Rochester Press, 2000,页 182。

③ Wertheimer,《心理学简史》,前揭,页 20。

④ 实际上,孟德斯鸠在《论法的精神》中始终将人的身体视为"机器",例如,参见 3.14.12,页 242 以及 3.14.2,页 234。

法,但[77]是基于观察到的一致性而持续系统地界定和罗列人类各种原始的"性情",并从中推断出某些"一般法则"的努力是一以贯之的。尽管弗格森展现了其对知觉、反应、学习、记忆以及心灵哲学等主题的兴趣,但它们在这个时期都非常粗略且较少原创性。只有在非常宽松的意义上,他才是一位心理学家即通过列举和审视人类的驱动力量,他的著作构成了"关于人类的正式研究"。①

　　弗格森的圣灵学除了在他的社会科学中起作用,还在他的道德体系中起重要作用。他继续坚持"圣灵学"是道德哲学的根基的信念。对心灵的了解(自我认知)是探求正确的道德,进而是合理地生活和追求道德完美的基础。② 值得注意的是,弗格森希望将其发现置于神意目的论之下。关于我们自己的知识为我们揭示了上帝的意图,因而揭示了对行为的规范性指引③。我们立即成为

① 根据霍瑟萨尔(David Hothersall)对于功能心理学的定义。D. Hothersall,《心理学史》(*History of Psychology*:Philadelphia:Temple University Press,1985),页21。

② *Institutes*,页11。同样的观点在"Joseph Black"(页109)和 *Principles*,*I*(页1)中反复出现。这种方法似乎为培根首创(Wood,《人的自然史》[The Natural History of Man],页94—95),尽管亚里士多德也指出,为了"理解道德上的善为何物","我们必须研究人类的灵魂"。Aristotle,《伦理学》(*Ethics*,translated by J. A. K. Thomson,London:Penguin,1976,Book I. Xiii),页87。需要记住,18世纪的道德哲学包含了我们今天所说的心理学。Viner,《上帝的作用》,前揭,页78。对于"常识"学派心理学的一般讨论,参见 Philip Flynn,《苏格兰哲学家、苏格兰评论家和心灵科学》("Scottish Philosophers,Scotch Reviewers,and the Science of Mind"),见 *The Dalhousie Review*,Vol. 68,1988,页259—283。亦可参见 Pierce,《苏格兰常识学派和个体心理学》,前揭,页137—149。

③ 但这并不意味着弗格森接近马勒伯朗士的真正的有预见性的心理学,后者也认为人类行为是上帝超越意志的动力因。Reed,《理论、概念和实验》(Theory,Concept and Experiment),页342。虽然,弗格森将我们的官能和激情确定为这些动力因,马勒伯朗士几乎提出了一种充分发展的有关无意识心智的力量的理论。弗格森的方法也远离狄德罗、霍尔巴赫、马拉(Marat)和哈特利(Hartley)等人提出那种萌芽期的精神病"科学",因为他将自己限定在神学框架内工作;这种关于人的研究没有被充分地采纳,因为对弗格森而言,更关键的是人类而不是物质和细胞。有关对精神疾病的观念从形而上学过渡到生理事件的讨论,参见 Sergio Moravia,《启蒙运动和人的科学》("The Enlightenment and the Sciences of Man"),见 *History of Science*,Vol. 18,1980,页247—268、页263—264。

神的宏伟计划的一部分,从属于它并受益于它。哲学家的任务是觉察这个计划并将其传达给其他人。弗格森留心蒲伯的著名对句中隐秘的劝告"那么认识你,不要依赖上帝的审视,只有人才能对人类作出正确的判断。"他将其方法建立于下列前提之上:上帝的意志表现于我们的构成的每一个部分,甚至更为卑下的自我保存的部分,所有这些都值得认真研究。他的官能心理学是其神义论的组成部分。尽管有廊下派在前,弗格森还是深受哈奇森的影响,哈奇森更早试图用引导人类走向幸福的仁爱的宏伟计划来解释人类所有的驱动力和激情。

弗格森的大体上是描述性的官能心理学方法结合了(基于观察和人类学叙述的)一般理论[78]和个人内省。① 通过结合这两种方法,他相信自己最能洞察人的灵魂,同时避免方法论上陷入主观主义,②认识论上陷入经验主义和怀疑主义的死路。所谓的"内省"弗格森所指的只是直觉上的反思或纯粹的自我觉察。为了避免先验主义,他在经验主义人类学无法给出答案时便诉诸意识的原则。单纯的推测从属于我们对"事实"的觉知这一至高权威。关于人类的知识直接来源于自我认识。③

二、弗格森对 18 世纪本性/教养之争的贡献

尽管弗格森认为,无论如何,"人"都是自然世界的一部分,因而是另一种动物,受制于支配动物世界的所有条件,④他同样认为我们是一种特殊动物,用其他物种来理解我们自己存在局限。⑤

---

① *P. I.*,页 49。
② *P. I.*,页 6—7。
③ *P. I.*,页 4。
④ *Essay*,页 48—49。
⑤ *Essay*,页 11—12。

我们混杂和特殊的本性使得、很难辨别本性和技艺的开始和结束。

　　理解人类本性的关键是那些将我们与其他动物区别开的东西；我们进步的欲望，引导我们创新、发明并对事物进行判断的"完美的欲求"。人类具有动物的本能，但也具有思想的品质、想象和追求目标的能力，对进步和道德完善的欲求；[①]我们的这些特征通常被认为是学习而来。弗格森也认为它们部分是学习而来，但是我们获得它们的倾向是先天的。[②] 人类的本能不仅比其他物种的本能更不可靠，[③]而且只能带我们到一定的程度。"人"注定追求"友情"、不朽并与上帝的心灵相接。"他"是崇高的，具有"理智"和道德判断，因此具有这一高贵本性所要求的更高的能力。[④] 这种物种上的优越感在 18世纪当然是司空见惯，[⑤]但它起源于亚里士多德的存在之链模式。

　　[79]至于个人，我们掌握着两种能力，一种是理解力（认识力），另一种是意志力（行动力）。[⑥] 一方面，我们具有意识、感觉、知觉、推理和预测、记忆、想象和抽象的特征。这是我们理性的、认知的力量。另一方面是受下列法则支配的动物性或行动性的力量：自我保护的法则；社会交往的法则以及评估或进步的法则。[⑦]

---

① *Essay*，页 12—14。"对动物，自然之主似乎在说：'我这样创造了你，你便要成这样，不可要求更多'。对人则说：'我已经给你智慧和自由；不为你的成就设定界限'。"*P. I.*，页 54。亦可参见 *P. II.*，页 324。卢梭也认为，人类是唯一具有"自我完善能力"的动物。《论人类不平等的起因和基础》，前揭，页 60。

② *Essay*，页 16—17。

③ *P. I.*，页 32；*P. I.*，页 133。

④ *Essay*，页 176、页 16。

⑤ 例如，参见 Adam Smith，《哲学论文集》(*Essays on Philosophical Subjects*，P. D. Wightman and J. C. Bryce [eds]，With Dugald Stewart's Account of Adam Smith, I. S. Ross, [ed.] Oxford: Oxford University Press, 1980)，页 136。

⑥ *P. I.*，页 68。

⑦ *Institutes*，页 86—90；*P. I.*，III，《论人类进步的本性》("Of Man's Progressive Nature")以及页 26—36、页 42、页 56、页 167、页 174—175；《论活跃的人类的自然法则》("Of the Laws of Nature in the Department of Active Man")，见 *Collection of Essays*, No. 30，页 259。参见 Bryson，《人和社会》(*Man and Society*)，详尽的讨论见第 2 章。

但是我们的遗传构成的那种高度动态的和交互作用性质一直得到强调。① 动物性力量(完成弗格森计划中大部分的执行任务)依靠理性力量的支持。弗格森的模式因所有的动力不是被表达为冲突的("反对")就是被表达为合作的("联合")这一事实,而变得更为复杂。但不论我们与同伴是竞争还是合作,行动永远都具有社会性。例如,有时候甚至暴力都会被算成是社会行为。②

弗格森特别沉浸于我们本性中理性和本能的关系问题,证据便是在《文明社会史论》的第一部分,他几乎全部都在探讨这个问题。但这仅仅表明因为人类始终是社会性的,随之而来的便是所有的驱动力都具有社会参照。基于这个理由,将动物性能力与理智能力孤立开来是没有意义的。弗格森认为技艺和自然之间没有本质的区分,因为他将所有的人类活动都视为是自然的。③ 本能之上往往覆盖着同样自然的,然而社会性地建构出来的行为。我们注定要创造和设计,技艺本能是天赋的。理性和本能的能力彼此相互支持且密不可分。④ 这就是弗格森以毫不掩饰的人类中心主义所表达出来的使得人类优于其他物种之所在。⑤ "意识"和我

① *Institutes*,页 87。

② 第七章将会阐释更多的细节。

③ 例如,参见《自然与艺术》("Of Nature and Art"),见 *Collection of Essays*,No. 28,页 245—250。

④ 《论完美和幸福》("Of Perfection and Happiness"),见 *Collection of Essays*,No. 1,页 3。休谟的观点更加极端,他认为,"理性并非行动的动机,仅仅是通过告诉我们获得快乐或避免痛苦的手段指导来自于嗜欲或者喜好的冲动"。David Hume,《人类理解和道德原则研究》(*Enquiries Concerning Human Understanding and Concerning the Principles of Morals*,Reprinted from the 1777 Edition with Introduction and Analytical Index by L. A. Selby-Bigge and Text Revised and Notes by P. H. Nidditch,Oxford:Clarendon Press,1992,Appendix 1. 246.),页 294。

⑤ *Essay*,页 16—17、页 10。亦可参见 Ferguson,《圣灵学和道德哲学分析:爱丁堡大学学生用书》(*Analysis of Pneumatics and Moral Philosophy For the Use of Students in the College of Edinburgh*,Edinburgh:A. Kincaid and Bell,1776)(以下引用标注为 *Analysis*),页 7—12。

们形成判断的自然能力结合在一起,形成了"良知",通过它我们得以区别于其他物种,它是"人类心灵中的上帝之光"。① 但极其重要的是要意识到这些有关理性的观点只适用于短期、[80]个人层面的理性。像斯密一样,他严厉地批判大规模的社会层面的理性规划。②

曼德维尔和法国唯物主义者将目光聚集在本能上,认为本能是所有人类行动的根本原因,弗格森与他们不同,他更倾向于赋予这一物种一些对其终局性命运的理解。人与其他动物不完全类似。"野兽"的行动往往是同一的而且是受手段指引的。例如,当动物吃的时候,它就是为了吃,其最终目的不是追求健康、生存或为了实现计划而保存能量。另一方面,人类具有意识和远见,行动的目的往往是追求这些目标。③

如果人们如此渴望,他们就能使自己了解他们作为动力因被本能地推向的终极的道德原因。这样做的时候,个人在完善的过程中就发挥了积极主动的作用。④ 然而,显然,弗格森察觉到我们众多的实践成就是无意识和本能地达成的。他似乎认为,秩序和完善可以有意地也可以无意地达成。我们的实际的和直接的生存功能更可能是由本能的运作或短期理性所保障,然而我们完善的冲动似乎涉及行动主体一方的意识、选择和意志。我们并非只是对吸引和厌恶作出盲目反应的原始生物(如曼德维尔所述),而是能在我们的世界中进行有意识地行动的理性存在。理性本身便是来源于"我们的造物主"的原始能力。弗格森反对在理性和本能之间所做出的那种"混乱的"区分,因为人类和其他动物的区别正在于,人类在执行任

---

① 《论活跃的人类的自然法则》("Of the Laws of Nature in the Department of Active Man"),见 *Collection of Essays*,No. 30,页 259。
② 有关此问题深入的讨论参见第六章。
③ *P. I.*,页 61。
④ *P. II.*,页 36。

何给定行为中结合两者的能力。① 弗格森展现了理性和本能之间如何彼此相互协助。"心灵的推动"不一定反对理解能力的发挥,当两种能力合作时,冒险更容易成功。② 例如,野心是一种本能的驱动力,但它在选择其对象和获得它们的方法时也需要意志力。弗格森在讨论我们的语言能力时,最淋漓尽致地演示了多种能力融合的观念,他如此反诘,讲话"对人是自然的"吗? 在给出肯定的回答后,又提出了第二个问题:为何语言差异如此之大,毕竟,"本能的影响是相同的"。③ 答案在于人类选择和创造的范围以及"他们外在的追求和成就的多样性"。④ 同样,在道德事务上,存在"一种得体的行为,在这种行为中难以区分源于头脑的机敏和源于心灵的热情和感受性。当两者被联合在一起的时候,它们构成了心灵之卓越[81]"。⑤ 在弗格森那里,理性和本能这两种独立的能力如何相互影响并不总是非常清晰,他在此问题上含糊其辞很可能是有意为之。毕竟,我们是受众多的相互交织的驱动力量动态影响的生物。⑥

但使得人类智慧区分于与其他物种的智慧的是它对于"不断"改进的可能性的认识。⑦ 事件并非已经注定,我们应对自己的行为完全负责。⑧ 心智/身体之争对那些有哲学癖好的人来说无疑是最重要的争论之一,但与弗格森试图构建的那种社会科学几乎没什么关系。

　　　　把身体和心智区别之后就会得出许多重要的后果,但是

---

① *P. I.*,页 60—61。
② *Essay*,页 33。
③ *P. I.*,页 41。*Essay*,页 9—10、页 16。
④ *P. I.*,页 49。
⑤ *Essay*,页 33。
⑥ *Institutes*,页 110。
⑦ *P. I.*,页 200。
⑧ *P. I.*,页 202。

我们这里提到的许多事实,并不是基于任何信条之上的。不论我们对讨论的这种区别承认与否,不论我们认为这种生命体是一种整体,还是分散性质的集合体,这些事实仍然是千真万确的。那些把人当作引擎来对待的物质主义者无法对人类的历史状况做出任何改变。人是一种存在,他通过许多看得见的器官,发挥不同的功能。[1]

弗格森强调,仅仅用驱动力和意图并不足以解释人类的发展。虽然制度源于人的本能,但其发展具有部分的文化性。例如,政治上的建制虽然对"人"而言是自然的,但也是"他的经验的自然结果"。[2] 这些建制因着时间、习俗的力量以及世代累积的智慧而巩固。本能在人类事务中的作用被其他起作用的力量如习惯、环境和我们的理性力量弄模糊和弱化了。通过习惯和经验、冲突、试错,我们的原始本能得以改善和修正。我们通过经验和实验进行学习;从表象深入实在的过程中,我们的"智识能力得到锤炼和研磨"。[3] 弗格森甚至涉及到了现代社会学家现在标注为"条件反射"、"情绪转移"、"抑制"等名称的学习情境。[4]

需要在脑中牢记的是,弗格森认为"人类本性"同时具有文化性和非历史性。主体总是限于情境的,但或许可以在有限的,遗传的意义上被抽离出来。弗格森与孟德斯鸠的观念一致,认为我们所有人天生都带有类似的遗传物质,同意休谟所说的永恒不变的"人类本性",[5] 同意马基雅维利所谓的"人具有并且总是具有相同

---

① *Essay*,页 49。

② *P. II.*,页 268。

③ *P. I.*,页 177。

④ Bryson,《人与社会》,前揭,页 142。更深入的探讨,参见第 8 章。

⑤ A. Skinner,《经济学与历史——苏格兰启蒙运动》("Economics and History — The Scottish Enlightenment"),见 *Scottish Journal of Political Economy*,Vol. 12,February,1965,页 1—22,页 5。

的[82]激情"。① 文化间的差异起因于外部条件和我们对于这些条件的不同回应(自由意志)。但遗传的影响先于环境的影响。弗格森非常清楚,"我们没有足够的理由相信遥远的时代和民族的人民不同于彼此,除了在不同的生活方式中所习得的习惯之外"。② 这种对本性先于文化的强调让人想起廊下主义。

三、健全的原型、人类的"圣灵式"构成以及圣灵学
在社会秩序中的作用

实质上来说,关于弗格森对人的力量的研究首先需要注意的是,这项研究是目的论式的。③ 功能常常被按照它们的目的而予以界定。④ 这是因为造物主的神意秩序是借由动力因(即次理性的冲动)不虑而成。"人的动物性的必然性"保障了社会秩序和物质生存。⑤ 但是,不同于其他动物,人类注定远不只满足于动物性生存,⑥这反映在他们的心理构造中的目的性趋向上。我们天生

---

① Niccolo Machiavelli,《李维罗马史论》(*The Discourses*, Edited and with an Introduction by Bernard Crick, Suffolk: Penguin, 1998, 3. ?? 43),页 517。(译者注:原文如此)

② *P. I.*,页 221; *Essay*,页 12—15。

③ 当一个实体对"某种体系或者使用者达成某种目的或目标"有用或者有帮助时,它便具有目的论的功能。William G. Wimstatt,《目的论和功能命题的逻辑结构》("Teleology and the Logical Structure of Function Statements"),见 *Studies in History and Philosophy of Science*, Vol. 3 (1), 1972,页 1—80、页 4—5。

④ "有谁会怀疑眼睛是为了看,耳朵是为了听,嘴是为了吃,牙齿了为了咀嚼食物;脚是为了踩踏土地,手是为了抓,或使其能够握住和使用对他有用的物体。""Of Things that are or May Be" (Part 1),前揭,*Collection of Essays*, No. 27,页 220。亦可参见 *P. I.*,页 165。哈奇的功能心理学也是目的论的;实际上,功能心理学本质上就是目的论的。D. W. Howe,《联邦党人的政治心理学》(The Political Psychology of the Federalist),见 *William and Mary Quarterly*, Vol. 44, July, 1987,页 484—507、页 488。

⑤ *P. I.*,页 256。

⑥ 《论自然和艺术》("Of Nature and Art" *Collection of Essays*, No. 28,页 246)。

脆弱,需要其他人的帮助,因为我们注定要在社会中生活,①并因为同样的理由而渴望和能够进行交流;②因为注定要进步,我们野心勃勃;③注定要做出道德上区分,而进行品鉴;注定要生存、繁荣和昌盛,从而自我保存;④注定要了解我们自己,从而内省和富有理智;⑤[83]因为注定要奋斗,而变得宽宏大量、顽强、明智和坚韧;⑥好战是因为注定要通过竞争来发展;⑦获得习惯是因为"注定"要"通过实践来进步"。⑧

　　最初,这种推理似乎让读者以为是循环论证。弗格森似乎是在同义反复,例如在他讨论人类创造性的原因时,他认为,"目的因似乎就是我们发明创造的天赋应该发挥出来。"⑨而真正的意思是,人类注定会通过运用这些能力而繁荣。目的因不是说这些能力将为了其自身而被运用,而是为了人类的生存、繁荣和发展,这些能力将会被运用。

----

①　*P. I.*,页 29。瑞索尔(Margaret Reesor)写到:"西塞罗认为廊下派学者一般持有这一命题,即人生来就是要彼此帮助的"。M. Reesor,《早期和中期廊下派的政治理论》(*The Political Theory of the Old and Middle Stoa*, New York: J. J. Augustin, 1951),页 21。

②　*P. I.*,页 47。

③　《活跃之人所在部分的自然法则》("Of the Laws of Nature in the Department of Active Man"), *Collection of* Essays, No. 30,页 258;*Essay*,页 12—13。

④　*Essay*,页 16。

⑤　*P. I.*,页 9。"了解他自己,以及他在自然体系中的位置,是人的特定命运和特权。"*P. I.*,页 306。"在人生的游戏中,创造者非常清楚如何安置游戏参加者。"*P. I.*,页 187;"Of Cause and Effect, Ends and Means, Order, Combination and Design",前揭, *Collection of Essays*, No. 13,页 129;"Of Things that are or May Be",前揭, *Collection of Essays*, No. 27 (2),页 238。所有这些被目的论式地设想的能力在廊下派思想中都能找到。Reesor,《早期和中期廊下派的政治理论》,前揭,页32。

⑥　*Essay*,页 45—48。

⑦　例如,参见 *Essay*,页 24—29,页 62—63。

⑧　*P. I.*,页 202。

⑨　*Institutes*,页 17。

人类活动最主要的力量被设置在我们的心智构造之中。社会组织内在于普遍①和永恒的"人类本性"之中。和亚里士多德的目的论一样,"灵魂"或心智(弗格森替换地使用两者)是生命的组织原则。② 同时,弗格森似乎预见到了列维-施特劳斯的结构功能主义,提出了一个秩序理论,这力理论从非认知或者次理性的普遍心智结构出发生成复杂的、大尺度的秩序模式。③

重要的是要理解,弗格森的圣灵学体系是符合并服务于他对社会秩序的原因的神学解释的。"神圣的建筑师"的目的得以实现,并非通过直接干预人类事务,而是间接地通过自然法则,在此情形下是通过调控人的行为的内在法则。从目的论的角度来说,社会秩序的种子植根于(设计在)人类的灵魂或生物起源的条件中。④ 尽管弗格森的目的论被界定为超越的,但它并不否认人类本性中固有的潜力。这种类型的安排完全符合传统上提到形式因和第二因的目的论解释。

[84]弗格森设想上帝通过普遍同一的法则的次级手段引导世界的观念,在 17 世纪非常流行。⑤ 格劳秀斯将人性视为社会法则从和秩序的来源⑥,而剑桥柏拉图主义者,如格兰维尔和维奇科特

---

① 弗格森、孟德斯鸠和马基雅维利等人共享的人类齐一性的信念可以追溯到廊下主义。Patricia Springborg,《西方的共和主义和东方的君主》(*Western Republicanism and the Oriental Prince*, Oxford: Polity Press, 1991),页 47。

② Owens,《自然目的论》,前揭,页 162。

③ 结构主义意味着:"发掘深层的、普遍的心智结构的系统性尝试,这些结构本身存在于相互关系和大的社会结构中,存在于文学、哲学和数学中,存在于无意识的心理学模式中,激发人类的行为。"E. Kurzweil, (ed.),《结构主义时代:从列维-施特劳斯至福柯》(*The Age of Structuralism: Levi Strauss to Foucault*, New York: Columbia University Press, 1980),页 1。深入的讨论参见第六章。

④ 例如,真正的进步"始于主体自身的进步"。*P. I.*,页 190。同时参见 Bryson,《几个 18 世纪的社会概念》(*Some Eighteenth Century Conceptions*),页 413。

⑤ John Gascoigne,《埃及人的智慧和牛顿时代的世俗历史》(*The Wisdom of the Egyptians and the Secularisation of History in the Age of Newton*),前揭,页 172。

⑥ 他写到:"人性正是自然法则之母"。

认为自然法内在于人的心智；①换句话说，上帝通过赋予人类动力而非直接干预人类事务而间接地发挥作用。② 亚里士多德也认为，所有人类行为都由内部产生，源自心灵。心灵或心智就是隐德来希③这一包含了我们潜能的种子的组织原则。依此观点，灵魂在三种意义上是原因。它是运动的原因，是身体的目的因，也是身体的实质。身体之存在是为了灵魂，而灵魂是其身体的目的因。像自然中所有事物一样，我们由内在的力量驱动，去实现、维持和保护"作为我们人类法则的形式"，④这是我们人类生命所有运动和秩序的原因。

弗格森将我们内在的进步性的配置设想为物种的而非孤立的个人的蓝图，因而尽管个体会死亡，进步是无限的，从而他将亚里士多德的隐德来希元素与更为现代的、进步性的人性概念集合在一起了。"自然的秩序由薪火相传而非生命的永恒所维持。"⑤这样，每一代人的每一个个体都对人类的长远完善有所贡献。⑥

四、自由主义的内在生命:社会性和自由的灵魂

弗格森著作最重要的方面之一就是他对社会性激情的强调

① Whitney，《尚古主义和进步观念》，前揭，页13—14。
② 相反，卡梅斯(Kames)认为，这种宇宙观"总体上是荒谬的"，他信奉人格化的神、特殊恩典以及"所有人的天父"。W. C. Lehmann，《亨利·霍姆、卡梅斯勋爵和苏格兰启蒙运动:民族特性和观念史研究》(*Henry Home, Lord Kames, and the Scottish Enlightenment: A Study in National Character and in the History of Ideas*, The Hague: Martinuss Nijhoff, 1971)，页277。
③ H. Driesch，《历史与活力论》(*The History and Theory of Vitalism*, London: Macmillan, 1914)，页18。
④ E. E. Spicer，《亚里士多德的灵魂概念》(*Aristotle's Conception of the Soul*, London: University of London Press, 1934)，页134—141。
⑤ *Institutes*，页126。
⑥ *Essay*，页10。

（和细致的辩护）。弗格森相信，"人的快乐与他们对人类的爱成正比"。和霍布斯以及模仿他的现实主义者相反，个人与社会的关联并非约束、压制、静止或仅仅是因果关系，而是积极、有益、动态和发展的。[①] 弗格森不赞同此后支配精神分析心理学的公理，也就是，社会（通过超我）表现为对个人的限制，[85]社会化的过程横暴到要求"压制、否定、升华和运用其他防御机制"。[②]在弗格森看来，个体和社会之间并没有本质的冲突，因为社会状态本质上是和谐的和活跃的状态。[③]

> 正是在这种时候，人们忘记了自己的弱点，对安全的关注以及维生之计，他出于那些使他发现自己力量的激情去行动。也正是在这种时候，他发现自己的弓箭才会比鹰隼更迅疾，他的武器才会比狮爪更锋利……这个源泉所产生的不仅仅是力量，还有他的最令人愉悦的情感；不仅仅是他的理性本性中最优良的部分，而几乎是其整体。[④]

或许弗格森的圣灵学最为人们所关注的是，它标志着自由主义历史上的一个重要时刻：即仁爱的社会地位受到严重质疑、"利益"的地位相应地合理化的时刻。弗格森为仁慈和团结的生活辩护，将我们的注意力引向他与斯密和休谟关于何种道德秩序更适合于正在商业化的国家的持续争论。在弗格森身上，我们见证了一颗具有古典导向的心灵诚挚地努力应对进步所带来的快速变革。他的回应奠定了其在政治思想史上的独特地位，并为其试图

---

① Pierce，《常识学派》，前揭，页 140—141。
② Adler，《阿尔弗雷德·阿德勒的个体心理学》（*The Individual Psychology of Alfred Adler*），页 7—8，页 146—147。
③ Pierce，《常识学派》，前揭，页 140—142。
④ *Essay*，页 23。

开创的新领域划定了界限。但他的最大矛盾和尴尬也正是在此；他的自由廊下主义计划步履蹒跚,主要是因为他似乎从未使其各种忠诚协调一致。

反之,斯密在其著作中信心满满地转向(即将成型的)自由的哲学传统,弗格森受到他对两种传统的分裂的忠诚之牵制:一个是功利主义、个人主义和市场导向的(新兴的自由主义);另一个是理想主义、宗教的、浪漫的和公共的(廊下主义)。弗格森试图构想一个政治社会,在其间,利益、竞争、仁慈和古典的社群主义能够共融,在此意义上,他的著作可被视为调和古典公民人文主义和现实的现代条件的尝试。① 弗格森为西方政治哲学的发展的过渡时期提供了一个窗口,因为他坚决抵制功利主义,他始终坚持仁爱而非欢愉才是人类幸福的主要源泉。② 举例而言,斯密和休谟都拒斥普遍仁爱的观念,这一弗格森由哈奇森和沙夫茨伯里处汲取的观念。③ 确实,哈奇森指责休谟[86]"对德性的事业缺乏热情"。④ 这并不是说斯密和休谟否定人类具有社会性,在这一点上,三个人的观点非常一致。他们只是在是什么机制(动力)产生了这种社会性这一问题上有分歧。

弗格森的一个关键问题是要调和仁爱的首要地位和"自然的"进步。17 世纪的尚古主义者认为,既然人类本性上是仁慈的,既

---

① 用阿兰·史密斯首次缔造的术语来表达。《亚当·弗格森的政治哲学》,页 35。

② Forbes,《文明社会史论》"导论",前揭,页 xxviii。

③ 休谟认为"人类的思想中并没有爱人类这样的激情。"*Treatise*, II. ii. 1,页 481。更深入的讨论,参见 Evan Radcliffe,《18 世纪的变革性著作、道德哲学和普遍仁慈》("Revolutionary Writing, Moral Philosophy, and Universal Benevolence in the Eighteenth Century"),见 *Journal of the History of Ideas*, Vol. 54 (2) April, 1993,页 221—240。尽管休谟采取了反廊下派的路线,他似乎更多地将自己界定为怀疑主义者而非伊壁鸠鲁主义者。对休谟此处偏见的详尽讨论,参见 M. A. Stewart,《早期苏格兰启蒙运动中的廊下派遗产》(The Stoic Legacy in the early Scottish Enlightenment),见 Osler, *Atoms, Pneuma and Tranquillity*,页 273—396。

④ 哈奇森,转引自布罗迪《苏格兰启蒙运动》,前揭,页 35。

然在现代看不到多少仁爱,那么这就说明退化理论是成立的。[①]
因为弗格森回避尚古主义,认为进步具有自然性,他就必须解释为
什么在新的和"自然的"商业化或者"文雅的"时代,利益占据了首
要位置。[②] 换句话说,为了维系一个融贯的立场,他必须在看似矛
盾的证据面前捍卫他对进步和仁爱同时抱有的坚持。

弗格森在这个任务上付出的巨大努力反映了他对于这个难题
的极度关注。在某些方面,他在不断前进的过程中,努力提出自己
的观点。上帝赋予我们某些贪婪的情感是不会做错的,但它将仁
爱设置在我们的构成中是重要的。按照弗格森的思路,创造者的
作为不需要任何理由。问题在于他的反对者们对它的解释,而这
正是他所关注的地方。当然,他对利益的批判并不是创新。17 世
纪晚期的思想家,如达维南特以及 18 世纪早期的思想家如博林布
鲁克和布朗都在他之前,[③]与此同时,迪克西将我们的注意力吸引
到 18 世纪晚期英国的"新清教复兴",其批判矛头直指 18 世纪 50

---

① Whitney,《尚古主义和进步观念》,前揭,页 22。

② 有关 18 世纪利益的道德问题的更详尽讨论,参见 Thomas A. Horne,《嫉妒与商业
社会:曼德维尔和斯密论"私人罪恶、公共利益"》("Envy and Commercial Society:
Mandeville and Smith on 'Private Vices, Public Benefits'"),见 *Political Theory*,
Vol. 8—9, November, 1981,页 551—569。有关利益引发理性和可预测的行为这
一点的政治运用的探究,参见 J. A. W. Gunn,《利益不会说谎:一条 17 世纪的政治
格言》(Interest Will Not Lie: A Seventeenth Century Political Maxim),见 *Journal
of the History of Ideas*, Vol. 29 (4), 1968,页 551—564。亦可参见 A. O. Hir-
schman,《激情和利益》(*The Passions and the Interests*, New Jersey: Princeton U-
niversity Press, 1977),各处,以及 Myers,《现代经济人的灵魂》(*The Soul of Mod-
ern Economic Man*),各处。

③ John Sekora,《奢侈》(*Luxury*, London: Johns Hopkins University Press, 1977),
页 93。然而,弗格森并没有参考这些早期评论。即使吉本对贪婪和奢侈也并非全
是敌意。他区分了"无害的奢侈和有害的奢侈"。Sekora,《奢侈》,页 103。曼德维
尔认为,他的同辈们是虚伪的,他们诋毁物质进步,却又享受物质的好处。关于曼
德维尔的这些关点参见 Malcolm Jack,《18 世纪的进步与堕落:曼德维尔的"私人
罪恶、公共利益"》("Progress and Corruption in the Eighteenth Century:
Mandeville's 'Private Vices, Public Benefits'"),见 *Journal of the History of Ide-
as*, Vol. 37 (2), 1976,页 369—376,页 373。

年代及之后的"炫耀性挥霍"。① 但弗格森并没有依赖这些对奢侈、商业和利益的批判，因为他不赞同他们对于市场社会无条件的谴责。此外，弗格森也不是与将利益视为包罗万象的原则的早期支持者们争论，如拉罗什富科和爱尔维修，②而是与曼德维尔，与他的同辈和同行，斯密和休谟争论，[87]虽然他与他们也有很多共同点。实际上，似乎他对仁爱的难题思考得越多就越对他们让步。

　　弗格森赞赏斯密作为政治经济学家的才能，③但对他的道德哲学持保留意见，特别是在解释社会和谐的维系以及种族的生存时，后者对"同情"的依赖，对积极的古典美德（尤其是仁爱）的边缘化。但值得注意的是，弗格森具有使斯密的工作通俗化的倾向，他着重提到自利和"自爱"，而忽略自制、合宜性和审慎这些同样重要的维度。他还倾向于将"同情"和无偏观察者的判断之间的微妙动态关系滑稽地描述成纯粹享乐主义的、相对主义的和功利主义的。④

　　显然，弗格森并没有拒斥自利（或者他更喜爱的术语，自我保存）。他同沙夫茨伯里、卡梅斯、哈奇森和卢梭一样认为，⑤人类具有两种"本能的倾向"。一种指向我们"动物性的自我保存，物种的延

---

① L. Dickey，《"亚当·斯密难题"的历史化：概念、历史编纂和文本问题》（"Historicising the 'Adam Smith Problem'：Conceptual, Historiographic, and Textual Issues"），见 The Journal of Modern History，Vol. 58，1986，页 579—609、页 606。

② Hirschman，《激情和利益》，前揭，页 42—43。

③ Ferguson，P II.，页 427；Smith，《通信集》，页 193。在 1775 年—1776 年学期结束时，弗格森向他学生推荐了作为"政治经济学"权威的斯密。Richard Sher，《亚当·弗格森、亚当·斯密和国防问题》（Adam Ferguson, Adam Smith, and the Problem of National Defense），见 Journal of Modern History，Vol. 61，（2），1989，页 240—268、页 258。

④ 例如，参见"Principle of Moral Estimation" Collection of Essays，前揭，No. 25，页 209—210。然而，值得注意的是，弗格森意识到，因为斯密承认依赖对理想（充分知情且无偏的）旁观者的判断，他的理论得以摆脱彻底的相对主义。但是弗格森指出这一点仅仅是为了表明斯密的理论因此而是不融贯的。Kettler，《亚当·弗格森的社会和政治思想》，前揭，页 114；P. II.，页 123—126。

⑤ R. A. Leigh，《卢梭和苏格兰启蒙运动》（"Rousseau and the Scottish Enlightenment"），见 Contributions to Political Economy，1986，Vol. 5，页 1—21，页 7。

续",另一种"通向社会"。弗格森承认"利益"的作用,但不赞同斯密赋予它在人类生存中的首要位置。[①] 弗格森认为,仁慈不仅不是多余的,它还和利益和自我保存一样,是存活的机制。[②] 秩序源于多样的驱动力,其中一些驱动力是他虑的。人类的构成远比大多数思想家想象的复杂和矛盾。[③] 例如,休谟认为人类主要是由对快乐的和平追求驱动力的。弗格森不同意这个观点。人类确实追求快乐,但也追求和享受富有挑战性的、[88]竞争性的和冒险的事情。曼德维尔的争辩也必须面对,他认为我们并非天生具有社会性,而仅仅是被驯化的(考虑到我们的内在的自私性,这种驯化必然意味着伪善)。[④]

　　弗格森维护他的公民偏好,反对那些他认为构成威胁性侵蚀的商业主义和个人主义价值观,[⑤]尽管他在回应曼德维尔、斯密和休谟的时候,展现了与他的对手相差无几的极度的实用主义。

　　在这个故事中,斯密的体系是最重要的,不仅因为他的遗产更

---

① "人类的自我保存和繁殖"由"原始和直接的本能"保证。这些本能包括饥饿、口渴、两性之间结合的激情、对愉悦的喜爱和对痛苦的恐惧。*TMS.* , II. i. 5. 10,页 77—78。弗格森赞同这些动力确保了我们肉体上的延续,然而他并不将此视为"本性最大的目标";我们人类有更大的目标,即道德人格的完善。弗格森将"道德基于功用,而美德仅仅是产出特定种类牛奶的奶牛"这一信念归功于休谟。《道德评价的原则》,前揭,*Collection of Essays*,No. 25,页 205。亦可参见弗格森对斯密的同情理论的批判,他蔑视斯密用"同情"代替真正的道德感情。同上注。有关斯密对于仁慈的作用的观点,参见 *TMS* II. ii. 3. 3,页 86。

② *P. I.* ,页 29。休谟争辩说,法律秩序虽然对社会有益,但"并非起因于对公共善的考虑",而是在"自爱"中具有唯一的和"真正的起源"。*Treatise*,III. ii. vi,页 528—529。

③ *Essay*,页 8。

④ Louis Dumont,《从曼德维尔到马克思》(*From Mandeville to Marx*,Chicago:University of Chicago Press,1977),页 68。曼德维尔认为,"认为人没有自我拒斥也可能是有德性的这一虚幻的观念是伪善的巨大入口"。Bernard Mandeville,《社会性质的探究》("A Search into the Nature of Society"),见 *The Fable of the Bees or Private Vices, Publick Benefits*,in Two Volumes,edited by F. B. Kaye,Oxford:Oxford University Press,1924,I。页 331。

⑤ 例如,参见 *P. II.* ,页 28—29。

加持久,还因为他的观点激发了弗格森构建更合理的替代物的企图。在这场意识形态的智力角逐中,虽然斯密最终获胜,但弗格森对斯密的反对还是有价值的,指明了前商业社会的公共价值如仁慈、①慈善、博爱和侠义是如何转向缺乏热度和无偏的那种自由正义的理性的。虽然斯密并非唯一也不是最早解释为何仁慈(基督之爱在哲学上的对应物)对现代市场社会的运作已不再不可或缺的人,他可能是迄今为止给出仁爱作为社会生活的基础不切实际的最为详尽的解释的人。斯密认为,自我保存是本性对我们提出的首要责任。这被认为是上帝对我们的爱,以及他对确保我们物质安全、繁荣并且作为一个物种延续下去的渴望的一个证明。②无法依赖仁慈和他虑的激情去保障这一如此彻底地依靠外部事物的物种的福祉。③ 社会连接在一起,并不是通过"相互的爱或感情"而是来源于"对其效用的感觉"。仁慈虽然令人愉悦,但仅仅是"装饰社会大厦的装饰品,而非支持它的基础"。毋宁说,是冷静、不带感情和不变的正义发挥了这一关键作用。④ 我们首先更为关注我们自己,然后是我们亲近和亲爱的人,几乎不关注陌生人,这是必然的,也是"自然的"。⑤ 斯密雄辩地问到"还有什么能够增加那些身体健康,没有债务,良心清白人的幸福呢?"⑥物质和社会的存活、愉悦,避免痛苦,消除"社会焦虑"⑦以及对于"繁荣的天然之

---

① 它表现在很多不同的方面,如"友情、感恩、慷慨或宽容"。*P. II.*,页 373。

② 《道德情感论》(*TMS*),VII. ii. 1. 15—6,页 272;II. i. 5. 10,页 77;VI. ii. i. 1,页 219。

③ *TMS*, VII. ii. 3. 18,页 305。

④ *TMS*, II. 3. 2,页 85—86。

⑤ *TMS*, III. 3. 9,页 140。

⑥ *TMS*, I. iii. 1. 7,页 45。

⑦ 从尼古拉斯・菲利普森那里借用一个贴切的修辞。N. Phillipson,《作为公民道德学家的亚当・斯密》(*Adam Smith as Civic Moralist*), in Hont, I. and Ignatieff, M. (eds),《财富与德性:苏格兰启蒙运动中政治经济的形成》(*Wealth and Virtue: The Shaping of Political Economy in the Scottish Enlightenment*), Cambridge: Cambridge University Press, 1983, p. 185.

乐"的追求，①[89]对斯密来说，这些都是生命的目标并构成了人类幸福的很大部分。

斯密的工作代表了独立自我之构建的一个重要转折点。通过肯定其自然性，他强调私人利益、偶然的价值、个人自由、权利对义务的优先性、审慎对仁慈的优先性、财富对美德的优先性，并为之辩护。在斯密之前，也有其他人论述该问题，但他是最先否认我们自虑倾向之恶意的现代人之一，他的贡献的力量就在于此。②

弗格森的回应

虽然实际上曼德维尔才是弗格森主要的对手，但弗格森与斯密的关系在此更引人关注，主要是因为弗格森为斯密所说过的许多内容所折服。他通过攻击更容易对付的对手（曼德维尔）开始为其仁慈辩护，后者认为自利是社会的主要原因。弗格森主张，社会并非具有单一的原因，即使如此，这个原因也不是"自利"。只有那些误入歧途的头脑才会将异常复杂的人类个性还原为一组自私的动机。③

斯密的例子并不那么简单。虽然斯密赞同践行仁慈不仅仅因其自身而是愉悦的，而是构成了美德的完善，他并不认为美德对于维持商业社会有多少作用。对弗格森而言，他承认自利产生了很多积极的意外结果，并且就其影响而言"更为恒久，更为一致"，但他坚持认为"爱和同情"不仅是"装饰品"，而是"人类胸怀中最有力量的原则"。他反对"流行的观点，认为人的幸福在于在财富、晋升

---

① 　*TMS*，III. 3. 9，页 139。

② 　对于该问题的进一步阐释，参见 L. Hill，《自由精神、经济人及不同的声音》（"The Liberal Psyche, *Homo Economicus* and Different Voices"），见 *Journal of Applied Philosophy*，Vol. 13 (1)，Spring, 1999，页 21—46。

③ 　《文明社会史论》（*Essay*），页 35—37。

和荣誉上尽可能地拔得头筹",他认为真正的幸福实际上是仁爱的产物(或者,至少是仁爱的践行)。① 人们被"善意和感情"的本能联系在一起,这些本能产生了接受和给予友情与关心的普遍的自然"正当"。② 人类是唯一能够使"个人利益或安全"从属于"友情"的回报的物种。③ 人被认为是否具有德性,不是根据智慧或者宣称的信仰,而是按照他们多么愿意遵循义务而行事。我们首要的幸福在于积极地为他人服务。人"天生是社会的一员。从这一点考虑,个人似乎不是为自己而生。当他的幸福和自由与社会利益相矛盾时,他必须放弃个人幸福和自由。"④弗格森并非试图证明人类是纯粹利他的,而是[90]试图证明关心他人的动力是自然的,因而是重要的物种图存机制。而且,美德并非通常所认为的"无私",因为"内心的每种情感"和"私欲的满足"一样是令人愉悦和高兴的。⑤ 弗格森期待并评论了斯密即将出版的《国富论》,他劝其作者"勿将[商业和财富]视为国家幸福的全部,或者任何国家的首要目标。"⑥斯密将公正解释为一种消极的美德,同样与弗格森的主张不一致,后者认为公正是一种积极的美德,其要求不只是善的感情的适度运用和避免伤害。正如卢梭所哀悼的,被认为是代表着启蒙时代之文明的"千篇一律和虚伪的文雅"取代了"真诚的友谊、真正的尊重和完全的信任",⑦所以弗格森审视了斯密所庆贺的那种新的和更加温和的社会互动形式。照顾自己,"脱离公共事务",践行审

---

① *Essay*,页 38—39,n. 9。
② *Essay*,页 38。
③ *Essay*,页 207。
④ *Essay*,页 59。
⑤ *Essay*,页 55。
⑥ *Essay*,页 140。
⑦ Rousseau,《论科学与文艺》,前揭,in Rousseau, *Social Contract and Discourses*,页 6—7。

慎和合宜这样的"美德"在文雅的社会中如此常见，不值得被赞为德性与谦和。[1]

　　但也存在一些意见一致的关键点，其中之一是我们所有的心理设置都是神定的，因而任何想寻找其缺陷的人都是冒昧的。[2]弗格森说，"人"具有"混合的本性"，既然上帝创造了我们，那么没有什么本能是多余的，任何本能都不应被压制。为何我们要试图"压制一些动物性的享受而允许另外一些呢？"[3]弗格森建议那些"抱怨自己命运"的"穷人"不要让自己屈从于现状，而是要寻求世俗的解决方式。"上帝赋予你，也赋予所有其他人欲望；上帝的意愿就是你应该满足它们：辛劳、勤勉和节俭吧。"[4]斯密遵循类似的思路，声称违背自然的命令而行动，我们"妨碍了……自然之主为世界的幸福和完美所制定的方案，并宣称我们自己的上帝的敌人。"[5]表面上，弗格森的立场几乎与斯密相同，但在弗格森那里更少强调支撑斯密体系的利己主义。弗格森并不否认私欲的存在，他只是认为私欲乃众多操控我们的驱动力之一，并且从层级来看，自私的欲望往往低于对社会友好的驱动力。因此，弗格森不仅反对斯密，而且反对霍布斯、洛克、曼德维尔以及休谟的真实的或者所谓的享乐主义。[6]

　　[91]弗格森对于仁慈的恪守更多具有哲学的意味而非情感或虔诚的意味。仁慈和利益一样是人类存续的特征，因而当我们否认他虑的激情的主导性时，我们便曲解了自然。弗格森断言，"没

---

[1]　*Essay*，页243。

[2]　Viner，《上帝的作用》，前揭，页81。

[3]　*P. II.*，页383。

[4]　*P. II.*，页61。

[5]　Smith，*TMS*，III. 5. 7，页166。

[6]　例如，洛克说："事物仅仅就其是乐还是苦而成为善的或者恶的"。《人类理解论》（*An Essay Concerning Human Understanding*，Edited and with a Foreword by P. H Nidditch，Oxford，Clarendon Press，1979，XX. 2.），页229。

有一个人敢如此大胆地主张,一位母亲喂养她的孩子,就是想着将来得到某种利益的回报"。父母的爱是绝对无私的,这种纯粹他虑的激情是社会的基础并确保其不间断地存续。[1] 仁慈也不是唯一"无私"的激情。"仇恨、愤慨、狂怒常常使人们与他们已知的利益背道而驰,甚至危及自己的生命,毫无希望在未来的升迁或赢利中得到补偿。"[2]霍布斯主义者的道德个人主义在方法论上是可疑的,因为它忽视了团体的利他主义和物种的适应性的经验证据;外部的条件越恶劣和危险,社会的纽带越强固。[3]

五、自由的道德:仁慈、行动主义和新教的劳作伦理

　　始终执着于团结性的"善"的概念之同时,弗格森也希望为自虑的驱动力的自然性进行辩护,以便发展一种实用伦理学体系,这种伦理学体系适合于以市场、差异度剧增和一种新的(显然也是不可避免的)陌生关系类型为特征的大众社会。他痛惜封建道德的流逝,但又拥护进步,因为它是"自然的"。相比之下,斯密对于基于骑士精神、自发的信任、利他主义和友情的封建习俗被更加可靠的契约机制和同情的社会物理学取代并不感到遗憾。传统的(不稳定的)人道和谦逊的基督教美德替换为更冷静但也更可靠的市

---

[1] *P. I.*,页 29。弗格森强调,关心自己和关心他人的驱动力都是人类生存的机制:"仁慈的普遍倾向,如同动物性的倾向一样,使人类物种得以延续,并使个人有益于其同类⋯⋯当自私的原则通过确保分立的个人的安全而协助整体的维持时,仁慈"产生了"普遍的"善。*P. II.*,页 19。关于仁爱的社会效用的更多论述亦可参见 *P. II.*,页 122。

[2] *Essay*,页 20—21。

[3] *Essay*,页 24:"人们还远远不会仅仅以外在便利来衡量一个社会,故而他们在最缺乏这些便利的地方往往最紧密地团结在一起。并且,当他们为忠诚付出血的代价后,他们会变得最为忠贞不渝。"*Essay*,页 23—24。尽管由于其效用,仁爱也是人类自身的目标之一,但斯密认为,"自我保存和物种的延续"是人类存在的"主要目标"。*TMS.*, II. i. 5. 10. 页 77。

场生活的德性合乎其心意。

　　然而,对两者而言,自利和占有欲在道德上冷漠的强制力具有许多意想不到的积极效益。消费主义和劳动社会学在此和社会团结从机械形式向有机形式过渡的有关论题一样成为重要的主题。尽管弗格森批判现代的趋势,但他仍然是一位商业主义的拥护者。它产生了[92]一些有价值的次级美德,释放了创造力,并且在理想的条件下,甚至能预防腐败。

1. 利益产生次级美德

　　虽然弗格森厌恶利益,但他从未使自己信奉那些思想家如约翰·布朗的清教苦行主义,后者的《对时代习俗和原则的评价》(1757)体现了对 18 世纪不列颠所面临的内外事务问题的回应。其中,谴责直指商业阶级对利益和奢侈的热爱。[①] 对弗格森而言,遵循这种推理的路径,将使得他的神义论大打折扣,并表现出不属于他的天真。因而他决定效仿孟德斯鸠的例子,[②]表明个人财富,作为贪欲的一种后果,反映了以"财产安全和正规的司法行政(它是'公共美德的附属物')"为特征的繁荣、审慎和治理良好的社会。[③]在个人层面上,弗格森指出(尽管热情有限),参与商业生活能够激励很多次级的美德,包括节俭、冷静、守时、诚信、进取和勤勉。[④] 虽

---

① Sekora,《奢侈》,前揭,页 93。这些问题的典型例子是 1720 年的"南海泡沫"丑闻,它使成千上万的人受损。

② 孟德斯鸠认为,"商业的精神带来了节俭、精打细算、节制、劳动、智慧、安定、秩序和规则的精神。"Montesquieu, *Laws*, 1. 5. 6. 页 48。

③ *P. II.*,页 500。亚当·斯密表达了类似的观点。*WN*, II. iii. 36. 页 345—346。

④ *Essay*,页 138—139;*P. II.*,页 500;斯密在《法理学讲义》(*Lectures on Jurisprudence*, Edited by R. L. Meek, D. D. Raphael and L. G. Stein, Oxford: Oxford University Press, 1978, [B], 326—7,页 538—539。)和 *TMS*(VII. ii. 3. 16. 页 304。)中对自利产生次级美德的效果提出了类似的主张。对"财富"的追求会导致节俭、勤勉和劳作;这是审慎之人的典型特征。Smith *TMS*, IV. 2. 8. 页 189—190。

然财富的占有本身不足以构成或者保护美德，①但获得财富以及
适当地使用财富，需要运用一些次级美德。或许弗格森可以被视
为"职业伦理"的早期提倡者，因为他暗示了自利和美德之间的间
接关系。② "持续勤勉的习惯"是"对清白最好的保护，是幸福的主
要组成部分"。③ 尽管物质财富是那些"追求财富的人"的目标，然
而"他们的作为产生了勤勉和智巧，冷静和坚毅"。④ 随教育而来
的财富，以及在性质上被认为是占有手段的"勤勉、冷静和节俭的
美德"共同提供了条件，依赖这些条件，"勤勉的人可以得到锻炼，
变成才智之人。"⑤这些品质让人想起亚当·斯密如此热衷的合宜
性这种廊下主义的美德和审慎这种伊壁鸠鲁主义的美德[93]。廊
下主义者承认，追求利益是"理性的"，财富和美德附属于公民之当
为。⑥ 弗格森赞同自我保护是理性的并对社会有益，只要个人总
是在心中记得"按照本性，他是社会的一员"的观念。这些行为人
在照顾自己时"将总是会找到志得意满的事情"。⑦ 哲学教导我们
"美德本身就是幸福"，然而这种观念也是正确的："合理地使用（一
个人的）财富是一种美德，因而也是他被教导要依赖的幸福的一部
分"。幸福拒绝"那些疏于适当地管理自己事务的人"。⑧ 弗格森

---

① 实际上，它通常具有相反的作用。"财富的增长并不相应地增加愉悦。它常常导致
淫荡、浪费、懒惰、自负和蔑视。"*Institutes*，页145—146。

② Bernstein，《亚当·弗格森和进步观念》，前揭，页112。

③ *P. II.*，页372。

④ *P. II.*，页326—327。

⑤ *P. I.*，页254—255。

⑥ Waszek，《两种道德概念》（"Two Concepts of Morality"），前揭，页603。例如，爱比
克泰德认为，个人的利益和虔诚有融合的趋势。《道德手册》（*Enchiridion*，31.）页
30。应当意识到，在此，"理性"应在前笛卡尔的，特别是廊下派的意义上来理解。
因为我们都分享神圣精神，都具有同一本质，对于自然而言，允许"她自己"的一部
分被忽略是没有意义的。例如，参见奥勒留，《沉思录》（*Meditations*，11.1），页
165。

⑦ *Essay*，页55。

⑧ *P. II.*，页341。

也与斯密一样，认为个体虽然具有社会性和他虑性，然而在本性上是自我管理的。例如，"任何能够挣得自己面包的人都不应该被无偿地供养"。[①]

但是，弗格森似乎无法摆脱矛盾的心态。尽管他表面上热爱次级美德，但有时他并不隐藏对它们的轻蔑。

> 在商人那里，守时和公平交易是评价的基准，在商人的行话中，一个好人指的就是一个有偿债能力，完全能够也愿意承担其债务的人。[②]

此外，"为了变富而公平交易的人也不完全是可鄙的"。[③]

2. 自利的创造潜能

尽管弗格森断然地否认自利是行为的唯一甚至主导的动机，但他很乐意承认它的巨大好处。显然，利益是我们所知的很多非常有用的社会、经济和政治制度的一种关键来源，而市场经济则为提升生产力的活动提供了一种激励环境。因为其创造财富的能力，自利不经意间成了个人自由的创造者和保护者。弗格森写到："自由在一定意义上，就像是有教养民族的一部分。"[④]这个观察回应了孟德斯鸠对自由和发达的商业社会之间的因果关系的假设，尽管后者相信自由激发了商业[94]而不是如弗格森主张的反过来。[⑤]弗格森认为，好的公共政策和法治间接地来源于"拥有财富

①　*Institutes*，页227。

②　*P. I.*，页302。

③　*P. I.*，页253。重点为引者所加。

④　*Essay*，页247。

⑤　一个"因和平、自由而安逸舒服，并且逃脱了破坏性偏见的国家，将倾向于变成一个商业国家"。Montesquieu, *Laws*, 19.3.27，页328。

并唯恐失去其财产的人"。文雅民族的市民单独地形成了"解放的计划,凭借其新近获得的重要地位,进一步地扩大自己的诉求并且反对他们的君主行剥夺之举的特权"。[1] 商业在人与人之间产生了更多的角色、关系、活力和互动,推进了科学的进展,[2]"商业艺术"激发了创造性和知识的增长。[3] 斯密和休谟都认为,商业所产生的财富改善和"软化"了一个民族的风尚。[4] 弗格森同意后者的观察但并不完全确信这种软化是积极的发展。

　　无论如何,即使弗格森认为商业在根本上是"肮脏的"交易,[5] 也不妨碍他赏识商业所产生的非意图的积极后果。他对商业活动采用一种功能主义者的态度;经济性自利和商业的未意图结果比任何公务服务上的有意之举要有益得多。尽管"交易的原则是私人利益,离公共精神最远的事情",但利益产生的财富"对国家是有益的"。悖论性地是"交易中的私人利益最少出错地指引着公共利益,并且在公共机构弄错或迷失目标时保护其目的。"[6]斯密的滴漏效应获得了支持。虽然"商业的目的是使个人富裕",恰当地说,"他让自己获得越多,就越是增加了他的国家的财富"。[7] 哈奇森也支持任何对社会有益的商业活动。因而他支持私有财产、货币借贷和劳动分工制度。[8] 当然,苏格兰人并非唯一支持商业追求是清白或有益的近代早期思想家(赫希曼很早之前就已经充分证明了这一点),[9]但他们很可能是第一批系统地这样做的思想家。

---

[1]　*Essay*,页 247。

[2]　*Essay*,页 175。

[3]　*P. I.*,页 250—251。

[4]　例如,参见 Hume, *Essays* II, "Of Refinement in the Arts",页 274。

[5]　*Essay*,页 92。

[6]　*P. II.*,页 425。

[7]　*Essay*,页 139。

[8]　参见 Goldsmith,《曼德维尔和苏格兰启蒙运动》("Mandeville and the Scottish Enlightenment"),页 600。

[9]　Hirschman,《激情和利益》,前揭,页 53—63。

3. 野心和进取精神

[95]弗格森心理学中的一个值得进一步关注的维度是他对人类动力的自然性的强调，反映了他对将愉悦等同于安逸和休闲的享乐主义等式的敌意。弗格森这种强调的灵感似乎来源于塔西陀、马基雅维利和罗马廊下主义者。他相信我们的活力能够成功减轻社会中存在的邪恶，而冷漠和迟钝是通向民族腐化和衰退的第一步。

商业具有积极和导泻的方面。市场经济是我们富有创造性的无休止的冲动的发泄渠道。我们是活跃的生物，往往需要有事可做。懒惰和休闲其实是不舒适的状态，因为我们生来就是要努力和奋斗的。[①] 弗格森分享了马基雅维利对惰怠（ozio）的恶习的关切。惰怠可以粗略地翻译为懒惰和软弱的一种结合，它产生于我们不停歇的获取和改善之欲望得不到适当安顿之时。[②] 但商业并不构成美德的活动，而商业上的行动者也不会实际上产生任何在首要性质上是美德的事物。即便如此，商业和市场经济还是为间接地提升国家的生产力和财富的活动提供了激励的环境。[③] 商业社会也为利益提供施展的机会，利益在商业和工业企业方面极有成效，并且几乎引发了诸文明的所有主要进展或者革新。[④] 弗格森已经预见到了这种后来被凡勃伦定义为"攀比性比较"的现象，他声称，一旦基本需求得到满足，"野心"就刺激"较低等级的人"去获取"他们看到富人拥有的好处"。在这个过程中，他们不经意地"被激励着去增加他们国家的财富"，[⑤]并培育出某些值得赞誉的

①　*Essay*，页 13、页 43—59。
②　Springborg，《西方共和主义》，前揭，页 224。
③　*P. II.*，页 424—425。
④　*Essay*，页 35。
⑤　*P. II.*，页 371。

"人类心灵的品质"，如"心灵的崇高"。① 弗格森在这一点上模糊了利益和野心的区别。实际上，他从未系统地界定它们的关系。在此，他似乎是替换地使用这两个术语，而在别处，他将利益视为野心和自我保存的一种结合。无论如何，在此与斯密的相似性尤其明显。

首先得到赞扬的是活力，特别是以"野心"和竞争的形式表现出来的活力。野心被定义为追求卓越的普遍欲望，一方面它可以是仁慈地、自觉地和社会性地表现出来，另一方面也可以是个人性的和非自觉地表现出来。② 即使个人的野心也值得赞赏，因为它盛产活力。相反，由于弗格森特别地谴责有闲阶级的无聊追求，[96]无所事事的奢侈和讲究受到彻底地贬斥。③

弗格森采纳了马基雅维利的观点，认为我们人类具有永不满足的本性。不断膨胀的需求致使我们"抱怨当下，怀念过往，向往未来"。④ 影响世界，改造世界，消除所有打扰我们幸福的障碍物和不便是我们的本性。人们"并非被造就来接受某种特殊的处境的"。⑤ 通过重申马基雅维利对基督教强调顺从的否定⑥以及对廊下主义的直接批判，弗格森反驳了如下观点："所有外部处境都是平等的；完美的人在法拉里斯的公牛和一床玫瑰中将享有同样的快乐"。⑦ 但弗格森充分意识到，这只是对廊下主义粗陋的理解，⑧因此他的批判针对的是流行的概念而非廊下主义本身。奥勒

---

① *Essay*，页 244。
② 然而，弗格森偶尔也在更狭隘的，消极的意义上使用"野心"。例如，参见 *P. I.*，页 34。
③ 例如，参见 *Essay*，页 238—240。
④ Machiavelli，《论李维罗马史》，第二卷，序言，页 268。
⑤ *P. II.*，页 99。
⑥ Machiavelli，《论李维罗马史》，2.2，页 278。
⑦ Bernstein，《亚当·弗格森和进步观念》，前揭，页 110；*P. II.*，页 68—69。
⑧ 因为他谴责这一对廊下主义普遍误解，将其视为"愚蠢"或惰性。*P. I.*，页 7。

留——他的廊下主义(晚期的廊下主义)的标志是强调活力而非不动心,被标举为典型的积极行动者,他能够辨识出那些超出自己控制的环境,同时积极地履行处在自己直接控制范围内的责任和义务。依据自然生活涉及到这样一项技巧,即在有意识地施展上帝授予我们的积极能力的同时,在认识和遵循自然法则之间保持恰当的平衡。①

进取精神在其关乎社会需求时更能获得认同。公民人文主义有关公民和军事美德的主题在此产生回响。廊下主义的诫命——认识和履行与被安排的位置吻合的无论什么义务,尤其在我们"更高的"道德"使命"上,同样产生回响。正是在追求这些更高的使命时,我们"获得或保持了(我们的)美德"。② 我们必须积极,持续地努力并运用我们的理性力量,但应在廊下主义所界定的审慎的范围内。智慧表现为一种对所有超出个人合理控制之外的外部条件和事件的明智的漠不关心。廊下主义要求认识义务,以便履行落在我们身上任何责任,但它也带有人类卓越的概念;带有我们具有超出我们身体之外以及安顿我们的英勇冲动的潜能的概念。弗格森说,"宿命论者"的观点是荒谬的。人类天性活跃,他们努力奋斗,克服困难,繁荣兴旺。③ 与《旧约》[97]将劳动视为一种人类堕落的可恶结果这一概念相反,④人类并非天生厌恶劳动。实际上我们的最大快乐就在于劳动和活动。⑤ 任何安逸的状态都被极力

---

① 这是奥勒留特有的智慧和美德。*P. I.*,页336。

② *Essay*,页242。爱比克泰德指出:"但是无论是谁,能高贵地屈从于必然,我们就认为他是明智的,在处理神圣的事情上富有技巧"。《道德手册》,L. II,页44。

③ *P. II.*,页54。

④ 甚至加尔文教将劳动看成是拣选的标志的概念也是如此。《创世记》的第3章写到,上帝告诉亚当:"因为你,这土地要受我诅咒;从此你一辈子辛劳,才能勉强果腹……汗流满面,才能吃得上一口"。《创世记》,第3章,17—19,《圣经》,页3。

⑤ *P. I.*,页175。

避免,因为我们人类厌恶无趣。对心灵的福祉来说,工作本身是愉悦的,甚至是必不可少的。①"认为幸福就在于免于辛劳或者无所事事是一种鄙陋的观点。"②

　　在人的构成中,处于支配地位且最不可抵抗的驱动力就是"野心"。在这种"倾向"的影响下,人们不可避免地被驱使着创造性地劳作,"放弃所有愉悦,忍耐所有苦难"。③ 18世纪的早期,对于"利益"的定义从关注人类愿望的总和转向更为狭隘地关注经济利益,④弗格森采用的是后面这个定义。"利益"的狭隘定义使得弗格森可以提出了被称之"野心"的这一新的,更为一般的对于诸欲求的界定。虽然弗格森并非始终如一,但是在这里似乎野心不同于自我保护,因为它的目标(无论是自觉的还是无意识的)更多样化,并且在性质上可能是纯粹利他的或道德的。利益主要限于关注身体而野心一般指向进步,无论是道德的、智力的还是技术上的进步。利益和野心的运作有时会冲突;但在其他的时候,一项行动,例如关心财产,可能是野心和自我保护结合的结果。野心是本然的冲动,但它也涉及道德和理性的能力,这是区别于自我保护的另一种属性。野心(有时吸纳了自我保护)是无论经济的,科学的,艺术的还是智慧的人类主要成就的来源。弗格森并未将野心设想为贬义词,⑤他使用更为正面的,马基雅维利主义的术语将之定义为一种不停奋斗的本能,一种持续和不

---

① *P. II.*,页87。

② *Institutes*,页155。

③ 皮尔斯(Pierce)认为,在此意义上,弗格森预见到了了阿德勒(Alfred Adler)的"驱动力抑制"(subordination of drives)概念。Pierce,《苏格兰常识学派》,前揭,页143。

④ Hirschman,《激情和利益》,前揭,页32—33。

⑤ 斯密将"野心"与仿效、嫉妒和虚荣相联系。例如,参见 *TMS*,I. iii. 2. i,页50。它被更狭隘地定义成对优胜的欲求,对"真正的优越,领导和指导其他人的判断和行为"的欲求。*TMS*,VII. iv. 25,页336。但弗格森认为仿效和野心是彼此独立和分离的。*Institutes*,页93—95。

知满足的"追求胜过现在所拥有的更好事物的欲望"。野心就是
不知满足的需要，刺激和驱使着我们迈向更大的进步。"是财富
的不断增长，而不是到手的那些，使得欲求的想象力轻松自
在。"①野心对人类生活的各个方面都产生了影响。它激发我们
追求和保护财产，建立政治、法律和[98]社会"制度……以取得
社会的和平和良好秩序"，是我们在科学、知识、艺术和"哲学"上
所有进步的原因。②

　　野心是理解弗格森的完美主义和他试图为目的论和神意框架
内进步的启蒙信念辩护的关键；它是"前进的特别原则"并且绝不
会被耗尽。③然而弗格森猛烈地抨击骄奢淫逸的欲望的扩张，因
为在"自然的"条件下，"自然的感官欲望比较容易满足"并且"限定
在较窄的范围内"。④与未腐化的野心联系在一起的需求的无限
扩张应当被引向"人类生活的更高的和更好的追求"。尽管在"单
独的动物性生活（生存）的关注"中野心的发挥伴随着利益，在人类
的实践和道德进步的更高级的领域中它的发挥更为关键。野心可
能偶尔会误导我们去追求无价值的目标，如"拥有财富"或"权力"，
而弗格森确信"智慧的生命，或早或晚，注定会发觉野心的真实道
路"，⑤这一道路引导我们培育"社会秉性"这一通向德性和幸福的
最终路径。⑥弗格森将这一进步性鞭策视为"持续的"、"普遍的"
和最主要的动力。⑦最健康的目标是那些本质上具有社会性并强
调合作的目标。野心并非源自想要克服根深蒂固的不安全或低人
一等的感觉，而是以与上帝的心灵交接的欲望为典型特征的一种

---

① *Essay*，页 138；*P. I.*，页 244—245。

② *P. I.*，页 207。

③ *P. I.*，页 235。

④ *P. II.*，页 342。

⑤ *P. I.*，页 235—239。

⑥ *Essay*，页 56—57。

⑦ Pierce，《苏格兰常识学派》，前揭，页 142—143。

更为良善的完美主义的表达。①

六、结 论

尽管信奉目的论和神意论,弗格森对人类基本的社会性,以及这一事实影响个人化的驱动力之方式的强调,有助于为社会科学后来发展提供空间。他与法国唯物主义的冲突以及对本性/教养之争的探讨也是如此。他坚持认为,他虑的激情既是自然的也是适应性的,也显现出很大的先见之明。

弗格森对人类生活的驱动力原则的兴趣构成了早期的情感社会学,而他对早期自由主义隐含的享乐主义的反对,照亮了自由主义文化发展的关键时刻。特别是他与斯密和休谟的分歧,为观念史上的一个重要的意识形态的分叉口提供了洞见。弗格森取得的成就,部分是因为他敏锐地观察到了现代性和市场伦理对社会生活的影响[99]以及他为处理实际的经济和社会状况的局限所做的准备。这些准备使他避免了那种僵化的、清教徒式的禁欲主义对利己主义和商业社会的早期批判,而赞赏进步的积极影响。

---

① 更深入的探讨参见第十一章各处。亦可参见页 120—121。

第六章 弗格森的"看不见的手"

自生自发秩序理论

一、背 景

[101]自生自发秩序的概念贯穿弗格森的全部文本,并且是他大部分著作的核心理论骨架。当然,自然生发或"看不见的手"的模型是现代社会科学产生的基础,虽然需要指出,弗格森并非第一个发展行为的非理性主义①解释的思想家,根据这类解释,社会秩序从个体行动者表面上随意的行为中自发地产生。这样的观念的雏形可追溯至 18 世纪早期的曼德维尔和维科,②16 世纪

---

① 这里指笛卡尔式的理性主义。哈耶克对前笛卡尔和后笛卡尔的理性概念做了如下区分:"对中世纪的思想家来说,理性主要指认识他们所遇到的真理,特别是道德真理的能力,而非从明确的前提进行演绎推理的能力"。F. A. Hayek,《理性主义的种类》(Kinds of Rationalism),见 *Studies in Philosophy*, *Politics*, *and Economics*, London: Routledge &. Kegan Paul, 1967,页 84。

② 福布斯、伯恩斯坦和伊恩・罗斯(Ian Ross)认为,弗格森不可能受到维科著作的影响。Duncan Forbes,《科学的辉格主义:亚当・弗格森和约翰・米勒》,前揭,页 658;Bernstein,《亚当・弗格森和进步观念》,页 104;罗斯为 R. Hamowy 的书所写的序言,《苏格兰启蒙运动和自生自发秩序理论》(*The Scottish Enlightenment and the Theory of Spontaneous Order*, Carbondale: Southern Illinois University Press,1987),页 ix。

的莫利纳和萨拉曼卡学派,[①]并且可以远溯至公元前 4 世纪中国思想家庄子的著作。[②] 但弗格森位列最早明确地提出自生自发秩序理论的欧洲思想家群体,这个群体的其他思想家包括孟德斯鸠、休谟、斯密、里德、斯图尔特、罗伯森和米勒。而且,就从个体不时进行的那种看似随机的私人行动中自发地产生社会模式、秩序以及进步的方式而言,弗格森的分析是迄今为止最详尽、系统和明确的。[③] 社会秩序并非有意识的规划和设计的结果,而是次级理性、[102]内部进程的产物。这个理论为人所知是因为它直接影响了后来著名的社会思想家如黑格尔、涂尔干、哈耶克和波兰尼等人。

二、概　述

弗格森的方法明确反驳了直到弗格森的时代仍然很活跃的理性主义者和契约论者的历史观。[④] 弗格森抛弃了原初契约的观念、伟大立法者的神话和文明传播理论,他提出一种关于历史和社会秩序的非理性理论来替代,并且预见到了社会制度、模式和习俗的发展与维系的结构功能主义解释。他展示了人类的繁衍,家庭的起源和维持,劳动分工,语言、技术和艺术的发展以及有组织的国家所有这些是如何作为个人行为的未意图后果产生的。在人类历史的演进过程中,理性和长远的深思熟虑的规划仅仅扮演着较

---

① Barry,《自生自发秩序的传统》("The Tradition of Spontaneous Order"),页 12—14 以及 Lee Cronk,《自生自发秩序分析和人类学》("Spontaneous Order Analysis and Anthropology"),见 *Cultural Dynamics*, Vol. 1 (3), 1988, pp. 282—308,页 283。

② Ian Ross,"Hamowy 的《自生自发秩序》的'序言'",页 ix 及各处。有关自生自发秩序主题的更多资料参见参考书目,第五部分。

③ 参见 Cronk,《自生自发秩序分析》,前揭,页 84 以及 Hayek,《人类行为的结果》("The Results of Human Actions"),页 97。

④ Lehmann,《亚当·弗格森》,前揭,页 93。

小角色。对人类行动者来说，在总体的人类事务，不存在阿基米德式视角。上帝唯一关心的是发生在社会系统或目的因层次上的事情，它们与社会系统层面的庞大画面相关，而与动力因相关的较低责任委托给了人类行动者。两种层次通过一种不可抗拒的吸引关系相结合。按照"上帝"对事物的安排，无论表面上我们的行为在动力因层次如何随意，秩序、幸福和道德进步都能在目的因或社会系统层次上获得保障。制度逐渐发展，由人类的双手无意识地推动，由与其最终结果完全不相关的动机锻造。在这一双层模型中，第一个层次表现为个人目标的层次，第二个表现为社会系统的层次。对这种安排最恰当的描述是一种"神意的功能主义"形式，它通过潜在的精神结构产生社会、文化、技术和政治结构的普遍模式。

根据哈默威（追随哈耶克）的定义，自生自发秩序的分析描述了高度有序的社会安排是如何从无数历时地做出的个人行动造成的未意图结果中出现和维持的。[①] 关键的社会制度，无论是政治的、语言的、经济的或是法律的，都体现了我们这一物种的集体智慧。波兰尼或许在 1950 年[②]首创了"自生自发秩序"这个新词，而哈耶克[103]在 1960 年将其推广，他将自生自发秩序分析定义为任何下述的"系统性社会理论"：这种社会理论解释"秩序或者一贯

---

① Hamowy，《自生自发秩序》，前揭，页 3—4；克朗科（Cronk）和哈耶克对自生自发秩序的定义依据的是对社会进程中的"恒常性和可预测性"的观测。Cronk，《自生自发秩序》，页 282；哈耶克，《规则和秩序》，页 11。弗农（Richard Vernon）在他的"未意图的后果"一文中详述了不同思想家使用"未意图后果"的不同含义，见 *Political Theory*，Vol. 7 (1)，February，1979，页 57—73。

② Michael Polanyi，《自由的逻辑：反思和回应》（*The Logic of Liberty：Reflections and Rejoinders*，London：Kegan Paul，1951），页 112。亦可参见 A. Bognor，《社会进程的结构：对艾利亚斯·诺伯特社会学的评论》（"The Structure of Social Processes：A Commentary on the Sociology of Elias Norbert"），见 *Sociology*，Vol. 20 (3)，August，1986，pp. 387—411，页 391 以及哈耶克，《理性主义的种类》，前揭。

性是如何从行动者也没有指望的行动中自行出现"。[1]其他人还采用了以下术语:"自生系统"(autopoiesis)、"自组织"、[2]"目的异质性法则"(law of the heterogeneity of ends)、[3]"有意社会行动的未预见结果"、[4]"个人行动的非预期社会结果",[5]以及最后"看不见的手的解释",[6]这个短语的最初灵感来源于斯密,他如此评论,个人追求私人的、自我中心的目标"就像被一只看不见的手引导着促成一个并非他所意愿的目标"。[7] 看不见的手的解释必须被限制在社会现象的解释上,并且必须紧紧围绕人的行动性,而不是人的设计。因而自发秩序分析所涉及的只是如下解释,这种解释阐明的是造成适应性的而非适应不良的社会模式和秩序的那些个人行为的未意图后果。[8] 自发秩序模式的四个基本特征——它的无指导特征,它的"渐进主义",它的不可避免性,最后是它的跨文化的统一性或普遍性[9]——都呈现在弗格森的解释中。

尽管弗格森从未系统地明确表达他关于自发秩序的信念,但这个概念支撑了他的整个思想体系,并贯穿其中。需要注意的是,他并没有使用"自生自发秩序"这个哈耶克后来非常热衷于使用的术语,而是代之以"人类行为的结果,但并非执行任何人类计划的

---

① 引自 Hamowy,《自生自发秩序》,前揭,页 ix。

② Bognor,《社会进程的结构》,前揭,页 391。

③ Forbes,《科学的辉格主义》,页 655。

④ Robert K. Merton,《有意社会行动的未意图结果》("The Unintended Consequences of Purposive Social Action"),见 *American Sociological Review*,Vol. 1,1938,页 894—904。

⑤ Schneider,《苏格兰道德学家》(*The Scottish Moralists*),页 xxxi。

⑥ R. Nozick,《自然状态》,见 *Anarchy, State and Utopia*,Oxford:Basil Blackwell,1974,页 18—19。"间接"这个术语也和自生自发秩序类型的解释相关。Hamowy,《自生自发秩序》,前揭,页 12。

⑦ Smith,WN,IV. ii. 9,页 456。《道德情感论》中也出现了同样的短语。IV. i. 10. 页 184。

⑧ Ullmann-Margalit,《看不见的手的解释》("Invisible-Hand Explanations"),页 265—268。

⑨ Lehmann,《评论》,页 176。

结果",①尽管"自生自发秩序"这个术语似乎有点时代误置,但它还是一种有用的缩略表达,因为弗格森的阐释包含了这一更为熟悉的现代表达涵盖的所有元素。像哈耶克一样,弗格森将秩序设想为无指导的、未意图的、渐进的和必然的,并且从动力因或个人心理层面产生出来。尽管弗格森强调,秩序由神意激发,他的神意是"普遍的"而非"特殊的",他设想的秩序绝不依赖于上帝特殊的干预。毋宁说,秩序通过自由行动者未经协调的行动在微观层面上得以保障。

[104]在解释我们是如何获得我们复杂的社会结构和一般的社会均衡时,他在一个现在著名的段落中概括了他的自然秩序的基本机理:

> 人类在遵照眼前的想法行事,努力消除不便或努力想获得那些明摆着的一个接一个的有利条件时,实现了他们想都未曾想到的目标。并且,像其他动物一样,人类也循着自身的天性,茫无目标地继续前进……即便在所谓的启蒙年代,民众的每一步和每一个行动、都对将来同样地茫然无知;各国偶然建立了一些机构,事实上,这是人类行为的结果,而并非执行任何人类计划的结果。②

秩序的进程由"自然的法则"控制,在个人中、个人之间以及人类生活的外部条件中运行。秩序和"均衡"是所有自然法则联合作用的结果,它们在可以普遍地被观察到的意义上也是法则。③ 反

---

① 哈耶克自己明确地承认这一点。关于苏格兰学派总体上对哈耶克的自生自发秩序理论的影响的详细讨论,参见 Christina Petsoulas,《哈耶克的自由主义及其起源,他的自生自发秩序观念与苏格兰启蒙运动》(*Hayek's Liberalism and its Origins, His Idea of Spontaneous Order and the Scottish Enlightenment*. New York: Routledge, 2001)。

② Ferguson,*Essay*,页 119。重点为引者所加。

③ *Institutes*,页 4。

过来,秩序的概念在性质上明确地依赖于设计和目的的概念。也就是说,它是神意的目的论。当然,神意目的论在 18 世纪司空见惯,但体现出如此深刻的社会学洞察的神意目的论即使有也非常罕见。

自生自发秩序的运行确保社会的关键制度或演化出来的普遍事物的出现与维系:劳动分工,文化和技术成就,婚姻和家庭,语言和正规的政府。弗格森对人类制度演变的解释非常复杂。大量相互作用的变量都被视为在这一过程中起作用。它们包括本能、短期理性、习惯、冲突和灾难、环境因素、私有财产,甚至奇怪地包括人类的缺陷。

人类历史的进程,所有人类制度的发展,我们这一物种的"自然的"进步都可以归因于未意图后果的法则借助人类的能动性所做出的安排。表面上随意和自我中心的个人行为实际上形成了一个更加广泛的仁慈模式的一部分,这一模式最初由"上帝"精心安排并明显地指向人类的幸福和繁荣。每个独立的人类行为都有助于人类社会的均衡与和谐,这一社会像设计合理的机器一般平稳有效地运作。前启蒙运动的理性主义被否定,卓越立法者(通常被看成是规则和法律秩序的来源)的"智慧"被"分散和演化的体系内部隐藏的智慧"所取代。[1] 弗格森注意到,经过时代打磨的实用的"专门技能"和默会知识确保了切实可行的传统与制度的形成,这预示了萨姆纳,后者将自然选择原理运用于风俗和习俗的发展上[2]。发展是短期理性的产物,但是从更为广泛的含义上看并不拥有理性(至少从人类的视角

---

[1]　Barry,《自生自发秩序的传统》,前揭,页 9。

[2]　Lehmann,《亚当·弗格森》,前揭,页 250;W. G. Sumner,《风俗:关于社会惯例、礼仪、习惯、习俗和道德的社会学重要性的研究》(*Folkways: A Study of the Sociological Importance of Usages, Manners, Customs, Mores and Morals*, Boston: Ginn, 1906)。不过,与萨姆纳不同,弗格森并非道德相对论者。

看）。[105]只是通过"联合"与"争斗"（合作与冲突）原则的运作,[1]野心,自我保存的原则,进步才得以在社会中发生,而所有这些原则也导致了非计划的社会、经济和政治制度与"组织方式"。[2]

　　既然人类的幸福是自生自发秩序的最终目标,弗格森的方法便可以被描述为一种"系统功利主义",格雷用该术语描述很久之后哈耶克的模式。[3] 但为了将这一模型的弗格森版本刻画为纯粹的系统功利主义,需要略去其概念上的支柱,即它的神意维度。虽然哈耶克认为完全世俗的自生自发秩序体系是可能的,其出现可以用开放的自然选择进程来解释,但在弗格森看来,自生自发秩序的逻辑依赖于设计这一"事实"。人类事务中可察觉到的秩序在性质上是这种设计和目的的直接结果。[4] 平衡和秩序主要是间接地或者通过"目的异质性法则"[5]达成的。制度逐渐发展,由人类的双手无意识地形塑,由与其最终结果完全不相关的动机锻造。对弗格森而言,人是一种动物（虽然是一种特别的动物）,通过激情、本能或短期理性的命令直觉地反应。虽然有关该主题的一些作者将弗格森所面临的这一两难看成是本能对抗理性的一种两难,但这实际上是长期理性对抗由本能所激发的短期理性的两难。自然秩序的每个方面都"是为了整体的维系而计算过的"。我们并不会总是意识到我们在保障这一秩序中的角色,因为"最遥远的事情,

---

① *Essay*,页 21。

② Lehmann,《评论》,页 174。

③ John Gray,《自由主义:政治哲学论集》(*Liberalisms: Essays in Political Philosophy*, London: Routledge & Kegan Paul, 1989),页 92。系统功利主义与更具有理性性质的边沁式行为功利主义（形成对比,参见 John Gray,《哈耶克论自由》(*Hayek on Liberty*, Oxford: Basil Blackwell, 1985),页 59。

④ 《论原因和后果,目的和手段,秩序,结合与设计》("Of Cause and Effect, Ends and Means, Order, Combination and Design", *Collection of Essays*, No. 13),页 120。

⑤ 该词由邓肯·福布斯创造,用以描述个人追求短期的私人目标而无意中保障了社会秩序的行为方式。Forbes,《科学的辉格主义》,前揭,页 655。

被打造成共同致力于同一有益的目的"。① 由于人们是以理性不及地方式确保社会秩序,他们能够这样做的能力依赖于他们对最低限度的消极自由的享有。这一"受保护的领域"②对应于斯密均衡模型中的"自然自由"的范围。③

目的异质化法则在人类存在的各个方面都发挥作用。我们每个短期和自虑的目标都产生了适当却完全无法预料的结果:生存的本能驱动力导致了财富的积累,并无意地导致了生产方面的技术改进;私有财产的发展促成了法律和政治制度的建立;聚集的本能随着时间的推移发展为民族感情,进而导致主权国家的产生,等等。[106]它的准规律性运作在任何地方都不如在弗格森对于人类繁衍的讨论中得到更好的展现。

三、目的异质化:人口和繁衍

和很多 18 世纪其他的思想一样,弗格森特别关注人口问题以及与之相关的繁衍和婚姻问题。他关于这一主题的观点,受到其对未意图后果法则的坚定信念,以及与之相伴对社会关系的自生自发的自由市场之信心的鼓舞。这些观点很可能是为了直接回应孟德斯鸠用立法措施激励人口水平的主张而发展出来的。(和他的诸多同辈一样,孟德斯鸠也确信法国的人口正在减少。)④

当弗格森提出这个问题时,利用立法和理性手段促进人口的增长已经有一段很长的历史了。弗格森认为这些方法之所以从来

---

① *Institutes*,页 126。
② "受保护的领域"这个术语来源于哈耶克。
③ 斯密,《国富论》(Smith, *WN*),I. X. c. 59. 页 157;II. ii. 94. 页 324 以及 II. iv. ix. 50,页 687。
④ 更深入的讨论,参见 Mason,《弗格森与孟德斯鸠》("Ferguson and Montesquieu"),页 196;孟德斯鸠,《论法的精神》(Montesquieu,*Law*),4. 23. 21,页 441—451。

没起什么作用,正是因为它们是被设计来这样做的。激情("两性间相互的吸引")而非理智是人类繁衍的保障。性欲是动力因,而且是基于本能的,但是繁衍是目的因,因而是造物主专属的领域。生殖的事务不可能以其他方式进行,如此重要的功能不会委托给人类行动者的"不稳定的意志"。干预这一过程的立法企图不仅侵犯了自生自发秩序的法则,还侵犯了自然地自我管理的行动者的自由。

> 主动承担起照顾人民之责的主权者似乎认为,一个民众被感情,激情和欲望的最不可抵制的召唤所强烈诱导的国家,就像是一种必须用棍棒和皮鞭对人民加以驱策的济贫院。①

弗格森引入了他分析的核心方面(这也是斯密模型的特征):对我们人类的繁荣来说,更关键的是功能或制度,而不那么关键的是单独行动者的判断或者脆弱的意志。例如,家庭是社会的构成性单元,"是人类存在和维系最不可或缺的组织"。繁衍"是对种族而言的,内心的重要活动是对个人而言的",因而造物主明智地选择避免将"自然的作品的维系"交托给"那些最明显的牵涉到的人们的"不稳妥的判断力。② 在这方面,"人类"完完全全就是动物。③ 更早的时期,亚里士多德提出了类似的思路,[107]认为生殖是纯粹本能性的活动,("并非选择")但是具有相当不同于推动它的那种明显的动机的重要功能,即人类的生存。④

动力因限制在纯粹世俗的欲望和爱好的层面上,而人类的

①　*History*,页 419。
②　*P. I.*,页 28。亦可参见 *P. I.*,页 201。
③　*Essay*,页 48。
④　D. N. Robinson,《亚里士多德的心理学》(*Aristotle's Psychology*,New York: Columbia University Press, 1989),页 120。

持存所依赖的可持续的人口水平是造物主单独支配的领域。也就是说，去"交配"，去追求其他与自我保存相关的有限功能，被托付给我们，但我们物种的持续和长期的繁荣没有托付给我们。人类的中途干涉既没有必要也没有空间。正如弗格森清楚地指出的：

> 人类肩负着自我保存的重任，经受着快乐和痛苦的考验，受到一种对死亡的本能恐惧的庇护，自然既没有将人类的安全寄托在其理解力之敏锐上，也没有寄托在其不确定的反思之筹划上。①

政府所能采取的最好措施是为人口的增长提供正确的条件，也就是说，保障繁荣的稳固基础和对个人权利的强力维护。"自然"会照料剩下的事情。②

婚姻和家庭制度也被视为是自然所创造的条件的偶然产物。弗格森指出，人类的子嗣相对脆弱，并且需要长期地养育和管教，从而使得基于血缘关系的小的、安全的和稳定的单位或者组织，即家庭成为必要。③哈奇森在其《道德哲学体系》④（出版于他去世后的 1755 年）已经提出了这种观点，休谟也赞同此观点。家庭是"两

---

① *Essay*，页 48—49。
② *Essay*，页 133—141。同时参见 *Institutes*，页 24—25。休谟也得出了类似的结论。Robertson，《公民传统范围内的苏格兰启蒙运动》（"The Scottish Enlightenment at the Limits of the Civic Tradition"，Hont and Ignatieff，[eds]），页 164—165。
③ *P. I.*，页 27—29。这种社会起源于人类繁衍的欲望的观念存在于廊下派思想中，特别是经由西塞罗传播的帕奈提乌斯的思想中。Cicero，《论义务》（*De Officius*），with an English translation by Walter Miller，London：Harvard University Press，1990，I. 12，pp. 13—15。
④ 哈奇森认为，"温柔的父母之情"是由"我们幼小时持续的无能"所引发的。Francis Hutcheson，《道德哲学体系》（*A System of Moral Philosophy*，in Three Books，2 Vols.，Glasgow and London：R. Foulis et al.，1755，1. I. i. 2），页 3。

性之间的自然欲望"以及必须照看这一吸引的不可避免的后果的产物。① 就他而言,弗格森认为造物主故意将缺陷植于人的构成之中(在这一情形下,就是软弱和脆弱)以确保"他的"(His)最后的目标,在这里即家庭的制度化。弗格森解释了人类幼儿的天生脆弱性以及妇女在劳动上天生的脆弱性是如何引发家庭组织的演变的:

> 与其他的任何物种相比,人类出生时更加痛苦和危险;婴儿期的状态更加无助,持续时间更长,这可以算作是他在动物性方面明显不如的缺陷:但是我们敢说,这一处境就像他的其他表面上的缺陷一样,[108]是有待于人类后续的历史去完成的更为高级的目的一个片段。②

值得重视的是,在上述段落中,人类的缺陷是借助目的论的语言设想的。我们的弱点是上帝为了保障我们的幸福和繁荣这一专门目的而故意授予的。弗格森对人类缺陷是故意和有目的地赋予的强调构成了对其思想的任何纯粹演化论的解释的有力反证。他同意西塞罗的《论至善和至恶》(de Finibus)中加图的观点,即创造的意志蕴含着保存的意志。"自然既想要后代得以繁衍又没有在其出生时提供条件善加照顾,这并非是不一致的。"③在这一情形下,与出生和儿童期养育相关的缺陷就产生了相互依赖以及感情上的强烈联系,后者反过来又造成了我们人类的安全所依赖的持久的社会纽带。表面上看对出生不利的环境,蕴含了"人类必定与其同类形成的社会连接的萌芽"。这就确保了人类的社会性,也

---

①　Hume,《人性论》(A Treatise of Human Nature),3.2.2.,页486。

②　P. I.,页28。

③　Cicero,《论至善和至恶》,3.62,页283。

确保了我们注定进步的模式(社会)。①

　　在讨论人口水平时,弗格森预示了马尔萨斯,他告诉我们人口的增长是物质繁荣自发的副产品。② 然而,人类努力增加繁荣出于不同和不相干的动机,即当前的轻松和舒适,"这是为了造福已经存在的人们,而不是为了增加人口"。③ 人口的增长是自利以及渴求个人安全的非意图的结果。刺激人口增加的刻意企图往往会失败;它们也确实"阻碍"和"误导"这一过程。同样,企图阻止增长也是误入歧途,因为"人口增长总是与其资源相适应,不需要政府的帮助来改善繁殖的法则,只需要它保障安全和丰裕"。当善意的立法者打算干涉自然的微妙平衡时,他们就陷入到"损害他们无法大为促进的利益,造成他们不能修复的破坏"的危险之中。当人们自由地处理自己的事务,不受人为政策的阻碍,[109]"他们将遵循自然的倾向而行并取得相较国家事务委员会所能设计出来的更为显著的效果"。④

---

① *P. I.*,页 27—30。波利比乌斯(弗格森的主要史料来源之一)也将人类的社会性放置在人类的弱点之中。波利比乌斯,《罗马帝国的崛起》(Polybius, *The Rise of the Roman Empire*, Translated by Ian Scott-Kilvert, Selected with an Introduction by F. W. Walbank, London: Penguin, 1979, 6.5),页 305—306。西塞罗(同样,再一次通过加倍表达)认为,核心家庭所感受到的那种自然感情发展成为对我们人类同胞的更为一般的感情,进而加强了我们的社会纽带。西塞罗,《论至善和至恶》,3.62—8,页 281—289。尽管具有目的论维度,弗格森的这种观察预示了萨蒂和鲍尔比的依恋理论(Attachment Theory),依恋理论认为,"社会性不仅体现为子女—父母关系,而是人与生俱来的,在这个意义上,人所具有的社会关系的能力来源于生物性的基本需求"。Barbalet,《情感、社会理论和社会结构》,前揭,页 141。

② *Essay*,页 135。孔多塞在马尔萨斯之前得出了同样结论。但其他的苏格兰思想家,如米勒和凯姆斯,持相反的观点;他们认为繁荣和奢侈会减少人口。Forbes,《科学的辉格主义》,前揭,页 650。

③ *Essay*,页 135。

④ *Essay*,页 136。亦可参见 *Institutes*,页 246。斯密在《国富论》(I. viii. 38—43,页 97—99)中得出类似的结论,而亚里士多德很早就得出了相同结论。L. Robin,《希腊思想和科学精神的起源》(*Greek Thought and the Origins of the Scientific Spirit*, New York: Russell and Russell, 1967),页 272。马尔萨斯(转下页注)

因而自由就成了人口自然增长的基础。① 对弗格森来说，罗马军事独裁者屋大维的人口法律既令人生厌又事与愿违。对屋大维和其他想要干预社会均衡的主权者，我们只能说，"他们在设计疗法的同时也调配了毒药。他们给生命的原则泼冷水，让它们失去作用，同时又努力想通过外敷，恢复衰弱病体的青春"。保持可持续的人口水平的重要任务不应委托给不可靠且善变的"主权者或单个人的智慧"。②

弗格森指出，非意图的后果具有涟漪效应，逐渐产生越来越多的积极的非意图结果。它们当中最重要的东西就是下述这些。

四、语　言

弗格森赞同曼德维尔的观点，认为语言发源于无数个人的行为，他们并非有意，甚至也完全不理解自己创造的惊人复杂性。③ 人类似乎具有任何个人都不具有的特异禀赋。语言是一种社会产物，对那些教导说言说最初是由"一些理性和文明的创立者"传播的"诗人们"，我们应该抱有怀疑。弗格森彻底摒弃了契约论者和理性主义对语言起源的解释，他声称"不管是交往还是谈话，无论其形式多么粗陋，都与人类共始终"。④

（接上页注）认为没有必要牵涉人口控制，这只会使现存的问题变得更糟。Thomas Malthus，《人口原理概要》（"A Summary View of the Principle of Population"），见 *Three Essays on Population*，New York：Mentor Books，1960，页 37。孟德斯鸠有所不同，他主张，在某些情况国家对"人类繁衍"的干预是可取的。*Laws*，4.23.16—28，页 437—454。

① *Essay*，页 131，139。
② *Essay*，页 136。
③ 有关曼德维尔作品的讨论，参见 F. B. Kaye，《曼德维尔论语言的起源》（"Mandeville on the Origin of Language"），见 *Modern Language Notes*，Vol. 39.（1），页 136—142。
④ *P. I.*，页 43。

在弗格森的体系中,语言发挥着许多关键功能。言词让我们能够以口头传说的形式保留我们共同的历史,后者反过来又激发我们的"激情"并增进共同的情感。① 既然言词有这么大的地域差异,它便有助于维护共同体的界限。但这并不阻碍其穿越文明或在文明之间发挥协助知识传播和发明的[110]功能。经由语言,"科学发现、发明的模式或者天才的成就,无论它们起于何处,都能找到通往世界的道路,成为人类的财富"。语言帮助我们保存现有的成就并分享新成就,而我们掌握外国方言的能力帮助我们"保留在过去的很多代中已经不再被言说的知识"。② 弗格森记录了语言对于人类的一般进步所作出的(至少从人类视角看)意想不到的贡献。"人类在表达和交流上的特殊天赋将人类的努力聚合起来服务于智力进程中的一个共同的进步目标。"③弗格森赞同亚里士多德的观点,认为正是语言让我们适合于政治生活并注定过政治生活。④ 语言的普遍性确证了我们生活在社会中的宿命,⑤而社会反过来也不可避免地通向政治社会。⑥ 言说的能力为了这一特定目的,也就是使我们为了生存,繁荣和进步而一起生活与合作,被内置在我们的基本构成之中。人类是仅有的注定要过政治生活的物种,因为只有人类具有言说的能力。

---

① *Essay*,页 76。Grobman,《亚当·弗格森对民俗研究的影响:方法论和口传史诗的分析》("Adam Ferguson's Influence on Folklore Research: the Analysis of Methodology and the Oral Epic"),见 *Southern Folklore Quarterly*, Vol. 38, 1974,页 11—22。

② *P. I.*,页 47。这个观点似乎与弗格森对民族进步中文化传播的有限作用的其他评论相矛盾。见下文。

③ *P. I.*,页 36。

④ Aristotle,《政治学:雅典政制》(*Politics: The Athenian Constitution*, Edited and with an Introduction by John Warrington, London: Heron Books, 1959, 1. 1. 1253a),页 7。

⑤ *P. I.*,页 47、页 269。

⑥ *P. II.*,页 244。

既然言说是普遍的,"人类特有的"和天生的,①那么所有人(但只有人)都将参与政治生活。

口头语言的例子阐明了自然和技艺之间亲密的共生关系这一重要的弗格森主义原则。言说的倾向是先天的,而它同时也是"人类天赋最先和最精彩的产物……在此,被创造出来的心智本身也是创造者"。② 所有人类进步都是社会事件,语言的发明成了这种进步无价的催化剂。弗格森的完美主义被设想为人类自我创造的过程,但是它也是在一个为神所植入的倾向和本能所界定和塑造的目的性框架中发动的。

五、技术成就和劳动分工

弗格森认为,发明或者"机器艺术"的改良是社会演变的强有力决定性因素。而发明本身很少是有意识的发明的结果。相反,他们往往是人们努力保障其个人需要的意外结果。在人们受到"保护"并自由地从事自己的职业的地方,"工具"自然会积累起来。③ 我们摆脱逆境,清除道路上的实际障碍的欲望[111]激发了新技术。发明是人渴望行动和"有所事事"的特定心理需要的产物。人类天生厌恶无所事事和乏味。④ 弗格森以马基雅维利的语调声称,调动我们的资源反抗命运,与自然搏斗是我们的本性。⑤

弗格森对自然、专业化的发展及其影响的阐释是其自生自发秩序理论的核心部分。他的论述始于对亚当·斯密关于专业化来

---

① *Institutes*,页 44;*P. I.*,页 40—41。

② *P. I.*,页 287。强调为引者所加。

③ *Essay*,页 161—163。

④ *Institutes*,页 155。

⑤ *Essay*,页 44—49。亦可参见 *Institutes*,页 268,*P. I.*,页 250、页 267—268。

源的解释的含蓄批评。斯密将劳动分工的起源归因于人类"交换
和交易"的特有本能。[1] 相比之下,弗格森将劳动功能的专业化倾
向建立在人类自然的多样性以及特定的环境因素(即人类经验范
围内所面临的极为多样的处境和障碍上)的基础上。[2] 这一进程
是一种典型的渐进演变,建立在随着时间推移的微小的,逐步的改
进而非行动者方面任何长期计划的基础之上。[3]

　　劳动分工对人类进步来说非常重要,因为它能产生财富和繁
荣。专业化也会带来某些意想不到却很重要的社会制度。职业的
专业化不可避免导致劳动的社会分工,进而产生与其说对社会有
害不如说对社会的运作至关重要的社会阶层。结构化的不均衡体
系通过为工人提供广泛的工作激励而刺激着市场,通过长效的工
作刺激机制为市场提供工人。阶层的嫉妒和仿效对于保持商业经
济的运动极为重要。[4]

六、弗格森对契约论的抨击:国家的出现

　　在他们各自对自发秩序的解释中,斯密、休谟、米勒、斯图尔特
和弗格森有一个共同点,极力拒绝早期现代政治哲学中的契约论。
这种拒绝为向现代社会科学的过渡指明了道路,实际上使之成为
可能。[5] 弗格森认为,人类本能、个体心理、习惯、风尚和习俗、物
质环境以及冲突都在正规政府的发展中发挥了作用。他对国家起
源的讨论摒弃了关于自然状态以及社会或者政治契约的所有理性

----

[1]　Smith,*WN*,I.页 25。

[2]　*P. I.*,页 246。

[3]　*Essay*,页 174。

[4]　*Essay*,页 225。

[5]　Vernon,《未意图的后果》,前揭,页 58。Eriksson,《社会学的最初形成》,前揭,页
　　254—255。

概念。卢梭假定前社会的"人"独立、"孤独"、"闲适"地生活着,"分散于其他动物之中",①与此相反,弗格森坚持,人一直是成群结队地生活。② 正如他[112]非常明确地指出,卢梭不可能是正确的,因为按照他自己的推理"为了形成任何约定,人必定已经在社会中了,在他们能够为了无论什么目的而达成一致之前,必定已经实际上一起行动了"。③

卢梭试图"发现自然人",他假定社会状态是对这些知识的阻碍,弗格森对此明确表示反对。④ 他进一步反对笛卡尔的理性建构主义,后者源自亚里士多德对于自然和习俗的划分。弗格森将这种区分称为虚假的二分法,他描述了许多位于自然与人为两者之中间地带的许多现象,也就是那些同时是自然和习俗的产物。⑤

社会源自本能,源自"联合"与"冲突"的原则,与此同时,它的正式制度有着非正式的自生自发的起源。

在某些地方,通过这些虽称不上正规却顺畅的程序,单凭年龄,人们就可以在地方会议中获得一席之地;凭年轻、热情和在沙场上的勇武就可以得到领导的头衔;在任何紧要关头,整个社会都可以集结起来。我们不妨大胆地说,在这里,我们找到了元老院、行政机构和公民议会这些古代立法者因之而闻名遐迩的机构的渊源。⑥

---

① 卢梭,《论人类不平等的起因和基础》,前揭,页58、页54。
② *Essay*,页21。
③ *P. II.*,页244。
④ 卢梭,《论不平等的起因和基础》,前揭,页43—45;Ferguson, *Essay*,页11。
⑤ "在我们用以研究人类事务的所有术语中,'自然的'(natural)和'不自然的'(unnatural)在含义上最不确切。"*Essay*,页15。
⑥ *Essay*,页84。

　　弗格森同时指责西方文化的傲慢和更加普遍的物种傲慢,他指出,当我们将其他物种的成就归功于"大自然的智慧"(本能)之时,开化了的人类的成就却"被归功于他们自己,并且被认为标志着胜过那些野蛮心智的能力"。[①] 制度与人类共存,因为我们本能地发展它们。正规政府这类表面上人造的结构,实际上完全是自然的,因为它们内在于神的计划之中,也就是说,它们内在于神所设定的人性之中。[②] 弗格森再次提出了他奇怪的"缺陷"论证,他主张政治制度并非来自于这样的本能,而是来自于它们的缺陷。政府是为了弥补我们自然的贪婪和好战性产生的消极效应所亟须的。"就像商业艺术起源于人类动物本性的需求,这种被称作政治的艺术起源于本能性的社会的需求和缺陷"。[③]

　　国家的产生并非基于对政治秩序的有意识的欲望,而是为了对抗过度追求私人财产所导致的恶行。以典型的实用主义态度,弗格森指出,尽管我们具有天生的社会性,但也有时候我们是被迫具有社会性。我们的"炫耀性比较"的本能倾向[113]导致了人们之间的敌意,为了保护公民及其私人财产,正式的政府便出现了。[④] 国家的出现也为了抵消私人财产的另一个不利影响,即私人财产所带来的阶级压迫的可能性。正规政府的出现"不是为了建立从属关系,而是为了纠正已经存在的从属关系的滥用"。[⑤] 休谟也认为实定的司法体系的产生是为了保护和调控私人财产的使用。[⑥]

---

① *Essay*,页 173—174。

② *P. I.*,页 256;*P. II.*,页 244—245;*Essay*,页 120。

③ *P. I.*,页 256。

④ *Essay*,页 81、页 95—98。亦可参见 Ferrarotti,《市民社会和国家结构》,前揭,页 14。

⑤ *P. I.*,页 262;*Institutes*,页 40。亦可参见 Zaret,《从政治哲学到社会理论》,前揭,页 159。

⑥ Hume, *Treatise*, 3.2.2.,页 489。

　　但弗格森也不允许自然的表面缺陷玷污了造物主的名，因为它们是上帝故意地安排人的构成之中，以激励他们通过冲突和敌对而发展自己的能力。[①] 但是既然造物主是仁慈的，"他"也顺便为人类提供了救治有用本能的负面效应的解药，也即赋予他构建正规政府的本能刺激。[②] 文明社会是人类需求的产物，而正规的政府是对私人财产造成的恶的直接回应。这些安排是更加广阔、自我矫正的自生自发秩序体系的一部分。我们表面上偶然的制度，实际上是间接的产品，甚至我们的心理如已经描述过的那样是精细的自我调节的工具。弗格森似乎是在亚里士多德观点的基础上从事建造，后者认为国家是自然的，因为国家起源于人类的需求。在另外一种意义上他也在模仿亚里士多德关于国家起源的目的论因果解释。亚里士多德认为国家"优先于家庭和个人"，因为一切事物的目的因都在该事物之前作为其最终存在的一部分已经先出现了。国家的发展是必然的，而在它之前的原始形态（是其成型过程的一部分）是由它们的目的（例如，国家本身）引起的。[③]

　　在弗格森的著作中，认为人类的缺陷是"上帝"为了更高的目的而故意植入的观念司空见惯，也非常符合他有关冲突和逆境的积极社会功能的整体构想。这也为将弗格森主义的自生自发秩序解释成神义论/目的论的提供了强有力的证据支持，这样的主张在纯粹的演化论体系中没有逻辑上的地位。[④]

　　弗格森强调我们关键制度的起源是多元的，在其发展过程中并不存在任何长期的人类规划。政府的匀称性和复杂性，其各个部分之间的协调一致，都无法设想成是单个立法者的作品，无论其多么

[①]　*Institutes*，页 22—24。

[②]　*P. II.*，页 496、页 244；*P. I.*，页 256 以及 *Remarks*，页 3。

[③]　Robinson，《亚里士多德的心理学》，前揭，页 120。

[④]　弗格森确实常常将这一关于缺陷的观点和设计的原则联系起来。例如，参见 *P. I.*，页 177 以及该书第 11 章。

智慧。完善的制度往往反应和体现了一代代行动者的集体智慧,他们通过几个世纪的适应、冲突和妥协零敲碎打和辩证地塑造了这样的制度。[114]因而,弗格森和柏克(以及斯密)一样,都厌恶任何激进的变革或革命的精神。① 这会破坏"自然",自然的运作模式完全是次理性的演化性的。"没有任何制度是通过协商一致而形成的,也没有任何政府是计划的翻版"。人们"轻松地从一种政府形式过渡到另一种政府形式"。② 尽管弗格森承认,一旦建立,某些体系(在这里是自由的制度)可能会"受到个别人的警惕、活动和热忱有意地保护",③政府本质上还是源自人类缺陷的冲突的非意图结果。反过来,政府的非意图后果加强了安全,增加了社会福利,促进了所有人更大程度上的自由。这些复杂的因果关系所导致的状态带有有意识的人类设计的各种特征,但是没有什么比这离真相更远的了。

七、历史是盲目的进程

弗格森方法的一个重要成分是,相信理性和有意的计划在历史的展开中仅仅发挥了次要作用。相反,微观层面的短期目标追求(被本性所驱动,因习惯而加强)在长期取得了未曾梦想的后果。我们无法确定任何制度起源的准确时间,有两个原因:首先,制度的确立很少是单一的可辨认的行动者的事情,其次,它们是为本能所激发的,从而与人类同在。④ 发明是逐渐演化出来的,是社会而非个人的产物。例如,以语言为例,"无论个人的天赋多么突出,都无法创造语言"。⑤

---

① *Institutes*,页 274;*P. II.*,页 291、页 496—497;*Remarks*,页 23—24;Smith,*TMS*,页 231—234。
② *Essay*,页 120。
③ *Essay*,页 130。
④ *Essay*,页 118—120、页 21—23。
⑤ *P. I.*,页 42。然而弗格森承认"单个天才"在特殊场合的贡献。*P. I.*,页 36。

人类取得了意想不到的成就,这绝非单个个人甚至不是单个世代的成就。

人类的改进过程不是以具体可见的非连续的和革命式的步子进行,而是以群体方式和社会结构逐渐地适应和回应人类的需求的难以察觉的渐进式步骤进行。人类的能动性以逐渐的、一步步的方式体现出来,并且体现在人类日复一日的图存事务中。制度是在不知不觉中逐渐发展的,是无数的个别行动日积月累的结果。这样,弗格森的方法预示了黑格尔理性的狡计的理论;实际上黑格尔非常熟悉弗格森的著作。①

弗格森告诉我们,"社会的形式产生于本能,而非人的思辨"。而遗传的冲动本身是由他们所处的环境所铸造的。[115]讽刺的是,弗格森引用克伦威尔(一位革命者)说明,我们对后果的无知是对社会秩序最好的保护。一个"不知道自己要走向何方的人将攀登得最高"。② 这里对高级目的和低级目的,或者目的因和动力因之间的区分深受亚里士多德的影响。弗格森告诉我们,"动力因是产生后果的能量或力量。目的因是后果为之而产生的目的或者意图。"③在实践中,这意味着人们"在对暂时性的权宜之计的追逐中寻求持续的改进"。和斯密一样,这一提法贬低了人类理性,并且和斯密类似,弗格森在个人和社会体系的层次之间做出明确的区分,他坚持认为,除了极少例外,在后者的活动范围内,个人或国家的干预应完全避免。这些企图就像"寓言故事里的苍蝇"的滑稽的努力,"它为自己能转动轮子,推动马车而沾沾自喜",而实际上"他

---

① 尽管如此,黑格尔只是"顺便"提及弗格森。Waszek,《苏格兰启蒙运动》,前揭,页21、页 103—104。黑格尔也被认为受到斯密的"看不见的手"的提法的影响。John B. Davis,《斯密的理性的狡计》("Smith's Cunning of Reason"),见 *International Journal of Social Economics*, Vol. 16. (6) 1989,页 50—68。

② *Essay*,页 119。

③ *Institutes*,页 5、页 17。

只是借力使力,沾运动中的物体的光而已……他奋力摇扇,只不过加快风速而已。"①我们的日常需求既不关"国家议会"也不关"那些为共同体工作的人"的事,而是最好的被委托给了个人之手。毕竟,"私利较之国家的精心安排更能保护商业和繁荣。"②我们只能致力于我们的日常事务并将自己的努力限制在我们能直接控制的目标上。③ 日常必需品的供应仅仅要求"关心、勤勉和技巧这些私人美德;而不需要更高的天赋、刚毅、自由和崇高的精神这些想统治世界的人的美德"。因此,"商业艺术……正堪为个人之追求与关注,私人利益和私人改善的动机能够最好的予以发挥"。④ 弗格森因而同意斯密的最小消极国家的观点,⑤虽然他理想中的国家可能不像斯密理想中的这么小。

关于微观心理和宏观制度领域的概念性区分的更为宏大的框架最初是廊下派式的。廊下主义者告诫我们要将注意力限制在我们能直接控制的领域,在更大的事情上放下意志,将之交给上帝的智慧。⑥ 一个重要的先例在加尔文主义那里也能找到,加尔文主义也相信以神意的方式理解的激情和次理性冲动的力量。⑦

八、进 化 论

[116]同休谟、米勒、罗伯森和斯密一样,弗格森视社会制度的

---

① *Essay*,页 137;Smith, *TMS*, II. i. 5. 10. 页 77—78。
② *Essay*,页 139。
③ *P. I.*,页 4。
④ *P. I.*,页 244。
⑤ 亦可参见 *Essay*,页 139。
⑥ "人们只负责专心于正确行事,而大事留给上帝"。Ferguson, *Analysis*,页 27。
⑦ 对于加尔文主义的反理性主义和非意图性的影响的更为深入探讨,参见 David Allan,《美德,学习和苏格兰启蒙运动》(*Virtue, Learning and the Scottish Enlightenment*, Edinburgh:Edinburgh University Press, 1993),页 212—215。

发展是一件建立在难以察觉的进步之上的艰辛而缓慢的事情。[1]
这一过程是一种"适应性的进化",[2]但是不应该认为在弗格森的
头脑中,这是一种缺乏目的性含义的纯粹演化的过程。弗格森的
模型并没有预见到某种开放式的,关于进步的演化理论(比如哈耶
克的模型),而是将自己定位在"存在巨链"的传统中,因为它是人
类中心主义的,以设计原则为基础并最终诉诸目的因。[3] 此外,弗
格森的模式也不是达尔文主义意义的演化,尽管按照惠特尼的观
点,它们非常接近。[4] 弗格森写到:

> 在比较不同种类的存在时,如此显明的变化的精神,被带
> 入到大化中;与之相伴,同样的物种,就构成它的个体而言,不
> 断地变化;过去和当前的一代代人急急忙忙地为将要到来的
> 人们开辟道路。[5]

这就是弗格森接近于谈到某种关于进化的先驱性理论的地
方。他提出,不仅对物种的不变性而言,[6]而且对人类的特殊性而
言都没有显示出从其他物种演化出来的迹象。[7] 在 1773 年版的

---

[1] 参见 Hume,*Treatise*,3.2.2.,页 493;Millar,《等级区分的起源》,前揭,页 238、页 255、页 278;Adam Smith,《法理学讲演录》(*Lectures on Jurisprudence*,R. L. Meek, D. D. Raphael and L. G. Stein [eds], Oxford:Oxford University Press,1978[以下引用标为 *LJ*], B),页 406。

[2] Hamowy,《进步和商业》(*Progress and Commerce*),页 77。

[3] *P. I.*,页 174—178、页 165。亦可参见 Whitney,《尚古主义和进步观念》,前揭,页 145。

[4] Whitney,《尚古主义和进步观念》,前揭,页 145。在当时的科学论著中已经出现了进化论的迹象。例如,在莫佩尔蒂(Maupertuis)的《宇宙论》(*Essai de Cosmologie*)(1741)已经提到了"适者生存"(survival of the fittest)的观念。

[5] *P. I.*,页 174。

[6] *P. I.*,页 167—168。

[7] *P. I.*,页 48、页 61;*P. II.*,页 410;*Essay*,页 11—12、页 16。

《文明社会史论》中,他写下了下面这个重要的注释。

> 父母的成就没有在其子女的血液中流传下去,人的进步
> 也没有被视为是物种在身体上的突变。在每个时代,每个个
> 体都是同样地从出生到死亡,并且当前的每一个婴儿或者无
> 知之人都是原始状态下的人的模型。①

只有在下列意义上,弗格森的模式才是进化论的:即惯例和制
度是逐渐发展起来的,这相当于后来哈耶克所称的制度的社会达
尔文主义,尽管弗格森的模型还带特定的目的论因素②。

弗格森从变革的原则推导出我们的进步性,③他赞同奥勒留
的名言“自然最喜欢做的事情,莫过于改变现存的事物,再创造新
的事物取而代之。因为一切事物都是种子,[117]能够衍生新的事
物。”④弗格森强调,变革的原则并不单独就必然意味着进步的潜
能,毕竟无生命物体只能够因为外部的原因而起变化。真正的有
机体的进步总是内在地产生的。⑤

弗格森认为变革的原则在所有的生命过程中都在起作用,⑥
并将创造设想成不断进行的,而不是同时发生的事情。⑦ 制度和
习俗的演化是线性和趋向完美的。变革不可避免,所以所有制度
本质上都有时代和文化的局限。⑧ 从直接的意义上来说,人类的

---

① *Essay*,“Variants”,页265。
② 哈耶克,《规则和秩序》,前揭,页23。
③ *P. I.*,页190。
④ 马可·奥勒留,《沉思录》,4.36.,页72。
⑤ *P. I.*,页313、页174;*P. I.*,页190—191。
⑥ *P. I.*,页190。
⑦ Whitney,《尚古主义和进步观念》,前揭,页151。*P. I.*,页175。
⑧ 《论部门的区分》(“Of the Separation of Departments”,*Collection of Essays*,No.
15),页150。

巨大成就是无数个人工作的成果,虽然从长远来看,应正确地归因于上帝的天才。① 与时俱进的知识和经验的积累假设了看似与人类不完美的本性不一致的一种完美性。这种表象也是艰辛而缓慢的改进步伐的表现,而改进的起源已经为时间所湮没。② 弗格森带有敬畏地评论到,"推测的精神倾向于惊讶地回顾其所取得的最高成就,他不相信自己在没有超自然的力量的帮助下能达到这种巅峰。"③我们只是追求我们"想要的",但意外地取得了更高的成就;我们实践上的和道德上的完善。弗格森和柏克都认为我们最重要的成就的演变都必然是缓慢的,按照其自己的"自然的"的步骤展开。④ 这种渐进主义让他们持有社会保守主义的立场,并且随之而拒绝任何革命性的变革。在任何可能的情况下都应当避免激进的变革,因为预测"革新"的"一切后果"和"影响"已经远远"超出了人类的智慧"。⑤

九、作为目的论的自生自发秩序

弗格森的体系最好被描述成一种神意的目的论,⑥但他期望确认其"科学上的"凭证。他坚持认为,自己对自生自发秩序的信奉并非先验的而是基于经验性证据之上。所有现代和古代的历史都像那些现成的人类学证据一样展现了普遍性的社会模式。⑦

① *P. I.*,页53。
② *Essay*,页119、页163。
③ *P. I.*,页43。
④ Whitney,《尚古主义和进步观念》,前揭,页153。*Essay*,页12—13。
⑤ *P. II.*,页498。
⑥ 约翰·伯恩斯坦将弗格森的体系描述为"神意的目的论",虽然他将这一评论限制在《道德和政治科学原理》上。
⑦ 例如,参见 *Essay*,页74、页96—97、页183。

　　[118]弗格森认同奥勒留的观点,认为世界是单一、封闭和自我调控的组织。① 人的生命之所以自发地运作(即,在动力因的层面上)是因为,我们理性的力量太脆弱,不能保障弗格森认为神意所赋予的目的,这一目的就短期来说,是依据我们的本性,"上帝的巧妙工具"②来生活,以便我们能够在长期达到那一通过道德完善的过程而与上帝之心交接的"至高终点"。③ 这一将目的定义成心灵寻求道德之善以及"至高无上的智慧的指示"的概念来自于苏格拉底、爱比克泰德和奥勒留,④且满足目的论在严格古典意义上最低要求,即任何目的论的构想在定义上必须将上帝看成是没有实现的完美。⑤ 与上帝的交接不可实现,但我们付出的努力是宇宙中所有运动和秩序的根源。⑥

　　历史承载了所有设计的痕迹。它具有智能的机构,这一结构并非随意的而是组织合理和有序的。"自然的体系"并不"仅仅"由"原因和结果"构成,还包括"目的与手段",它指向"第一因的智慧和善"。⑦ 存在一个可辨析的目的,这就是被看成是持续而渐进的过程的道德完善。⑧ 但是并非如亚里士多德那样将被创造出来的自然中的一切都看成拥有努力实现的本质,只有人被看成是注定会取得进步。⑨ 人类被赋予不变的进步本能以及其他的支撑性驱动力以保障其生存。人类的独立性和能动性与神意秩序的观念结

---

① 马可·奥勒留,《沉思录》,4.40,页73。

② *Essay*,页264。

③ *P. I.*,页28、页329—330;*P. II.*,页403。

④ *P. I.*,页312—313。

⑤ G. E. M. Joad,《变革的问题:目的论和机械论》("The Problem of Change: Teleology and Mechanism"),见 *Guide to Philosophy*,London: Victor Gollancz,1937,页202—203。

⑥ *P. I.*,页184—185;Joad,《变革的问题》,前揭,页203。

⑦ 《论原因和后果》("Of Cause and Effect"),*Collection of Essays*,No. 13,页121。

⑧ *P. I.*,页184—185。

⑨ *Essay*,页10—14。

合在一起。物质世界,具有不可思议的齐整性,是这些内在的驱动力表现的场所或基底。人类的成就,如知识的积累和我们社会政治制度,磨砺着我们的道德演化并未之提供温床。它们内在于人性和仁爱的上帝所精心设计的外部条件之中。人类发展的种子被种下,适合它们繁育的条件也已保障。造物主的设计并非通过不断地干预来实现。上帝,"神圣的建筑师",只是第一因,普遍的神意,为了保障神圣的蓝图在连续的世代中展开,在人类中投下了不变的本能和倾向(甚至缺陷)。这种观点,即上帝不过代表了抽象的第一因而已,与弗格森神学体系的其他部分是一致的,这个体系特别强调宇宙是一个设计完美,不需要外部维护的单一整体。[119]上帝退隐了,沦为不在场的和逐渐消散的抽象概念,①而人类成为关注的焦点,当它开辟出通向自身命运的道路。

十、进步和可完善性

　　弗格森的自生自发秩序理论所需要注意的最后一个方面是,它体现了关于历史的进步主义和可完善性的观念。我们的制度、习俗和生活状况中的秩序不是简单地维持着;我们人类也被持久地推向实践和道德上的进化。② 尽管目的论和进步主义一般被认为是不相容的,弗格森独特地将古典目的论与一个关于进步的更为现代的

----

① "主控者是看不到的,但是他的操作是明显的"。"论存在或可能存在的事物"("Of Things that are or May Be", *Collection of Essays*, No. 27 [1]),页 224。

② 有人认为弗格森的历史观没有包含"任何可以在孔德或戈德温那里找到的可完善性主题的痕迹"。A. S. Skinner,《亚当・弗格森:文明社会的历史》("Adam Ferguson: The History of Civil Society"),见 *Political Studies*, Vol. 15, 1967,页 219—221,页 220,与这一解读相反的观点(除了我的)参见 John Veitch,《苏格兰大学中的哲学》("Philosophy in the Scottish Universities"),见 *Mind*, Vol. 2 (6) April, 1877,页 217;Kettler,《亚当・弗格森的社会和政治思想》,前揭,页 122;Bernstein,《弗格森和进步的观念》,前揭,各处;Pierce,《苏格兰常识学派》,前揭,页 142—143。

观念综合在一起。我们人类处于持续地、逐渐地完善的进程之中。[①] 它"像一条流淌的河流，而不是一个死寂的池塘"。[②] 这个进程是有目的的；我们注定要进步。人类的存在有一个目的，那个目的也是它的原因。弗格森甚至用亚里士多德有关种子包含和导致了潜能的比喻来阐释他的目的论。像树木的种子一样，完备的人类潜能的种子在出生时就给予了。[③] 奥勒留引用种子的比喻说明他的变革理论，[④] 而塞涅卡用人类胚胎的比喻将我们的发展描述成潜能到实现的逐渐转化。[⑤] 但是弗格森的目的论不同于这些封闭和静态的模式，它是动态和进步的。他将古典的隐德来希与关于人性的真正进步性的概念联系起来的策略，是为了将我们禀有的进步性配置看成是物种的蓝图，而不是单独个体的蓝图。作为个人，我们拥有只受到我们短暂的寿命限制的完全相同的遗传物质和潜能。但因为我们具有习性，能交流，是社会的动物，并且能够通过知识的传播和制度化而从先前世代的收获中受益，每一个个体都能够与时俱进地扩充群体的智慧和成就，并从中获益。通过这种方式，每一世代的每一个人都对人类长期的完善有所贡献。[⑥]

[120]我们对世界施加影响，并且为我们所做出的各种进步承担了许多责任。[⑦] 罗马廊下主义的责任概念与基督教/西塞罗主

---

① P. I.，页47；Essay，页204—205。

② Essay，页13。

③ P. I.，页184；亦可参见 P. I.，页190。

④ 马可·奥勒留，《沉思录》，4.36.页72。

⑤ Robert Nisbet，《进步观念的历史》(History of the Idea of Progress，London：Heinemann，1980)，页45。塞涅卡的类比将会在接下来的1900年中被不同的思想家引用，从圣奥古斯丁到孔德。

⑥ Essay，页10—11；P. I.，页36，页194；《论原因和后果，目的和意图，秩序，结合与设计》("Of Cause and Effect，Ends and Means，Order，Combination and Design")，Collection of Essays，No. 13，页123。

⑦ 特别是在进步的内容和速度上，我们表现出了显著的活动范围。P. I.，页314；P. II.，页54—55。

义对行动者的道德独立性的信念结合起来,在弗格森的目的论中确立了自由意志概念的中心性。尽管没有哪个单个的行动者能够改变事件,每个个人都在这一进程中扮演着有用的角色。① 尽管如此,这一能动性也仍然被设定在神所规定的自然秩序的框架之中。人类的进步或多或少是可预测的,并表现出某些指向周全之计划的普遍形式。尽管具有目的论的方面,这种方法在下列方面预见到了19和20世纪的结构功能主义,即强调整体压倒要素,穿透表面深入结构;探求普遍的规范和抽象的规则;最后,假定人类具有"作为结构性力量的内在的,基因遗传和被决定的机制",而这种力量限定了这种结构的潜在范围。②

设计中的目的观念被牢固地确立下来,并且我们的进步表明了一种神圣的目的。③ 尽管用了种子及其有限潜能的比喻,弗格森的模型并非决定论式的。人类的宏大设计已经被上帝预先确定并且通过人类的努力来完成,在此意义上,进步是有目的的。历史是一个自然决定的过程,产生于人类内在的特性,但为人类的意志和能动性所表达和调节。④ 弗格森的"进步的目的论"在强调"我们人类"的自我创造以及它作为被造物的最高形式所有的地位上,也是人类中心论的。⑤

完美善可以同时是世俗的或神圣的追求,所以当人努力与上帝之心交接之时,人类在其制度、发明和习俗上都趋于完美。我们

---

① *P. I.*,页202。

② Michael Lane,《结构主义》(*Structuralism*, London: Jonathan Cape, 1970),页14—15。

③ 也就是说,我们道德上的自我实现,表现在对共同体的服务以及相互之间的仁爱上。*P. II.*,页28—29。

④ 维尔克也提出了一种与弗格森在此提出的类似的历史解释。Willke,《亚当·弗格森的史学思想》,前揭,各处。

⑤ 我借用了凯特勒的"进步的目的论"的术语。Kettler,《亚当·弗格森的社会与政治思想》,前揭,页130。

进步的冲动并不区分崇高和平庸、绝对或相对,但表现为追求卓越的普遍欲望。[①] 弗格森将我们那些更为普通的进展看成是追求道德完美的基据。历史是被我们改善自身以及我们的物质环境的持续驱动所无意地推动的。这个进程是不间断的,因为完美是一个不可能达到的成就。[②] 和亚里士多德的目的论一样,上帝被设想为宇宙的磁铁,不能达致但是永远吸引着我们趋向"他"并且迫使我们努力和发展。[③] 进步是一个为了与神圣的建筑师交接而永无止境地奋斗的过程。[121]在这一点上,弗格森的目的论很反常,因为它不是决定论的,因为他的完美概念关注的是手段而非目的。[④]

十一、结　语

弗格森是第一批发展出一套系统的理论,来解释个人的次级理性和自虑行为是如何随着时间的流逝将自身塑造成适应性的社会模式和进步性秩序的思想家之一。尽管弗格森的理论不像斯密的看不见的手的学说那么广为人知,但他的学说更加详尽和深刻。

尽管他的工作基于设计论证,但弗格森还是通过描述自然法则如何渗透进人类生活的各个方面,给我们展现了一个有关社会秩序的详细且复杂的雏形的社会学。我们的制度、安全、生存、繁荣、幸福、道德进步甚至历史自身都可归因于自然法则,它借助人类行动者以及他们与物质世界的互动发挥均衡调节的作用。社会具有智慧的结构,这种结构超越分散的个人能力,但是随着时间反映出我们这一物种为神所激发的天赋。弗格森详细描述的似乎是

---

① *Institutes*,页 90。

② *P. II.*,页 403。

③ Joad,《哲学》(*Philosophy*),页 202—203。

④ 关于这一点的讨论详见第十一章。

一种"神意论功能主义"，①这一功能主义揭示了展现在社会，文化，技术和政治结构中的基础性心理结构的普遍模式。弗格森为我们提供了一种基于设计原则，但也预见到了 19 世纪社会学之走向的模型，并且就这一点而言，他的作品代表了社会科学发展上的一个临界期。

①　感谢约翰·格雷(John Gray)对该术语的建议。

第七章 弗格森的早期冲突理论

[123]本章将聚焦于弗格森在冲突理论领域上具有高度原创性的工作；这项工作是为他赢得"社会学之父"的现代声誉的原因之一。[1] 弗格森的理论或许是迄今为止对冲突的积极的、组织性的属性最先进的处理方式，[2]他的讨论有很多先见之明。他的冲突理论假定冲突是社会交往的真实媒介甚至形式，从而预见到了19世纪和20世纪的冲突理论，也体现了早期的辩证性的历史编纂。

弗格森在解释历史的进程和社会秩序的保障中非常重视冲突的作用。冲突产生了很多积极的未意图后果：它防止社会的僵化；导致国家、正式的防卫制度和大规模的社群的形成；它在道德人格的发展过程中起了关键的作用；它维系了政府诸权力之间的平衡，防止专制的侵犯，有助于社会稳定和凝聚性的维持。因而冲突对于人类的繁荣和文明的进展非常重要。[3] 因为冲突是以自生自发的方式实现了所有这些方面，所以它在弗格

---

[1] 例如，参见 Lehmann，《亚当·弗格森》，前揭，页 98—106；Barnes，《孔德之前的社会学》，前揭，页 235；Strasser，《社会学的规范结构》，前揭，页 52。

[2] Lehmann，《亚当·弗格森》，前揭，页 189—190。

[3] Forbes，《文明社会史论》"导言"("Introduction" to *Essay*, p. xviii.)

森对文明社会出现的契约论解释的质疑中发挥了重要作用。但是，尽管他的方法具有真正的原创性，仍然应当记住，弗格森在塔西陀和马基雅维利等人那里获得了灵感。他在黑色守卫团[①]担任牧师的短暂但显然是愉快的经历，也可能塑造了他对"冲突"的积极态度。

一、概　述

有人认为弗格森对于冲突的解释"使其脱离了他所处时代的主流立场"，[②]而福布斯则将其视为苏格兰启蒙运动中最为"强硬的心智"，代表了"18 世纪社会实在论的最高水位"。[③] 虽然弗格森与沙夫茨伯里、哈奇森和大多数苏格兰文人一样，都认为霍布斯恐怖和单一的人性观是错误的，他的观点也有些不同，[124]即他也同时支持霍布斯主义的一个关键假设，即"人的"本性是好斗的。弗格森的部分计划是要挑战契约论者所提出的错误的二分法，也就是一方面认为社会是安宁的，另一方面又认为社会是暴力、孤立和混乱的。不然，我们是具有好战倾向的社会存在。他也反对亚里士多德主义者（以及后来的霍布斯主义者）提出的关键假设，也就是社会的关键目的是稳定和和谐。不然，"人类命运中的某些环境"促使我们走向社会，而其他的则促使我们走向"战争和分裂"。[④] 弗格森从未声称攻击是我们偏爱的事情或者主要的事情，[⑤]但他坚持认为冲突就像安宁一样自然，甚至同样可欲。

---

① Kettler，《亚当·弗格森的社会和政治思想》，前揭，页 45。
② Bryson，《人与社会》，前揭，页 49。
③ Forbes, "Introduction" to *Essay*, 前揭, p. xvii.
④ *Essay*，页 24。
⑤ *Essay*，页 148—149。

二、冲突的内在起源

弗格森称，冲突的根本原因部分可以在外部条件中找到，但主要存在于人类心灵。尽管嫉妒和贪婪（冲突的其他刺激物）具有普遍性，人类本性上是不安宁和冲突的，冲突的极端形式（战争）会为其提供一种最主要的职业。我们"似乎在心中就有仇恨的种子，并且欢欣鼓舞地拥抱每一个相互敌对的机会"[1]这些驱动力既是普遍的也是先天的，存在于"每一个野蛮人"和"每一个游戏的男孩身上"。我们甚至"因威胁［我们］的警告而欣喜"。我们对"慷慨大度、刚毅和智慧"等高尚的美德的拥有确定了我们在逆境中"斗争"的命运。[2]

廊下派的"联合"原则本身不能解释人类事务的每个方面。诚然，我们是社会的动物，但我们也受"冲突"原则的驱使。[3] 人们在本性上既相互照看也热衷派系斗争。[4] 我们"倾向于独立"，但往往"在家庭、部落或族群的名义下出现分离和区隔。"[5]弗格森反对霍布斯关于暴力乃人之本的假设，认为这一假设建立在对我们的构成的选择性感知上。他回应了当时关于人本质上是合作的、社会的还是孤独、好斗的激烈争论，将这一整个争论看作建立在错误的两分之上；反过来，这一两分又是由于假设存在一个前社会的战争和无法律约束的状态。[6] 相反，我们人类一直具有社会性，并且总是受"联合和敌对"两种驱动力的刺激。不是企图将所有的驱动力都还原为单一的动机，弗格森主张，[125]"在处理人类事务时"，

---

[1]　*Essay*，页 25。

[2]　*Essay*，页 48。

[3]　*Essay*，页 21—25。

[4]　*Institutes*，页 22。

[5]　*P. II.*，页 293。

[6]　*P. I.*，页 197—199。"自然状态要么战火连绵，要么和和睦睦。"*Essay*，页 21。

我们应该将我们本性的每个方面都考虑到。① 但弗格森用"人的事务"这一短语所指的实际上是"男人的事务"。在这种对人的构成的高度男权主义的解释中，几乎完全看不到女人的身影。②

弗格森对于动机的二分法与他的下述结论相关，他认为我们人类具有使自己形成团体和效忠的单元的倾向。我们的本能推动我们形成紧密结合的单元，但它们也指定了维持这些单元的手段。本能的好战性和竞争性，不会破坏社会，反而是其真正的防腐剂。因而"联合和冲突"并非像霍布斯主张的那样二元对立，③而是密切联系。我们的社会性促使我们形成团体，而我们为共通的感情激发的好战本性帮助我们维护这些团体。④

为了防止谴责他对冲突和暴力的拥抱可能与其他关于社会的激情以及仁爱的上帝（为了我们的好处和持存而协调事件）的重要性的主张相矛盾，弗格森首先承认，"在这种情况下，自然似乎忽略了她的作品的安全与和睦，而采取破坏的政策"。他继而提出的基本理论，即人类的生命是有限的，死亡不可避免，在本质上是廊下派的观点。⑤ 弗格森赞同并扩展了奥勒留的观点，后者认为宇宙处在流变和更新的永恒状态之中。⑥ 改变、终结、再生；所有事物都符合神圣的宏伟计划。我们天然的好斗具有目的论的方面，是被精心地放入以作为自我保存的机制的。如果同一驱动力会导致我们死亡，那么它也是不断更新的"自然"的一部分。正如弗格森所说，我们没

---

① *Essay*，页 21。

② 萨勒兹伯格认为，弗格森"有关认识和道德发展的观念是政治性的"，并且既然他明确地将政治视为男性特有的行为，他对于道德和心理发展的观察就"严格地限制于在这一强势的性别上"。Oz-Salzberger，《解析启蒙运动》，前揭，页 114—115。

③ 霍布斯，《利维坦》(*Leviathan*, Edited and with an Introduction by C. B. MacPherson, Ringwood: Penguin 1981, I, xiii)，页 184—188。

④ 孟德斯鸠也反对霍布斯的这种"二元对立"，但他的立场不同于弗格森的地方在于具有契约论的倾向。Montesquieu，《论法的精神》(*Laws*)，1.1.2.，页 6—7。

⑤ *P. I.*，页 16—17。

⑥ 马可·奥勒留，《沉思录》，6.15.，页 93。

有被造就为永生不灭。即使"寿命最长的存在"也必定死亡。① 在我们狂暴的"消遣"中产生的伤害和死亡是完全正常的,甚至是好事。战场上的早逝也是自然的死亡,仅仅是另一种"自然之主用来安排我们退出人类生活的……瘟疫。"②人类的生存,而不是单独而言的个体生存是重要的,并且因为冲突导致我们相互合作,培育社会,这反过来又磨炼道德人格,让人类经受时间的考验,从而它的优势远大于缺陷。弗格森坚持认为,如果要看透我们的[126]造物主允许暴力存在的秘密,我们就应该以人类而非个人的术语思考问题。弗格森通过引入植物生命的枯荣的无情类比表明,借助自我创造的进步包含着风险,以及它的某些代理人的必然死亡。为了补偿,造物主提供了数量充足的祈求进步者,以弥补其所导致的明显浪费。这并非否认一个仁慈的,进行设计的心智,相反,纷扰、扰动和变换的表象,明显地证明了它的存在③

在描述其社会秩序理论时,弗格森总是强调人世的兴衰沉浮是其本质的和谐的一部分,至少从长远来看是这样。以这种方式,他能够维持一种困难的平衡,一方面是关于宇宙本质上的"恰当性"的廊下派乐观主义,以反对其主要对手霍布斯;另一方面通过承认那些更加不令人不愉快的生活事实,而仍然满足自己的经验主义雄心。人类事务的和谐与均衡可能是吊诡地通过不和谐和表面的非均衡达到的。④

三、战　争

弗格森通过强调其积极因素而自觉地效仿塔西佗和马基雅维

---

① 　P. I.,页17、页323。*Essay*,页28—29。
② 　*Essay*,页29。
③ 　P. I.,页332—333。
④ 　P. I.,页18—19。

利对待战争的道德路径。正是塔西佗教导我们，对"危险自身"的爱而非"勇气在物质和社会方面的回报"激发了敌对的活动。[①] 追寻马基雅维利，弗格森并不试图说服我们战争本身就是有德的，而是表明，"美德与必需之间存在特殊的关系，而必需往往涉及到战争和冲突。"[②]弗格森似乎赞同马基雅维利的观点，即我们必须生活于真实世界。其他人的恶习经常要求我们为紧急之必需而牺牲我们善良的虚伪。[③] 战争有时不可避免甚至是有益的。只有傻瓜才会认为"一个国家的必要战争时期是痛苦的阶段，或者和平的时期就必然是幸福的季节"。[④] 其实，战争对于那些卷入战争的方面而言是生产力和创造力高度活跃的时期，[⑤]而正义的战争（即为了保卫家园和领土的战争）不仅仅是有德的行动，而且对与多人而言，是一种副业，甚至是一种娱乐或游戏的形式。[⑥]

　　[127]弗格森恢复了塔西佗的信念，即战争是一剂泻药，因而是有益的。[⑦] 他也预示了抑制理论，他认为对于本能的斗争性的抑制不仅会损害"消极的承受者"，而且可能导致更强的暴力。[⑧]冲突，甚至暴力，都被视为在人类事务中发挥着完全自然，甚至有

[①] *Essay*，页 47。

[②] 正如斯普林伯格所表达的对马基雅维利的尊敬。Springborg，《西方的共和主义》，前揭，页 221。Ferguson，《文明社会史论》，页 23—24。

[③] Niccolo Machiavelli，《君主论》(Translated and with an Introduction by George Bull，London：Penguin，1981，15)，页 91。

[④] *P. II.*，页 502。

[⑤] "战争、条约、相互间的嫉妒以及它们针对对方而设立的种种机构构成了人类所从事的大半部分职业，同时，也为他们发挥最大的、最具进步性的作用提供了物质基础。"*Essay*，页 116。

[⑥] *Essay*，页 47—48、页 104。"纪律严明的士兵怀着轻快甚至愉悦的心情与其敌人战斗"。*P. II.*，页 503。

[⑦] 塔西佗也是弗格森认为战争具有社会团结效应的观点的来源。Tacitus，《阿古利可拉传和日耳曼尼亚志》(*The Agricola and the Germania*，Translated and with an Introduction by H. Mattingly，London：Penguin，1970)，各处。

[⑧] *P. II*，页 502—503。

用和值得赞赏的功能。在战争期间更是如此。

战争意味着正规的政府或者"国家各部门"存在的必要，并且通过在其成员之间维系团结而保障了其持续的存在。弗格森解释道，没有正式约定而建立脆弱的商业关系是可能的，但是离开了某种形式的政府人们便无法生活在安全之中。① 弗格森同马基雅维利一样，都认为战争加强了社会联系；它迫使小的社会群体发展成为大的集合体，②而对共同危险的意识使团体进一步联合。对外部共同敌人的察觉导致了"忠诚、无私和慷慨"的共同体。③

私有财产的确立和这个这个过程密切相关，因为只有在那些以"私人利益的勾结"为标志的共同体中才能发展出政府。国家以私有财产制为特征，因而具有较高的物质财富水平，它们容易受到贪婪邻居的侵害。入侵的持续威胁导致有组织防御体系的形成，这又迫使更大的共同体的形成，最终必然形成国家。④ 正如弗格森所说：

> 没有国家间的竞争，没有战争，文明社会本身就很难找到一个目标，或者一种形式。人类也许不需要任何正式的公约就可以进行商贸往来，但是，如果全国不齐心协力，安全就无从谈起。公共防务的需求衍生了许多政府部门，仁人志士也在指挥国家军队时找到了自己最为忙碌的舞台。⑤

民族国家因而(至少部分)是冲突的意外后果。我们需要我们

---

① *Essay*，页 26。
② *Discourses*，1. 1. 页 100—101。
③ *Essay*，页 99、页 26—29。
④ Ferrarotti，《市民社会和国家结构》，前揭，页 14。不能将这一派的思想与从混乱的自然状态出发的社会契约思想相混淆。这一形成是必然的，建立在目的论式地设想的本能之基础上。
⑤ *Essay*，页 28。

的"同胞",以及与我们最为亲近的感情,但是,矛盾的是,我们也需要他们的敌对。尽管弗格森承认,"内在的宁静"是一种"赐福",[①]并且认为冲突并不总是积极的,但他[128]坚持战争和冲突是所有形式的政府的催化剂的观点。

四、派系冲突和宪政政府:对多元冲突理论的预见

根据斯特拉瑟的观点,弗格森被视为"阶级斗争理论最重要的先驱",[②]而龚普洛维奇则将弗格森视为社会发展的"团体斗争"理论的第一位重要阐释者。[③] 冲突在促成和保持自由制度方面提供了特定服务。有限宪政政府是"阶级"或派别冲突的一项后果。[④] 派别在努力"抵挡主权对个人财产和权利的侵害"上发生冲突,这反过来产生了以法律限制政府的必要。规则和法律产生于这种维系个人自由免于统治者侵害的不断奋斗。[⑤] 出于这个辩证过程,弗格森预见到了有利于"自由和公正之政府"的"明智的建制"的指数式累积。[⑥] 在"自由的"制度建立之后,它们必须被不断地维持,并且再一次这是通过冲突做到的。冲突在不经意间维护、塑造和保护了自由的制度。自利(在这种情况下是个人保护她/他自己的自由的欲望)和阶级仇恨不经意间被用于保障公共善。由自利所激发出来的分裂保护了自由,"自由是由于多数人持续的分歧和对抗而得以维护的,而不是靠他们支持公正政府的一致热情来维护的。"[⑦]尽管

---

① P. II. ,页 502;*Essay*,页 149—150。

② Strasser,《社会学的规范结构》,前揭,页 56。

③ Barnes,《孔德之前的社会学》,前揭,页 235。

④ *Essay*,页 124—125,页 128;Hamoway,《进步和商业》(Progress and Commerce),页 73。

⑤ *Essay*,页 247—257。

⑥ *Reflections*,页 2。

⑦ *Essay*,页 124—125。

"派别的精神"一般会对小共和国造成损害,但它是在君主国中防止堕落和"奴役"的重要保障。[1] 或许弗格森的分析的最重要的方面是这一事实,即政府的形式被认为是由阶级结构决定的。他告诉我们,"政府的形式主要是根据一个国家的成员最初被划分的方式而确定的。"[2]

有人认为,弗格森对于党派分歧和政治和谐的风险的讨论代表了对休谟的持续的批判性评论。[3]休谟写到,派别加剧了社会冲突,削弱了法治,"颠覆了政府"。[4] 休谟当然有足够的理由提防[129]派别的影响。约翰·斯图亚特·肖认为,派别冲突非常疯狂和恶毒,它不仅存在于结盟之前的苏格兰,而且在结盟之后的英格兰也存在,而后者对"苏格兰具有不成比例的重大影响"。[5] 休谟的"理想的共和国"着眼于减少"派别斗争",将财富不平等控制在最小范围内,[6]而弗格森则欢迎伴随着完全合法的财富不平等的不可避免的动乱。休谟乐观地将文明时代与政治稳定相联系。商业和制造的"通俗技艺"产生了"法律、秩序、警政、纪律"并提升了国家治理。在这些知识的影响下,统治者变得更加温和,更少严苛,因而也更不可能去激起国民/公民叛乱。"派别不那么根深蒂固,革命不那么悲惨,主权者不那么严苛,暴动不那么频繁。甚至对外战争也不那么残忍。"[7]弗格森完全赞同文明以及对暴力进行驯化,他也赞同习惯和风俗在文明的时代大为柔化,但他怀疑休谟的主张,

---

[1]　*Institutes*,页 289。

[2]　*Essay*,页 131。斯特拉瑟关于弗格森的成就简短但出色的评论经改写后置于此处。Strasser,《社会学的规范结构》,前揭,页 56—57。

[3]　Forbes, "Introduction" to *Essay*,页 xxxvi。

[4]　David Hume,《概论党派》("Of Parties in General"),*Essays*,页 55。

[5]　Shaw,《18 世纪苏格兰政治史》(*Political History of Eighteenth Century Scotland*),页 18。

[6]　Hume, "Idea of a Perfect Commonwealth", *Essays*,页 514。

[7]　Hume,《论技艺的改进》("Of Refinement in the Arts"),*Essays*,页 274。

休谟认为，这总是且必然是一件好事情。他特别反对休谟和斯密对于政治安定的可欲性的执念。弗格森将安宁视为潜在的风险，不同意派系是有害的。实际上，派系和自由的政府有因果联系因而是不可分割的。[1] 离开派系所引发的争论，自由的政府就会受到专制的威胁。"当我们仅仅用统治者所赐予的安宁来衡量民族的幸福时，自由所面临的危险莫过于此。"[2]弗格森认可首次出现在波利比乌斯的《罗马帝国的崛起》中的主张，后者写到，罗马维持自由的制度"并非通过抽象的推理，而毋宁说是通过从许多斗争和磨难所获得的经验教训"，通过采纳"经验之光"所指明的改革。[3] 弗格森拒绝所有乌托邦式的，整体和单一的统治方式，他认为，在任何时候，"独立自主"和"利益冲突"都应该被维持和培养。[4]

远非稳定性的迹象，政治沉寂不能掩盖更为险恶的事实："自由国家的骚乱与专制政府的表面安宁适相对应。"[5]骚乱的表象表明了法治以及自由言论权和抗议权的存在而非缺席。弗格森告诫那些试图调和"怨恨"和"人的意见"的误入歧途之人，因为"没有任何东西只有堕落能抑制正直的人之间所发生的争论"。一个政治共同体遭受动乱要远远好于拒绝其个别公民[130]在公共事务中发挥积极作用。[6] 实际上，"我们对于全体一致的极度赞同"是"对自由的危害"。[7] 弗格森在给出下列忠告时，想到的可能是斯密和休谟：

> 当我们想到歇息或无所事事在很大程度上是普通人的目
> 标时；当我们想到他们频繁地塑造他们的政府，不仅仅是为了

---

① Hamowy,《进步和商业》,前揭,页 74—75。

② *Essay*,页 255。

③ Polybius,《罗马帝国的崛起》,前揭,6.10.,页 311。

④ *Essay*,页 61。

⑤ *P. II.*,页 510。

⑥ *Essay*,页 62—63。

⑦ *Essay*,页 252。

避免不公正和错误,还为了防止人们蠢蠢欲动、过于好事时,当我们想到为了阻止人们作恶而设立的障碍将使人们无所事事时,我们有理由为普通人的政治改良感到担忧。在这些政治家们看来,自由人民的每场争论都会导致动乱,都会破坏国家安定……智力超群的人有时似乎认为俗人大众没有资格有所作为,也没有资格思考。[1]

自由及其成就往往是一项尴尬的交易,常常会"引起抱怨",但这不会导致专制和堕落的情况,因为一个明显的事实是,"不便紧随最好的政府体制"。[2] 使用建筑学和机械学的类比来描述"市民社会的秩序"的通常做法是有问题的,因为建筑和机械是"无生命的,是死的"。相反,社会"是有生命和活力的",因而使用这类类比去构建理想政体具有很大风险。弗格森认为,这种无机的类比等同于"服从、密谋"、政治奴役和寡头政治,反之,他偏爱的有机模型将"动乱和活动"看成是理想而非病态。[3] 人们并非在独自沉思中,而是在竞争者、对手和同伴中,在卷入所有形式的"动乱"、战争和派系纠纷时才最具有创造性,最能取得进步。[4]

弗格森与休谟在处理冲突的问题上存在分歧部分是因为他对进步的矛盾心情。休谟对商业时代的社会和政治收益更有热情。"古代民族"的生活在大多数重要方面"劣于"现代人的生活。它更快乐,因为更为安定,更可预见,更为和平。在古代秩序中,战争更残忍、更普遍也更激烈,政体更不稳定,暴政更加普遍。[5] 一方面,

---

[1] *Essay*,页 209。

[2] *Essay*,页 255。

[3] *Essay*,页 254,注释 97。

[4] *Essay*,页 170。

[5] Hume,《论古代国家的人口稠密》("Populousness of Ancient Nations"),*Essays*,页 404—406。

弗格森欢迎现代社会所见证的对"冲突"更为文明化的表达，然而，他又担心太多的秩序会导致怠惰。他似乎理解了 20 世纪冲突理论的核心原则的重要性，即过度的一致因抑制"对改变的适应"，鼓励"不利于协调的怠惰"，助长"使团体瓦解"的趋势而具有危害性。[①]

[131]弗格森所感兴趣的那种日渐复杂和"现代"的社会中，政治协商在相互竞争的派系之间反复拉锯。这个矛盾的过程顺理成章地产生了公正的法律，它是妥协的产物，是社会的每个部分参与和承诺的产物。通过这种方式制定的法令就像条约，"人民争取自由的决议"那样起作用。[②] 但是弗格森在此并非完全原创。马基雅维利在他之前提出过一个几乎完全相同（虽然没有充分发展）的论断。在《论李维罗马史》中，甚至有一节的标题即为"平民与元老院的冲突促成罗马共和国自由又强大"，马基雅维利在此指出，假如一个民族免于堕落，骚乱至少是无害的，事实上，可能有助于保护他们的自由体制。[③] 类似地，弗格森认为派系冲突能培育和产生政治效能。"独立群体之间的竞争以及自由民族的骚乱是政治生活的原则，是人类的学校。"派系是有益的，因为它能预防政治腐败的致命先导，也就是冷漠，或者用弗格森的术语（转述自普鲁塔克），即"谦恭顺从，人们不经深思熟虑就提交自己的意见"。[④] 虽

---

① Pierre L. Van Den Bergh，《辩证法和功能主义：通往理论上的综合》(Dialectic and Functionalism: Towards a Theoretical Synthesis)，见 *Sociological Theory*，W. L. Wallace (ed.)，Chicago：Aldine Publishing Company，1969，页 210；*Essay*，页 252。

② *Essay*，页 249。

③ Machiavelli，*Discourses* 1. 4. 页 113。也可参见克拉克(Bernard Crick)在"导言"中对该主题的精彩评论。页 33—37。布兰森(Roy Branson)认为，弗格森在此问题上影响了麦迪逊(Madison)。Roy Branson，《詹姆斯·麦迪逊和苏格兰启蒙运动》("James Madison and the Scottish Enlightenment")，见 *Journal of the History of Ideas*，Vol. 40，1979，pp. 235—50，页 248—249。

④ *Essay*，页 63。

然派系的"分裂……似乎会威胁"社会的存在,实际上,正是派系通过为"教导社会成员而准备的场景"提供立场和角色而保持了社会的活力。① 弗格森甚至赞同普鲁塔克的观点,认为立法者应当有意鼓励派系的争吵。②

　　弗格森对冲突的自满走得很远,有时候迹近天真。弗格森拒绝"武器的放任使用"将威胁国家安全这一标准主张,他指出,他不惧怕武装被派系冲突撕裂的民众。剥夺特定团体的所谓的那些最基本的权利和责任(例如,军事服务)的企图,将只会"煽动和加剧他们的分裂"。"意见不同"是一回事,但是造成"不公平的对待和贬低其地位"的敌意是更为严重的另一回事。弗格森承认,"精通武器"可能在一定程度上使得"私人的争吵和大众的暴乱更加血腥",然而他坚持认为,"少量的国内麻烦"不应该"阻碍我们采取对抗外敌的必要防卫措施"。无论如何,在新的文明中,由于暴力受到"合理的法律和积极政策"的管制,这些"麻烦"似乎是完全可以预防的。③

五、运动和游戏

　　[132]弗格森对传统的享乐主义将乐与苦对立起来的拒斥最明显地体现在他对于运动和竞赛的讨论中。游戏不仅自身是目的,还具有其他非常重要的潜在功能。与享乐主义者扭曲的感受性以及其他"女人气"的活动种类相反,涉及到努力、斗争甚至痛苦

---

① *P. I*,页 267。

② 弗格森在此转述了普鲁塔克的话:"好的公民应该有所争执。"*Essay*,页 63。

③ *Reflections*,页 21—29。有关弗格森对于国防御态度的深入探讨参见 Richard Sher,《亚当·弗格森、亚当·斯密和国防问题》("Adam Ferguson, Adam Smith and the Problem of National Defense"),见 *Journal of Modern History*,Vol. 61(2)1989,页 240—268。同时参见该作者的《教会和大学》,前揭,页 213—241。

的活动,是与"人"的活动本性完全吻合的。

> 战争对于多少人而言是一种消遣,有多少人选择了危险
> 而又常年疲惫的戎马生涯? 有多少人选择了毫无舒适可言,
> 要不断与困难作斗争的水手生涯? 有多少人选择了常年困于
> 党派之争的政治家生涯? 又有多少人为了不至于无所事事,
> 替那些与他毫不相干的人和国家办事? 并不是说这种人甘于
> 放弃快乐,而选择痛苦,而是说他们受到一种永远不想静止不
> 动的天性驱使,要不断发挥自己的能力和决心,他们在斗争中
> 感到欣喜。当他们劳动的机会消逝时,他们就会垂头丧气,萎
> 靡不振。[1]

我们人类不仅具有好斗的本能,而且如那些"具有战争的形
象"的游戏和运动所显示的一样,内在地就是富有竞争性的。实际
上,起作用的自然驱动力对于运动员和士兵是一样的。[2] "射击"、
赌博甚至盗猎以及其他形式的"追逐"[3]都是军事技巧的排演。[4]
这种观察(即游戏常常反映了战争状态)使人想起马基雅维利在
《论李维罗马史》中的评论,即打猎的运动"教给人们许多对于战争
不可或缺的知识"。[5] 但这里也有对 20 世纪的运动社会学的非凡
预测。像埃利亚斯和邓宁一样,弗格森认为,运动代表了对"情感
约束的有控制性的放松",情感由此同时得到激发和满足。组织起

---

[1]　*Essay*,页 47。

[2]　*Essay*,页 28、页 45—47。

[3]　"在弗格森所使用的公民语言(civic language)中,追求没有被限定于追求物质的发
　　展。弗格森认为,正是狩猎、战争和游戏,同劳动、艺术或商业一起,标志着人类真
　　实本性的实现。"Oz-Salzberger,《解析启蒙运动》,前揭,页 115。

[4]　实际上,弗格森走得如此之远,他甚至提出,如果能够统计出英格兰的猎人的数量,
　　就能"计算出我们国家当前的力量"。*Reflections*,页 16—17。

[5]　Machiavelli, *Discourses*, 3. 39. ,页 511。反过来,马基雅维利引用了色诺芬。

来的游戏,有助于抵消不断发展从而越来越有序的社会中"社会关系的常规化了的组织的抑制作用"。运动是一种"模拟"的活动。真正危险的处境是为了激发与战争相联系的情感反应,但又是"以不带有与真实事件密切相关的风险的'安全'形式"建立或者模拟出来的。[①] 运动提供了"情感、冲动和紧张的宣泄通道","为在公共场合进行的适度激烈行为获得社会认可"提供了空间。[②] 特别危险的运动为展现男性的价值如"勇气、力量和统治"提供了社会认可的场所,同时也赋予其他社会认可的价值,如[133]竞争、团队努力和公平竞赛以身体上的表达。在这个背景下,进攻和攻击性的越轨提供了反思并加强这些价值的机会。运动驯化了潜在危险的冲动,并且将身体攻击的需要转变成一种相对温和但是令人满意的象征形式,这是"否则将不被承认的经验……隐藏在表面合作之下的混乱的、难以抑制和控制的竞争"的隐喻。[③]

当然,尽管弗格森未使用相同的术语,然而他以他自己的观察预见到了所有这些观念。例如:

任何一种动物都天生乐于发挥自己的天赋,显示自己的力量:狮子和老虎用爪子捕食;马乐于让鬃毛迎风飘扬,它撒下草原而在田野里恣意驰骋;甚至脑门上尚未长出角的公牛和幼稚无邪的羔羊,就已经喜欢角斗,嬉戏时就预演了它们命中注定要进行的争斗。人类也喜欢对抗,喜欢凭借着自己天生的力量与旗鼓相当的敌手抗衡。人类喜欢以说理、口才、勇

---

① Robert Van Krieken,《诺伯特·埃利亚斯》(*Norbert Elias*, London: Routledge, 1997),页 129。

② N. Elias and E. Dunning,《追求刺激:文明进程中的运动和休闲》(*Quest for Excitement: Sport and Leisure in the Civilising Process*, Oxford: Blackwell, 1986),页 65;Van Krieken,《诺伯特·埃利亚斯》,前揭,页 127、页 129。

③ Jeremy MacClancy (ed),《运动,身份和种族》(*Sport, Identity and Ethnicity*, Oxford: Berg Publishers, 1996),页 3、页 7。

气甚至于体力来证实这一点。人类的运动往往貌似战争。在嬉戏中他们任意挥洒血汗。闲适喜庆的娱乐往往以伤亡告终。①

内部群体之间的内部冲突和可控竞赛对社会整合的好处相当于内部群体和外部群体之间的冲突对社会整合的好处。弗格森相信,社会亲密水平越高,团体内部的冲突也越强烈。冲突使得群体能够释放成员之间压抑着的潜在有害的敌意,从而重建团结和凝聚。②

六、进步和文明

弗格森视冲突为历史的重要推动器。他甚至确信某些形式的冲突是任何重大社会变革的先决条件。文明社会自身便是冲突的产物,因为它是作为抵制内部和外部冲突的保护措施而出现的。因而弗格森的方法就与辩证的(马克思主义的)冲突理论具有共性。首先,两种模式都将社会变迁看成是演化的,是一种"通往进步的螺旋式上升"。其次,演化的辩证概念假定"社会体系现存的状态以所有先前的状态为前提,因而包含着它们,哪怕只是以残存的或者修正的形式包含着它们"。最后,两者从根本上说都是均衡模型。③ 弗格森阐述了一种"冲突的结构主义",冲突在这里被理解为同时是整合性的和分裂性的。在这里,弗格森[134]的二元论

---

① *Essay*,页 28。亦可参见 *Reflections*,页 17—18。

② 齐美尔(Simmel)和德国民族学家舒兹(Heinrich Schurtz)也提出过这种关于冲突的"安全阀"理论("safety-valve" theory of conflict),舒兹写到:"一般为群体所压制的敌意和驱动力的制度化发泄渠道"是一种保护社会生活免遭它们的潜在破坏性影响的手段。Coser,《社会冲突的功能》(*Functions of Social Conflict*),页 41。

③ Van Den Bergh,《辩证法和功能主义》,前揭,页 210—211。

的非常有意思的一点是,他未雨绸缪地回应了随后达伦多夫对 20
世纪中期社会学的抱怨,即它没有创造出一种同时能够容纳功能
主义(和谐的)和辩证的(分裂的)的冲突社会学的综合性社会理
论。[1] 弗格森充分发展的自生自发秩序理论,(吸收了隐的和显的
功能)达到了后来的社会学家仍然朝其奋斗的高度:在该理论中,
冲突扮演了双重角色,一方面是均衡的重要维系者,另一方面是变
革的关键推动器。

　　弗格森对那些变得越来越沉寂的社会缺乏刺激而产生的问题
有所警觉。尤其是,一个日益商业化的(因而是"如日益软化的")
民族,例如不列颠将如何应对人类入侵的问题? 弗格森也非常清
醒地看到专业化在下列过程中所起的作用:从野蛮过渡到文明;从
骑士精神统治的武士文明过渡到以法律统治、"冷静"的德性以及
工作与休闲之严格区分为基础的市场文化。相对迟缓的文雅社会
能容得下人类的喧闹和好斗吗? 弗格森并不相信运动单独就可以
发挥其功能(他相信军事也能服务于这个目标),[2]但他的确察觉
到了运动是我们其他潜在有害的冲动的有益宣泄渠道。

　　这个过程后来被埃利亚斯称为"运动化",在下述意义上,它是
文明进程中的一个重要的机制:它通过许可"攻击性情绪和冲动的
受到规制的表达"来补偿对现代主体所要求的那种"对情绪爆发的
控制和约束。"[3]控制和减少所有形式的暴力的渐进过程是弗格森
的进步理论的一个重要方面。冲突一般是积极的,但是恣意的暴
力必须受到控制,并且要么升华要么利用之以服务于群体。基恩

---

[1]　Lewis A. Coser,《社会冲突理论研究中的连续性》(*Continuities in the Study of Social Conflict*, New York: The Free Press, 1970),页 4。

[2]　有关弗格森在此问题上的观点的深入探讨参见 John Robertson,《苏格兰启蒙运动和国民军问题》(*The Scottish Enlightenment and the Militia Issue*, Edinburgh: John Donald, 1985),页 88—91、页 200—222。

[3]　Elias and Dunning,《追求刺激》,前揭,页 60—90。

认为,18 世纪对文明的追求,大致上"解决了暴力的释放、消除和升华的永恒问题"。① 弗格森是这一动向的一位重要的观察者,尽管他因为坚持冲突性冲动的积极方面而闻名。"正规政府和政治服从"的发展消除了野蛮和粗暴。当国家的暴力受到管制、引导和遏制时,便能适当地将其称为"文明"国家。弗格森将成熟的国家与暴力的排他性和合法运用看成是一回事。现代国家优于野蛮国家,因为"争论"受"规则"而非"激情的直接命令(其结局是相互谩骂、暴力和斗殴)"的管制。② 现代国家的优越性还体现在在何种程度上它学会了限制前商业社会中派别政治的残忍和破坏:

[135]当他们在派系的斗争中拿起武器时,获胜的政党便通过放逐和杀戮驱逐他们的反对者,支持自己。篡位者通过更为暴虐和迅猛的手段维护自己的地位。他又会被阴谋和暗杀所反对,在这里最值得尊重的公民也准备使用匕首。

在现代,战争的行为也有了极大的改善。之前,"城市被夷为平地,或受尽奴役;俘虏被售卖、受虐或处死",而现在,法律、"条约和联盟规定"将引导这些行为。文明已如此彻底地深入社会肌理,因而人们已经学会"将刀剑的使用与文雅相结合"。文明社会奉行正义的(或者弗格森相信如此)战争的信条,武力仅仅在"正义"的名义下,并且合法地维护"国家权益"时才使用。③

七、社会亲密和公民美德

弗格森同卢梭一样,也就进步和风俗的改良对道德品格产生

---

① John Keane,《文明社会》,前揭,页 117—119。
② *Essay*,页 188。
③ *Essay*,页 189—190;*Reflections*,页 8。

的影响表示担忧。卢梭哀叹，文明社会的风俗挫伤和遮蔽了热烈的情感，包括爱国精神和对外部团体的敌意。他写到："我们甚至对我们的敌人都不会非常愤慨，而只是狡诈地污蔑他们。我们对其他国家的憎恨在减少，但爱国精神也随之消亡"。①

　　弗格森同意这一点，虽然是出于不同且更为有力的理由。冲突有道德和教育的面向。我们好斗的本性通过"为我们最强能力的施展提供场所"而在我们的道德人格的形成中发挥了积极功能。这些品质是"激励战士捍卫其国家的慨然大度和自我克制的情感"。② 弗格森支持修昔底德的观点，认为战争是美德，尤其是公民美德的学校。③ 战争、逆境，其实任何涉及到逆境的情况不仅磨砺了军事上的，而且也磨砺了社会的，情感上的和智力上的能力。就弗格森认为这些条件是由造物主特意安排为人类发展进程的一部分而言，这个构想显然是目的论的。④ 磨砺我们的关键能力的冲突，有助于维系公民美德，因为战争的历练已经改善了军事活动和治国才能。⑤

　　[136]战争为锻炼我们的活力提供了绝好时机，并可能提升社会美德。战争的恐怖被对社会有益的"其他种类激情"所抵消。

> 　　爱和友谊总是和仇恨交织在一起；活跃的、精力充沛的人成了社会的捍卫者。就他们而言，暴力本身就是勇气和宽宏大量的体现。

---

① Rousseau，《论科学与文艺》，前揭，页7。
② *Essay*，页28。
③ 尽管亚当·斯密也提到使人显得高贵的战争的艰难险阻，但这对他而言并非一个一贯主题。Smith，*TMS*，VI. iii, 6., 页239。
④ *P. II.*，页507—509。
⑤ *Essay*，页28—29、页149。

　　当暴力被"爱国者和战士"在这种环境下使用时，它就会变得对社会有用，产生"人类美德最光辉的事业"。[1] 战争并非总是恶毒的。相反，它常常能为磨炼"人类最优秀的品质"提供机会。[2]弗格森的仁慈伦理学和他在冲突问题上的毫不含糊观点之间的明确分歧在这一点上特别显著。但是，以一种典型的方式，他以调和悖论的那种为人熟知的工具调和了这一冲突。我们表面上矛盾的本性，同时具有社会性和敌对性，实际上是同一硬币的正反两面。我们社会激情的力量强弱和我们为了保护社会而预备付出的努力直接相关，这在"真正的"战士的行动中表现得最为明显，他们的暴力由于捍卫其同胞的安全的缘故"得到认可"并有益于社会。[3] 外部压力有助于社会生活的维系。"敌人的侵犯通过将其成员更为牢固地团结在一起，通过预防其公民之不和否则就可能会造成纷争与分裂而往往有利于国家。"[4]弗格森表示，"如果我们指望赋予一个民族的多数人彼此之间有一种团结的感觉，但又不允许他们对反对他们的人抱有敌意，这将是徒劳的。"[5]威尔士将人类本性的这一讽刺称为"弗格森悖论"，并且提到杰弗逊用这个观念说明"印第安的爱是通过他们的恨展现的"。[6] 当弗格森非常怀旧地谈到那些"其内部社会具有最为牢固之联系的单纯的小部落，作为独立国家处在对抗的状态，常常被最难平息的仇恨所激发"[7]时，他心中想到的或许是高地部落的系统。西塞罗也持类似观点：我们又将如何看待"残忍和野

---

① *Essay*，页 29。

② *Essay*，页 25。

③ *Essay*，页 104。

④ *Essay*，页 26。

⑤ *Essay*，页 29。

⑥ Garry Wills，《美国的创立》(*Inventing America*，New York：Doubleday，1978)，页 289。

⑦ *Essay*，页 25；Waszek，《人的社会性》，前揭，页 162—163。

蛮"呢,当其"受到社会团结纽带的约束"而成为富有成效和值得称赞的"勇气"。[1] 有关政治派系,沙夫茨伯里也有类似的观点。他写到,"派系的精神",表面上是反社会的,实际上来源于"社会友爱和共同情感"的要求,虽然是以一种"不规则"的形式。常见的观点将政党政治[137]视为是完全自利的行动者的领地,与此相反,实际上,就参加党派而言,在"所有的品性中","彻底自私的那一种的作用是最弱的。"[2]

八、复杂性和紧张性

因为弗格森的神意论,特别是他对仁慈美德的强调,伯恩斯坦认为,"弗格森对冲突中显现的品质的赞赏对他的政治哲学构成一个问题……他并没有充分面对这个问题"。[3] 但弗格森能够通过将其对我们的好斗性和侵略性的赞赏,与对许多重要的廊下派德性的赞赏并列起来回应他的批判者。这些并非和平主义和不动心的寂静的希腊—廊下派美德,而是政治活力和军事勇猛的更加热烈的罗马—廊下派公民美德。冲突具有公民的和道德的效用;甚至暴力也被认为与某些责任的必然要求和强制履行之间具有特殊关系,而这些责任是与指定位置相吻合的。还需要记得的是,弗格森为一种经验的社会科学而努力奋斗并且不愿将"体系"置于可观察的事实之前。换句话说,就算他是廊下派寂静主义的提倡者,但他也不会允许自己的任何道德偏见干涉他作为早期"社会科学家"

---

① Cicero, *De Officiis*, 1. 44. 157., 页 161。

② Anthony Ashley Cooper, (Lord Shaftesbury)《论机智和幽默的自由》(An Essay on the Freedom of Wit and Humour),《人、风俗、意见及时代之特征》(*Characteristics of Men*, *Manners*, *Opinions*, *Times Etc*), Edited and with an Introduction by John M. Robertson, in 2 Vols, London: Grant Richards, I,页 76—77。

③ Bernstein,《亚当·弗格森和进步观念》,前揭,页 108。

的任务。正是出于这个原因,他劝告他的读者警惕霍布斯主义者有关我们本质上究竟是善良还是邪恶的物种这个道德问题争论所引起的混乱。我们的社会本性并不必然排除暴力,而我们的暴力并不使我们邪恶。我们所固有的社会性是一个可观察到经验的事实,一条与我们的身体性质相关的法则。它并不具有道德的维度,也不会因为冲突的存在而被驳倒。①

奥兹萨拉伯格认为,弗格森同时信奉廊下派的价值观以及冲突,表明了一种"显著的矛盾",他"简单地就是不想解决"这个矛盾。② 还有人认为,弗格森对"联合和纠纷"的原则的兼容性的坚持表明,他已大大背离了廊下派的原则。③ 凯特勒认为这个"背离"反映了弗格森对"他所处时代受过教育的人们对廊下派教义所抱有的那种可疑的敬意"④的回应,但鉴于弗格森明显和频繁地表现出的对廊下派的热情,这种解释是没有说服力的。⑤同时,瓦萨科将所谓的弗格森背离廊下派与他在部落体系中的亲身经历相联系,据说,这种经历会触发斗争具有积极的社会[138]价值的看法。⑥ 这是一种更好的解释,然而这也假定了斗争性不能与廊下主义兼容。务必牢记,弗格森是罗马廊下主义而非希腊廊下主义的门徒。前者很少强调顺从,而是较为强积极能力的运用以及履行与公民身份相关的职责。当然,其中最重要的就是保卫祖国的军事服务。每当他提到冲突的不可避免时,他便能将暴力追溯到必要和职责,从而使自己和廊下主义再

---

① "生活在社会中是人类身体的处境,而不是任何一个特定的人的道德上的特性。争吵的人处在这种状态,和平相处的人也处在这种状态。"*P. II.* ,页 24。

② Oz-Salzberger,《解析启蒙运动》,前揭,页 116。

③ Waszek,《人的社会性》,前揭,页 161—63;Kettler,《亚当·弗格森的社会和政治思想》,前揭,页 156。

④ Kettler,《亚当·弗格森的社会和政治思想》,前揭,页 156。

⑤ *P. I.* ,页 7。

⑥ Waszek,《人的社会性》,前揭,页 162—163。

次结盟。[1]

九、结　论

上面已经指出，弗格森对冲突的角色的处理被认为是通向 19 和 20 世纪社会学的最初步伐中的一步。弗格森的思想没有多少不被后来的思想家如科瑟、埃利亚斯和马克思重述和充分地发展，这是事实，然而他的真正成就是在宗教的和远古的世界与现代的、世俗的社会学关注之间建立了桥梁。这种综合在他的"神意的功能主义"中得到了最完美的呈现，借助这一功能主义，一种关于冲突的真正的功能主义和进步主义的社会学被安置在目的论的，神学框架之中。弗格森巧妙地将他对前商业社会的怀旧之情和对塔西陀、马基雅维利等思想家所赞美的美德的赞赏，转化为某些特别新鲜和具有社会学意义的东西。

---

[1]　有关罗马廊下主义中战争、义务和和平主义之间关系的深入讨论，参见 Hill，《罗马廊下派的两种共和主义》，前揭，页 65—79。

第八章 习 惯

　　弗格森对于习惯的社会角色的兴趣来源于他对下列事情的更为一般的兴趣：探寻人类的次级理性、无意识和情感维度；发展他有关隐性的过程和驱动力能够产生社会秩序的理论。尤其是，他想理解和解释，规范、结构和制度最初是如何由激情所引发并随着时间的推移而确立的。激情并非随意发挥，而是被组织起来的和可组织的，就像个别行动被转化成一个可理解的体系。弗格森试图理解获得的文化与神意的自然法相互作用的方式，这反映了他社会科学方法的层次性。这也使我们明白，为何他的保守主义如此根深蒂固，以及他对激烈变革的厌恶实际上是一个仔细地推敲过的立场。在维护社会生活和产生自生自发秩序的过程中，习俗发挥了一些重要作用。弗格森在《道德和政治科学原理》中用了五节阐释习俗（习惯）的影响，以说明其重要性。①

---

① 《道德和政治科学原理》第三章的第二、第三、第四、第五、第六和第七部分。莱曼在《亚当·弗格森》（页 52—53、页 67—77）、凯特勒在《亚当·弗格森的社会和政治思想》中很好地阐释了弗格森有关习惯的观点。本章受益于这两者。

一、概　述

　　在一长串可以追溯到古希腊时代的特别强调习惯在人类事务中之重要性的思想家中,弗格森是一员。[①] 弗格森所称的习惯指的使我们社会化的一种机制,我们现在有多种称谓:组织方式、默会知识、道德和社会文化、规范和风俗。他的苏格兰同辈对此也有兴趣,并且被认为是民俗人类学中的原创性人物,影响了美国早期的社会科学家萨姆勒(1840—1910)对《民俗论》(*Follways*)的写作。[②] 休谟、里德、米勒和卡梅斯都对该主题有浓厚的兴趣,[③]其他的启蒙运动思想家如爱尔维修、卢梭、[140]孔多塞和康德也一样。[④] 但是直到19世纪和20世纪早期,当习惯吸引心理学家之前,都没有得到广泛和系统地研究。[⑤]

---

① Charles Camic,《习惯问题》("The Matter of Habit"),见 *American Journal of Sociology*, Vol. 91 (5), March 1986, 1039—1087,页1047。亚里士多德、阿奎那、司各特(Duns Scotus)、奥卡姆(William Ockham)只是他们当中的一些。O. Fuchs,《威廉·奥卡姆的习惯心理学》(*The Psychology of Habit According to William Ockham*, St. Bonaventure, N. Y.: The Franciscan Institute, 1952),页 xiii—xvii。

② Donald Pickens,《苏格兰常识哲学和民俗》("Scottish Common sense Philosophy and Folkways"),见 *Journal of Thought*, Vol. 22, 1987,页39—44。

③ Christopher J. Berry,《社会性与社会化》("Sociality and Socialisation"),见 Alexander Broadie (ed.) *The Scottish Enlightenment*, Cambridge: Cambridge University Press, 2003,页243—257。

④ Camic,《习惯问题》,前揭,页1047—1048。与弗格森不同,康德并没有用积极的术语来描述习惯和习俗,而是强调个人需要通过运用自律理性将自己从习俗(习惯)中解放出来。Jeffrey Minson,《人与习俗:康德哲学的人文主义、修辞和伦理学史》("Men and Manners: Kantian Humanism, Rhetoric and the History of Ethics"),见 *Economy and Society*, Vol. 18 (1), February, 1989, pp. 191—220,页202—206。

⑤ 例如,19世纪的詹姆斯(William James)、巴特勒(Samuel Butler)和20世纪早期的实验心理学家邓拉普(Knight Dunlap),后者是《习惯,它们的形成与瓦解》(*Habits. Their Making and Unmaking*, New York: Liveright Publishing Corporation, 1939)的作者。

弗格森在讨论这个主题时，试图提出习惯是内在的趋势，是社会所锻造的，从而说明亚里士多德有关自然和习俗的区分并不合适。习惯为维护社会秩序发挥了许多重要的功能。它扮演了"上帝的"担保人，我们所有重要的进步都将被保护和珍藏，从而保障了我们人类的进步和繁荣；它有助于我们的道德发展并且作为社会控制的一种形式发挥作用；它提高了社会凝聚力，维护人类幸福和美德以及社会的基体。弗格森有关习俗的论述值得关注，因为它展现了风俗和习俗的隐性功能和显性功能的区分，而体现出一种功能主义的前兆。它也（附带地）成为弗洛伊德的移情和儿童期情结理论以及巴普洛夫的条件反射研究的前兆。

在对人类进步的探索中，弗格森确认了三条控制我们进步本性的法则。第一条，进步受能力的恰当而正确的运用的支配。第二条，"野心"激励和推动了进步，第三条，习惯加强了我们的原始反应。后两者最为重要，"因为它们进入到每一项追求和成就的考虑之中，它们是这些追求和成就的果实或者激励。"野心启动了进步，而习惯维持和支持野心的成就。习惯被界定为，"人的好的或坏的行为因之而不移，并成为他们品格的一部分。"[1]弗格森乐观地认为在个体心理学的层面，习惯趋向于"确立善良的而非邪恶的性情"，因为它具有"缩小越轨和失误的范围"的"趋势"。[2] 弗格森非常清楚，这种"适应性"是种族特征和生存特性，而非 "依照意见、倾向或者能力的要求将自己塑造成不同形式"的个体的或者个人的技巧。[3]

二、习惯的实际功能

习惯允许我们将实用的社会实践制度化，维持共同体的适应能

---

[1]　P. I. ，页 208。

[2]　P. I. ，页 234。

[3]　P. I. ，页 232。

力并使未来的发展成为可能。离开了习惯或传统,我们人类的非正式的成就便无法通过时间进行积累,[141]因而社会秩序的法则将只与生活最基础的方面相关,如繁衍和基本生存。诸多来之不易的间接成果如语言、艺术、技术知识和治国术都会遗失,每一代新人都需要重新创造它们。通过习惯和民俗,个人或者前辈所获取的成就和知识就能得以保存,"当我们获取后,为我们自发使用提供准备"。① 习惯是我们的集体记忆。没有它人类的进步是不可能的。因此无论是对于我们作为一个物种的实际进步还是对我们个人和集体的道德发展来说,习惯都是基本的。同样,詹姆士后来写到,"习惯是社会巨大的飞轮(flyheel),是它最珍贵的保管人"。②

　　习惯让生活变得更加和谐,更加有序和更加可预测,从而在心理上和实际上也更加舒适。一个没有习惯的世界是混乱和令人不安的,"是一幅无法摆脱的混乱和不可靠的景象"。③ 习惯让我们避免自己的冲动或"心中的摇摆和起伏",并使我们通过创造能力跨越人生中的意外事件,用卡米克的话说,"一个使我们摆脱外在感觉和鲁莽的嗜欲的稳定内核"。④

　　因为习惯有一种保存我们人类成就的有益倾向,它为我们日

---

① *P. I.*,页 234。

② "它独自将我们所有人限制在法令的范围之内,并且保护富人家的儿童免遭穷人嫉妒的暴动之苦。它独自使最艰苦和最受人排斥的行业,不至于被那些培养起来承担它的人所抛弃。它让渔夫和水手能在海上度过严冬;它让矿工在黑暗中,让农民在小木屋和他孤独的农田中度过几个月的雪季;它让我们免遭沙漠和冰冻地带地带土著人的侵略。它使我们注定要依据我们的教养或者我们早期的选择在生活中拼搏,并力争在与其不一致的追求中做到最好,因为没有其他的追求适合我们,重新开始也已经太晚。它防止了不同的社会阶层混合。"William James,《心理学原理》(*The Principles of Psychology*, in 3 Vols, Cambridge MA: Harvard University Press, 1981, Vol. 1),页 125。

③ *P. I.*,页 208。

④ Camic,《习惯问题》,前揭,页 1046。该文还详细地提到了社会学史上对习惯的更多处理。

常生活中的实践和道德上的决策节约了很多时间,避免了很多麻烦。它发挥了一种人体工程捷径的作用,使我们能够"不需要预谋或者有意图地努力……就经由一种自发的努力而前进"。① 习惯将我们主动的能力磨炼到具有发射性或"机械性"。② 实际上,"人类心里的所有激情"都是经由"熟悉和惯习"③来加强和巩固的。因为习惯让任何工作做起来更轻松和愉快,它降低了我们逃避人生的更加繁重的任务的倾向。④ 休谟在《人性论》中也表达了类似观点,他写到,"没有什么比习惯和重复在提升和降低我们的激情将愉悦转变成痛苦,将痛苦转变成愉悦上有更大影响的了。"⑤

三、习惯的社会和道德功能

[142]尽管人生来具有本能,但是不存在严格意义上的前社会的人性,因为本能不能从社会生活中抽离出来,⑥因此本然的冲动与社会习得的习惯"总是交叠在一起"。⑦ 肖特认为,弗格森和其他的苏格兰思想家如斯密和米勒一起,是"符号互动论"的先驱,该理论假定社会"先于个人","自我和心灵是通过与他人的互动发展起来的"。相应地,"自我控制是社会控制的结果"。⑧我们体验羞

---

① *P. I.*,页 234。

② *P. I.*,页 224—225。

③ *Essay*,页 23。

④ *P. I.*,页 211—212。

⑤ Hume,*Treatise*,3.3.5.,页 422。

⑥ "无论在何处人类的本性都不是抽象的。"*P. II.*,页 419;*Essay*,页 9—10。

⑦ Lehmann,《亚当·斯密》,前揭,页 68—69。

⑧ Susan Shott,《道德哲学中的社会、自我和心灵》("Society, Self and Mind in Moral Philosophy"),见 *Journal of the History of Behavioural Sciences*,Vol. 12,1976,pp. 39—46,页 39。肖特也主张,"苏格兰道德学家在讨论社会和道德行为时,使用的概念几乎相当于米德(Mead)的'角色扮演'、'一般化的他人'以及'主我'和'客我'的关系的概念"。Susan Shott,《美国社会学理论的发展,一种 (转下页注)

耻以及敏锐感受周围他人意见的能力积极地塑造了我们的行为。因而,习惯在道德情感的维系上发挥了作用。社会的裁断奖励有德,惩罚邪恶的冲动,从而这些冲动不可避免地变成反射性的。例如,本能性的父母之爱随着亲密的经验而加剧。我们对他人的自然感情为共享的经历所加强。^① 通过习惯以及羞辱和评论的社会制裁,好斗神奇地转化为对社会有用的勇气。因此,勇气同时是前社会的和社会的产物。虽然"憎恨或依恋的强烈感情是[一个人]胸中的活力的最初表现",但同时,"勇气也是社会给予人的礼物"。^②

虽然习惯"并非人类本性中的原始习性",这是我们本性的一项"法则",即"无论生命体在不损害其机体的前提下表现为什么,只要持续下去就会产生习惯"。形成习惯的倾向,就它是一种"来自于已经所行之举的倾向"而言是习得的。^③ 不过,这是一项我们极易沾染上的,来自于通过经验学习和进步的那种真正本能性的能力的倾向。^④ 人类与其他动物不同的是,我们的本能并非绝对可靠的,^⑤因而,为了弥补这种本能的不可靠造成的缺陷,"自然"赐予我们一种人类特有的形成习惯的冲动。显然,弗格森对习惯的讨论是高度目的论的。我们[143]具有习惯,因为我

　　　(接上页注)知识社会学的解释》("The Development of Sociological Theory in A-merica: A Sociology of Knowledge Interpretation"),见 Larry T. Reynolds and Jan-ice M. Reynolds,(eds),*The Sociology of Sociology*, New York: McKay, 1970,页 18。符号互动论发展于 20 世纪前几十年。它关注"通过互动产生意义"的途径,强调"人类作为操纵符号的动物的表现方式"。G. Marshall,《牛津社会学词典》(*Oxford Dictionary of Sociology*, Oxford: Oxford University Press, 1998),页657。

①　*Essay*,页 22—24。
②　*Essay*,页 23。
③　*P. I.*,页 209—210。
④　*Essay*,页 16—17。
⑤　*Institutes*,页 111。

们的"创造者使我们'注定'要通过重复和经验来改进我们'自然的'能力,[①]我们'注定'要通过观察和经验来行动"。[②] 设计原则是主导性的。自然条件以有序、规则的方式被安排,以便启发和促进习惯性的行为。此外,习惯引入到社会生活中的"稳定性"和"常规性"是被"仁爱地提供的"。[③]

习惯对于我们追求道德完善极为重要,因为它允许我们保持和加强已经取得的进步。只有道德选择、成为习惯,才内化于道德品格之中。[④] "改进自己是[人类的]本性的法则",弗格森认为,"这或许是人类历史中最有趣的事实……人被交托给他自己,就像黏土被交托给陶匠的手。"[⑤]与习惯所代表的隐性和实用的知识的效果相比,理性和自觉地产生的知识在塑造意见上是"无效的"。[⑥]只是在社会中,以习惯为媒介,道德人格才能形成。既然只有在其他行动者面前,选择才有可能,那么就无法想象我们道德潜能在社会之外得到发展。[⑦]

习惯是一种能力(一种"倾向、才能和执行的力量"),有时被用于抵制我们本能冲动中更为邪恶的倾向。[⑧] 它内在于人的构成,是"人的社会性的一部分,渴望获得赞扬,避免责难"。[⑨] 功德

---

① *P. I.*,页 202。

② *Institutes*,页 111。强调为引者所加。

③ *P. I.*,页 217—218。

④ *P. I.*,页 208。

⑤ *P. I.*,页 225。

⑥ *Essay*,页 119—21;*P. I.*,页 219。墨菲(James Murphy)这样理解弗格森的立场:"我们开始于自然的潜能,熟习将它们转化为习惯,并且通过理性的反思,我们依照我们的道德理想来组织我们的习惯"。James Bernard Murphy,《约翰·波音赛特符号学中的自然、习俗和规定》("Nature, Custom and Stipulation in the Semiotic of John Poinset"),见 *Semiotica*, Vol. 82 (1—2), 1990, pp. 33—68,页 44。

⑦ Reesor,《早期和中期廊下派》,前揭,页 12。

⑧ *P. I.*,页 131。

⑨ *Institutes*,页 218。

的标准、伦理、民族情感、支配我们社会和情感关系的情感、两性的风俗,所有这些都是习惯的结果,都是"激发个人(作为良好地适应于总体的一部分)填补其在社会中的位置"的社会指引。①价值观和效用很大程度上是社会建构的。"财富、权力甚至愉悦只有当它们被认为是显赫或优越的标志时人们才会渴望得到。"②那么,在这个意义上,社会规范和价值观依赖主体间的确认,并受到后者的塑造。③ 虽然道德判断[144]在内在的道德感中有其来源,它们被相互的情感回应所加强。④ 弗格森因而在某些方面先于涂尔干许久之后对道德的(世俗化)阐述,将其界定为集体的产物。⑤

　　然而,弗格森强调习惯在道德中的作用,不应该被解释为在方向上具有功利性或主观性。功利主义的倾向可以察觉到,然而,弗格森清楚地相信客观道德标准的实在性,⑥并公开地反对被认为是休谟和斯密提出的那种功利主义伦理学。⑦ 他非常小心地在习俗,和道德之间做出了区分。

　　　　无关紧要的是,我们应该遵守我们国家的风俗习惯,就像我们说它的语言或者穿它的服饰一样。重要的是,我们要选

---

① *P. I.*,页125。亚当·斯密关于社会性自我的发展观点特别地先进。Shott,《社会、自我和心灵》,前揭,页42。

② *Institutes*,页90。

③ *P. I.*,页126—127。

④ *P. II.*,页128。这个观点最初来源于哈奇森主义(Hutchesonian)。Susan M. Purviance,《弗兰西斯·哈奇森哲学中的主体间性和社会关系》("Intersubjectivity and Sociable Relations in the Philosophy of Francis Hutcheson"),见 J. Dwyer,and R. B. Sher (eds),《18世纪苏格兰的社会性与社会》(*Sociability and Society in Eighteenth Century Scotland*),Edinburgh:The Mercat Press,1993,页24—25。

⑤ Strasser,《社会学的规范结构》,前揭,页48。

⑥ *Essay*,页36。

⑦ 参见《道德评估原则》(Principle of Moral Estimation),No. 25,*Collection of Essays*,各处。

择什么是对人类是有益的,是与意见和习俗相反的。①

　　"真正的"道德在《圣经》中找不到,在社会中冒充为合宜的无论什么东西中也找不到。而是通过明确地为此目的服务的道德感内在于个人的心灵。② 然后,习惯和习俗将加强这种道德感的决定,并纠正任何对这一直觉的偏离。确实也存在该受谴责的道德习俗,但它们的存在并不必然证明它们的公正。自生自发秩序的某些结果明显是邪恶的,这样的"堕落"将被是视为错误,是自由意志不可避免的代价。弗格森使自己远离休谟和斯密,他坚持美德独立于公正的旁观者的判断以及外在于一个人所认同的群体的同情性反应而存在。③

　　习俗和习惯通过产生可以共享的经验和观念而增强社会凝聚力,它们不断地提醒人们联盟的优势。④ 同样,"思维的习惯"促进制度的稳定。例如,在政府中,习惯通过促进共享的权威价值产生稳定性。⑤ 习惯是我们社会生活中关键性的整合因素。⑥ 例如,意见一致,无论那个意见多么荒谬,都是有价值的社会工具。弗格森沿着功能主义的路线主张,习俗或惯例的实质内容是不相干的。实际上,他似乎认为,大多数社会惯例是荒谬和不合理的。它们的普遍遵循才是重要的[145],因为是一致的存在这一点本身,而不

---

① *Institutes*,页 168。
② 《论我们在人类生活中行动的不同依据》("Of the Distinctions on Which we Act in Human Life"),*Collection of Essays*,No. 18,页 164—165。
③ Smith,《亚当·弗格森》,前揭,页 40。
④ *Essay*,页 22—23。休谟在《人性论》中持相同的观点:"有时,习惯和习俗对小孩稚嫩的心灵施加影响,使得他们敏感于他们可能会从社会中获得的好处。"3.2.2.,页 486。
⑤ *P. I.*,页 215。米勒后来写到,阶级差别通过习惯得以维护和长存。Millar,《英国政府史》,前揭,页 290—292。
⑥ Kettler,《亚当·弗格森的社会和政治思想》,前揭,页 195。

是其直接的重要性完成了所有有价值的社会外勤工作。① 涂尔干后来将此确定为"情感最大化"原则（the principle of affective maximisation），借助这一原则"社会纽带建立在剧烈的积极情感的唤起之上"。在社会生活的常规进程中，人们会寻求最大化这一唤起的安排。②

弗格森采取了一种关于文化多样性的堪为功能主义先驱的观点，以支持他对不变的、普遍人性的主张。虽然习俗随着文化而改变，它们的社会功能是不变的。

> 在欧洲，表达尊敬的方式是脱帽子；在日本，我们被告知，相应的方式是拖鞋或者赤脚。这些情况下，身体的行为不同，但道德行为是一样的。都是一种关心和尊重的行为。③

弗格森强调，他对文化差异的评论并不是投入伦理功利主义的诱惑。尽管具有地域差异，支配人的行动的道德法则是永恒和不变的。④ 人类拥有"本质不变的本性"，但它也被"无限多样的环境所修正"。⑤ 内部的驱动力受到外部条件的塑造和影响，但它们依然处于变革的核心。人类的世界是具有巨大多样化的场景，不过，社会科学对我们普遍的"人性"的运作抱有更大兴趣，因为它们拥有更强的解释力。⑥

显性社会契约的概念是一个神话，但隐性协议（它确实存在）

---

① *P. I.*，页218。
② Thoits，《情感社会学》，前揭，页337。
③ *P. II.*，页142。
④ *Institutes*，页162。
⑤ *P. I.*，页322。
⑥ Essay，页16。孟德斯鸠也用"自然法"这个术语解释文化中的普遍项的存在。《论法的精神》，1.1.1.，页1。同时参见《波斯人信札》(*Persian Letters*)，Translated with an Introduction and Notes by C. J. Betts，London：Penguin，1973。

是由习俗和习惯有效地产生的。

> 市民社会被称之为协定的状态并非是不恰当的；因为尽
> 管人在进入任何形式的协议或合约之前实际上已经是处于社
> 会之中；但人走向集合的每一步都是在形成惯例。每项通向
> 习俗的实作都可以被正当地解释成保证遵循它的方面的信
> 念。每个社会，即使是持续时间最短的社会的成员，都被赋予
> 权利，或应遵守义务，都处在某些显性或隐性的契约之中。①

弗格森还提出，既然"一个人没有原初的权利去命令他人，除
非为了避免受到伤害"，那么习俗和"惯例"便是"赋予一个人命令
他人的权利，或者使另一人履行义务"的唯一原则。② 休谟反对詹
姆斯二世党人，主张"长期的持有"而非[146]继承的权利才是政府
合法性的依据。③ 但弗格森设置了一个重要的限制条件，即惯例
并不能单独地赋予合法性。特别是，那些生活于压迫环境中的人
们，无论政府如何牢固地建立，都不能说他们已经认可它，而应该
认为他们在采取何种必要手段"获得舒适上是自由的"。④

四、移情、条件反射和儿童期情结

从人类学转换到更具"心理学"色彩，弗格森继续非常具有先
见性地描述我们现在称为移情、条件反射和儿童期情结的现象。⑤

---

① *P. II.*，页 270。"前人的契约，惯例来源于此，并不约束他们的后代"。*P. II.*，页
234。
② *P. II.*，页 290。同时参见 *P. II.*，页 245。
③ Hume, *Treatise*, 2.2.10.，页 556。
④ *P. II.*，页 234。
⑤ 莱曼（William Lehmann）是第一个探究弗格森著作中的这些雏形心理学的人。
Lehmann，《亚当·弗格森》，前揭，页 69—71。

当然,这并不是他的术语,虽然他自己的表述足以表明他超凡的先见之明。

> 通过这种方式,我们不仅将在事情的日常进程中与主体不存在真实联系的性质赋予主体;我们还将心灵的感受和情感赋予事物,它们实际上并不是这些感受的对象……不借助思想或者关于原因的知识的传播,激情就通过传染的方式在人与人之间传播;激情传染到的人或许会将这一激情的对象误认为某个小的意外或者刚好伴随着这一情感的环境。如果保姆尖叫,作出惊悚的表情,而大老鼠和小老鼠正在地面上穿梭,她的小孩受恐怖情绪的感染,或许从此之后遇到类似的情形就会产生类似的情绪……最难控制的惊悚感受是无害或有益的事情在场时所触发的……一个人看到猫时,头发会竖起来……另一个人闻到芝士的味道或者看到特殊的肉就会恶心和头晕。这些变化无常的恐惧或厌恶通常被称为反感(antipathies),很可能起源于幼儿时期,或受到疾病的影响;并且在事情的理由被质疑之前就已经获得了习惯的力量。[1]

巴普洛夫(1849—1936)在条件反射领域的工作可以被视为对弗格森更早假设的实验检验。但是这段文字尽管迷人,它们不过附属于更大的规划。弗格森在此描述的现象表征了习惯的病理学畸变,从而越轨乃至社会秩序的畸变。这种习惯的反常偏离了它真正的组织功能。这些"被误导"的联系并不像"那些建立在事物的常规进程中的概念,这些常规的进程是我们可以赖之以前进的,并且相信是规则且永恒的自然在她所建立的秩序中总是维护着

---

[1]   *P. I.*,页 137—144。

的。"①后面这些常规的,惯常的事件代表了真正的经验(即[147]
造物主有意为之的经验),保障了我们的社会生活中自然的均衡。
尽管,我们易于染上的积习,不可避免地有时会把我们引向相反
的,对社会无用的方向。弗格森的先驱式的弗洛伊德主义实际上
是我们易于染上积习这一困境的歧出。换句话说,我们天生的易
感性可能会导致那种条件反射,这种条件反射不具有社会效用,而
是完全没有任何有用功能的心理神经症结。此外,我们习成的倾
向可能会将我们错误地引向不健康的行为模式,因此"实际上无所
事事或者不必要的[习惯]被认为是一种不幸或瑕疵"。② 尽管总
体上,弗格森认为习惯将产生社会有益的后果。③

五、结 论

习惯在弗格森的自生自发社会秩序概念中具有四层作用:首
先,它是"造物主"在尘世的保险单,确保任何此前取得的进步珍藏
于人们的行为中,以至于变成反射性;其次,作为本质上人类的产
物,习惯允许我们运用"意志和选择",在我们道德发展中发挥重要
作用,并且让我们的情感在维持社会生活中发挥适当作用;第三,
习惯解决了识别政治权威的基础这一抽象问题;第四,习惯加强了
公共纽带,允许和鼓励我们生活于自然有意为我们安排的社会环
境中。在一定程度上,因为习惯的影响,被激情所支持的社会既不
混乱也不危险;相反,它秩序井然,协调一致且进步。弗格森对这
一事实的精当评估,意味着他对激进社会变迁的厌恶,或许更具科
学性而非意识形态性。

---

① *P. I.*,页 133。
② *P. I.*,页 21。
③ *P. I.*,页 234。

第九章　环　境

[149]在弗格森建立一个完整和综合的社会秩序理论的努力中,他小心地避免忽视物质环境的作用,部分是因为其艰苦的方面经常被其神学上的对手引做一个严酷的上帝的证据,但也因为他持有人类生活由多种力量支配的观点。物质因素被认为在塑造人类行为因而人类历史上具有重大影响。弗格森在《文明社会史论》中用了一大节讨论"气候和环境的影响",[①]而环境的主题贯穿了他所有的著作。孟德斯鸠被认为是系统地探索这些问题的第一位有影响的思想家,[②]在这一方面他是弗格森主要的灵感来源。[③] 不

① *Essay*,页 106—118。

② 尽管孟德斯鸠并非第一位承认环境对文明的重要性的思想家,但他是这种思想最成功的宣传者。这种思想可以追溯至古典时期,尤其是希波克拉底。Clarence J. Glacken,《罗德岸边的足迹》(*Traces on the Rhodian Shore*,Berkeley:University of California Press,1967),页 562—568。黎巴嫩历史学家伊本·赫勒敦(Ibn Khaldoun)在这些方面的见解也早于孟德斯鸠,尽管没有证据表明他对弗格森产生了任何影响。赫勒敦的《历史导论》(*Al uqaddimah*)写于 14 世纪,并于 1680 年在伦敦出版。像孟德斯鸠一样,赫勒敦也相信当地的气候和地形会影响到社会态度。A. Issa,《赫勒敦、孟德斯鸠和气候理论》("Ibn Khaldoun, Montesquieu and the Theory of Climate"),见 *Studi de Sociologia* Vol. 30(2)1992,页 181—187。

③ 弗格森多次承认他对孟德斯鸠的借鉴。例如,参见 *Essay*,页 66—67。卢梭对气候的重要性的提及也来自孟德斯鸠。见《社会契约论》,页 222、页 226、页 252。

过,对于环境影响的关注在 18 世纪已经很广泛,例如,气候对身体和心智都会产生影响的观点非常普遍。①

一、概 述

弗格森相信,物理环境是自生自发秩序和人类进程的关键中介。特别是,无论是在为我们的创造性和勤勉的能力设置障碍还是在提供有利条件上,它是我们发展的基础并且激发进步。此外,物质世界,以其无限的神秘和[150]对称性,激起了我们的好奇心并为理智能力运用和提升提供了对象。最终,某些环境有助于繁荣并为公民美德提供了温床。然而,在某种意义上,弗格森可以被视为一个早期的人类生态学家,人类生态学是社会科学的一个分支,它"试图将人类共同体的结构和组织与人类和地方性环境之间的互动联系起来。"②当然,人类生态学作为一个独立的学科直到20 世纪 20 年代才完全发展起来,③不过,弗格森对它的很多主题的预见也值得关注。但首先必须注意的是,弗格森并非一位世俗的适应进化论者。他的观点明确地建立在目的论的和存在之链的框架内,而后者的融贯性依赖于设计原则。因此,就其神学而言,就像关于他的社会科学一样,它们同样告诉我们甚多。有一种观

---

① 例如,约翰·阿巴斯洛特也持有这些观点。阿巴斯洛特是一位苏格兰医生,他于 1731 年出版了《论空气对人体的影响》(*An Essay Concerning the Effects of Air on Human Bodies*)。Glacken,《罗德岸边的足迹》,前揭,页 562—564。同样卢梭也认为,"不同的土壤、气候和季节"会产生"不同的生活方式"。《论不平等的起因》("Discourse on the Origin of Inequality" in *Social Contract and Discourses*),页 85。

② 《丰塔纳现代思想词典》(*The Fontana Dictionary of Modern Thought*, A. Bullock, O. Stallybrass and S. Trombley [eds], London: Fontana, 1989),页 248。

③ 参见 J. M. Nazareth,《人口统计学和人类生态学》("Demography and Human Ecology"),见 *Analise Social*,Vol. 28 (4—5) 1993,页 879—885。一般认为它的产生与帕克(Robert E. Park)的原创论文"城市"有很大关系。"The City",见 *American Journal of Sociology*,Vol. 20 (1),1915。

点认为,弗格森有关生态因素的角色的观点决定了他对我们与上帝关系的理解。即使是最恶劣的世界,也是为了有益于我们而为我们创造的,但是我们被留下来在没有神的干预的情况下独自与之沟通。同时,它的丰裕、奇迹和秩序都表明了一颗进行设计的心灵,并因而持续地提醒我们上帝的存在以及它对我们不言而喻的爱。这一观点强调弗格森的理论不是充分发展的人类生态学。特别是,它不同于从责任视角出发的后现代方法,因为人类不对环境负责;弗格森似乎赞同 18 世纪普遍的信念,即认为自然不仅是人类拥有的,可以随着处置,而且还可以无限补充。

二、环境的效果

弗格森对孟德斯鸠的崇拜表现在将社会后果归因于物质环境。孟德斯鸠认为,国家的社会类型,它的制度和法律部分的是它的地形、气候和土壤以及它的人口规模的产物。[①] 这些因素(和其他因素)之间的动态关系产生了特定民族的"精神"。[②] 弗格森写到,"每个民族都有独特的思维习惯",[③]他赞同孟德斯鸠的观点,即如果我们坚持人性的普遍性,那么我们必须为地球上明显的法律和习俗的巨大差异寻求解释。但必须注意,孟德斯鸠远比弗格森强调差异性,也远比弗格森更愿意从与人性相反的社会状况中得出实证法。

[151]弗格森解释到,人类的繁荣大部分是在特定的环境中,即"'温和'和'中间'的地带"。无论是商业领域,治国术和公民艺术,战争,或人类在文学上的"天赋"的改进、"理性"或想象力的"丰

---

① Durkheim,《孟德斯鸠和卢梭》(*Montesquieu and Rousseau*),页 40。

② Montesquieu, *Laws*, 3. 19. 4,页 310。

③ *P. I.*,页 214。同时参见 *Institutes*,页 166—167、页 38。

富性"方面,人类这种"动物"总会在温和得而气候中"获得最主要的成就"。① 任何极端的天气对人类的进步和生产力都是有害的。② 环境不应该严酷到使生活无法忍受,但也不能舒适到使他们滋生懒惰。通常,"环境中等程度的不便"最能"激发人的精神,并以成功的希望激励人们去努力"。③ 追随孟德斯鸠,弗格森指出,温和的气候能鼓励人口的增长,因为它们赋予"谋生上较大的便利",④和他之后的马尔萨斯一样,他相信出生率是由生存物资自发调控的。人类的"人口往往和其资源相匹配"。⑤ 影响繁衍和人口增长的非正式习俗和正式的政府政策(例如奖励和限制结婚,影响外来移民和移居国外的政策或禁止堕胎和弃婴的规定)似乎也是对物质环境的限制的回应。⑥

　　弗格森认为,孟德斯鸠将人口的规模与政体的公民条件相联系是正确的;如果规模太小,公民容易受"具有感染性的情感"的影响;⑦而如果规模过大,共同的情感就得不到支持,失范的情况会产生并且最终暴君的出现成为可能。⑧ 民族的性格也受气候的影响。例如,"拉普兰人"适应他们的环境,他们"能吃苦耐劳,不知疲倦……能忍耐……麻木……而不善于变革",⑨而那些生活于"炎热地区"的人展示了"温和的"性格,这种性格阻止他们参加任何打断他们"热爱轻松与愉悦"的活动。"东方土著人"的"温和和平静的性情"使得他们极能适应和忍耐,⑩而古利古里亚人(Ligurians)

---

① *Essay*,页 106。
② *Essay*,页 110。
③ *Essay*,页 115。
④ *Essay*,页 134。
⑤ *Institutes*,页 24—25;*Essay*,页 137—139。
⑥ *Essay*,页 134—137。
⑦ *Essay*,页 125。
⑧ *Essay*,页 256—257。
⑨ *Essay*,页 111。
⑩ *Essay*,页 108—109。

"凶猛的精神以及对财产的保护似乎都来自于他们国家崎岖和难以接近的自然环境"。①

虽然弗格森在此主题上的观点并非全新的,它们仍然引发了一些反对。休谟和米勒都反对他用物质原因解释礼仪和性情。米勒写到,"斯巴达的居民今天和[152]里奥尼达斯时代都受到相同的自然环境的影响。现代意大利和古罗马人生活于同一个国家,"然而他们在任何方面都很少有明确的联系。② 弗格森精明地预见到了这种批评,他争辩道,民族的性情具有永恒性,因为环境如此,然而民族激情的对象随着时间而改变,而这解释了米勒后来在地区性的品格中所观察到的那种变化。

> 现代希腊人可能好恶作剧、奴颜婢膝、狡猾奸诈。而他们的祖先在营地里,在全国会议上是那样的热情洋溢、足智多谋、勇敢无畏。而两者同样都有一种好动的性情。现代的意大利人将古罗马人的能力应用到琐事上时,以敏锐、迅捷、心灵手巧而显得与众不同。现在他们在娱乐场所,在博取无足轻重的掌声中表现出的火热和激情,正是格拉古在公开讨论的广场中所激发出的并使一个暴烈民族的乌合之众发抖的情绪。③

---

① *History*,页 62。

② John Millar,《等级区分的来源》,见 Lehmann,《格拉斯哥的米勒 1735—1801》(*John Millar of Glasgow* 1735—1801),页 179—180。莱曼认为其批判是针对孟德斯鸠,但他的打击目标更可能是弗格森。无论如何,米勒认同休谟的观点。因为休谟怀疑"人的任何性情和天赋与空气、食物或气候有关"。见《论国民性》(Of National Characters),*Essays*,页 197—215。科里尼(Collini)等人写到,"休谟自己在讨论这个问题时,强调易变性,强调习俗、模仿和同情,政治制度和道德而不是物质因素在塑造法律和行为风气上所起到的作用。"Collini *et al*,《高贵的政治科学》(*That Noble Science of Politics*),页 17。

③ *Essay*,页 107。

弗格森坦承他的分析存在肤浅这一重要缺陷。他承认，尽管我们可以表面上将关于环境的原因和后果联系起来，我们绝不能真正地获得对人类与其环境之间关系的性质的真实理解；特别是，我们不能希望在一种严格的科学或生物学的层面上破解这些神秘。这要求我们对于心智与身体之间有机的因果关系有精确理解，而非常不幸的是，这远远超出了我们的掌握。[①] 弗格森在此似乎非典型地指责了孟德斯鸠，或许是因为后者不成熟的结论，亦即是神经和"纤维"的"兴奋性"或"敏感性"在环境与心灵和身体之间进行协调。[②]

尽管他就自己的追因能力做了上述声明，但是弗格森依然相信我们能够基于连续性和效率有效地和有根据地确认一些原因和结果的模式，即便我们不能完全地深入到它们运作的秘密之中。[③]例如，我们可以带有一些自信预测，地形的因素，如"土壤和气候"等将决定人们是否会游牧。[④] 这些因素对人们建立和维持一个国家的机会也有重要意义。[153]例如，自然隔离的区域，更有利于维护主权。有海岸线的国家最能够做到这一点，并且它们往往是最为繁荣的，因为港口能促进贸易。[⑤]

三、自然或教养？

弗格森将迷人的文化的多样性（尽管也主张普遍的人性）归因

---

① *Essay*，页 115。

② 参见 Montesquieu, *Laws*, 3. 14. 1—2，页 231—234。

③ 这代表了弗格森社会科学的一般方法。他提出，这种关系已经超出了我们真正理解能力，因而它们被排除在他的概述之外。相反他努力追求一项更为平凡的任务，一项与科学历史学家或者收集和记录数据的"中立的旁观者"更相适应的任务。*Essay*，页 8—9；*P. I.*，页 49、页 176。

④ *Essay*，页 96。

⑤ *Essay*，页 116—117。

于遍布地球的生态环境的广阔范围。① 因而，我们自然就在所有社会制度中发现了多样性和变化。例如，"政府的形式为了适应不同面积、不同生存方式、不同民族的品性和风俗习惯而必然有所变化"。② 就这些随地形而变的多样性产生的原理而言，弗格森至少开始时，只能提供高度人类中心主义的主张，即"自然之主似乎乐意看到这种多样性"。③ 实际上，"多样性似乎是创世的目标或基本目的"。④

尽管他关注环境的影响，但需要注意的是，弗格森也特别强调，内在因素（人的冲动或本能）而非外部的影响才是历史的主要动力。⑤ 他在此偏离了孟德斯鸠，后者的历史也是进步的，但是并不能主张弗格森认为进步是由内部驱动力所激发的观点。⑥ 孟德斯鸠认为变革总是产生于外在原因，而弗格森则认为外部的环境只能通过减弱心理发生层面的影响而影响变革。但他并非一位早期的社会生物学家；他所指的进步是技术和道德方面而非生物或基因方面的进步。弗格森的态度很容易让人想起亚里士多德的观点：

　　　　每件事物……都是因为一个目的因而存在，并且包含在每个动物的定义中的所有事物，无论是指向某个目的的手段还是本身就是目的的事物，都是通过这一原因以及其他原因

---

① *Essay*，页 80—81。

② *Essay*，页 63。

③ *P. I.*，页 324。

④ 《论知识或者意识能力》("Of the Intellectual or Conscious Powers") *Collection of Essays*，No. 31，页 267。

⑤ *P. I.*，页 235。*Essay*，页 119。

⑥ Lehmann，《亚当·弗格森》，前揭，页 193—194；Andrew Skinner，《亚当·斯密时代的自然史》("Natural History in the Age of Adam Smith")，页 41；J. G. A. Pocock，《马基雅维利和休谟之间：作为公民人文主义者和哲学历史学家的吉本》("Between Machiavelli and Hume: Gibbon as Civic Humanist and Philosophical Historian")，见 *Daedelus*，Vol. 105，1976，pp. 153—69，页 155。

而存在。①

　　亚里士多德进一步解释何谓"其他原因"，即造成事物的次级变化的动力因。换句话说，即环境因素。弗格森跟随亚里士多德，给予原初的驱动力（它们体现了我们有目的的蓝图）以优先地位，同时在他的规划中为"其他原因"保留一个特殊的地位。任何不能归因为外部条件的文化差异被追溯[154]到自由意志的运用。②虽然弗格森信奉普遍人性观，这才是弗格森解释法律、习俗和制度中的跨文化差异之存在的方式。③

　　像一些学者那样认为弗格森的历史观在方向上本质上是唯物主义的，并且将进步完全看成是由经济和环境因素所造成的是个严重错误。理解弗格森的微妙立场的方法是认为生物发生性因素在特定环境的背景下产生了历史和秩序。无论我们如何"受到我们所处的环境"的"指引"或影响，形成社会的还是我们的"本能"。④ 为了避免卷入虚假的二分法，弗格森再次给出了一种复杂的解释。他可被视为早期的"互动论者"，他认为生物学的因素和社会的因素可以协调一致地运作，从而（至少在他自己看来）解决了这一持续到当代的争论（也就是自然—教养之争）。

四、环境、进步和完美

　　到目前为止，弗格森有关环境的讨论最引人关注的是，他赋予环境在我们——不仅作为追求科学和认知上的进步，而且作为处在涌现的永恒状态中的道德行动者——的发展过程中的角色。典型地，弗格

---

① 　引自 Joad，《哲学导论》(*Guide to Philosophy*)，页 188。
② 　*P. I.*，页 61。
③ 　*P. I.*，页 214—215。
④ 　*Essay*，页 119。

森的"社会科学"具有道德意图。他试图理解"自然"在获取智慧和美德的过程中所起的作用。上文已经指出过,弗格森的美德概念是认知性的。[①] 整个自然的体系,包括它所有的困难、危险、忧患、神秘和匮乏都是被设计来为难、阐明和启发,从而促进我们的道德进步。

等级式地设想并且人类居于顶端[②]的存在之链的存在,是为了帮助和促使我们不断地努力趋于完美。人类的存在是一个难解的问题和得不到回应的需求,造物主故意如此安排以便促进人类的发展。自然的世界有一堆复杂的科学问题有待渴望自我完善的人类去解决。[③] 正如弗格森所说,"随着人变得博学或智慧,他也相应地在自然体系中变得强大"。[④]

不同于在任何情况下都有本能指导的动物,人所遭遇窘迫性的"贫困",远非"自然的经济中的贫穷",而是为道德人格的发展提供了理想的条件。[155]"对于被设计为自己财富创造者的人类的命运来说,贫困是合理的。"[⑤]除了明显的廊下主义的先例之外,弗格森此处的观点很容易让人想起反对奥古斯丁宿命论信条的伯拉纠主义,它肯定自由意志的存在而强烈反对原罪的存在。从这一点看,不是通过神恩的注入,而是通过自己积极的作为,我们获得了拯救。[⑥]

---

① 更详尽的讨论参见第十一章。

② P. II.,页 28;"Of Cause and Effect, Ends and Means, Order, Combination and Design",前揭,Collection of Essays,No. 13,页 124。

③ John Passmore,《人的完美性》(The Perfectibility of Man,London:Gerald Duckworth and Co. Ltd.,1979),页 18—19。

④ P. II.,页 40。

⑤ P. I.,页 52。

⑥ 伯拉纠(Pelagius)是一位不列颠神学家,其影响及于公元 4 世纪晚期及 5 世纪早期的罗马、北非和巴勒斯坦。Richardson and Bowden,《新基督教神学词典》(New Dictionary of Christian Theology),页 435。弗格森的时代之后,历史学家费布尔(Lucien Febvre [1878—1956])用类似观点反驳了环境决定论者,强调人的能动性、"主动性"(initiative)和"机动性"(mobility)而反对人对"环境的被动性"。Sir Matthew Simmons,《地球表面的变化》(Changing the Face of the Earth,Oxford:Basil Blackwell,1989),页 5。

外部或环境的障碍在人类自我完善的进程中发挥了重要的影响。弗格森在其全部著作中都贯穿了原初的廊下主义观念,即"人的理性和心灵在艰苦的条件最能得到培养".① 苦难能够磨炼美德甚至与美德同义②以及"逆境是智慧和美德的学校"的信念是弗格森神义论的核心。这是神圣的计划所固有的。而且,"人类天生就有的欲望"是"善在自然掌握之中的证据".③ 对于开明的个人来说,他"对上帝意志的理解"是最明晰的,"一种由欲求或者渴望避开的目标所组成的命运,对于人就像空气适合于鸟的翅膀一样是适合的".④

生活中遍布造物主为了便利人的发展而故意设置的危险和障碍。⑤ 人类处于一种不可思议的自我创造的进程中,经历了反复试错、活动、冲突、适应和选择。尽管存在与人的动物性自我保存相关的"少数决定性本能","人"还是遵循他自己的观察、识别和经验的指引。⑥ 弗格森说出了他的假想敌("无神论者")的抱怨,他们想知道为何仁慈的上帝会将他所喜爱的创造物置于这样一个世界:在那里,"他"的所有愿望都被否定,"他的"需求没有一项"毫无延迟地得到了满足".借助回应,弗格森有些同义反复地指出,在另一个更为轻松的世界中,"每一项能力"都"未被利用",因而也显得多余。⑦ 毕竟,我们具有"多面的性情",能让我们应对各种情况;即使是最不适合居住的环境也是一次锻炼我们"弥补缺陷"的倾向的好时机。⑧ 不是证明神不存在或者甚至上帝对我们冷漠[156],一个需求得不到回应的世界雄辩地表明了他对我们的深切

---

① *Institutes*,页 268。

② *Essay*,页 46—47。同时参见 *History*,页 43。

③ *P. I.*,页 176—181。同时参见《论存在或者可能存在的事物》,前揭,页 228。

④ *P. I.*,页 176。

⑤ *P. I.*,页 176—181;《论存在或者可能存在的事物》,*Collection of Essays*, No. 27。

⑥ *P. II.*,页 37;*P. I.*,页 133。

⑦ *P. I.*,页 178。

⑧ *Essay*,页 106。

关怀。一切事物都是为了一个仁爱的目的而存在,在被创造的存在中没有什么是多余或者无用的。① 宇宙中没有什么是纯粹邪恶的,因为所有被造物都在善意的主人计划中发挥着积极作用。例如,自然的原材料被故意"分散于地球的各地并且往往藏匿于地下深处"。"这些材料的混乱和和表面上无序的分布"并非为了挫败我们,而是"为了激励[我们的]希望,为了增加[我们]寻找他们所付出的劳动"。② 同样,自然资源在全球的不规则、看似恶意的分布不可避免地导致了交换、贸易、国际贸易和相互的促进。③

从我们道德和智力发展的观点出发,赖利提出,弗格森将"物质世界设想为上帝为了激励我们解释它们这一明确目的而创造的'符号和表达'的系统"。④ 如弗格森写到的:

> 我们或许可以将物质世界看成不是为了其自身,而是为了心灵的相互交流而建造的。物质世界形成一个一个符号和表达的体系,无限的造物主借之而使自己为他的智慧的造物们所理解。它是一种华丽而规范的叙述。⑤

我们在科学和历史上的努力,因而就是实现造物主的愿望,即我们为自己研究和揭示自然的法则。此外,为什么地球不完全地展露在人类面前("每一座山"都被"大树覆盖")的原因是,这样人

---

① 《论存在或者可能存在的事物》("Of Things That are or May Be"),*Collection of Essays*,No. 27 (2),页 237:"那个创造了宇宙和完美秩序的力量不会徒劳。"

② *P. I.*,页 243。

③ *P. I.*,页 246—247。

④ P. H. Reill,《18 世纪晚期历史思想中的叙事和结构》("Narration and Structure in Late Eighteenth Century Historical Thought"),见 *History and Theory*,Vol. 25 (3),1986,pp. 286—98,页 286。

⑤ *P. I.*,页 274—275。强调为引者所加。同时参见"Of Cause and Effect, Ends and Means, Order, Combination and Design",前揭,*Collection of Essays*,No. 13,页 123。

类便可以自己观察和理解自然展开的过程,以这些知识武装自己,
然而通过自己的努力完成这项工作。① 这个进程有两个目的功
能:首先,我们必须认识这些法则,以便靠它们生活并从中得益;其
次,通过这个进程,我们能够逐渐地完善我们自己。发现和整理
"自然法则"的激情"充斥于每个人的胸中;每个国家和每个时代的
人们的事业都因这一激情之满足而大大地被推进了。"②

　　地球实际上是一个包含了我们物质环境,历史行动以及人工
制品的"巨大的符号场"。贤人的任务是整理和解释这些人工制品
以及标志。我们有"解读自然的话语"③的任务,自然的话语被创
造出来至少部分地为了激发人类智力上的好奇心。

　　[157]弗格森对于自然之残酷性的乐观态度代表了与奥古斯
丁主义关于我们与物质世界之关系的观点的有意决裂。奥古斯丁
对自然持有一种恐怖的观点,将其理解为是敌对、危险和苛刻的。
灾难、饥荒、疾病和洪水都被视为是亚当的原罪所致。④ 他写到,
"这个被诅咒过的地球将为你带来荆棘和蒺藜。你不必悲伤也不
必欢喜。"⑤相反,弗格森相信世界被造就为完美、"庄严"和"美丽"
的,⑥即使"荆棘和蒺藜"也是良好的。

　　　　看起来各种元素交战的世界是平和的:风是仁慈的手段;

----

① 《价值的特性以及它在存有中的来源》("Distinction of Value and Its Source in Ex-
istence"), *Collection of Essays*, No. 7,页 84。

② *P. I.*,页 278。

③ Reill,《叙事和结构》,前揭,页 286。

④ D. J. Herlihy,《中世纪社会对环境的态度》("Attitudes Toward the Environment in
Medieval Society"),见 Lester J. Bilsky (ed.),《历史生态学:关于环境和社会变迁
的论文》(*Historical Ecology: Essays on Environment and Social Change*), New
York: Kennikat Press, 1980,页 103。

⑤ 奥古斯丁,《驳朱利安》(*Against Julian*),见 *The Fathers of the Church*, a New
Translation, Translated by Matthew A. Schumacher, New York: 1977,页 21。

⑥ *P. II.*,页 27。

雨和雪是慷慨的恩赐;表面的混乱实际是完美的秩序;崎岖的峭壁和零散的丘陵为许多居民提供栖息场所,在装扮了动物的栖息地,装饰了人的前景的所有这些艰难困苦中……自然中各个部分的运动导致了整体的生存和幸福。[①]

弗格森认为,充满了兴衰沉浮和危难的自然环境是一个奇妙的地方,充满了冒险的挑战、神秘、刺激和冒险的希望。创造了一个热爱冲突和行动的生物之后,"上帝"精心地安置"他"。

　　人类生活的苦难和艰辛被认为是偏离了上帝的善;但是人们为自己设计的许多娱乐活动充满了困难和危险。人类生活这一游戏的伟大发明者充分地知道如何安顿这些玩家。机运是抱怨的对象,但是如果这些被移除的话,游戏本身将不再吸引这些玩家。[②]

弗格森对环境的态度体现了一种拒斥奥古斯丁所造成的二分法的神义论,这一两分法一方面是堕落前的伊甸园,另一方面是堕落后的敌托邦。弗格森对世界拥有更为整全的观感,将之看成是永远并且基本上是仁善的,即使有具有挑战性和和混乱的地方。产生这种观点的神义论来源于廊下主义。宇宙总体上"完美"但常常还是"严酷和不舒适的"。[③]

于是,自然中的所有都是为了人,为了它的目的,即道德的完善而存在的。弗格森从设计和维持的论证出发,存在之链的术语贯穿于他所有的著作。简而言之,"存在之链"的观点建立于丰

---

① *P. I.*,页 19。
② *Essay*,页 45。该段为 1773 年版所加。
③ 马可·奥勒留,《沉思录》,5.8,页 81—82;4.44,页 73。

裕的概念之上；宇宙的设计包含了"从最低级到最高级存在的完整系列"，有大量的品种和类别，并且按照依赖的链条等级式地排列。①

[158]人类处于这个相互扶助的伟大链条的顶端。弗格森对这一繁忙、整全和完美的宇宙的热情汇总，将"人"置于活动的中心：

> 这个整体生机勃勃：场景在持续地变化；但在它的变化中展现了一种秩序，这种秩序比任何形式在完全静止时所处位势或姿态呈现出的秩序更令人震惊。因为人以其智力，处于这种陆地序列的顶端，像拱门的楔石，使这个体系完整。②

很多极大地影响了弗格森的导师几乎用完全相同的术语设想被创造的世界。亚里士多德分等级地安排物种，将人类放在顶端，主张自然中的一切最终都是为了服务人类而存在的。③ 按此观点，地球上的植物的唯一目的就是为了满足动物的需要，而动物的存在又是为了满足人的生活。④ 廊下主义也是高度人类中心主义并且贵族派的。西塞罗在《论至善和至恶》中告诉我们，克里希波斯认为，"低级的动物是为了人类的利益而被创造的"，⑤而奥勒留

① Viner,《上帝的作用》(*The Role of Providence*),页 90。对存在巨链这个概念的详尽阐释参见 Arthur O. Lovejoy's,《存在巨链：一个观念史的研究》(*Great Chain of Being：A Study of the History of an Idea*, Cambridge, Mass：Harvard University Press, 1964)。
② *P. I.*,页 174,《人性的特征》("Characteristics of Human Nature"), *Collection of Essays*, No. 32,页 280。
③ Aristotle,《政治学》,I i. 1256b,页 16。同时参见 Owens,《亚里士多德的自然目的论》("Teleology of Nature in Aristotle"),前揭,页 169。
④ Owens,《亚里士多德的自然目的论》,前揭,页 68。
⑤ Cicero,《至善和至恶》,前揭,3. 67；Reesor,《早期和中期廊下派的政治理论》,页 23。

在《沉思录》中也持相同的观点。① 只有人类有理性，②因而正义关系在人类和动物之间并不存在适用。动物没有理性，因而它们可能被用作工具。③ 实际上，物质世界的一切都是为人类而存在的。以下是西塞罗的巴尔布斯的观点：

> 只有我们人类因为航海知识有能力控制最为暴烈的自然力量，即海洋和风浪……我们还拥有陆地上的所有果实……河流和湖泊也是我们的……我们通过灌溉使土壤变得肥沃，我们引导河流，加强或者改变它们的流向……通过双手我们尝试在自然世界中创造第二个世界……人在这个世界中使用的一切都是为了人的利益而创造和提供的。④

也有一个基督教的先例。上帝把自然中的一切交托给人随其心意处理，用赫利希的话来说，因而促成了"一种生态的必胜信念（ecological triumphalism），即在处理物质世界的过程中，[人们]只需要考虑他们自身的眼前利益"。在这个概念中，人类对于他们控制下的那些生物的利益不承担道德责任。这些更为低等的生物的存在只是为了服务人类。⑤ 弗格森[159]有关人类与物质世界

---

① 马可·奥勒留，《沉思录》，5.30.页88。

② R. Sorabji，《动物的心智和人类的道德》(*Animal Minds and Human Morals*，Ithaca：Cornell University Press，1993)，页124。

③ Diogenes Laertius，《明哲言行录》(*Lives of Eminent Philosophers*，Translated by R. D. Hicks，London：William Heinemann，1958，7.129)，页233；Cicero，《论至善和至恶》，前揭，3.67，页287—289以及Epictetus，《谈话录》(*Discourses*，1.6.18—22)，页45。亦可参见Stanton《爱比克泰德和马可·奥勒留的世界主义观念》("The Cosmopolitan Ideas of Epictetus and Marcus Aurelius")，页185。

④ Cicero，《论神性》(*De Natura Deorum*，with an English translation by H. Rackham，London：William Heinemann Ltd，1951，2.60)，页152—154、页269—271。

⑤ Herlihy，《中世纪社会对环境的态度》，前揭，页102。在《创世记》(*Genesis*)中，我们被告知，上帝委托亚当"占满地球并征服它：统治海洋中的鱼类，空中（转下页注）

的关系的概念充满了物种歧视。"一切都为人类而创造"，[①]他声称，所有的造物都任人类随意地消费、制作、控制甚至掠夺。[②] 人类是上帝"喜爱的地球的居住者……谁能怀疑他是地球的农夫和所有者?"[③]

然而，弗格森的模式在一个重要的方面不同于他的那些古典的和基督教的前辈：它不是静态的。在这个链条中永远存在变革、涌现、调整和进步：在某种意义上，上帝让他的创造物处于未完成的状态，从而使人类成为"合作的完成者"，他们疏浚沼泽，征服原野。[④] 和存在巨链学说的更早传播者不同，弗格森并不认为创造是一次性事件。相反，创造是一个持续过程。[⑤] "在这个奇妙的情景中"，他写到，"起作用的力量具有原初的创造性，在每一个连续的阶段都是如此。"[⑥]

（接上页注）的飞禽以及所有生活于地球上的生物"。《圣经》(*The Holy Bible*, Containing the Old and New Testament，Authorised King James Version，London：Collins Cleartype Press，1952，Genesis I. 26. 28. ，页 7。)阿西西的圣方济各(St Francis of Assisi)是这种基督教必胜主义的一个明显例外。无论如何，格拉肯(Glacken)质疑早期基督教尤其是《创世记》中传达的情感的影响。他认为应将开发利用自然的态度看成是人通过日益增长的技术进步相对于自然获得的日益增长的权力的结果。对 Glacken，《罗德岸边的足迹》，前揭，页 494。

① "Distinction of Value and its Source in Existence"，前揭，*Collection of Essays*，No. 7，页 73。

② 《论存在或者可能存在的事物》("Of Things that Are or May Be") (Part 1)，*Collection of Essays*，No. 27，页 223。"我们必须承认，自然的意图是使这个星球受制于人类。""A Little Boy"，*Collection of Essays*，Appendix 1，页 292。

③ 《价值的特性及其存在有中的来源》("Distinction of Value and Its Source in Existence")，*Collection of Essays*，No. 7，页 84—85。

④ Simmons，《地球表面的变化》，前揭，页 7。在弗格森和孟德斯鸠之前，哈勒(Matthew Hale)对此论题有非常精彩的论述。他认为，人类的存在是"其他物种的存在的一种平衡力量。他成为一位主宰者，抑制野生植物和野生动物的传播，鼓励种植植物和驯养动物的扩散"。Glacken，《罗德岸边的足迹》，前揭，页 494。

⑤ 惠特尼首先注意到这个问题。《尚古主义和进步观念》，前揭，页 151。

⑥ *P. I.*，页 175。"创造本身就是不断地弥补缺陷。""Of Things That Are or May Be"，前揭，*Collection of Essays*，No. 27 (2)，页 240。

五、结　论

　　物质环境在社会的变革和发展中发挥着重要作用,对于解释人类文明惊人的多样性大有帮助。然而,我们不能说,这些环境的多样性构成了弗格森的进化论,它们也并非变革的决定性因素;毋宁说,它们是构成一个复杂体系的诸多变量中的一部分,这一复杂体系被造就为人类进步的背景和动力。但是到目前为止,环境在弗格森的规划中发挥的最重要的作用是它在其神义论中发挥的作用。物质世界并不否定仁爱和亲切的上帝的存在或者给出了人类原罪的证据,物质世界,即使在其最为恶劣的情况下,也一方面是一个挑战性的运动场,另一方面是被设计出来,以激发上帝心爱之造物的科学和道德进步的符号迷宫。

第十章　腐败和现代性问题

[161]因为关注人类生存的兴衰沉浮和复杂性这一倾向，弗格森的著作特别强调文雅时代的缺陷。这种倾向暗示他反对进步。但实际上，他的态度比这更微妙和纠结。

同许多 18 世纪的思想家一样，弗格森也非常关注文明衰落与此相随的政治腐败的主题。但是弗格森方法在两个重要方面与那个时期的许多其他思想家有区别。首先，他是在线性的而不是循环的或者轮回的历史编纂背景下表达其关注，因而他对进步的态度总体上说是积极的。其次，并非以宗教的或者严格尚古主义的腔调进行道德教化，他对于现代生活的病症的诊断是非常深刻、复杂和有先见之明的，特别是他对专业化的影响以及社会亲密性，友情，社会与道德资本的削弱的原因的研究。政治的退场（political demobilisation）和社会的崩溃成为摆在弗格森面前的核心问题。他的关注预示了"过度理性化、非人化、原子化、异化和官僚化"等引发 19 世纪和 20 世纪思想家们注意的问题，[1]他与涂尔干、滕尼斯和马克思的关系也常被注意到。[2] 弗格森这样出现在我们面

---

[1]　Kettler，《亚当·斯密的社会和政治思想》，前揭，页 8—9。

[2]　参见赫希曼，《激情和利益》，前揭，页 120；Lehmann，《亚当·斯密》，前揭，页 154—155；Bryson，《18 世纪的几个社会概念》，前揭，页 421 以及 Horne，《嫉妒与商业社会》，前揭，页 552—553。

前,不仅作为一位道德学家,而且作为一位致力于理解社会变革之动力学和影响的早期社会科学家。

一、概 述

弗格森相信,公民美德是现代性的代价,并且只要道德衰退的信号没有在还来得及补救之前被发现,专业化的增进、过度扩张和享乐主义所造成的公民美德的丧失将不可避免地导致国家毁灭。帝国主义和劳动分工导致官僚化,它严格地限制了大众对公共事务的参与,而新的商业伦理抹杀了公共情感。堕落的国家将市民排除在政治生活之外,使他们既没有参与的技能,也没有参与的热情。① 专业化使个人疏离于公共事务,[162]因为它会逐渐肢解人的个性。同时,私人和公共领域也将更加严格地区分。"共同体的成员可能……疏于联络感情……除了贸易的事情之外也没有公共事务需要办理,在这些贸易的事情中民族精神是无法施展的。"②

当然,弗格森对于衰退的关注并非他自己的原创。古典历史学家波利比乌斯、修昔底德和塔西佗以及他同时代的人如吉本都关注这个问题。像吉本一样,弗格森也认为产生进步的过程同时也暗含着对"文明"的破坏。③ 但是,正如布鲁尔指出的,《文明社会史论》是"第一次对这个悖论进行广泛的研究",这也是马克思赞扬弗格森的成就并错误地将他视为斯密的老师的原因。④ 福布斯

---

① *Essay*,页 178。
② *Essay*,页 208。
③ Pocock,《马基雅维利和休谟之间》,前揭,页 153—169、页 162。
④ Brewer,《亚当·弗格森和剥削问题》,前揭,页 465。布鲁尔认为,"弗格森对罗马帝国衰亡的解释……影响了吉本的更加著名的研究。"《亚当·弗格森和劳动分工》,页 15。马克思提及弗格森地方,参见 K. Marx,《资本论》(*Capital*, Progress Publishers, Moscow, 1977,3 Vols, Vol. 1,页 334、341—342);《哲学的贫困》(*The Poverty of Philosophy*,International Publishers,New York:1969, (转下页注)

也发现了弗格森的这个悖论,他指出,《文明社会史论》在马基雅维利主义的公民人文主义和 19 世纪对异化论题的关注之间搭建了桥梁,标志着思想史上的一个"十字路口"。①

在揭示这些变量比如劳动分工,过度扩张等的因果关系上,弗格森确实预见了众多 19 世纪社会学的关注,尽管,典型地,他是在公民人文主义对公民身份和德性的关注中找到自己的灵感的。②然而,这个事实不能改变他的阐释的原创性和重要性,因为他将这种灵感转化成了一种独创的方法,一种产生了"有深度且重要"洞见的"经济社会学"。③

二、背　景

弗格森所处的时代,苏格兰的社会、政治和经济生活都在经历剧变。18 世纪下半叶,苏格兰已经发展成了一个商业社会,④尽管在 18 世纪的苏格兰,资本主义还并非主导性的经济模式,⑤但弗格森见证了[163]它的到来,他非常了解它对不列颠以及其他国家的渗透性影响。⑥ 他目睹了苏格兰高地农业经济

(接上页注)页 129—130)。对马克思/弗格森关联性的深入讨论参见 Lehmann,"评论",页 169;Meek,《苏格兰人对马克思主义社会学的贡献》;R. Bendix,《授权统治·导言》(Mandate to Rule, An Introduction),见 *Social Forces*,Vol. 55 (2),1976,pp. 252—253;E. Garnsey,《重新发现劳动分工》("The Rediscovery of the Division of Labour"),见 *Theory and Society*,Vol. 10,1981,pp. 337—358,页 341;Hamowy,《亚当·斯密、亚当·弗格森和劳动分工》以及 Ballestrem,《历史唯物主义概念的来源》,页 3—9。

① Forbes,"Introduction" to *Essay*,页 xxxi。
② Brewer,《亚当·弗格森和剥削问题》,前揭,页 473。
③ Gellner,《亚当·弗格森和市民社会惊人的稳固性》,前揭,页 119。
④ Strasser,《社会学的规范结构》,前揭,页 53。
⑤ Camic,《经验和启蒙》,前揭,页 95。
⑥ 例如,在曼彻斯特和伯明翰旅行之后,他记录了工业发展水平给其留下的深刻印象。Letter to John Douglas July 21, 1781, *Correspondence*, No. 198, II,页 267—268。

的激烈变革,及其给乡村社会生活带来的影响。[1] 下列这些工业变革出现时,弗格森正好在场:劳动的机械化和专业化(1745年以后,低地地区引进了机械工业);[2]生产量极大提高;大规模工厂的出现;制造业在地理上的集聚;城市扩张以及随之而来的人口增长;[3]制造业人口分化为所有者/雇主和工资劳动者、工人,不列颠大体上从一个农村社会变革成一个城市社会。[4] 尽管"工业革命"对于弗格森所见证的变革来说还是一个太过宏大的术语,但"前工业化"或"初始工业化"肯定能描述18世纪中期苏格兰的状况。弗格森清醒地认识到了劳动过程和与之相伴的社会关系变革的方式。因为劳动者拥有自己的生产工具的可能性越来越小,他们不得不出卖自己的劳动力给拥有生产工具的人。[5]

　　政府及其机构越来越集权是弗格森关注的另一个问题。除了帝国官僚体制在全球范围的扩张和扩散这一更为一般性的趋势之外,还有两个主要历史事件肯定也增强了这种关注。第一,1707年的《合并法案》意味着苏格兰议会的解散,从而远方政府的加强。第二,苏格兰作为军事力量的衰落伴随着伦敦军事力量的不断中央化和职业化。

---

① Strasser,《社会学的规范结构》,前揭,页53。

② Brewer,《亚当·弗格森和劳动分工》,前揭,页24。

③ "1755至1775年间,苏格兰五大城市的人口增长是全国平均数的三倍。"Brewer,《亚当·弗格森和劳动分工》,前揭,页25。

④ 这些变革在19世纪彻底实现。Joseph Mahon,《恩格斯和城市问题》("Engels and the Question about Cities"),见 *History of European Ideas*, Vol. 3 (1), 1982, pp. 43—77,页43—44。

⑤ Brewer,《亚当·弗格森和劳动分工》,前揭,页24—25;亦可参见 C. P. Kindleberger,《历史背景:亚当·斯密和工业革命》(The Historical Background: Adam Smith and the Industrial Revolution),见 T. Wilson and A. Skinner (eds),《市场和国家》(*The Market and the State*), Oxford University Press, 1976,页24。

国家的衰退

世界处在老年期的观念在 17 世纪非常普遍,[①]而退化的观念在 18 世纪依然非常流行。[②] 但对退化主题的关注其实已有几个世纪之久。对科学进步的信心和对道德堕落的担忧之间的张力在很多古代作家的著作中都能找到,其中包括柏拉图、塞涅卡、卢克莱修和波西多尼乌斯(Posidonius)。[③]

[164]弗格森与孟德斯鸠和卢梭的观点一致,都认为道德的堕落往往尾随着伟大而来,而在繁荣的帝国发生政治衰退的可能性更大。[④] 他赞同孟德斯鸠在《罗马盛衰原因论》(1734)中的观点,即罗马共和国的衰落可以追溯到廊下主义的衰落和伊壁鸠鲁主义的流行所导致道德败坏。该观点认为,共和国晚期的伊壁鸠鲁主义代表着享乐主义和私人利益优先于公共善。[⑤] 正如谢尔所指出的,弗格森认为,"伊壁鸠鲁主义和恺撒有关,廊下主义和他所挚爱的加图有关。弗格森指出,恺撒对政治权力的欲望和他对政治享乐的伊壁鸠鲁式欲望有直接的联系"。在弗格森看来,伊壁鸠鲁主义对廊下主义的胜利在下列时期达到了顶峰:也就是为加图和马可所支持的美德共和国毁灭,因罗马公民的道德衰落而成为可能的专制得到确立。[⑥] 他指出,他的《罗马共和国兴亡史》应该被视作所有富裕国家的道德教训,特别是不列颠,[⑦]它是商业最发达和

---

① Passmore,《人的完美性》,前揭,页 198。

② Whitney,《尚古主义和进步的观念》,前揭,页 43。

③ E. R. Dodds,《古代的进步概念》(*The Ancient Concept of Progress*,Oxford: Clarendon Press, 1985),页 25—30。

④ 虽然弗格森也承认,在既不繁荣也不先进的国家堕落也可能发生。*Essay*,页 229。

⑤ *History*,页 169—170。

⑥ Sher,《教会和大学》,前揭,页 201;*P. I.*,页 238。

⑦ 罗马是"繁荣国家兴衰沉浮的典型例子……理解了它也就理解了人类。"*History*,页 1—2。

最先开始工业化的国家。在弗格森的著作中,对于这些发展所造成的进步的乐观主义随处可见,但这种乐观主义也被对进步潜在的负面影响的深深担忧削弱了。

　　柏克在观念史上注意到了我们的期待和进步的实际经验之间的相关关系。反过来,当进步放缓时,期待也会降低,作家们开始关注堕落的问题。因此,在罗马帝国的最后几个世纪,我们发现波利比乌斯、西塞罗和塔西佗都关注堕落。① 但是不列颠在弗格森的时代迅速扩张,并且似乎没有任何经济衰退的迹象。毋宁说,普遍关注的是德性的耗散,这是18世纪政治哲学最紧迫的问题之一。② 吉本的《罗马帝国衰亡史》仅仅是体现在学术著作、出版和大众读物中的英国人对国家堕落问题的关注一个例子。③

　　[165]有人认为,斯密对商业时代也表现出"浓厚的悲观主义情绪",④但斯密的保留意见比弗格森少。后者对商业化的潜在危害的关注贯穿其一生,并且他比任何苏格兰同辈都更加意识到"商业精神"的出现所造成的公共危险,即社会堕落为"暴政"的危险。他公开声称写作《文明社会史论》的目的是"描述有可能导致政治奴役的精神萎靡……和国家衰弱。"⑤弗格森在其《文明社会史

---

① Peter Burke,《传统和经验:从布鲁尼到吉本的衰落观念》("Tradition and Experience: The Idea of Decline from Bruni to Gibbon"),见 *Daedelus*,Vol. 105,Summer,1976,pp. 137—152,页 145。多兹(Dodds)也有相同的观点关注。《古老的进步观念》,前揭,页 25。

② Pocock,《马基雅维利时刻》,前揭,页 462。

③ Jean Willke,《亚当·弗格森的史学思想》,前揭,页 170。沃德(Addison Ward)认为:"罗马历史与英国的特殊关联在于,两个国家都是'混合'政府,由君主的、贵族的和大众的元素构成,它们的平衡最大限度地同时确保了稳定性和个人自由"。《罗马史的保守观念》,页 418。

④ Robert L. Heilbroner,《进步的悖论:衰落和后退》("The Paradox of Progress: Decline and Decay"),见 *Wealth of Nations' Journal of the History of Ideas*,Vol. 34 (2) 1973,pp. 243—262,页 243。相反,波考克认为,斯密对商业时代并没有弗格森那么悲观。Pocock,《在马基雅维利和休谟之间》,前揭,页 162。

⑤ *Essay*,页 247。

论》、《罗马共和国兴亡史》、《道德哲学要义》、《道德和政治科学原理》以及论文集和小册子中详尽地解释了这些后果的原因。文明时代的新繁荣带来了舒适和"便利"，但它同时也带来了社会的毁坏。历史上满是经历过"自动变得默默无闻，软弱无力"的情况的国家。无需惊奇，人们往往认为"社会进步至我们所谓的国家伟大，并不比它们退回到虚弱和默默无闻的状态更为自然"。将"年轻和年老的意象"应用到民族上似乎是完全合理的。[①]

三、堕　落

弗格森尊崇古代的波利比乌斯努力区分帝国衰败因素的谋划。后者认为，存在两种来自于自然原因的可能的衰落之源："外部的"，它没有"固定的原则"以及"内部的"，它是按照可预期的或者"规则的次序"而产生和发生的。波利比乌斯描述繁荣而安全的"共和国"的典型模式，这一共和国如果长时间享有"霸权和毫无竞争的主权"，必将以公民的放荡而终结。[②] 弗格森将后一种内生的衰落类型视为他关注焦点，宣称"没有一个国家遭受的内在衰落不是因为其成员的邪恶"。[③]

弗格森采纳了波利比乌斯有关堕落一词的用法，就像马基雅维利和大多数 18 世纪的思想家一样。[④] 对马基雅维利来说，"堕落"(corruzione)代表了政府性质的任何形式的退化，并且它不仅

---

① *Essay*，页 197—198。
② Polybius，《罗马帝国的崛起》，前揭，6.57.，页 350。
③ *Essay*，页 264。"民族精神之所以常常昙花一现不是因为人性中任何无可救药的坏情绪，而是因为人类故意玩忽职守、自甘堕落。"*Essay*，页 212。亦可参见 *History*，页 305—306。
④ 在这个时期该术语也变得与贿赂(bribery)同义，并且最终后一种排他性地限制在金钱方面的含义取代了马基雅维式的含义。Hirschman，《激情和利益》，前揭，页 40。

[166] 影响到个别的人民,而且在盛行的态度和行为趋势上影响到整体的人民。① 弗格森告诉我们,当公民的行动本性失去了"激发其精神的目标","民族就不再杰出了"。一个健康的国家建立在,并且主要表现为活跃的公共利益以及对市政事务的广泛参与。放荡很快使这种精神衰退。② 对于政府来说,称职甚至对于确保令人满意的物质繁荣都是不够的;它还需要积极地争取公民对公共事务的参与。③ 历史教导我们,那些政治冷漠程度高的国家极易为独裁者所算计。弗格森最担忧的是任何可能造成"军事政治"的独断统治或者使其成为必需的条件。这种担忧长期存在,并且在他所有公开出版的著作和私人通信中反复出现。④

弗格森将堕落与那些削弱"公民的"和"政治的德性"的条件的变化相联系,也就是专业化、过度扩张和享乐主义。⑤ 他对现代堕落的病原学分析与他对罗马共和国衰落的原因的观点有关,而后者都可以追溯至伊壁鸠鲁主义对廊下主义的胜利。伊壁鸠鲁主义教人挥霍,描述了一个无神的由偶然性支配的世界,将道德还原成享乐主义并教导人们"所有的善都是私人的"。忠诚于伊壁鸠鲁主义的原则导致了挥霍和毁灭。⑥ 相反,对现代社会疾病的治疗有赖于廊下主义的教导。⑦ 弗格森对这种堕落的来源和本质的详尽解释,展现了一颗应对巨大的社会变迁的带有道德说教色彩但也细密的心灵。美德的消失是致命的,因为与斯密或曼德维尔不同,

---

① S. M. Shumer,《马基雅维利、共和政治及其堕落》("Machiavelli: Republican Politics and Its Corruption"),见 *Political Theory*, Vol. 7 (1), 1979, pp. 5—34,页 9。

② *Essay*,页 200。

③ *P. II.*,页 509。

④ 例如,参见至 William Pulteney 的信,1769,*Correspondence*, No. 57,I,页 88。

⑤ *Essay*,页 260。

⑥ *History*,页 169—170。弗格森在其他地方解释到,虽然这些信条并不能真正地代表伊壁鸠鲁主义,但是对伊壁鸠鲁主义的这种粗俗的、享乐主义的理解被普遍地接受了。*Institutes*,页 138—140。

⑦ *History*,页 170。

弗格森并不以财富、军事力量或人口水平等数量型指标来判断社会繁荣,[1]而是以其公民的道德和性情的廊下派指数(the Stoic index)为依据。[2] 这里蕴含的重要潜台词可能是,那些赞成《合并法案》的人不爱国并且唯利是图。[167]在苏格兰流行的观点是,联盟产生于"苏格兰领导阶层的堕落",他们接受了财产和其他回报(例如,贵族地位)的贿赂而投票赞成。[3] 但他似乎赞同这一更为善意的观点,即苏格兰的领导人已经甘愿接受联盟,或者最坏的情况是,为英格兰所迫(它威胁"禁止苏格兰在贸易中向英格兰出口重要的物品")[4]将苏格兰的经济福利放在其独立性之上。[5]

　　无论如何,弗格森认为活跃的公共利益和参与是一个健康国家的主要特征。鼓励政治和军事参与(因而公民道德)的能力是良好统治的真实指标。[6] 虽然斯密遗憾地承认随着商业主义的出现,公民美德减少了,[7]总体而言,他似乎相信物质的繁荣具有道德和存在论上的优先性。美德和公民身份尽管都非常令人向往,但不得不为了进步和财富而牺牲。弗格森则更为矛盾:

----

[1]　在 18 世纪,人口规模通常用作衡量国家财富的重要标志。Ann Firth,《道德监管和自发的社会秩序:18 世纪经济思想中的工资和消费》(Moral Supervision and Autonomous Social Order; Wages and Consumption in Eighteenth Century Economic Thought),见 *History of the Human Sciences*,Vol. 15 (1),pp. 39—57,页44。斯密主张,衡量任何国家繁荣程度的最重要标志是居民的增加。*WN*. I. Viii. 23. ,页 87—88。

[2]　*Essay*,页 62。卢梭也持类似观点,他说"最好依赖来自于良好政府的活力而不是巨大领土所提供的资源"。但我们也要注意,卢梭认为国家的良好统治的"最可靠标志"是人口的增长。*Social Contract*,页 221。

[3]　对于该观点的是否正确的讨论参见 Shaw,《18 世纪苏格兰政治史》,前揭,页 1—17。

[4]　Shaw,《18 世纪苏格兰政治史》,前揭,页 1。

[5]　对弗格森而言,问题似乎非常复杂,因为我们知道,他的政治同情是反对詹姆斯二世党人的,没有证据表明他争取苏格兰的独立。尽管,他对联盟的态度很可能与他的政治立场(即使不完全赞成但也似乎相当满意)有所区别。

[6]　*P. II.*,页 509。

[7]　*WN*. V. i. f. 50,页 782。

财富、商业、疆域、技艺知识，当它们被人们适当运用时，是自我保存的手段，也是力量的基础。如果部分没有做到，那么国家就会变弱；如果它们全部没有得到运用，那么整个种族都要灭亡。它们的作用在于保存人数，而不在于构成幸福……但当它们用来保存怯懦的、沮丧的、卑贱的民族时，它们就没有什么意义了。①

斯密和弗格森在腐败的问题上主要的区别在于，斯密的观点本质上是早期的自由主义和古典的政治经济学家的观点，②而弗格森在谨慎地拥抱这两种观点时，不情愿放弃公民人文主义的诊断传统。

四、社会凝聚力和规模问题："失范"、帝国主义和官僚化

帝国萎缩的一个主要原因是小规模共同体成长为非个人的、笨拙的城市和帝国。实际上，弗格森猜想，在所有趋向专制的路径中，过度扩张是最确定不移的。③ [168]这可能是军事帝国主义的有意行动的结果，也可能更为自然地是经济增长的结果，经济增长

---

① *Essay*，页 60。

② 虽然只具有前兆性的意义。自由主义和自由放任（laissez-faire）直至 19 世纪才完全融合。Zaret，《从政治哲学到社会理论》，前揭，页 159。

③ *Essay*，页 257。孟德斯鸠和吉本都将帝国的衰退和过度扩张相联系。Burke，《从布鲁尼到吉本的衰落观念》，前揭，页 146。休谟也不赞成"大规模征服"，他主张，侵略性的扩张主义"注定会损毁每一个自由政府"。Hume，《完美共和国的观念》（"Idea of a Perfect Commonwealth"），*Essays*，页 529。斯密似乎也持类似的看法。Dalphy I. Fagerstrom，《苏格兰观念和美国革命》（Scottish Opinion and the American Revolution），见 *The William and Mary Quarterly*，Vol. 11（2），1954，pp. 252—275，页 259。

刺激了人口规模的扩大并导致城市发展。这两个进程都会导致过度官僚化、过度集权化、社会迷失以及我们现在所称的"失范"情况。当这些条件与以契约为基础的市场社会和利润动机相结合，破坏性的潜力将进一步加剧。弗格森警告，这些因素的结合是专制，最终社会和经济全面崩溃的前奏。文明不只是根据文化、技术和经济上的发展的定义，也是根据共同体的情感来定义的。然而这恰恰是当文明国家走向衰落时所失去的。[①]

虽然弗格森所阐述的过度扩张的影响肯定预见到了 19 世纪社会学的某些关注，需要注意的是，弗格森公开的灵感来源于廊下主义对同情同感（sympathia）和社会亲密原则的关注，其后，他将其运用于"当代的"条件，以产生更现代的效果。为个体社会的出现所困扰，他怀旧地想起小的部落社群的黄金时代，在那些部落中"人们友善的交往，即使处在最为粗糙的状况，也充满了感情和快乐"。[②] 他偶尔（或许并非故意）带有尚古主义色彩，就如他颂扬亲密的社会，如修昔底德笔下的古代雅典、塔西佗记录的德国以及当时的人类学家对"野蛮"社会的记录。在上述所有的这些社会中，公民享受基于自发的感情而非基于职责或期待回报的关系。[③] 与未开化和野蛮时代的公共精神相比，支配文明和市场社会的精神是个人主义、竞争和法治主义，在这里，社会关系为契约和对利润的追求所界定和限制。相对于斯密对进步的相对乐观，弗格森对现代市场经济的心理和社会成本比较悲观。他为马克思的商业化对"社会本质"的影响的观点做了铺垫，他提出，在文明的国家中，"我们有时会发现人类是一种孤立的、寂寞的生灵"，"他已经找到

---

① Forbes，《亚当·弗格森和共同体的观念》（"Adam Ferguson and the Idea of Community"），页 43。

② *Essay*，页 104。

③ *Essay*，页 84—94。当时对北美土著人的生活的记录来自拉菲托（Lafitau）、沙勒瓦（Charlevoix）和科尔登（Colden）。

了一个与他人竞争的目标,并且为了它们所带来的好处,不惜像对待牲口、对待土地一样地对待他人。"①

　　弗格森对逝去的乡村生活的哀悼,一如他对通向大规模社会组织的不可逆转的发展所抱有的强烈担忧。城市的出现拉开了大量社会和道德问题的序幕。弗格森将"人民"列在"财富和税收"之前作为最重要的"国家资源"。但他提出了一个重要的限制,即单纯的人口规模无法反映其价值。这种关键的国家资源的价值[169]要与人民对"联合和品格"的感觉的比例关系来定性地衡量。遗憾的是,有时他们的数量直接导致大众变得"分裂和堕落并丧失公共感情",特别是当这些人都聚集在一起时。② 和亚里士多德一样,弗格森个人相信只有在小规模和中等规模的城邦国家,人民才有最好的机会过上"好的生活",即作为公民动物。③ 那些最少地受到商业主义的影响,最多地"保持内心平静"的人才能在大地上生存下来。④ 城市对人的道德和身体健康的影响是 19 世纪一个广受关注的问题,特别是在恩格斯的著作中,但弗格森是 18 世纪少数关注此问题的思想家之一。⑤

　　但军事帝国主义才是过度扩张的最快和最具破坏性的途径,也正是通过这种方式,罗马在自己"内部的腐坏"上加上了最后一根稻草。⑥ 弗格森认为,繁荣的国家通过不断扩张领土而增加其财富是其本性。这个观点的先驱是修昔底德,他将征服的欲望归因于傲慢这个恶习,它是富裕国家独有的特征,驱使他们超过需要和理性而扩张。傲慢缘起于因过往的成功而获得的过度自

---

① *Essay*,页 24。亦可参见 *P. II.*,页 376—377。
② *Institutes*,页 243—244。
③ Dodds,《古代的进步观念》,前揭,页 17。
④ *Reflections*,页 19。虽然如此,弗格森还是接受了进步的自然性,并提出只要美德能自觉地得以培养,在大规模的社会中好的生活也是可能的。
⑤ Mahon,《恩格斯和城市问题》,各处。
⑥ *Essay*,页 262。

信,这就是为什么成功的(也就大的和繁荣的)国家更容易走向衰退。①

　　帝国主义所引发的过度扩张的最恶劣的影响是政治活力和正直的丧失。弗格森注意到,随着国家变得越来越庞大,领土越来越广阔,人民相应地在身体和心理上越来越疏于政府事务。此外,政府本身也越来越集权和官僚化,因而也越来越缺乏"民主"。古代中国是最典型的病态的皇权官僚制。在那里,统治的艺术被定义为最高程度地满足那些"粗鄙的心智",对他们而言,国家的"繁荣和伟大"等同于迅猛地走向专业化、区隔化、职业化、原子化、去分化、规程化、去人格化以及统治和权威的合理化。注意,与这个过程相伴随的是规训和监管的越来越专制的形式,而非民主化和自由化的增长。

　　　　他们所做的事是我们易于赞赏的事。他们使国家事务管理落到最低劣的能力的水平。他们把国家事务区分开来,分摊给不同的部门负责。他们赋予每道程序冠冕堂皇的仪式,[170]庄重威严的形式。在对形式的敬畏无法平息动乱的地方,为了实现这一目的,他们会动用一支雷厉风行的警察部队,还配有形形色色的体罚刑具。……国家的每个部门都是由不同专业的人来干的。每个候选官员都必须受过正规教育。正如从大学毕业,要想获得学位就得靠自己的熟练程度和名次一样。不仅文学,而且国务、战争和税收方面的审理都是由研究不同学科的毕业生主持的。虽然学识是通向晋升的阳关大道,但是,最终人们只要会读会写就行了。政府的伟大

---

① Jacqueline De Romilly,《修昔底德和雅典的帝国主义》(*Thucydides and Athenian Imperialism*, Translated by Philis Thody, New York: Arno Press, 1979),页322—324。参见 *Essay*,页142,弗格森在此处引用了修昔底德,作为对外征服这一主题上的权威。

目标在于种植和消费地球的果实。尽管该国拥有所有这些资源以及为利用这些资源所作的知识准备，该国事实上还是弱小的。它不断为我们提供了我们试图解释的例子，在研究战争和政治的学者以及分出来研究军事专业的千千万万人当中，我们找不到一个人会在国家危难时挺身而出。①

历史表明，"人性"在规模适度的国家中能繁荣和优秀，而在"过度生长的国家，一般会逐渐衰落和退化"。② 共同体是美德的苗圃并且在那些保持"独立"和"较小规模"的地方更能发挥这种哺育作用。③ 一个国家的领土需要足够小，以便能够普遍地参与，从而培养共同的感情。但当人们居住于"广袤的土地上时，他们被分离开，并且忽略了他们的共同体"。统治落到少数人那里，他们"从大多数人手中接掌了每一项需要公共热情或者共同从事的事情"。大多数人必然陷入"倦怠和阴暗的状态"，公民的政治效能得不到发挥，人民开始使自己遭受"任意的统治"。④ 哪里公民没有参与国家事务，哪里就没有公民美德。没有公民美德和主观的政治效能意识的地方，专制主义就可能不受通常的公共监督和问责的限制而抬头。过度扩张和过度官僚化导致了政体和连接共同体的看不见的线索的瓦解。一个具有健康的骚动和合作的强固的宪制逐渐停摆。矛盾的是，过度的扩张并非扩展反而缩小了"国家事务"的"范围"。统治的过程开始变得前所未有的冷漠和沉重，因为"多数人开始认为他们自己是主权者的臣民，而不是政治团体的成员"。现在，"参与立法或其他政府事务"的人变得越来越少。弗格

---

①　*Essay*，页 214—215。
②　*Institutes*，页 243—244。
③　*Essay*，页 60。卢梭也持相同的观点，给出的理由也几乎和弗格森一致。Rousseau，*Social Contract*，页 219—220。
④　*Institutes*，页 243。

森的观点与孟德斯鸠一致，都认为专制主义在大的帝国不可避免，因为帝国不灵便的规模需要集权的政府，而以迅速的决断和无情的权宜之计补偿距离问题成为必要。[①] 过度扩张的代价是[171]公民美德、社会亲密、"民族的"凝聚力、主体的外部和内部的政治效能[②]以及政府的代表性和宽和性的消逝。[③]

和修昔底德一样，弗格森相信，即便"征服"具有显著的经济效益，它最终"对发动者的好处还不如对征服者的好处。""按照丰裕的程度"或者"领土的范围"为一个国家庆贺是愚蠢的，特别是在这些事物只是被看成目的本身的时候。不仅奢侈自身会"导致罪恶的激情"而且在这种奢侈是通过不义的手段获得的地方，罪恶更是会加倍。征服而保有的财富代表的是一种"悲惨而非幸福的症状"，因为它不能不沦为"挥霍、放肆和野蛮的荒淫的产物"。这就是罗马可悲的命运，"在这一万国的财富被收缴集中的中心，财富在荒淫无度或权力的残忍与虚幻中消耗殆尽"。[④]

弗格森并未完全放弃帝国主义，他实际上假设只有在追求国家安全或者展现他虑的激情时候，它才是真正可辩护的。虚荣心、

---

① *Essay*，页 256—257。Montesquieu, *Laws*, 1.8.19，页 126。

② 政治效能(political efficacy)是一个现代术语，它指"一个人相信政治和社会变迁能够被影响或者被阻碍，并且他/她的努力本身，或者与其他人的努力合起来能够在政治权威方面产生想要的结果"。K. Prewitt，《政治效能》("Political Efficacy")，见 *International Encyclopedia of the Social Sciences*, Vol. 12, London: MacMillan, 1968，页 225。

③ 在卢梭所列的帝国主义的缺点中，他认为这些遣散效应实际上是有意造成的，而非过度扩张无意的副产品。他认为征服的真正动机并非"为了扩大国家"而是为了"增强统治者在国内的权威"并转移公民在国内事务上的注意力。Rousseau，《政治经济学》(*A Discourse on Political Economy*), in *Social Contract and Discourses*, 页 157。

④ *P. II.*，页 500—501。并不像通常所认为的那样，弗格森对帝国主义的批判与他的战争具有积极影响的观点相互冲突，因为他在后一问题上的主张一般是用于试图自卫的群体。针对邻居的暴力只有在必需的背景下才是可以辩护的。

自我扩张以及对财富和生存空间的欲望并非充分的动机,也无法证成它所必然会造成的痛苦。[①] 不幸的是,自卫往往不是扩张主义的动机。它往往源自"野心",这里是在这个词早期的贬斥的含义上使用,即对财富的狂妄欲望。[②] 弗格森显然相信典型的或自然的社会形式与使这些类型结合在一起的手段之间存在因果关系。"家庭因感情而结合;团体因社交的欲望而结合;国家因安全的欲望而结合"。但"帝国"因"强力"而结合。[③] 弗格森似乎认为,除了后者,其他的都是自然的结合,因为为内在的驱动力所支持。帝国是不自然的,因为它们是被对更大的领土和财富的人为的"需要"所驱动的。[④]

从道德的观点来看,弗格森也反对帝国主义,理由是它必然包括对自由的不正当的限制。被征服的国家[172]如修昔底德早已指出的,往往屈从于强力,这些强力,本质上是军事的,往往残暴不仁。弗格森偶尔也进入国际关系领域,他认为每个个体的自由依赖于国家之间的权力平衡;甚至享受显著自由的国家的公民,当国家屈从于其他国家的时候,也遭受了一种实际的奴役。"从人类历史来看,征服或被征服,事实上似乎都是一样的。"[⑤]因而,使用强力扩张领土要付出高昂的安全代价,因为当一个国家奴役另一个国家时,侵略者需要保守这种奴役,要为不断地守护掠夺的领土和征服的民众付出庞大的费用。[⑥]

---

① *P. II.*,页 501。

② *P. I.*,页 34。

③ *Institutes*,页 22。同时参见 *P. I.*,页 34。

④ 因为人口规模自动地根据领土大小和肥沃程度调节,感到需要更大的生存空间必然是误解。

⑤ *Essay*,页 257。"自由王国,表面上在扩大领土,事实上自食其果,最终和它们所征服的奴隶们一道被套上了枷锁。"*Essay*,页 62。

⑥ 同样,卢梭写到,可以肯定的是"没有人像征服民族那样压抑和可怜"。《政治经济学》(*A Discourse on Political Economy*), in *Social Contract and Discourses*,页 157。

帝国主义具有很多其他的缺陷。首先，它必然导致流血。弗格森记录了在一次地方起义中，两万人被屠杀，他赞赏地评论土著人"使自己的国家"永远摆脱"他们专横和贪得无厌的客人"的努力，后者总是蛮横地"将所有反抗他们的不公正以及篡夺的行为污蔑为变节和叛乱"。① 帝国主义往往伴随着不公正和不便利。对殖民地的分心导致了对国内事务的忽略；省份一方面受到士兵的掠夺，一方面受国家的高税收，同时帝国的统治者易于引发民众恐惧。②

弗格森所罗列的帝国主义所诱发的苦难和修昔底德在其对雅典帝国主义的批判中所列举的差不多，并且和后者一样，他确信，运用强力统治将会最终促成如此做的国家的崩溃。③ 帝国主义被视为对自生自发秩序的干扰；特定国家自然演化的"精神"（反映在其特殊的制度和习惯上）服从于强加的因而也是人为的法律和习俗。弗格森追随孟德斯鸠，他认为期望将不同的民族联合在中央化的法律和政治安排下，而完全忽视文化差异以及人类社会生活的有机和演化是不明智的。④ 因而，通过军事扩张的发展往往是灾难性的。帝国瓦解是因为它们往往被统治它们的独裁者所毁灭。⑤ 在这一点上，弗格森对反对[173]任何形式的激进革命提出了一个罕见的例外；"革命"现在不仅是不可避免的，而且为了"保持（社会）先前的进步状态"，革命是"必需"的。⑥

---

① *History*，页 217。
② *History*，页 70、页 77—80、页 98、页 309、页 350、页 360、页 391、页 405。
③ De Romilly，《修昔底德和雅典的帝国主义》，前揭，页 315—319。类似于弗格森，修昔底德也将以强力统治，统治者的嫉恨，忽略国内事务，以及不划算列为帝国主义的缺陷。
④ *P. I.*，页 34—35。
⑤ *Essay*，页 261—264。
⑥ *History*，页 5。奇怪的是，当面对如美国和爱尔兰这样的具体例子的时候，为了政治上的权宜之计，弗格森的雄辩被放弃了。

五、劳动分工

弗格森对于专业化的性质、发展和后果的阐述值得注意,部分是因为这在后来为他赢得名誉作出了一些小的贡献。一般认为,他的著作以对异化后果的探查和阶级剥削理论为基础,代表了对资本主义和市场社会的首次经得起考验的批判。实际上,盖伊曾写道:"弗格森有关劳动分工的著述是 18 世纪社会学的小小胜利"。[①] 弗格森对专业化的经济后果的兴趣没有斯密那么浓厚,而是关注它的社会后果。就这一点而言,《文明社会史论》开辟了新天地,或许构成了对专业化的后果的第一个充分发展的社会学解释。[②] 正如莱曼所指出的,弗格森对于专业化问题的处理"做出了显著的推进……显然预示(如果不是按次序直接影响)了圣西门、孔德、斯宾塞和涂尔干"。[③] 马克思也赞许地引用了弗格森的著作,这表明他也受到了弗格森关于劳动分工损毁人性的影响的分析的启发。[④] 悖谬的是,劳动分工既是进步的原因也是其结果,同时,它也是衰退的主要来源,特别是就对治国理政,军事和政治安排以及防御能力的影响而言,这个事实使弗格森深受打击。[⑤] 他并非毫无热情地写到,专业化具有很大的优势:正如我们所见,财富的日积月累,人口的迅猛增长,工艺技术的无限改进。但一般来说,他所持的观点似乎是,现代商业社会尽管提供了很多便利,然

---

① Gay,《启蒙运动》,Vol. II,页 342—343。同时参见 Brewer,《亚当·弗格森和劳动分工》,各处。

② A. Swingewood,《社会思想简史》(*A Short History of Sociological Thought*, London: Macmillan, 1984),页 23。

③ Lehmann,《亚当·弗格森》,页 187。

④ Marx,《哲学的贫困》(*The Poverty of Philosophy*),页 129—130;《资本论》(*Capital*, I),页 334,页 341—342。

⑤ *Essay*,页 206—207。

而它依然是现代学者所标注为"异化"的场景，而这一点的主要原因是劳动分工对社会和工作造成的影响。

1. 异化？剥削？

弗格森对于专业化损毁人性的后果的概述在下述程度上似乎预示了马克思对相同主题的阐述，它暗示了碎片化，生产异化和人类异化的后果。[174]① 有时，随着观念的发展被充分地意识到，与马克思的相似处变得显著。② 实际上，正是弗格森的方式在某种程度上激发了马克思在相同的主题上的激烈声调。③ 然而，基于现在将要给出的理由，马克思和弗格森的区别似乎不应被过于夸大。

虽然斯密在《国富论》中也概述了高度专业化的恶劣后果，④ 弗格森提供了其社会后果的更多细节并对其益处有更多保留。虽然斯密认为专业化产生了一种有机的团结，⑤ 弗格森认为它具有相反的后果。他描述了"体力劳动和脑力劳动"之间的劳动分工的产生，从事体力劳动的人开始被毁损。当劳动变得不需动脑和机械化，专业化的工人开始毫不关注他/她的狭隘的工作范围外的事

---

① 正如凯特勒所述。《亚当·弗格森的社会和政治思想》，页8—9。

② 例如，参见《论部门的划分》（"Of the Separation of Departments"），Collection of Essays，No. 15，各处；Hamowy，"进步和商业"，前揭，页87。

③ 马克思赞赏弗格森在工人异化问题上的观点，并且认为斯密是从弗格森那里借鉴了这些观点。但他并不知道斯密在《文明社会史论》出版之前的格拉斯哥讲义中已经讨论了这些主题。然而可能"是弗格森首次提出了这个主题"。Forbes，Introduction to *Essay*，页xxxi。这是一个麻烦的话题，斯密和弗格森被认为卷入了优先权之争。更多的细节，参见：Amoh，《亚当·弗格森和劳动分工》；Hamowy，《劳动分工》；H. Mizuta，《苏格兰启蒙运动中的两个亚当》（Two Adams in the Scottish Enlightenment），见 *Studies on Voltaire and the Eighteenth Century*，Vol. 191，1981，页812—819；Dickey，《历史化亚当·斯密问题》（"Historicising the Adam Smith Problem"），页591；Kettler，《亚当·弗格森的社会和政治思想》，页74。

④ 参见 Smith，*WN*. V. i，各处。

⑤ Smith，*LJ*（*A*）vi. 46—49，页348—349；*WN*. I. ii. 1—3，页25—27。

情。专业化"缩减和限制了心智的视野",使工人无法承担公共责任。[①] 很快,那些工厂中的工人便成为了愚蠢的机器人,成为大机器上的齿轮。

> 许多机械技艺……根本不需要能力;在情感和理智完全受到压制时,机械技艺会取得最大成效……人们最少用脑的地方制造业最繁荣昌盛……在这里车间可以被看成是一台由人做零件的发动机。[②]

2. 社会后果

盖尔纳曾指出,弗格森远没有马克思担忧专业化对心灵的影响,他更担忧专业化对社会的影响。[③] 当然,弗格森在阐述其下述观念时展现了很强的原创性:工作的分化导致社会迷失方向,或者被社会学家描述为失范、疏离的状况,或者更晚近一些描述为,较低水平的社会和道德资本所导致的状况。人类天生(并且唯一的)具有合作性,能够"出于一些共同目的将自己的劳动联合起来,并且按照某些本能和理性的规则分摊共同体的负担"[④][175]工作的专业化破坏了这种能力。当专业化似乎"允诺了"国家财富和"技艺的改进"时,实际上,它侵蚀了那些最宝贵的东西,公民的热情,社会和道德共同体。即弗格森所说的,"职业的分化……割断了社会的纽带"。[⑤] 当劳动分工变得更为复杂和普遍,共同体失去了活力、亲密感和团结。专业化激起政治的冷漠,并抑制人活泼的本性和"独创性"。随着人们进入商业和制造业的私人与个人化的领

---

① *Essay*,页 174—175、206—207。

② *Essay*,页 174。

③ Gellner,《自由的条件》,页 80。

④ *Institutes*,页 22。

⑤ *Essay*,页 206—207。

域,对公共事务的关注越来越少。工作的专业化使人们"退出心灵和头脑的情感能够在其中最为愉快地施展的共同职业场景",其结果是,最终,"社会分成了许多部分,但是没有一个部分是为社会本身的精神所驱动的。"专业化最有害的形式是军事功能的职业化。[1] 政治和军事的退场必然导致德性的丧失以及坠入普遍的公民无能境地;当这些情况与过度扩张引发的失范后果以及懒惰和奢侈引发的衰弱无力相结合,国家的实力就遭受了危险。简单或"野蛮"的国家从未面对这些困难,因为在这些国家中"公共事务是友谊的纽结",为共通的危险感觉所约束。[2] 在这样的共同体中,每个公民都承担了部分防护领土的责任,这形成了界定和维持共同体的关键纽带。但在文明社会中,"商业精神"取代了重要的公民精神。军事上的英勇气概消逝了,因为"对财富的羡慕和欲望"倾向于带来"对危险的厌恶"。[3]

弗格森的论述虽然清楚地预见了马克思主义,但并不应像有学者所称的那样被解释成基本上是雏形马克思主义的。弗格森指出了专业化的缺陷但从未推荐它的倒返(devolvement),并且与马克思(他或许夸大了自己和弗格森的密切关系)[4]不同,他将专业化视为一种源自我们本性的多样性和创造与进步能力的完全自然的发展。

弗格森欣然承认,对工人在经济上的剥削加剧了贫富不均,他赞同斯密的观点,认为等级区分和阶级不平等因专业化而更为严重。[5] 他对不幸的劳动"阶级"也表达了极大的同情。[6] 例如,旨在

---

[1] *Essay*,页207。

[2] *Essay*,页208。

[3] *Essay*,页231。

[4] 参见 Marx, *Capital*, I., 页334。

[5] *Essay*,页178。

[6] 布鲁尔首先发现了这一点。Brewer,《苏格兰启蒙运动》,页15—23。他将我们的注意力引向上述例子。

保护他们的法律可能实际上维护了财产的不平等。[1] 他们工作的
条件[176]并不理想,工作本身无趣和令人麻木。弗格森指出,"主
人的才能……得到培育,而下等工匠的才能却被浪费了。"[2]他也
承认,在商业环境中,"少数人的发达"倾向于"抑制多数人",[3]而
且其中的一些"职业"甚至"比奴隶更卑贱"。[4] 但弗格森并没有发
起对阶级剥削的攻击,他非常支持等级区分制度。阶级区分源于
自然的不平等,这是不可避免的,因而弗格森指责"那种在人类的
品格不再相似之后,仍然想拥有同等影响和重要性的荒谬主
张。"[5]等级区分不仅对社会和"统治目的"的达成是必要的,而且
内在于"自然所确立的秩序"之中。人们"适合不同的位置",因而
当他们被相应地"划分"时,"他们在自然权利方面并未遭受不公
正"。[6] 因此,弗格森对专业化的批判性阐释并不包含纲领性的变
革要求。和斯密一样,弗格森也认为专业化的问题在目前的社会
和政治安排中可以解决。[7] 虽然他对商业化的陷阱的诊断具有清
晰的马克思主义含义,对弗格森而言,至少规范性含义是非常不同
的。不像马克思,他认为经济的剥削是商业国家必然的特征,[8]并

---

① *Essay*,页 151。

② *Essay*,页 175。

③ *Essay*,页 177。

④ "Of the Separation of Departments", *Collection of Essays*, No.15,页 142。

⑤ *Essay*,页 179。

⑥ *Essay*,页 63—64。然而弗格森在此显露了真实的矛盾心理。某些职业是如此低
下,弗格森动情地评论,"这种职业越少……主从关系越好,然而,贬低任何阶层或
者阶级的人民都会付出沉重代价"。"Of the Separation of Departments",前揭,
Collection of Essays, No.15,页 142—143。

⑦ 引自 Norbert Waszek,《劳动分工》("Division of Labour"),页 56。

⑧ *Essay*,页 177。弗格森写到:"按照人类事务的一般进程,财产是不平等地分配的;因
此我们必须容忍富有者挥霍,贫穷者才得以生存。所以我们也得容忍某些阶层的人
们不劳而获。这样一来,就使他们所处的地位成了整天忙碌的人雄心勃勃地追求的
目标,和渴望企及的等级。"*Essay*,页 225。唯一适合于财富平等的政体是民主政体:
"只有在这一政体中,允许财富平等才能取得一定的效果"。*Essay*,页 151。

遗憾地提到商业生活中不令人愉快的事实，但并不总是带有持续的革命性义愤或者谴责的感觉。劳动分工有缺陷但也有益处。正如弗格森哲学式地语重心长，"人的命运从来不是免于不便，所以他所遭受的不便也绝不会没有任何补偿。"。① 而且，相较于异化的后果，他更关注专业化对美德的损害。此外，他在此最为担忧的是专业化对精英和"政治家"而非工人的公民美德的影响。

3. 军事的衰退

对弗格森的早期雏形的马克思主义式的解读，容易忽视的一个方面是，弗格森将劳动分工描述为一种遍及社会各阶层的总体进程。[177]并且，和马克思不同，弗格森认为统治阶级、政治家和军事领袖才承受了专业化最坏的后果，并且也正是在这一层次上，最致命的社会后果发生了。②

军事功能的专业化和职业化具有重要的意义，不仅对弗格森，而且对苏格兰社会整体都是如此。在历史上，苏格兰认同和社会结构与其对军事上勇猛的要求密切相关。罗伯森认为，这一认同是诸多特定的历史环境和事件的结果。在 12 和 13 世纪封建"骑士效忠"（knight service）这一传统体系的引入叠加在之前存在时间更长的所谓"苏格兰效忠"（Scottish service）的军事组织体系之上。在这个体系下，爵士们从"下级"阶层征兵。但随着封建制度的衰退，苏格兰人为了防止军事活力的衰减和社会亲密的弱化，采用了一种"在贵族及其追随者之间自愿地结合的劳役（manrent）体

---

① *P. I.*，页 251。
② 伊本·赫勒敦（弗格森似乎并不知道他的著作）也很早就认为，将安全委托给专业人士会导致政治上和军事上的衰弱状态。Gellner，《亚当·弗格森和市民社会惊人的稳固性》，前揭，页 121。卢梭在此问题的观点也近乎复述。Rousseau，《论艺术和科学的道德影响》（*Discourse on the Moral Effects of the Arts and Sciences*），in *Social Contract and Discourses*，页 20。

系——这种结合本身一般建立在更为持久的亲缘关系之上。"尽管军事性的社会结构在欧洲非常普遍,苏格兰与众不同之处在于将这种社会结构与强大的尚武伦理和文化认同相结合。这种特性在1663 年受到了冲击,苏格兰等级大会(the Scottish Estates)通过了一项国民军法案,该法案"承认陛下以王室的特权和无可争议的权利享有动员、武装和命令其臣民的排他性权力。"[1]当弗格森随黑色守卫团服役于弗兰德斯,最后一击降临了。在国内,卡洛登之战彻底清除了作为军事力量存在的高地部落。[2] 正如罗伯森所述,这对苏格兰高地社会和苏格兰民族认同产生了灾难性的影响:

> 1746 年,当在卡洛登遭遇英格兰的职业士兵时,高地军队溃败了。在被彻底镇压、解除立法权并且废除世代相传的司法权之后,他们的社会和事业被如此有效地彻底摧毁,以至于,在十一年中,高地人连同新发明的苏格兰裙都能被英格兰军队安全吸收。[3]

虽然弗格森似乎在政治上顺应所有的这些发展,但他对它们道德和文化上的影响的却并不满意。[4] 失去了苏格兰国民军意味着要更加依赖职业化的常备军,这是弗格森强烈反对的趋势。他采用并扩展了波利比乌斯的观点,这种观点认为罗马的军事和市民阶层的合一是其首要的力量。[5] [178]弗格森认为,最危险的功

---

① Robertson,《苏格兰启蒙运动和军事问题》,前揭,页 1—5。
② Smith,《亚当·弗格森的政治哲学》,前揭,页 19、页 11。
③ Robertson,《苏格兰启蒙运动和军事问题》,前揭,页 7。
④ 尽管弗格森积极地为苏格兰国民军而奔走,但他对"政治向伦敦的转移"更为满意。Smith,《亚当·弗格森的政治哲学》,前揭,页 19—20。
⑤ Willke,《亚当·弗格森的史学思想》,前揭,页 148。沙夫茨伯里的著作中也提到了常备军是腐败的工具的观点,这是弗格森的观点的另一个来源。F. J. McLynn,《詹姆斯二世党人的意识形态——第二部分》("The Ideology of Jacobitism — Part II"),见 History of European Ideas, Vol. 6 (2), 1985, pp. 173—188,页 179。

能分化发生在士兵和政治家之间；而这两个角色应该"自然地"结合。弗格森将这种分离视为在人类精神中造成了一种分裂。"将制定政策和进行战争的艺术区别开来，无异于试图分解人类品格"。[①] 而且，一个"不懂战争"的政治家对于国家防卫的用处就像"一个不熟悉多变的风暴"的"水兵"一样。[②]

　　国民军问题是苏格兰政治话语中一个长期存在的问题（在弗莱彻的行动中最为明显）。弗格森在《文明社会史论》以及两篇未发表的文章中（《论政治家和战士》和《论社会中技艺进步导致的部门、专业和工作的分化》）最为充分地发展了自己在这个问题上的观点。其中，他重点关注的是公共美德的公民人文主义主题以及公民人格和德性的重要性。因为在 18 世纪后半叶，国民军问题特别具有争议性，所以弗格森的两本赞成国民军制度的小册子是匿名发表的。[③]《国民军建立前的思考》(1756)以及《玛格丽特（通常称为佩格，约翰牛先生唯一合法的妹妹）案件始末》(1761)主张，苏格兰享有组建自己的国民军的权利。写作它们是在法国入侵威胁的背景下，应对和回应皮特 1757 年提交的国民军法案特意地将苏格兰排除在外，以及《苏格兰国民军法案》(1760)的失败。[④] 像《苏格兰国民军法案》一样，皮特所提出的法案反映了英格兰对詹姆斯二世党人进一步起义的担忧。[⑤] 弗格森的两本小册子都引起了很大关注，并且在 1762 年，他作为创始成员建立了"拨火棍俱乐部"，这个俱乐部积极争取建立苏格兰国民军。[⑥] 其他成员包括霍姆和

[①] *Essay*，页 218。Forbes，《亚当·弗格森和共同体观念》，前揭，页 45。

[②] "Of the Separation of Departments"，前揭，*Collection of Essays*，No. 15，页 148。

[③] Sher，《国家防御问题》，前揭，页 258—265。

[④] Fagg, *Biographical Introduction*，前揭，页 xxxiv。

[⑤] Hamowy，《亚当·弗格森的社会和政治哲学》，前揭，页 198。

[⑥] Sher，《国防问题》，前揭，页 259。同时参见 Ferguson，《陆军中校帕特里克·弗格森传略及回忆录，最初用于不列颠百科全书》(*Biographical Sketch or Memoir of Lieutenant-Colonel Patrick Ferguson Originally Intended for the British Encyclopedia*，Edinburgh：Printed by John Moir, 1816)，页 10。

卡莱尔。[1]

　　安全并不是弗格森关注的唯一问题。依赖职业化的军队与不断发展的市场文化一起导致了美德的总体衰落。在《国民军建立前的思考》中,弗格森提出,苏格兰已经成为"一个制造者的民族,在其中每个人限于特定的分支并且染上了他的行当的习惯和怪癖"。一方面,这种发展的积极后果是"我们提供了出色的作品",但另一方面,存在一种[179]"教育出粗野,卑鄙,缺乏情感和礼貌,可能会遭受他们国家的敌人之掠夺、侮辱和压榨的人们"的趋势。[2] 当市民性格和军事特征相分离时,国家的精神"就会遭受很大的损害"。[3] 在弗格森看来,设立常备军并不比已经灭绝了的雇佣军好多少,后者的忠诚度一直是个问题。"最著名的斗士还是公民",[4]地米斯托克利、阿里斯蒂德(Aristides)、伯里克利被认为是综合性的公民人格的典范,弗格森对此非常怀念。弗格森热情地将古典纪录中的战士—政治家理想化,并以极大的热情表达了自己对这一主题的观点。他对麦克弗森的《奥西恩》的支持也反映了他对与前商业主体密切相关的重要的军事美德的钦佩。有时,这种钦佩几乎就是一种尚古主义,而给定弗格森对现代性以及物质和道德进步的重要信念,这种尚古主义是他显然希望避免的。斯密也对专业化导致的人类品格的分裂感到遗憾,但他似乎更加关注劳动分工对智识而非军事或政治美德的影响。[5] 斯密和弗格森似乎在国民军问题上似乎有很大分歧;实际上,谢尔认为弗格森的

————————

① 后者也写了一个广为阅读的支持国民军的小册子。这本小册子名为《思索苏格兰国民军问题》(*The Question Relating to a Scots Militia Considered*)(1760),并为弗格森和罗伯森所编辑。Sher,《教会与大学》,前揭,页225。

② Ferguson,*Reflections*,页12。

③ *History*,页183、页348、页399;*Reflections*,各处。

④ *Essay*,页149。

⑤ Phillipson, in Hont and Ignatieff (eds.),《财富与德性》(*Wealth and Virtue*),页181。文本的证据也支持这个观点,参见 Smith WN. V. i. f—g. 页788。

观点就是为了直接回应斯密。① 虽然弗格森可能高估了他们之间
的区别，②然而，斯密在国家防御问题上的观点还是与弗格森有区
别，因为前者那里"没有财富与力量冲突的困境"。③ 斯密认为，职
业军队[180]更能干和高效，比国民军更能保护自由，④当他在《国
富论》中概述了这个观点之后，弗格森给他写了下面这封信。在这
封信中，他指出，尽管他赞同斯密的大部分观点，在涉及常备军的
问题上，他持保留意见：

> 确实，您激怒教会、大学和商人了，在这一点上我愿意支
> 持您反对他们；但您还激怒了国民军，对此我必须反对您。这
> 个国家的绅士和农民不需要哲学家的权威，使得他们闲置和

---

① Sher，《国防问题》，前揭，页 267 及各处。

② 斯密在此问题上的观点比弗格森预想的要复杂得多，因为在《国富论》第五篇的后
半部分，斯密这样修正了自己的立场："除非政府采用适当的办法去支持它，否则军
事操练的常例就会逐渐废止。随之人民大众的尚武精神也会消失。但是每一个社
会的安全总是或多或少地依存于人民的尚武精神。诚然，在现时，单有那种尚武精
神，而没有一支训练良好的常备军的支持，政府是不足以保障任何社会的安全的。
但是在每一个公民都有军人精神的地方，所需要的常备军肯定比较小。此外，这种
精神必然会大大减少普通担心的来自常备军方面的对自由的危险，不论是真实的
还是想象的。就像它会大大方便那支军队抵抗外国人侵者的作战那样，它也会大
大阻止万一那支军队不幸转向破坏国家的宪法。" WN. V. i. f. 59，页 786—787。
此外，在回应亚历山大·卡莱尔的攻击时，他写信给霍尔（Andreas Holt）："当他写
这本书时，他并没有读完我的书。他以为因为我强调在任何情况下管理规范、训练
有素的常备军都优于国民军，所以我完全不赞成国民军。有关这个问题，他和我碰
巧意见一致。"Adam Smith，《亚当·斯密通信集》（*The Correspondence of Adam
Smith*，Mossner，E. C.，and Ross，I. S.，[eds]，Oxford：Oxford University
Press，1987，Letter 208，October 26 1780），页 251。然而，斯密坚决主张的常备军
的技术优势是他与弗格森真正的分歧。有关两位亚当在此问题上的关系的深入讨
论参见 Sher，《国防问题》，前揭，页 240—268。

③ Mizuta，《苏格兰启蒙运动中的两位亚当》，前揭，页 815。

④ Smith *WN*. V. i. a. 22—41，页 699—707。然而，斯密确实向弗格森让步，承认罗马
共和国和克伦威尔的常备军是有害的，但是他坚持在理想条件下，即"君主自身是
将领"的地方，常备军对自由没有危害。相反，某些时候，有利于自由。*WN*.，Vi.
a. 41，页 706—707。

漠视那些他们自己就能拥有的每一种资源。①

　　虽然在和平时期,职业化的常备军是可以接受的,但这并不意味着其他能干的人民就"应该放弃使用武力"。② 在弗格森看来,现代的职业军人有缺陷,因为他们在道德、技术和精神上都存在分裂。在专业化的过程中,人民的技艺和行为举止都得到改进是很好的事情,但是当同样的专业化导致一个腐败的国家时,这一代价是不值得的。一般的"交易者"会发现,当"他的"行为举止因现代性而显著增强时,"他"遭受了所有重要的军事美德上的损失。这个交易是个零和博弈,因为通过专业化变得富裕的商人"具有所有的美德,除了捍卫其获取物的力量"。对弗格森而言,"财富或美德"之间的替代非常复杂,因为离开了真正的美德,财富便无法持久保有,但物质财富往往以美德为代价。还需注意的是,弗格森提到的新获得的美德仅仅是冷静的、次要的、事业上的美德,守时和商业诚信等,而为了获得它们所丧失的美德是核心的公民美德,他认为这不是划算的交易。③

　　尽管弗格森有关国民军问题的论述能够为他在黑卫士兵团的岁月所说明,④但古典和新古典的来源如马基雅维利和波利比乌斯的影响也确实存在。两者都支持国民军,因为技术和战术上的优势不能弥补勇气的匮乏。既然国民军往往"为他们的国家和他们的孩子而战斗,他们在战争中的愤怒就不会衰减"。⑤ 弗格森谴

① 亚当·弗格森致亚当·斯密的信,1776 年 4 月 18 日。《亚当·斯密通信集》,页 193—194。

② *P. II.*,页 492。

③ *Essay*,页 138。同时参见 *P. I.*,页 302 和 *Essay*,页 242—243。

④ Willke,《亚当·弗格森的史学思想》,页 2—3。

⑤ Polybius,《罗马帝国的崛起》,前揭,6.52,页 346。同样,马基雅维利也认为,"雇佣军无用"的理由是"遭受攻击时他们没有别的理由去坚守,除了你支付给他们的微薄报酬"。因而,保障国家完整的唯一方法便是"用自己的臣民武装自己"。Machiavelli,《论李维罗马史》,I. 43.,页 218。同时参见 Machivellli,《公民军》(The Citizen Army), *The Art of War*, in *The Chief Works and Others*; Vol. II, Allan Gibert (ed.), Durham, North Carolina: Duke University Press, 1965,页 579—587。

责雇佣军,因为他们靠不住,缺乏活力。众所周知,他们难于管控,他们的声誉无法维持。[181]他们容易背信弃义、不服从命令和叛乱,并且因为传播唯利是图而威胁普罗大众的公民精神。除了提供对抗侵略者的一点可怜的安全之外,职业军队是内部不稳定的潜在来源,因为相比于国民军,他们更会可能篡夺权力或推举野心勃勃的暴君。[①]（马基雅维利在《君主论》中对雇佣军进行了几乎同样冗长的控诉）。[②] 与常备军相比,国民军具有三个主要优势:他们对所防护的领土有个人的利害关系;他们人数上往往比敌人多并且他们更为便宜。[③] 弗格森不赞同常备军具有更高能力水平的观点,相反,他有几分乐观地认为,在危急时刻,国民军虽然"起初处于劣势",但往往积极性更高,能迅速地激发到职业化军队的标准。

弗格森愁闷地预测,古罗马是不可能复现的,当类似于大不列颠这样"文明和智慧"的国家:

> 使战争艺术存在于一些生搬硬套的形式中;平民和士兵的区别会和男女之别一样显著;公民拥有财产,但他没有能力或无须捍卫财产;士兵的职责在于为他人捍卫他也被教导着去渴望,而且能够为自己获取的东西。简而言之,一些人在保持社会制度中利益攸关,但却没有能力;另一些人有捍卫社会制度的能力,但是却没有捍卫它的倾向或者利益。[④]

弗格森认为,为了保护国家免受内部和外部的威胁,兵役应该

---

① *History*,页 28—32、页 104、页 127、页 288 以及 *Reflections*,各处。

② Machiavelli,《君主论》,12,页 77—79。

③ 亚当·弗格森未出版的道德哲学讲义,1776 年 4 月 9 日,引自 Sher,《国防问题》,页 256。

④ *Essay*,页 218—219。

是附属的责任；是所有人义不容辞的义务。① 士兵对雇主的忠诚和对祖国的忠诚是截然不同的，这使得一旦雇主（通常是一位将军）决定发展"他"自己的事业，士兵就容易沦为国民的敌人。同时，武装的国民往往预备和能够保护其权利免受野心勃勃的暴君的侵害，相反，那些习惯于依赖职业军人来保护他们的民众非常无用、胆小和"女人气"。②为了迎合这种工作专业化的"致命的改进"而被"缴了械"的民族，只能是愚蠢地"将自己的安全寄托于在野心和强力的法庭上做出理性和正义的呼吁"。③ 在英格兰的例子中，弗格森很可能心中所想的是克伦威尔传达的惩罚性教训，他动员一支职业化的军队成功地发起和维持了一场革命。④ 在此问题上弗格森所提议的改革[182]是他唯一一次对自生自发秩序的自然进程的坚定信念的重要背离。在所有其他的方面，他基本上是保守的。⑤

六、友情和社会资本

对弗格森而言，另一个堕落的来源是商业文化对个人和社会关系的影响。新的社会契约会导致疏远、孤立和情感的贫乏。市场社会的契约关系"将交易的精神引入感情上的交流"。文明时代中的联系变得如此恶劣，"朋友间的义务都需要以规则来所求"。在"对利益的敏感性不断增长"和市场的支配性伦理的情况下，我

① 弗朗西斯·哈奇森也持相同的观点。Lawrence Delbert Cress，《激进的辉格党论军队的作用：美洲革命国民军的意识形态起源》（"Radical Whiggery on the Role of the Military: Ideological Roots of the American Revolutionary Militia"），见 *Journal of the History of Ideas*，Vol. 40 (1)，1979，pp. 43—60，页 52。

② *Essay*，页 213—220。

③ *Essay*，页 256。

④ Lois Schwoer，《废除常备军》（*No Standing Armies!*），页 51—71。

⑤ 详尽的讨论参见第十二章。

们将"友爱本身视为一项任务"。① "与（前商业社会的）人们对其
朋友或同伴的热情相比"，在商业社会中友情的"纽带"变得"非常
脆弱"。而野蛮时代的人总是不顾危险怀着"热烈的情感""跟随"
其朋友，当后者"处于危险之中"更是如此。在"最简朴的条件下"
生活的那些人，联合起来并不是为了最大化利益，相反"友谊的热
情……在人们胸中燃起了火焰，这是对私人利益或者安全的考虑
所不能抑制的。"前商业时代的人们也不会伪装出文明社会的那种
一视同仁的友谊，因为他们"还没有学会假装他们没有实际上感受
到的情感"。② 我们可以将这些观察与一个半世纪之后的之后韦
伯作出的观察相比较：

> 一旦市场被允许遵循其自身的自发趋势，它的参与者便
> 只会关注商品而不会关注彼此的人格；兄弟间的义务或尊敬
> 不复存在，为私人纽带所维系的那种自发的人际关系也不复
> 存在。这些私人纽带恰恰会阻碍赤裸裸的市场关系的自由发
> 展，而其特殊的利益反过来又削弱了这些阻碍所依赖的情感。
> 市场行为受到对利益的理性和有意追求的影响。③

或者和弗格森的同辈卢梭相比较：

> 礼貌要求这样，礼仪要求那样，仪式有其形式，流行有其
> 法则，这是我们必须总是遵循的，处处都要讲究礼貌，举止要
> 循规蹈矩，做事要合乎习惯，而不能按自己的天性行事，谁也

---

① *Essay*，页 86—88。
② *Essay*，页 22—23。
③ Max Weber，《经济与社会：解释性社会学的一个大纲》(*Economy and Society：An Outline of Interpretive Sociology*)，Berkeley：Berkeley University Press 1978，页 636。

不敢表现真实的自己。在这种永恒的桎梏下,构成这个称为
社会的一群人,如果没有强大的动机使他们脱离这种状态,他
们就会永远处于那个环境中,永远做着那些事,而我们也永远
搞不清楚我们与之打交道的是怎样一个人,必须要等到重大
的关头来临之时,才能看出他是不是真正的朋友,也就是说,
必须要等到已经没有更多的时间再等了,才能看清他的本来
面目。因为,只有在重大的关头,对朋友的认识才最透彻。人
心难测,怎能不随之而产生一系列坏事呢! 真诚的友谊没有
了,对人的真心的敬爱没有了,深厚的信任感没有了。[183]
在那千篇一律的虚伪礼仪的面纱掩盖下,在我们夸赞为我们
这个世纪的文明所产生的谦谦君子风度的面纱掩盖下,人与
人之间却彼此猜疑,互存戒心,冷漠,互相仇恨和背信弃义。①

　　斯密和休谟与弗格森的看法相反,他们都认为,商业并非是疏
远的现象,而是通过促进个人关系和相互依赖创造了社会性的高
级形式。② 两者都拒绝弗格森所赞扬的简单的社会形式,而支持
较大规模的、受无偏的正义调控的、非特殊性的共同体。弗格森欣
喜地将前商业社会描绘成由仁爱和共同的利益所联系起来的亲密
的"友谊的纽结",休谟并不认可,他认为野蛮时期处于一种沉闷的
"孤独"的状态,每个人都被迫以"冷漠的方式"与其同伴相处。前
商业社会生活无趣,感情贫瘠,与商业社会的活力和社交相比黯然
失色,在商业社会中人们"涌向城市并乐于接受和传播知识"。③
商业生活促成了新型的市民社会,它以正直、开放、友好,以及社团
和学会的蓬勃发展为特征,所有这些都反映了贵族特权和其他排

---

① Rousseau,《论科学与艺术》,前揭,in *Social Contract and Discourses*,页 6—7。
② Silver,《商业社会中的友谊》,前揭,页 1480—1481。
③ Hume, "Of Refinement in the Arts",前揭, *Essays*,页 270—271。

他性社会范畴的瓦解。同时，斯密认为，商业社会因同情、正义原则以及功利（而非仁慈这一首要美德）而最好地联系在一起。[①]弗格森认为这个观点是站不住脚的，因为它忽略了这个"事实"，即在物质条件困难和苛刻的团体中"社会纽带"实际上是最为牢固的。[②]（尽管仔细的读者会发现这个"事实"实际上是支持而非反驳了功利主义的立场。）

七、享乐主义：商业、财富和奢侈

堕落的一个主要来源就是传统的价值和关怀被新的商业"精神"或心态所取代，后者强调生产效率和盈利能力，并且将个人的成功反常地提升为一种冷酷的美德。弗格森不赞同斯密和休谟认为进步和国家强盛同义的观点，并且似乎对现代经济的未来持有很大的保留意见。斯密非常乐观，力图论证现代经济和那些古代的记录有很大区别，因为它们能够指数式地进步。除了惠及所有人的连续进步之外，不存在"奢侈、堕落和衰退"之间的必然循环。[③]

弗格森在《罗马共和国兴亡史》《文明社会史论》以及《道德和政治科学原理》中，持续地批判了伊壁鸠鲁主义，[④]他接续基督教/廊下派的[184]堕落的主题，强调繁荣的陷阱以及富裕所造成的"浪费、放荡和野蛮的淫荡"。[⑤]虽然弗格森对奢侈问题的处

---

① *TMS*. II. ii. 3. 2. ，页 86。

② *Essay*，页 23—24。

③ Istvan Hont and Michael Ignatieff，《〈国富论〉中的需要与正义：一篇导论》（"Needs and Justice in the *Wealth of Nations*：An Introductory Essay"），in Hont and Ignatieff，（eds.），《财富与德性》（*Wealth and Virtue*），页 6。

④ Kettler，《弗格森〈文明社会史论〉中的历史与理论》（"History and Theory in Ferguson's *Essay*"），前揭，页 452。

⑤ Bernstein，《弗格森和进步的观念》，前揭，页 113；*P. II.*，页 501。

理导向对奢侈的变相辩护,当它将奢侈与对共同价值的违逆以及
对个人主义和自私的鼓励联系起来时,弗格森无法掩饰自己深层
的苦行主义倾向。弗格森的廊下主义偏见无疑应对此负责。廊
下主义者将奢侈与衰退相联系;[①]塞涅卡猛烈地抨击对超出我们
自然需求的满足的追逐,[②]他指出,"贪婪和奢侈将会使人类分
裂,使他们放弃合作而进行掠夺",[③]而爱比克泰德在《道德手册》
中告诫读者,需要应当限于身体的需求,而身体的关注应服从于
精神。[④](弗格森表示同意,罗马共和国晚期的公民对这条格言
的无视导致了其毁灭。)[⑤]塞涅卡将道德越来越"野蛮"视为即将
发生轮回的标志,[⑥]而波利比乌斯和所有他的模仿者,特别是马
基雅维利,明确提出,无止境地贪求权力和满足引发了道德的堕
落。[⑦] 此外,弗格森更加直接的灵感来源,孟德斯鸠(也是廊下主
义的信徒)声称,"被奢侈腐化的心灵会滋生很多其他欲望;很快
便会成为约束它的法律的敌人"。[⑧] 繁荣和放纵的生活有损道德
品质的信念早在公元前 5 世纪就已经开始流行。与其相伴的一
个信念是,美德只有回到原始的状况才能恢复。[⑨] 弗格森自己非
常鄙视奢侈,他写道,各种装饰和设施"毫无价值",[⑩]并且建议对

---

① Reesor,《早期和中期廊下派的政治理论》,前揭,页 16。
② 塞涅卡(Seneca),《一个廊下主义者的来信》(*Letters From a Stoic*), Selected and Translated with an Introduction by Robin Campbell, London: Penguin, 1969, Letter 114. 10, p. 216.
③ Seneca, *Letters From a Stoic*, 前揭,Letter 90, 37, p. 173.
④ Epictetus,《道德手册》,39,前揭,页 37—38。
⑤ *History*,页 169—170,页 464—469。
⑥ Roche,《卢梭:廊下主义者和浪漫主义者》,前揭,页 10。
⑦ Springborg,《西方的共和主义》,前揭,页 63。
⑧ Montesquieu,《论法的精神》,1. 7. 2,页 98。
⑨ Reesor,《早期和中期廊下派的政治理论》(*The Political Theory of the Old and Middle Stoa*),页 16。
⑩ *Institutes*,页 247。

奢侈品征税。[①] 他承认"奢侈这个术语有些模糊不清",但推断它有两种类型;要么是沉溺于身体欲求超过了需要,要么是沉溺于"虚荣心,沉溺于与等级性装饰有关的东西"。[②] 两种类型都会导致腐化。

尽管弗格森原则上拒绝尚古主义,他不自觉地透露出尚古主义者追念假想的黄金时代的偏好(他从古代历史和当代关于新世界的记录中也推导出其存在)。[185]例如,他非常赞同地记录,"美洲的部落"是如何意外地逃脱了"我们欧洲商贩们投下的毒药"。[③] 相反,文明时代的人们必须应对这一问题,即随着时间的推移,牢固的、传统的和友善的规范逐渐被取代,不仅不责备,而且隐含地奖励私人野心,消费主义和占有欲的道德获得支持。因为市场社会培育自虑的激情并甚少鼓励公民的和他虑的激情的发展,公民们很快陷入贪欲和享乐主义。当人们忽略公共生活时,专制必定随之出现。

相反,休谟和斯密都称赞商业正面的"软化"的影响。特别是休谟,他认为弗格森的担忧言过其实了。他反对悲观主义者们"对现代生活的抨击,对遥远的古代美德的夸大",宣称所有生活中善的事物都有因果联系,并且是现代所特有的。他也相信"英格兰的自由在技艺改进的时期非但没有衰落,反而空前繁荣。"[④]

斯密和休谟都引用奢侈品的扩散作为封建主义令人欢呼的死亡以及新的"自由和文明时代"的主要原因。[⑤] 随着交易和制造业

---

① 但这是因与公平和"正义"有关的理由而非因苦行主义而征税。虽然对"装饰品"和"豪华的衣食住行"上的消费征税是合理的,但"对必要的生活用品征税,就是对穷人征税",这是错误的。*Institutes*,页 256—258。

② *P. I.*,页 243;*History*,页 109。

③ *Essay*,页 80。

④ Hume, "Of Refinement in the Arts";前揭,*Essays*,页 278、页 270—272、页 276—277。

⑤ Hume,《英格兰史》(*History*),Vol. II. Ch. 23,页 522。

的发展,封建领主有可能获取奢侈商品,而在纯粹的封建体系中,财富只能为了军事安全的目的而用于供养家丁。奢侈品的可得性使领主的财富通过其他方式被分散,而现在独立农奴的劳动力更能有效利用。领主们逐渐在无意间破坏了他们自己的权力基础。这种最重要的"革命"反过来壮大了新的市民阶级("商人和工匠"),他们的物质和道德影响带来了更大的自由和权力更为平均的分配。① 一旦大部分的佃户获得独立,领地的所有者便"无法再破坏司法的正常执行"。② 于是,斯密和休谟认为,奢侈品的扩散基本上是无害的,是国家繁荣和积极的社会转变的一个主要原因。斯密并不认为,增长的繁荣和消费会导致堕落,相反,他认为自利和劳动分工通过涓滴效应有利于公共利益。③ 他还相信,商业能增强社会团结并为更大的自由、安全和更好的政府提供条件。

令人惊讶的是,赛克拉认为弗格森企图通过表明奢侈的自然性而"将其概念从政治领域整体移除"。④ 尽管弗格森充溢着苦行主义和道德家的修辞,[186]这种观点基本上是正确的。弗格森参与了通过将奢侈与良好的和命中注定的进步相联系,从而剥离其任何道德维度而重新阐释奢侈问题的事业。但他在此处的最终承诺被他持续的矛盾情绪搅模糊了。在最初的著作中,他似乎说过奢侈是有害的,"商业技艺的实践"和对"私人利益的追求"使人们变得"娇气、唯利是图并且沉溺于感官享受"。⑤ 但更为仔细观察就会清楚地发现,从经济的观点出发,"衰落在弗格森的演化规划占据着非常确切的位置。"⑥他承认,奢侈是自然进步的结果,我们

---

① Smith, *WN*. III. iv. 5,页 412—414; III. iv. 11—18,页 419—422。
② Christopher Berry,《奢侈的概念》(*The Idea of Luxury*, Cambridge: Cambridge University Press, 1994),页 157—158。
③ Smith, *WN*, I. i. 10—11,页 22—24。
④ Sekora,《奢侈》,前揭,页 104。
⑤ *Essay*,页 237。
⑥ Lehmann,《亚当·弗格森》,前揭,页 148。

自然的贪得无厌的需求具有功用,因为它们会产生进步和繁荣。人们对无用之物的普遍偏好不可避免,这来源于未加抑制的欲望:吸引我们的"注意力"的"物品清单"不限于那些与"生存或安全"相关的事物。我们的"眼光及于装饰和修饰物品,一如及于有用和便利之物",而且所有这些欲望被视为"原始的"欲望。①

我们应当谨记,弗格森对于现代社会日渐繁荣非常矛盾;一方面他担心其消极影响,而另一方面,它又代表着进步,无论如何,它是自然的并且带来很多积极后果。② 他的观点只有放在当时对于奢侈问题的经济思考的发展背景下才能理解。在 18 世纪以前,奢侈受"经济学家"谴责为道德和经济上都是有害的,但在 18 世纪初期,尽管某些地方存在异议(例如卢梭和霍姆也即卡梅斯勋爵),③下列观点逐渐被接受:"富人在国内对奢侈品的消耗创造了就业……刺激了货币和商品的流通"并且间接地促进了人口的增长。④ 斯密、休谟、塔克以及斯图亚特等人都赞同后一种观点,弗格森似乎受此观点极大的影响。他甚至赞同曼德维尔的观点,后者颇有争议地首倡奢侈品和必需品之间的区分是社会建构出来的,或者用弗格森的术语来说,"是含糊和相

---

① *History*,页 109。

② Sekora,《奢侈》,前揭,页 104。

③ 卢梭写道:"不坚持禁奢法的必要性,难道能够拒绝承认道德上的正直对于帝国的维系是必要的,而且奢侈是完全与这样的正直对立的吗?"《论科学与艺术》,前揭,in *The Social Contract and Discourses*,p. 17. 不过弗格森与卢梭的一个重要区别是,他不赞同卢梭认为"道德的消解是奢侈的必然后果"的观点。同上注,页19,强调为引者所加。卡梅斯特别关注奢侈的有害影响的论题,声称"在奢侈盛行的地方,每个国家都将毁灭。"引自 Scheffer,《衰落的观念》(*Idea of Decline*),页168。

④ 然而,某些经济学家仍然相信这个观点,即因为奢侈是有害的,禁奢法应当被引进。托马斯·阿尔科克就是这样的一位主张者。Firth,《道德规制与社会秩序》("Moral Supervision and Social Order"),页 45,页 48。同时参见 John E. Crowley,《舒适的情感》("The Sensibility of Comfort"),见 *The American Historical Review*,Vol.104(3)1999,页 749—782。

对的"。① 因此,他在奢侈问题上的主张与他的那些廊下派前辈是不同的,[187]后者认为它不仅是非自然的,而且是邪恶的。② 他(至少在本质上)并未将奢侈视为自然的对立物;也没有将其视为邪恶的同义词。奢侈只有当不"被个人的崇高和美德支持"时,才会成为一种恶,就像在文明国家所见的那样。③ 饕餮之徒的"想象"是如此"堕落",以至于她/他失去了所有能引导其过有意义的或者自然生活的感觉。④ 甚至在他们沉溺于无聊的追逐中时,也可能会"展现出一种激动的状态"。他们已经厌倦但甚至没有意识到这一点:在他们的愉悦中,他们实际上体验的是一种"苦楚和烦恼",因为他们活跃的公共本性没有用到那些对人类而言是自然的"男子汉事业"上。尽管表面上拥有所有人所期望的东西,无所事事的富人其实贫穷、"可怜"和"堕落";弗格森以某些错位的同情心总结到,对他们而言,生命是"倦怠……无益的"和毫无意义的。他们选择了伊壁鸠鲁的方式并拒绝廊下主义者的重要教导,即幸福在于按照我们的积极的,他虑的冲动而生活。但是如果人们适当地关心公民德性的培养,那么消费的问题就是可控的。只要身体的快乐仍然服从他们的头脑和心灵,享受奢侈就是可能的。⑤ 对弗格森而言,最为可怕的是心灵而非身体上的放纵,因为"甚至精致的生活,和良好的膳宿,也不会使身体虚弱。"⑥

弗格森再一次试图在古代和现代的传统中间开辟一条道路,他主张仅仅是财富的滥用才会导致国家的衰落。他的公民人文主义和商业人文主义之间的紧张关系是通过下列主张解决的:财富

---

① *Essay*,页 231—232。同时参见 *P. I.*,页 248。

② "奢侈背叛了自然"。Seneca,《一个廊下主义者的来信》(*Letters from a Stoic*, Letter 90, 19),页 168。

③ *Essay*,页 241。

④ *P. II.*,页 342。

⑤ *Essay*,页 248—251。

⑥ *Essay*,页 216。

本身是无害的,特别是当它是通过辛劳工作和运用美德而获取的时候,但是不合理的获取和使用会产生堕落。[①] 罪恶的来源并非进步本身,而是人们无法控制其贪得无厌的欲望。弗格森认为,这比通常认为地更接近廊下主义的立场。"他们更偏爱愉悦而非痛苦,偏爱繁荣的成分而非逆境的成分:但他们坚持认为,善与恶不在于这两者的存在或缺席,而在于与它们相关的心灵上的恰当习惯和倾向。"[②]

人的需求天然是无限的,反映了我们的活跃的、进步的本性以及无限的创造性,[③]但它们的追求应该向外地被引向共同体以及那些更为高级,更为高贵的对象如知识和美德,而非内部的个人欢愉。[④] 在我们保障了那些相对"容易满足的本性的需要之后"我们的欲望确实还在,但是这些"嗜欲"[188]没有腐败,一切都没有问题。弗格森设想,这种平衡"完全符合人类生活更高的和更好的追求。""酒色之徒"误解了永不满足的需求的适当目标,因为"他"对"他的"动物性需求的追逐超过了"他的嗜欲的自然力量"并且违背了"感官的诱惑"。[⑤] 在积极的、动态的永不满足和腐败的贪婪之间,在完美的欲望和仅仅是膨胀和污浊的欲望之间,必须做严格地区分。弗格森因此在物质进步问题上将自己与他的许多古典来源相隔离。只要足够用心,将"技术和物质上的进步与道德和心理领域区别开来",并因而将前者从后者的领地中隔离开来是有可能的。[⑥]

尽管弗格森在此处似乎有些小混乱(可能是作为廊下主义在

---

① *Institutes*,页 146。Hiroshi Mizuta 在《苏格兰启蒙运动中的两个亚当》一文中也持相同的观点。

② *Institutes*,页 138。

③ *P. I.*,页 244。

④ *P. II.*,页 341。

⑤ *P. II.*,页 342。

⑥ 使用奥兹萨拉伯格的话。《解析启蒙运动》,前揭,页 113。

同一主题上不一致的结果,但也毫无疑问是因为他自己确实存在矛盾),但他检讨奢侈的影响的最终兴趣与其说是为了将消费道德化,不如说是为了批评商业社会所经历的价值上的损失,并且警告其可能的后果。《文明社会史论》所传达的最重要的历史和道德哲学的教益是:财富并不是国家幸福的决定因素。既然奢侈本身并非一种恶,并且舒适的食宿环境本身也不会削弱力量,我们就必须提防使得商人的唯利是图倾向泛滥的社会和政治安排。正如已经提到的,这些条件是劳动分工(特别是使用常备军),过度扩张,以及对公民美德的忽略。公民一味地追求物质回报,"只关注琐事",他们的劳动过度地专业化以致他们自己无法履行公民责任,这些人最易受到专制主义的侵害。正如弗格森告诉我们的:"职责是统治懒散或卑贱的人民的人一刻也不会停止扩张自己的权力。"[1]人们必须小心地守护他们的公民美德、他们的政治效能和他们捍卫政治"权利"的意愿。当一个国家的居民处于"精神萎靡的劣势",他们"国家的政体"一定处于危机之中并且国家的"政治福利"将受挫。[2]

权威价值观的扭曲和政治家的堕落

商业社会的部分危险在于其价值观如此扭曲,以至于不仅治国才能成为了一项被遗忘的技艺,而且公民自身也失去了对恰当的权威价值观的所有感觉;他们失去了辨别好的和坏的领导者的能力。文明的国家正经历价值观的转变,等级式的功德不再以"更高的"标准如智慧或骑士精神衡量,而是以粗俗的财富指标衡量。弗格森并非任何地方都毫不犹豫地拒绝阶层划分;实际上他认为它们对社会是有用的,甚至非常重要。他反对的是仅依据财富而

---

[1]　*Essay*,页253。

[2]　*Essay*,页245。

进行的阶层划分，这会为专制主义者的出现提供丰饶的条件，[189]因为他们在心理上偏向于将公民关系视为奴隶关系。① 表面的财富标准并不是衡量健康的公共服务的恰当指标。弗格森指出，"仅仅是财富并不天然和价值相联系"，相反可能是"充满铜臭气的可憎的傲慢"。② "当追求奢侈或享受奢侈中必不可少的等级和财产上的差别引入高下和品次的错误根据时"，③公众的危险就会产生。"英勇之名、彬彬有礼以及崇高的精神"被崇拜"装备和饰品"、"满足个人虚荣心或沉溺于变态和柔弱的幻想"的欲望所取代。艳装和"盛会"成了"我们评价何为卓越的依据"。我们开始"看重（我们的主人的）地位，向他献殷勤，甚至以嫉妒的，奴性的和沮丧的心思仰望那些几乎不足以糊弄小孩的东西"④

弗格森在此的靶子很可能是斯密。尽管后者也嘲笑"时尚之人""所取得的无聊的成就"，并称赞"战士、政治家、哲学家或立法者的坚毅和男子气概的美德"，⑤但他确实认同弗格森如此厌恶的"奴隶"关系。斯密认为，因为"乌合之众"的粗俗性，依据"简单和明显的出生及财富的差别"进行社会划分比依据看不见的和时常不确定的智慧和美德的差别更加可靠。⑥ 弗格森有异议：商业时代的英雄是一个可疑的，实际上是危险的榜样，因为"他"将感染"所有阶层的人，使之变得同样唯利是图、卑躬屈膝并胆小怯弱"。⑦

弗格森这里的这些观点似乎都来源于古典或新古典。塞涅卡在《第七封信》中提出了有关享乐主义传染性影响的几乎相同的例

---

① 　*Essay*，页 240。

② 　*P. I.*，页 245。

③ 　*Essay*，页 237。

④ 　*Essay*，页 238—239。

⑤ 　*TMS.* I. iii. 3. 6.，页 63。

⑥ 　*TMS.* VI. ii. 1. 20—21，页 225—226。

⑦ 　*Essay*，页 241。

子。① 柏拉图在《理想国》中预想其理想国家的覆灭所使用的词汇堪为弗格森之前兆：优生计划上的错误将导致不合格的领袖上位。② 波利比乌斯主张，政治家的子孙的堕落将使"贵族制转变为寡头制"，③而克里希普（Chryssipus）则抨击整个贵族出身的概念，强调贵族的自负并坚持认为一个人父母的阶层是不相关的。④ 马基雅维利讨论世袭君主继承人的堕落问题，⑤而孟德斯鸠则担心贵族制的堕落[190]将产生"精神上的懈怠、懒散和放任，其结果便是国家残弱，失去动力"。⑥

但弗格森的态度与那些和他相似的人有微妙的区别。他似乎担心的不仅是古老的贵族的消逝，还有新的暴富群体，这一新的精英阶层的纪律涣散，对骑士和贵族的传统规范所施加的义务视而不见。⑦ 弗格森赞同塔西陀的格言，即"对财富的羡慕会导致专制政府"，⑧他怒不可遏地责难新兴的富人贪得无厌的追求。那些"沉溺于奢侈"的人将毫无疑问地在战场这一德性的真正检验场上缺乏勇气。⑨ 任何对它们的尊重不仅是误入歧途，更是充满危险的，因为它"在缺乏对高贵出生和世袭荣耀之感知的前提下引入令人一种君臣式的服从关系，而这种感知原本是使得等级区分明确确定，并教导人们依照自己的地位活跃地和合宜地行事的。"愚蠢地"只尊重财富"会"遮蔽个人品质或家族地位的光泽"。⑩

----

① Seneca，《一个廊下主义者的来信》，Letter 7, 10。页 43。
② Passmore，《人的完美性》，前揭，页 195。
③ Polybius，《罗马帝国的崛起》，前揭，6. 8.，页 308。更深入的讨论亦可参见 Springborg，《西方的共和主义》，前揭，页 66。
④ Reesor，《早期和中期廊下派的政治理论》，前揭，页 23。
⑤ Machiavelli，《君主论》，1. 2，页 107。
⑥ Montesquieu, *Laws*, 1. 8. 5, pp. 115—116。
⑦ *P. I.*，页 245。
⑧ *Essay*，页 248。
⑨ *History*，页 277—278、页 294。
⑩ *Essay*，页 223。

　　社会的日益繁荣造成贫富差距加大,共同体出现两极分化;一极是挥金如土的富裕阶级,另一极是"苟活"(supine)和被剥夺的贫困阶级,他们沾染上了统治者的奴性,并且因为专业化和集权统治而远离公共生活。① 一旦人们堕落,离专制便是一步之遥,因为"专制政体的法规是为了统治腐化堕落的人们而制定的"。② "奴性"对于混合君主制的完整性非常危险,混合君主制是唯一得益于冲突、暴动、内讧和倾轧的体制。各抒己见、批判性和直言不讳的公共生活保障了领袖的美德,但一旦人民无动于衷和堕落,宪政的君主制就有沦为专制的可能。"声色犬马是精神的混乱",③它抑制或滥用我们的自然冲动,特别是那些与公民功能相关的。人天生爱搞派系和对立,在声色犬马的影响下变得温顺和冷漠。作为稳固宪政之特征的健康的冲突在"对奢侈的渴望甚至湮灭了党派的呼声"的地方消失无踪。④

　　所有以上条件共同为野心勃勃的暴君开辟了一条达成其目的的坦途。奢侈引发的冷漠和麻木,专业化对政治的隔绝效应,过度扩张造成的误导和疏离的状况,所有这些都为动摇并最终破坏政体创造了条件,[191]最终不可避免的结局是:暴政,要么是军事要么是专制的强力统治。因而堕落是政治和道德双双退化的结果。那些未能按自然本性生活,未能积极地展现他虑的激情的人将会和古罗马的公民一样遭受同样的命运。既然进步不可避免并且在诸多方面是有益的,那么我们应当谨记,"文明时代大肆吹嘘的诸多改进并非真的安然无恙"。⑤

---

① 这里的讨论有些混乱。弗格森似乎是在谴责阶级区分的体系,但在其他时候他又认为这不仅是自然的而且是有益的。

② *Essay*,页228。

③ 但是弗格森小心地解释到,当且仅当偶尔地和暂时地沉浸在其中时,追求愉悦才是自然的。*P. II.*,页386。

④ *Essay*,页248。

⑤ *Essay*,页219。

八、结　论

弗格森对进步和堕落的解释值得关注,因为他将有关退化的传统病理学和对商业化时代而言全新的那些原因综合起来,因而发出了社会生活研究之范式转变的最初号角。对实际的现代状况的印象与古典视角相结合产生了关于现代性的原创性观点。弗格森对于堕落问题的处理,显示他试图在廊下派的朴素苦行和对进步的更为现代的拥抱之间走一条中间道路。有时他的方向摇摆不定,致使他似乎前后矛盾甚至混乱。特别是当他否定奢侈的道德维度并断定社会和技术进步的必然性和正面性时,他往往,明显无意识地假定了一种尚古的苦行主义。同样,他在国民军问题上的政策与他关于进步的一般观点相冲突,并且似乎很武断。然而,这些讨论仍然充满了许多有先见的,有时非常智慧的洞见,某些洞见更是预见和影响了 19 世纪和 20 世纪的社会学。他首次对商业扩张、官僚化和专业化的社会影响给出了透彻地分析,尽管他的分析中并没有充分发展对“资本主义”的批判,但显然已经暗含了(虽然纯粹是描述性而非规范性的)处在胚胎期的异化和失范理论。弗格森也是最早解释消费主义对友谊和政治生活的不利影响,以及在维护强大的政体上社会资本和政治效能之重要性的人之一。

第十一章　进步与衰退

弗格森的矛盾

弗格森在著作中始终试图向我们展现社会自然地、可预测地依照人的自然进步的倾向从"野蛮"状态向"文雅"状态前进。然而，尽管他坚持认为，进步是神圣计划所固有的，[①]商业阶段是这种进步"自然的"一步，但弗格森对进步还是有很大保留意见，特别是在"文雅"或商业阶段的发展方面。他告诫到，商业时代会带来国家灭亡的可能性，如果英国继续按照现在的道路走下去，它将注定遭遇与罗马相同的命运，即退化和衰落，并可能导致社会、经济和政治的彻底崩溃。弗格森对进步不吉利的批判似乎与整个自生自发秩序理念的乐观主义和神义论相矛盾。即使他称赞进步，他似乎也对其有所担忧，这使他的体系含糊不清，甚至出现断裂。

弗格森对堕落的担忧以及对商业时代疾病的诊断和治疗的兴趣，并非是一般的进步历史之外次要和附带的关注，而是耗费了他相当的注意力。这种明显的悲观主义如何与弗格森将秩序解释成自我调节的，进步主义的甚至完美主义的兼容呢？下面的讨论试

[①] 受神所赋予的驱动力的影响。*Essay*，页 14；*P. I.*，页 190、页 313。

图用弗格森的神学术语化解这一难题。[①]

一、可能的解释

对于弗格森的历史编纂中存在的张力,有多种解释。例如,有人主张,弗格森的观点前后不一,自相矛盾,并且随着时间推移而不断变化。与之不同,可以通过将他的历史解读成末世论的,循环的或者轮回的而获得一条解释线索。

不只一位学者持有弗格森仅仅是自相矛盾的第一种观点,这很可以理解。[②] 虽然弗格森[194]肯定存在矛盾之处,特别是与斯密或休谟相比,但是任何一位专业的哲学家如此持续地保持不一致似乎是不可能的,这需要专门解释。既然弗格森对进步持保留意见远非偶然为之,那么他疏于更为仔细地思考它们的含义似乎是不可能的。他也不大可能将未充分发展的观点送交出版,特别是在如此漫长的学术生涯中。

另一种观点则认为,弗格森的观点随着时间推移而变化,他在《文明社会史论》中表现出的对退化的浓厚兴趣随着他的成熟而变淡。[③] 虽然可以认为,弗格森在他后来的著作中追逐这一主题的积极性减弱了,但他对于堕落问题的关注一直持续到他的最后也是最乐观地展现完美主义的著作,即《道德和政治科学原理》中。这本著作包含了众多有关退化的内容,包括某些对挥霍和帝国主义的尖锐批判。[④] 结尾的段落强调弗格森对退化问题的持续关

---

① 海尔布罗纳也主张亚当·斯密的著作中存在类似的双重性。这里的讨论借鉴了他的分析。Heilbroner,《进步的悖论》,页243—262。

② 例如,凯特勒将弗格森的不一致看成是"彼此冲突的信念"的结果。《亚当·弗格森的社会和政治思想》,前揭,页293。同时参见,Camic,《经验和启蒙》,前揭,页54。

③ Whitney,《尚古主义和进步的观念》,前揭,页153。

④ 例如,参见 P. I.,页34—35、页238、页313—314;P. II,页295、页487、页501。

注;在这些段落中他重点关注他所认为的历史和哲学的关键教导;也即对"人的精神"的恰当关注将决定一个民族是进步还是衰退。① 弗格森在《政治和道德科学原理》一书中对堕落的问题没那么重视,很可能是因为他的主题从历史转向了更为普遍的道德哲学问题。这种解释可由下列事实证实:更早的著作《道德哲学要义》(《政治和道德科学原理》以其为基础)与《文明社会史论》和《论罗马共和国兴亡史》相比,较少关注退化的问题,虽然它仅比《文明社会史论》迟两年出版,而比《论罗马共和国兴亡史》的出版早了整整 14 年。换句话说,弗格森对于堕落的不同关注程度不能按照年代来解释,而更可能与他的著作的领域和关注点不同有关。

另一种可能是弗格森认为世界在衰老,或者他正在展望预示通报地球行将毁灭的最后审判日。② 这似乎是合理的,考虑到对弗格森影响最大的几位前辈确实推动了这一类型的宿命论线路。尽管传统的基督教中就有最后审判日的教义,在牛顿的思想中也有悲观的情绪。牛顿相信世界会"松弛"或走向消解,只有上帝引入彗星才能重建。③ 同时,卢梭用典型的尚古主义者的术语思考历史,认为历史在不断退化。④ 因此,弗格森采取这一路线并非是不同寻常的;此外,弗格森所如此强烈地谴责的仁慈的衰退,[195] 恰恰是 18 世纪尚古主义者用来支持退化理论的论据。⑤

---

① *P. II.*,页 512。

② 参见 Istvan Hont,《苏格兰古典政治经济学中的"富国,穷国"之争》,(The "Rich Country, Poor Country" Debate in Scottish Classical Political Economy),见 Hont and Ignatieff (eds.),页 296。洪特也指出,弗格森将商业增长看成是无止境的。

③ D. Kubrin,《牛顿和循环的宇宙:神意与机械哲学》("Newton and the Cyclical Cosmos: Providence and the Mechanical Philosophy"),见 *Journal of the History of Ideas*, Vol. 28 (3), 1967, pp. 325—346,页 342。

④ Leigh,《卢梭和苏格兰启蒙运动》,前揭,页 3。

⑤ Whitney,《尚古主义与进步的观念》,前揭,页 22。一些学者指出,对弗格森来说,进步并非必然的。例如,邓肯·福布斯认为弗格森的史学"肯定不属于进步观念的史学"。Forbes, Introduction to *Essay*,前揭,p. xiv。同时参见 Lehmann,《亚当·弗格森》,前揭,页 148—149 和 Hopfl,《从野蛮人到苏格兰人》(From Savage to Scotsman),页 37。

　　谢尔认为，弗格森对堕落问题的关注，实际上是传统的加尔文主义者和苏格兰长老会成员悲观说教的变种，后者视国家的灾难为上帝对无义和罪恶的惩罚。这种解释初看起来非常具有说服力。与弗格森一样，厄运的鼓吹者认为奢侈、冷漠、自利和无神论是前奏，随之而来的是在上帝眼中拯救人们的大灾难。[①] 然而，虽然弗格森对腐败的论述充满了悲伤的说教精神，他对原罪概念的摒弃以及他将上帝作为遥远的、不干预的第一因的自然神论概念完全排除了这种选择。他对堕落的兴趣也不能与那种经常归给卢梭的尚古主义倾向联系起来，因为他明确地拒绝尚古主义。尽管残留一些怀旧之情，弗格森基本上没有哀悼失去福地。毕竟，"文明"或商业时代是自然的，更是神所确定的。弗格森完全拒绝彻末世论，明确地赞同历史是无限的观点。[②] 虽然他只概述了三个历史阶段，他没有将文雅时代视为历史的终点或结束。他对预测相当公然的反感，妨碍了他对可能的第四个阶段做任何预测。[③] 人类的进步是一个渐进过程，虽然可以被打断，但是没有理由假设退化是现代性的必然结果。[④] 毕竟，罗马是一个前现代国家。它没能做到的是保护其公民的美德。弗格森强调，我们社会和政治制

[①] Sher，《教会与大学》，前揭，页 43、页 198—201。

[②] P. I.，页 313—316、页 47、页 184—185、页 190—191；*Essay*，页 12—14。其他学者也将弗格森的史学解读为一种完美主义/进步主义史学。威尔克认为，弗格森的自然概念"不允许他接受发展和衰退的必然循环。自然的规划是进步和繁荣。"在他看来，进步/衰退的紧张关系可以通过下述解释得以解决，即弗格森有关堕落的论述"与国家或政治单元的生命相关"，然而他对进步的讨论则推广至"整个人类"。Willke，《亚当·弗格森的史学思想》，前揭，页 172、页 112。伯恩斯坦认为，弗格森相信从长远来看人类在进步，尽管他也指出，国家的发展可能停顿。Bernstein，《弗格森和进步》，前揭，页 115。莫斯纳（Mossner）认为，弗格森对进步的必然性的坚持是休谟反对《文明社会史论》的主要地方。Mossner，《休谟的生平》（*Life of David Hume*），页 543。

[③] P. I.，页 316。

[④] P. I.，页 194。

度的"延续""不限于任何有限的阶段"。换句话说，文明的生命跨
度不是有限的或者被决定的，而是取决于内部的政治状况。弗格
森担忧的不是现代性本身，而是其可能威胁公共美德的方面，在英
国的情形下，这恰好就是工业化、商业主义和帝国主义带来的那些
方面。退化威胁着所有那些繁荣和成功的民族而不仅仅是文雅的
民族。弗格森并不因此而相信[196]文明正在终结。但我们能说
他所持的是历史循环或循环向前（anacyclical）的观点吗？后者似
乎是更为可行的选择，因为它与某些进步是兼容的。

　　有人确实认为弗格森赞同历史循环论。[①]考虑到他在循环论
的历史编纂上有足够多的先驱，这在表面上似乎是合理的。他的
一些最为重要的影响来源（柏拉图、亚里士多德、廊下派、马基雅维
利和孟德斯鸠）都持有历史循环或轮回的观点。例如，马基雅维利
主张，"堕落的必然性"是"人类事务中最显而易见的事实之一"，[②]
而轮回的教义（世界周期性地毁灭和再生）是廊下派理论的基
础。[③]西塞罗坚持认为，世界将毁于火灾，[④]塞涅卡则将罗马帝国
灭亡的一个原因归结为，不让任何事物待在其发展顶峰的自然秩
序的恶意。"没有什么"，他写到，"是永恒的，无论对于个人还是社
会"。[⑤]

　　但是这种解释也经不起细致的审查。弗格森在《政治和道德
科学原理》以及《文明社会史论》中都明确表达了他对循环论的厌

---

① 例如，威廉·莱曼断言："实际上，弗格森非常明确地提出了一种历史循环论"。《亚
当·弗格森》，前揭，页149。

② Mullen，《共和主义的发展》，前揭，页324。

③ 马可·奥勒留提到"创化的伟大的循环再生"。《沉思录》，11.1，页165。同时参见
Epictetus，《谈话录》，前揭，2.1.17—24，页219；3.8.2—7，页89。

④ Cicero，《国家篇》，6.21，页277。

⑤ Seneca，《一个廊下主义者的来信》（*Letters from a Stoic*，Selected and Translated
with an Introduction by Robin Campbell，London：Penguin，1969，Letter 91），页
179。奥勒留也写到："大全的所有部分……在某个时期必定衰落"。马可·奥勒
留，《沉思录》，前揭，10.7.，页153。

恶。他承认将历史划分为不同的类型和时期(弗格森自己也这样做)的策略是有问题的,因为这种思维模式会误导产生人类历史终结论的概念:"没有一个阶段的主题是静止"。① 其实,好像是为了纠正他自己使用"少年、青年、老年时期"来类比地描述我们发展的三个阶段而传达的错误印象,他解释说,尽管"想象确实是贴切的","显然,民族和个人的情形是非常不同"。尽管"人体要经历一个普遍的过程……而且其存在时间是有限的",但"其组成成分在每一代都得到更新的"社会,享有"永恒的青春,永远都在积聚着更大的优势"。②

弗格森将进步设想成是线性和渐进的,是"知识和思想持续增长"以及技能、习惯、艺术、权力和道德"洞察力"持续增强的过程。的确,人类历史往往"兴衰沉浮"或"被打断",但它总能使自己回到进步的轨道。③ 社会与个人不同;它们的寿命没有定限,而是连续地更新,为新的一代所承担:"我们[197]不能认为无能仅仅是和年龄,和存在时间的长短息息相关的。"④除了文本证据,还有其他的主张反对把弗格森式的堕落做循环或轮回的解释。首先,他的堕落的病理学指出了很多完全没有先例的原因,其中一些原因具有正面的和进步的维度或者是最终进步之过程的副产品。它们包括劳动分工、城市的发展、国家财富和奢侈的增加、商业价值的引入以及冲突和战争的减少。在这些方向上,弗格森从未推荐过倒返或社会修正主义。⑤ 处处可见的罗马类比可能是误导人的。它被视为是一个繁荣的帝国的普遍模式,但是以它作为类比用处有限,

---

① *P. I.*,页192。
② *Essay*,页199。重点为我所加。人类"的进步是不确定的"。*P. I.*,页183。"前进是相对于人的自然状态"。*P. I.*,页199。
③ *P. I.*,页190—192。
④ *Essay*,页199。
⑤ 除了在征兵的问题上。"Separation of the Departments",前揭,*Collection of Essays*,No. 15,页150—151。

并且没有理由假定弗格森明确地预期不列颠帝国走相同的道路。罗马提供的是教训，而非预告。

此外，弗格森的史学是神学目的论的。历史具有目的，尽管他以阶段论的形式展现它，弗格森仍然拒绝亚里士多德那种建立在不变形式之上的发展的静态序列。在这后一种观点看来，发展仅仅是实现有限的、已经确定了的潜能，而没有真正进步的余地。弗格森的"上帝"不会让"他"最喜爱的创造物堕入无意义的成长与退化的循环。相反，上帝注定我们趋于道德完善，并且不断获得只有在线性历史的背景下才能为之奋斗的成就。

另一种反对这种解释的主张是，循环（或循环向前）的历史观与马基雅维利从波比利乌斯那里借取的自然法则（单一政体不稳定因而注定要"退化"）相关。① 与罗马共和国（在这个时期，"罗马元老院的所有权力都转移至公民大会"，从而使"自由的罗马"走向"终结"）不同，②弗格森笔下的英国是一个更加平衡与混合的君主政体，因此任何悲观主义都将受到这一事实的遏制。弗格森经常宣扬其主张，即混合君主制是最适合英国条件的宪政形式，③因此英国和罗马的命运并不相同。

无论如何，不管是循环论还是循环向前的理论丝毫没有解释清楚衰退/进步的悖论。更有希望的循环向前的观点（有希望是因为它似乎兼容进步）并不符合弗格森的历史观，因为它仍然依赖于一种不变的制度循环，这一循环是混合君主制（英国的情形）的存在所排除的。总之，[198]弗格森厌恶所有循环的观念。在一个仁

---

① Stewart Crehan，《罗马的类比》（"The Roman Analogy"），见 *Literature and History*，Vol. 6 (1)，pp. 19—42，页 23。有关马基雅维利对混合制政府的优势的观点，参见《君主论》，1.2，页 109。

② *Remarks*，页 14。

③ *Remarks*，页 15—16；*Institutes*，页 273。弗格森相信，一个健全的宪法框架的标志是复杂，以及对权力广泛且清晰的划分。更多的细节，参见第十二章。

慈的上帝为了我们的发展而创造的宇宙中,它们毫无意义。"上帝"创造我们是为了保护我们以及所有我们的成就。弗格森承认冒昧地揣摩上帝的心思存在危险,他斗胆建议我们以可观察到的趋势为证据推断这种意图。唯有拥有灵魂的生命形式才注定要无限地发展,尽管人类拥有相同的本性,这不应引导我们将这些本性看成是静态的或不变的:人性的"一致性"掩盖了我们的适应性的、动态的和进步的趋势。[①]

弗格森明显的矛盾让一位学者(可能是恼怒地)断定,弗格森根本不持有任何历史论,他的历史编纂既不是循环的,必然进步的也不是必然倒退的。[②] 但很难怀疑弗格森的历史编纂从根本上说是进步主义。当然,他承认,某些社会并未进步,因为环境恶劣或者民众不愿意努力运用其积极的能量,[③]但总体上,他认为进步是必然的,因为它是普遍的并且在生物学上是内在的。"评判或进步的法则"是"人类本性最基本的事实"。[④] 换句话说,它是不言自明和绝对真实的。而且,造物主已经确保"自然的秩序免于衰亡"。[⑤]弗格森历史社会学的目的论维度确定了进步的必然性,但也允许不可避免的中断:"人类是为了理性的成就而被创造的。如果因为紧急事件他被剥夺了这些的优势,他将或迟或早地位自己找到回归的道路。"[⑥]

弗格森的历史令人费解之处是即使他保有设计论证,目的论框架以及存在之链的教义,它仍然体现了高度发展的进步理论。另一个令人费解的地方在于弗格森对堕落的病理分析深受古代持

---

① *P. I.*,页 321—324。
② McDowell,《商业、美德和政治》,前揭,页 541。
③ *P. I.*,页 194—195。
④ *Institutes*,页 90。
⑤ *Institutes*,页 126。
⑥ *P. I.*,页 199。重点为我所加。

循环论、循环前进或轮回观点的历史学者的影响。此外,弗格森自己没有为避免混乱而做出多少努力;实际上,他抛给其读者的矛盾感觉几乎是故意为之的。无论如何,弗格森的历史既不是末世论、循环论的也不是循环前进的。它不是任意的,相反,是开放式、有目的和不可避免的。那么,退化的论题能够安顿在一个乐观的规划中吗? 剩下的讨论将通过审视弗格森解决神义论问题的路径揭示弗格森悖论的一个文本上的解决方法。这一解决中的关键构想在于(导致人们不自觉地犯错的)自由意志的基督教/西塞罗主义原则。错误,而非罪恶,才是衰退的原因,①[199]既然错误往往能得以纠正,弗格森便能论证退化的偶然性,乃至其在神圣的宏大计划中的建设性作用。基于这个原因,他能够平衡其对现代性的病理学认识,而同时又对自生自发秩序的法则保持乐观的信念。

二、神义论问题:完美主义、自由意志和自我创造

作为一位自承的,相信世界被造就为完美、"崇高"和"美丽"的"一神论者",弗格森面临着解释进步和神义论问题之关系的难题,也就是恶的性质和存在的问题(在这一情形下,就是随着现代性而来而来的罪恶)。② 如果人类是进步的,是否意味着我们是不完美的,为原罪的重担所玷污? 而且,如果我们是不完美的,那么我们与完美和仁慈的上帝的关系又如何呢? 弗格森处理了首先吸引廊下主义者的同一困惑:"如果人是上帝之一个微粒,那么他为何不是自动地完美?"③

弗格森通过展现表面的罪恶(在这里是堕落)如何是自由意志

---

① 正如弗格森在《文明社会史论》中明确写到的。页212。

② *P. I.*,页173;*P. II.*,页27。

③ Passmore,《人的完美性》,前揭,页55。弗格森对此问题最详尽的讨论参见,"Of the Things That Are or May Be",前揭,*Collection of Essays*,No. 27,各处。

能力的必然结果来回应。虽然令人不愉快，但罪恶有很多积极的
影响，特别是在打磨道德能力方面。堕落因而被视为我们完美性
的不可避免的结果，是我们渴望发展、成长的欲望的自然副产品，
并且影响我们与造物主的精神的终极联系。① 换句话说，人类的
独立造成的任何不幸往往可以通过其长期利益得以补偿，因为在
追求道德善好的过程中，一定程度的恶无法避免。② 弗格森将原
罪的观念替换成原初无知的观念，吸收苏格拉底（之后廊下派的）
的教义，也就是邪恶与无知是同义的，并且我们途经历史阶段而进
步代表了一种永恒的追求，从而重塑了神义论的问题。③ 弗格森
并非唯一一位依靠此种方法解决问题的现代学者。在哈奇森的影
响下，道德认知论在苏格兰启蒙运动温和的知识界中是常识。④
但使弗格森的方法如此有趣的是，在所有的苏格兰人中，他似乎对
现代生活最不抱乐观态度；他似乎并没有分享启蒙运动时期盛行
的对进步的广泛的乐观主义。[200]因为神义论的问题深深印在
弗格森的脑海中，他的著作特别积极和精巧地回应了这个问题。
他的道德认知论得到了充分发展，因为它所适用的问题在弗格森
的文本中具有显著的特征；相应地，它在统一弗格森的思想体系上
发挥了重要作用。

　　"无知论"使得弗格森可以在原罪缺席的情况下处理对改进的
需要这一困难问题。弗格森承认，自由意志的存在经常导致罪恶，

---

① *P. II.* 页 412；*P. I.* 页 283—284。爱比泰德特别喜欢这个观念。Stanton，《爱比
克泰德和马可·奥勒留的世界主义观念》，前揭，页 194。

② *P. I.* ，页 183。

③ *P. I.* ，页 175。这样，弗格森便反驳了卢梭的主张，即学识与美德对立。Rousseau，
"Discourse on the Moral Effects of the Arts and Sciences"，*Social Contract and
Discourses*，页 10—14。

④ K. Haakonssen，《自然法和道德实在论：苏格兰的综合》（"Natural Law and Moral
Realism：The Scottish Synthesis"），见 *Studies in the Philosophy of the Scottish
Enlightenment*，M. A. Stewart（ed.），Oxford：Clarendon Press，1990，页 62。

但他乐观地相信宇宙的自生自发秩序。学习的过程一定会揭示善对恶的胜利。源自自由意志的"罪恶经历"为我们的道德教育提供了深刻教训，因为它的后果引导我们通向"公正和真理"。人类是"必须自主选择的存在秩序，也是在本质上自我塑造的力量"。[①]弗格森的神义论与奥勒留的非常相似，后者认为宇宙是"完美"的但有时候也是"严酷"和"令人不快的"。[②] 生存被设置在许多危险和障碍之中，这是上帝为了刺激我们成长为道德行动者而故意设置的。[③] 原初的无知必须被克服；并且在这一过程中我们发现善可能来源于恶，逆境可以是积极的社会力量。

　　人确实拥有自由意志。尽管我们"注定要完美地、没有终点地成长"，弗格森仍然愤怒地谴责任何下列观念，即将人类视为上演无意义的，决定性的字谜游戏的程序化的自动机。我们人类的"善"存在于其"进展和罪恶的衰退之中"。[④] 但是，如果衰退是我们的"恶"，那么它在这个被完美和仁慈地创造，一切都有其用处的宇宙中的功能又是什么呢？

　　弗格森的进步概念和他的道德完美主义息息相关。由于随着时间的推移，人类的技艺和成就都不断发展，因此人类也是直觉地寻求与上帝心智的合一。弗格森解释到，成为道德行动者的唯一确定道路是通过自我发现和自我创造。这并非发生于宗教的隔离或反省的沉思，而是发生在我们日常生活的实践以及我们与社会其他成员的交往中。我们通过试错以及在保护我们的"家园"的日常过程中彼此学习。这个过程的本质是假定，作为个人，我们享有相当程度的独立。总而言之，弗格森相信，任何源自人类独立的罪

①　"Of Things that are or May Be"，*Collection of Essays*，No. 27（2），页 240—241。

②　马可·奥勒留，《沉思录》，5.7，页 80—81。

③　"Of Things that are or May Be"，前揭，*Collection of Essays*，No. 27，Parts 1 and 2 *passim*；. *P. II.*，页 511。

④　*P. I.*，页 191。

恶都将被进步所赋予道德教育的好处所抵消。最终,自由意志将产生更多的善而非恶。人们通过体验坏的选择的不良影响在道德上进化。① 弗格森使用目的论的术语表达他对人类选择和能动性的主张,也就是造物主通过将人类塑造为通过自由地运用他们的能力而进步。②

[201]进步被定义为基于欲望的自我教育过程,不是为了赎罪,而是为了摆脱我们天然的缺陷和无知。这种通过进步来摆脱我们原初的无知的概念极易使人联想到廊下派关于圣智修成的观念。爱比克泰德提出,我们通过获取知识的过程而开辟着与上帝心灵合一的道路。③ 弗格森而言,我们从现代性的病症中获得拯救,悖论性地,不是通过回到一些返祖的或者想象的黄金时代,而是通过更大的进步;也就是说,那些提升道德意识的知识上的进步。④ 如果人们努力地掌握那些主导人性进步的法则,那么在做出自己的选择上,个人也将有所获益。实际上,弗格森走得很远,他主张"上帝"为了刺激我们对它们的好奇心,故意隐藏那些事情。人必须学习善与恶之间的区别,并承认人类"进步"的法则如果遭到滥用就会导致"衰退和毁灭"。⑤ 选择会带来失败的风险,这也使它具有真正的教育意义。我们在一定的约束条件内(我们的环境以及我们原始本性无法抵制的命令的约束)运用意志,这为差错提供了广阔的空间。弗格森注意到,"设计是可感知的,但如果受愚昧和恶意的引导,就会成为厌恶或排斥的对象"。⑥ 自然的法则是确定不变的,它们只是等着被发现。⑦ 弗格森有些

---

① *P. I.*,页183。
② *P. I.*,页202。
③ *P. I.*,页312—313。
④ Willke,《亚当·弗格森的史学思想》,前揭,页182。
⑤ *P. I.*,页202。同时参见 *P. II.*,页54。
⑥ *P. II.*,页27—28。
⑦ *P. II.*,页54。

笨拙地推论到，我们被赋予理性能力这一事实确认了它们的恒常性。① 从长远的眼光来看，人类历史的模式或形态是确定的，但从短期来看，它的速度和内容上大体上是人类意志的结果。超越的秩序不可改变、不可避免，而同时，我们又注定要在其范围之内自愿地行动。② 然而，我们的影响的完整范围不可能辨清。③

因此，某些神义论问题(罪恶的存在，或在这一情形中堕落)的答案可以在弗格森的进步理论中找到；这是一个建立在有关自由意志的主张之上的理论。我们人类的世俗成就是我们追寻与上帝的心灵合一的直觉性追求的一部分(可能甚至是副产品)。因为弗格森的完美主义是手段导向而非目的导向的，它离开了自由意志的假设是无法想象的。

三、社会结构与个体能动性

那么超越的秩序与人类的能动性之间的精确关系是什么呢？换句话说，弗格森对自由意志的坚持如何兼容于他[202]对无法抵制和无法改变的社会法则的信念？ 相对于长期存在的有关自由意志的神学辩论，弗格森的回答发生了微妙变化。人类的进步是线性的和开发式的，但并非无目的；在形式上是统一的，尽管在内容上不统一。三个发展阶段(野蛮、未开化、文雅)差别如此之大并非不可避免，虽然变化和偏差自然地发生，并且，这是由于自由意志的作用与自然中明显的变化(地理和气候

① *P. I.*，页179。
② "发挥作用的力量不能被他的意志所控制；但是必须要了解他们据以前进的法则以及用来影响这些力量运作的结果的措施。" *P. II.*，p. 54.
③ "Of the Separation of the Departments"，前揭，*Collection of Essays*，No. 15，p. 144.

上的多样性)叠加的结果。尽管恶(错误)普遍存在,弗格森的乐观主义岿然不动,因为他相信"偶然事件本身在(上帝的)作品中就是一项完美"。[①] 在人类的超越轨迹(the super-trajectory)由上帝确定并由人类代理人所实施的意义上,进步具有超验的目的性。弗格森的历史实际上是一种救赎的历史,尽管加上了两个重要修正:首先我们不是从罪恶中,而是从有关我们自身的不健全的知识和我们在上帝的总体规划扮演的角色中挽救我们自己。其次我们保障了自己的救赎。上帝有效的恩赐被有效的自我教育所代替。[②] 上帝确定了一种不移的框架(三个阶段的规划以及随之而来的无论什么),然后为人类的意志、选择、判断和"野心"的进步本能提供原材料,所有这些都造成和促进一种线性且无限的进步的产生。

在弗格森的著作中,造物主的意志和人类的独立之间存在明显的张力,这主要是因为他同时信奉基督教/西塞罗主义的能动性概念[③]以及廊下派的妥协倾向。凯特勒将弗格森一方面是自由意志,另一方面是超越的秩序之间的张力描述为一种"抵牾",并提出弗格森在它们的关系上的观点是不相容的。[④] 这种观点看似合理,但低估了弗格森眼光的敏锐性,这种敏锐性可以概括为:人类是历史的主要承担者;他们历史进程中具有较大的独立性,但他们也承担实现造物主目的性蓝图的任务。弗格森虽然鼓励每个行动者"在依赖自己意志的事情上,作为上帝的有自身意愿的工具而行动,但在处理超过自己能力范围事情上,自

---

① *P. I.*,页154。
② Willke,《亚当·弗格森的史学思想》,前揭,各处。
③ 西塞罗认为,既然我们是神圣的智慧也就是能够自己运动的第一因的组成部分,那么我们也具有自我运动的能力。Cicero,《论共和国》*De Republica*,6.24—26,页279—283。
④ Kettler,《永恒的宪制》,前揭,页221。

觉地作为上帝掌控的工具而行动"，但最终还是坚持人是"自发的行动者"。[①] 他将自己的立场概括如下：

> 在某种意义上，财富的事业独立于人类的力量。因为不是个别人或一些人在计划和执行它，也没有什么条件能够阻止或者执行它的进程。然而这个整体是人类本性和人的行动的结果。在这种激流之上个人能做什么呢？让自己随波逐流而不付出任何努力！不，因为如果人人都如此，那么人类将无所作为。这种激流就是由这样的努力的冲动联合而成。而它的方向就是源自人的普遍性情而非任何外部或命中注定的必然性。[203]每个个人都必须将自己视为行动力量的组成部分而非仅仅是被他人所移动或者处置的事物。默认任何缺陷是荒谬的，因为缺陷是真实的。因为那些我们选择但没有获得的好处而拒斥任何其他好处也是荒谬的。人类的事务是混合的，人的目标是促进和增加善，阻碍和减少恶。不按照他自己的概念去扮演作为人的角色甚至不在人的能力范围之内。他有时候祈求命运原谅他没有做他厌恶尝试的事情。[②]

弗格森引导其读者在概念上退后一步，以领悟是历尽沧海桑田的人类，而不是个别的行动者造就了历史。然后他继续引导她

---

① *P. I.*，页 130—131、页 313；*Institutes*，页 11。

② 弗格森未公开发表的讲义，引用自凯特勒，《永恒宪法》，页 218。然而弗格森明显在竭力地定义和理解这种关系。依凯特勒之见，"在他 1779—1780 年的讲义中，弗格森在十二月的一系列课程中首先想要反驳下列概念，即制度来自于某种社会契约或立法者的总揽性意志，但与此同时避免使得它们好像是不受选择和行动影响的自然产物。讲义引言中的变化表明了这些困难。他首先写道，人'在任何情况下都受特殊环境的引导和决定'但随之将其划掉，并代之以：'在任何情况下，都存在有助于和限制他的选择，阻碍或者促进他的成就的环境'"。凯特勒，同前，页 217。

退后一步,以便看清人类的行动仅代表了动力因;目的因乃造物主的排他性领地。① 我们是自我创造的物种,能够通过研究宇宙的逻各斯而辨识适当的行动,能够知道反映在上帝的作品中的知识。② 我们能够从我们自己的进步趋势中推导出——尽管是不完美地——我们的命运;因此我们在追求它时能够展现出高度的独立性。最终的结局是既定和固定的,但用于达成它们的手段完全留给个人判断。③ 我们也在很大程度上决定自己的时间框架。三个阶段的次序似乎是固定的,因为它内在于恒常不变的人类本性之中,但考虑到物质环境的多样性、文化的多元性以及意志的运用,每个社会进步的速度将会有所不同。此外,人类的发展可能不是严格线性的,可能是倒退的甚至由于坏的选择沿着歧路走一段时间。弗格森已经充分意识到了此处的张力。既然进步是本能的,他随意地承认,我们应该自然地期待找到人类的"持续进展"。然而,我们不能忽略"人类的事务总有兴衰沉浮,人类在某些时期衰退,不比在其他时期向前发展来得少"。④

　　我们不能操纵自然的法则(既然它们是固定的),但我们确实能够使自己熟悉它们,以便最大限度地发挥我们的优势,减少我们的劣势并且适当地使我们自己服从于[204]造物主的意志。⑤ 弗格森思想的这个方面很难与他的自生自发秩序信念兼容,这一秩序建立在人类对更高目的盲目无知的基础上。实际上,这是他的思想体系最主要的也是最难调和的矛盾之一。

---

① *P. I.*,页53。
② 《价值的特性及其在存有中的来源》("Distinction of Value and its Source in Existence"), *Collection of Essays*, No. 7,页73。
③ *P. I.*,页54。
④ *P. I.*,页313—314。
⑤ *P. I.*,页54。同时参见 *P. I.*,页108以及 "Of the Things That Are or May *Be*",前揭,*Collection of Essays*, No. 27,各处;"Of Cause and Effect, Ends and Means, Order, Combination and Design",前揭,*Collection of Essays*, No. 13,各处。

在人类经验的广阔范围中,我们会遭遇不同阻碍也会做出不同选择。错误的选择会使人的发展道路误入灾难性的歧途,但是形式的层面上,最终的结果是一样的。人类从"婴儿期"(野蛮)经"成年期"(未开化)到达智识成熟的老年阶段(文明)。人类的发展具有不同的自然阶段,但它们是通过不同的手段达到的。某些表征我们的目的或命运的种子的心理变量保持不变,然而环境的变化和人类的能动性导致了偏离、多样性以及某些时候的暂时性灾难。这解释了弗格森为何能既对进步持悲观的态度,同时仍然相信目的论。我们通向完美的路径是通过我们犯错的能力以及从错误中学习而间接地获得的。这种犯错误的能力,基于目的论予以考虑的话,是弗格森的完美主义最引人注目的方面。现在将给予更多的关注。

四、无知和错误

产生于无知的错误是堕落的原因。但是我们犯错的能力的整个概念被安置在弗格森的完美主义之中。错误是目的论式地设想的。我们注定会犯错,通过我们的错误的不利后果而获益,并因此而在智识、实践和道德上不断向前发展。[1] 这便是弗格森的目的论如何不同于亚里士多德的目的论之处;它是真正进步的,因为我们的不端行为实际上改变了事件的进程。[2]

依据廊下主义的观点,事物的瑕疵源自人们没有看到事情的真实面目,而苏格拉底则将恶视为无知的结果。这恰好是弗格森解决恶的问题的方法;善与恶并非二元对立。恶要么是错误地辨

---

① 《论善与恶,完美和缺陷》("Of Good and Evil, Perfection and Defect"), *Collection of Essays*, No. 23,各处。
② 尽管亚里士多德确实认为事物天生具有"一定程度"的瑕疵,因而即使按照本性,事物也会犯错。亚里士多德,《伦理学》,附录F,页358。

认了实际上间接地是正面的现象,①要么是我们给予那些误判为
有害事件的头衔。国家和宪政腐败可直接追溯到判断上的失误。
例如,享乐主义源自于弄错了注意力的恰当对象,帝国主义是傲慢
的错误等等。为了对抗恶的问题的二元论的解决方案,弗格森诉
诸一种一元论的解决方案,否认无法控制的恶的存在。表面的恶
其实只是[205]善的缺乏,是一种不完美状态。上帝有意地赋予人
以缺陷以便刺激他们进步:"注定会追求完美的存在必须起源于缺
陷",我们有瑕疵的本性必然产生的错误完全是自然的。② 弗格森
用原初的无知来重塑神义论的问题使他能够在缺乏原罪的情况下
处理任何关于发展的必然性的棘手问题。错误是我们不断追求摆
脱缺乏自知之明的自然结果。③

　　通过主张每个人都有上帝般的潜能,弗格森能够保持他的廊
下主义信念,即我们是上帝般的微粒。④ 他与廊下主义的观点一致,
将幸福定义成心灵的一种(公民性地)有德状态,⑤并且将与上帝的
心灵合一确定为我们的终极目标。⑥ 行动者是在一种永恒的不断涌
现的虔敬状态中追求他们的道德完美。每个道德行动者所追求
的知识都是允许"他"按照上帝的法则生活,避免未来错误的自知。⑦

---

① 　例如,"冷和热必然被动物所感知,这样它们才能避免自身的毁灭"。即使"疼痛也
　　是必要的,并且对整体来说是一幸事"。*P. I.*,页 338。
② 　*P. I.*,页 181。*Collection of Essays*,No. 13.
③ 　*P. I.*,页 185;同时参见 "Of Cause and Effect,Ends and Means,Order,Combina-
　　tion and Design",前揭,*Collection of Essays*,No. 13,各处以及 *P. I.*,页 175。
④ 　例如,参见"Of Things that are or May Be",前揭,*Collection of Essays*,No. 27
　　(2),页 235。
⑤ 　*P. II.*,页 412,*P. I.*,页 313,页 179。弗格森与其他温和派分享这个概念。Sher,
　　《教会和大学》,前揭,页 211。
⑥ 　*P. I.*,p. 329;《论道德科学的不同面向》("The Different Aspects of Moral Sci-
　　ence"),*Collection of Essays*,No. 29,p. 257.
⑦ 　*P. I.*,页 181。维尔克(Jean Willke)在《亚当·弗格森的史学思想》中采取了类似
　　的路线,页 60—61。

"人"的特别之处是他注定要了解"自己"①，并且"知识是自然用以培养成长中的心智的养料"。② 整个星球都是美德的培养学校，是"智慧存在者的伟大世界的温床"。③

因此，历史是从无知中逐渐地解放人，是一个可能要付出沉重代价的辩证过程。尽管我们摆脱原初无知的不可餍足的野心是这世界上所有恶和腐败的无意识原因，但同样的欲望产生了秩序、进步和文明。我们生成自生自发秩序的能力必然同时包含了耗散的能力。这解释了在弗格森的著作中，为何进步/衰退的主题不断地相互遮蔽。

五、作为过程的完美

弗格森将我们道德的进步视为一个过程而非一个绝对的目标；事情达成它们的目标的努力才是世界秩序的来源。既然只有上帝才完美，人类就努力地不断趋近上帝，上帝外在且超越于这个世界，是所有行为最后和最终的原因。对道德人格的发展来说，进展的过程在重要性上不次于实际的达致，④[206]行为本身成为重要的目标。⑤ 这一将完美看成是一个持续的，专注于手段的过程的概念，对于弗格森承认完美实际上不能达到而言是必要的；因为只有造物主是完美的，弗格森认为我们的进步不过是"过程"。⑥ 我们无法在遥远的来世达到完美，但可能在我们此生的日常生活

---

① P. I. ，页 3—5。
② P. I. ，页 175。
③ P. II. ，页 325。同时参见 "Of Cause and Effect, Ends and Means, Order, Combination and Design"，前揭，*Collection of Essays*，No. 13。
④ P. I. ，页 184。
⑤ P. I. ，页 250。同时参见 "Of the Things That Are or May Be"，前揭，*Collection of Essays*，No. 27 (1 and 2)，各处。
⑥ P. II. ，页 403。

中达致一定的程度,通过时间的作用,每一个人对人类不断地走向完美有所贡献。道德完美尽管是一个有益的目标,却无法实现。然而,我们可以在仁慈的善举中实践地和社会地表达美德,弗格森将仁慈浪漫地描述成"上帝般的原则"。[1] 这差不多就是我们在一生中所能期待的全部。我们道德和实践上的进步取决于我们践行我们的德性和能力的热情程度。[2] 既然最高的美德是公民美德,弗格森强调,参加公共生活是特别有效的,他赞同西塞罗的观点,即公民美德来自于对责任和身份的知识。[3] 弗格森以廊下主义者为榜样,在两个层面思考道德的完善;第一个是实践和公民的美德,我们可以天天践行;第二个是体现在与上帝的心灵合一的永恒追求中的道德完善。当我们践行他虑的激情并且履行我们的公民责任,从而展现出我们潜在的类似于上帝的本性以及我们愿意遵循神的愿望的迹象时候,两种美德就交叉了。[4] 弗格森将"个人的道德完善和公共善相联系",[5]这在他的同辈中是个特例,尽管在西塞罗和哈奇森那里存在先例。[6]

　　当我们践行他虑的激情并且履行我们的公民义务时,我们展现出潜在的类似于上帝本性的片段或者镜像。我们爱彼此就像上帝爱我们,因而与他的意志一致;我们与我们的本性和谐一

[1] P. II. ,页 32—34。

[2] P. I. ,页 193。

[3] Cicero,《著作选》(Selected Works,Robert Baldick,C. A. Jones and Betty Radice, eds. ,Great Britain: Penguin,1971,Ch. 4,"A Practical Code of Behaviour"),各处以及注释,页 158;Sher,《教会和大学》,前揭,页 201。

[4] P. II. ,页 61;P. I. ,页 313,页 318。

[5] Willke,《亚当·弗格森的史学思想》,前揭,页 138。

[6] 西塞罗将下列两者相联系,一方面是私人美德和个人灵魂中的内在调控,另一方面是公民行动和服务。我们在哈奇森的思想中能看到相同概念,"文明社会在本质上是为了人类道德发展的制度,它的存在不仅是为了使快乐最大化,而是培育公民具有仁慈或行善的动机。"Haakonssen,《自然法和道德实在论》("Natrual Law and Moral Realism"),页 77。

致。① 既然上帝离我们如此遥远,那么我们通过识别和遵循宇宙的逻各斯而在这个星球上致力于践行美德就有更大意义。但是,即使当我们是个别地践行公民美德时,我们也正在促进我们长期的、集体性的道德完善。[207]是造物主希望我们就在此时此地践行美德,弗格森在上帝有关未来状态的故意和明显的含糊性上找到了这一解释的证据。我们是否"不朽"的不确定性,起到了将我们的注意力引向当前更加紧迫的关注和责任的"目的因"的作用。② 毕竟,"道德规则的直接用处是选择、实践和实施"。③ 人们在探求其在社会中的合适位置以及追求公共或公民价值的过程中追求他们最高的完善性;一个人就其"热爱其同胞的程度而言是优秀的;就其憎恨他们的福祉或对之漠不关心的程度而言是有缺陷的"。④

更确切地说,弗格森阐释了一种不能达到目的的目的论。这个目的,即人类的道德完善,是无法达至的,但它可以被视为一个"减少"缺陷的持续过程;人类的进步蜿蜒曲折,但是找不到休止的点。我们"前进的能力在任何地方都不会耗尽"。⑤ 弗格森用几何学的类比来说明他的论点,即完善的过程是渐进的:

> 被创造之物绝不会与其创造者比肩⋯⋯最少的缺陷便是最大的完美。缺陷一直在减少,或者处于有规律的产生过程,我们就认为这是被造物的完美⋯⋯在它向永恒的无限完美持续的接近中,它可以比作几何学家所描绘的曲线,不断地朝着

---

① *Institutes*,页 224—225。
② *P. I.*,页 318。
③ *Institutes*,页 6。
④ *P. II.*,页 41。
⑤ *P. I.*,页 316。

直线接近，但是永远无法到达。①

　　为了确保我们对发展的追求在我们所有追求中具有挑战性和恒久性，造物主故意"阻碍我们的计划；并且将想象中的那种绝对安然的至福状态放在我们达不到的地方"。② "智慧的人"知道"不存在特殊的地方"，而且我们的目的地"总是隐藏在我们的视线之外"。③ 弗格森将我们的道德完善视为一个持续的事件，一个"无限的进程"，④一项"有障碍的事业"，一条无限的"曲线"以及一个复杂的"迷宫"，而非一个精确的目标。我们再次看到，这是典型的廊下主义观念，如爱比克泰德在其《谈话录》中所陈述的。⑤ 塞涅卡也指出，"自然并没有赋予人美德：成为善良的人的过程是一种艺术"。⑥ 弗格森引用西塞罗的《论至善和至恶》中的加图来论证，"行动"和过程远比"指导这个行动的终点或目的"重要。⑦

完美的理想

　　[208]定义为达成某些遥远目的严格目的论意义上的完美概念，被弗格森代之以一个更易达到的目标，在这一目标中，更加和谐和平衡的道德品质是理想。他所想的似乎就是常见的"完人（rounded character）"的概念。奥勒留以几何比喻来描述完美的

---

①　*P. I.*，页184—185。同时参见 *P. I.*，页298、页302；"Of Things that Are or May Be"，前揭，*Collection of Essays*，No. 27，（2），页240—243 以及 "The Different Aspects of Moral Science"，前揭，No. 29，*Collection of Essays*，页257。

②　*Essay*，页205。

③　*P. I.*，页315—16；同时参见 *P. I.*，页330—331。

④　*P. II*，页324。

⑤　Epictetus，《谈话录》，1. 4. 1—27，页27—35。

⑥　Seneca，*Letters*，前揭，Letter 90，43，页176。

⑦　*P. II.*，页327。

心灵；它假定一种"完美的周全的形式"，[①]并且在德性的每个部分中都是善的。我们可以着手在当下，在日常生活中接近这个理想，而不用等到人类演进过程中某个遥远的未来状况或遥远的地方。[②] 发展和践行公共价值、公民善，以及发展和践行实践上他虑的德性的能力，所有这些都是这种发展的明证。

　　某些人很可能比其他人取得更大进步。虽然每个人都有潜力识别自然法，但只有少数人实现了这种潜能。在每个时代，都有少数人具有类似上帝的理解能力，他们适合于接受在"世界的巨大体系中运行"的"最高的智慧和善的指示"，并将其传播给其他人。弗格森高度赞颂这些人，如苏格拉底，爱比克泰德或牛顿，因为他们有"恢宏的"理解力。[③] 被认为模仿和类似于至高的上帝的奥勒留，被拣选出来作为拥有一切最好的实践和道德的德性的"如神一般卓越的"典范。[④] 弗格森将其理想"具体化到一个人"并非没有先例。人的完善在于模仿那些典范人物。例如，廊下主义者将苏格拉底视为模范，[⑤]而对基督徒来说，耶稣代表着完美。[⑥] 弗格森的现代模范并非像耶稣基督一样，而是一个更具属人性的典范；他的同辈（和亲戚），[⑦]化学家、医生布莱克博士。他总是非常友善，"总是忙于他的公共事务"，"他的行止真挚并且平易近人……从不卖弄自己"。[⑧]

---

① 　马可·奥勒留，《沉思录》，11.12，页170。马可·奥勒留引用恩培多克勒的话说，完善自己就是成为一个"沉浸在无上圆满的欣喜之中的完全的球形"。《沉思录》(*Meditations*)，12.3，p.180.

② 　Passmore，《人的完美性》，前揭，页56、页153。

③ 　*P. I.*，页312—313。弗格森也钦佩荷马。Sher，《教会和大学》，前揭，页108。

④ 　*P. I.*，页331—332。同时参见 *P. I.*，页336。

⑤ 　弗格森自己也是如此。*P. I.*，页4。

⑥ 　Passmore，《人的完美性》，页22。

⑦ 　布莱克是弗格森的远房堂兄，也是他妻子凯瑟琳·弗格森的叔叔。Fagg，《传略》，前揭，页 xcvii。

⑧ 　Adam Ferguson，《医学博士约瑟夫·布莱克的生平和品行纪闻，在爱丁堡皇家学会的演讲》(Minutes of the Life and Character of Joseph Black MD, Addressed to the Royal Society of Edinburgh)，见 Royal Society of Edinburgh Transactions, Scotland, Vol. V, Part iii, 1801，页101—117，以下引用标注为"Joseph Black"。

他始终保持镇定,即使面对死亡。他在食宿方面很节俭,他"过着符合自己身份的生活","明智"而"清醒"。布莱克以身示范了那种热心公共事业的圣人,展现了智慧、冷静和节俭等所有廊下派式的美德,并且以廊下派式的平静成功地履行了所有那些与他被指定的位置相符合的义务。他过着一种生活,弗格森毫无保留地赞许道[209]"这种生活是这样度过的,即将理性和良知正确地运用到神在其命运中所安排的追求对象之上"①。布莱克,作为一位科学家,将自己的一生献给圣徒的事业;努力见证神圣的目的并在此过程中服务他人。②

　　尽管衰落/进步的问题可以解决,但在解决过程中产生了一个更为深远的问题。这就是:因为弗格森的模型不是静态的,我们应该会在公民道德上变得越来越好。因为,如果美德是知识,为何它不随着进步而积累呢?但是他提到了知识的增长,也提到了伴随着的罪恶的增长。而且,如果美德是幸福,③那么所有那些不存在第一位的道德收益的进步所带来的第三位的,物质上的好处又什么意义呢?④弗格森有两种途径解决此难题。第一种途径是他可能已经在两种不同类型的知识之间做出了更为清楚的区分:一种与社会进步相关,另一种与个人的道德进步相关。弗格森没有采取这种策略。第二种解决方法是和斯密一样,给予知识和智慧的增长相对于商业时代中古典德性的增长以道德上的优先性。⑤ 对

---

① Joseph Black,页 112—117。

② Joseph Black,页 109。

③ "德性就是幸福"。《道德科学的不同面向》("The Different Aspects of Moral Science"),*Collection of Essays*,No. 24,页 25。"在造物主设定人通向其作为完美智慧存在的进步计划之同时,也将他的幸福设置为创世的目的。""论完美和幸福"(Of Perfection and Happiness),*Collection of Essays*,No. 1,页 2。

④ 感谢大卫·米勒(David Millar)和杰弗里·斯密(Geoffrey Smith)使我注意到此处弗格森的方法遭遇的困境。

⑤ 正如尼古拉斯·菲利普森对斯密的评论。《作为公民道德家的亚当·斯密》,见 Hont and Ignatieff,(eds.), p. 181; Smith, *WN*, V. I.,页 788—796。

弗格森来说,说明知识的增长相对于面对他自己持有的缺陷不断
增加的全部证据,仍然坚持道德进步的必然性要容易得多。但弗
格森也没有采取这条路线。斯密所提及的知识具有技术性的和产
生财富的性质,因此,弗格森认为它不仅比真正的智慧低下,而且
是衰退的潜在原因。

因此,弗格森对"进步和衰退悖论"的解决是有缺陷的,或者至
少是不完全的。他的野心或许过于庞大,他试图将古典的视角和
现代政治经济学以及实际的状况综合起来,但是这一综合产生的
是有些尴尬的结果。然而,他确实清楚地说明事物最终将进步,即
使他无法完整地解释这是如何发生的。宇宙作为一个巨大的、能
自我修复的单元具有内置的平衡法则。现在将探究这些法则与弗
格森对神义论问题的回答之间的关系。

六、自我修复的宇宙

虽然弗格森在堕落和堕落状态的自然史的主题上似乎模棱两
可,他似乎是在说我们所栖居的宇宙在根本上[210]能自我修复。
它是为我们("上帝"最喜爱的物种)的利益而创造的,造物主已经
预见,"绝对的恶……不会在宇宙中降临:因为无论自由产生的附
带影响是什么,它总是能够补救,而智慧存在享有自由总是好
的。"① 衰落时期并不必然是事物持续的状态,它们也不是永恒地
循环再生,而最好是被理解成"暂时的中断"。在生命的平常过程
中,我们作为一个物种的进步总是因干扰和暂时的阻碍而被打断,
但最终结果似乎是一种自然的、进步的秩序。② 任何麻烦都可以

---

① *P. I.*,页155。

② "他进步的能力是无限的,我们观察到他所迈出的步伐不过是注定要永远持续的自
然规划的一部分。""Of Things that Are or May Be"(Part 1),前揭,*Collection of
Essays*,No. 27,页229;*P. I.*,页310—311。

被理解为我们道德和实践演化的辩证过程中必要的事物。悖论性的是,我们犯的错误越多,我们就能在不屈不挠地不断完善的道路上走得越远。我们只有耗尽所有可能的错误选择才能真正获得我们的美德。① 显然,我们人类通向进步的"自然状态"没有"任何必然限制",然而在公民没有培养公民美德的地方,进步将会被打断。每一个我们自然的、一般是积极的驱动力都有伤害我们的潜能,因为它们往往都与选择的自由紧密相连,而离开了这种自由真正的进步不可能实现。在事物的日常进程中,自然的野心和不知餍足的需要会带来进步和道德的发展,但如果指向不值得的对象,同样会导致傲慢、自私和有害的享乐主义。然而缺少了这种原始的冲动,就根本没有秩序和进步。这便是为何弗格森没有责备这些表面上有害的发展,如劳动分工、对"微不足道"的方便的热衷以及奢侈,因为它们是我们的自然冲动的产物,并从而可以造就自生自发秩序和进步。

　　弗格森似乎相信人类世界包含着自我矫正的机制。傲慢和过度扩张的国家的病症自身就带有解药。这不禁让人想起修昔底德的观点,他认为侵略性的帝国往往包含了毁灭自己的种子。作为帝国之必然特征的强力统治,必然导致反叛。暴君必然在自己人民的手中终结。因为专制是由冷漠、过度扩张和浪费引起的,它无法持存;它是一种必死的、非自然的体制,没有发展潜力,②没有能力抵挡变革、容纳进步。既然宪制同时是磨炼公民美德的苗圃和目标,它们必须灵活、有组织、有生气并且响应积极。在理想状态下,宪制是社会的产物;暴政的单一和诡计多端的设计者忽略了历史的基本法则:即制度是经由无数自由行动者的努力而自然和逐渐地形成的。

---

① *P. I.*,页 298。
② *Essay*,页 262—263。

[211]弗格森详尽地反思了那些"任性地"统治的"暴君"的不公与罪恶,提到"专制政府中压迫者和被压迫者之间存在的永恒战争"。[1] 在政治和经济的奴役制度下,商业最终举步维艰,因为"在奴隶般的朝不保夕的恩惠以及财产的声誉所造成的危险之下,获利和保护财产安全的希望必将破灭"。国家的贫穷和不幸随之而至,共同体在不可承受的灾难中必然走向崩毁。商业的驱动引擎,也就是自利(它取决于能够享有自己劳动果实的前景)变得疲沓,繁荣同样如此。[2] 专制使公民陷入贫穷、孤立和不安全的可怜境况,使他们屈服于"恐怖和绝望的惨况",并且剥夺了他们所有保护自己或形成社会纽带的能力。臣民变得难以驾驭,犯罪猖獗,"每个领域都充斥着荒芜和堕落"。最终,对臣民的压迫变得如此强大,以至于提供给他们一种荒谬的自由。没有权利也没有财产可以保护的民众没有什么可以失去,而没有什么可以失去的臣民往往很危险。[3] 在这种时候,公民就会"离开他们的居住地",开始犯罪的流浪生活。最极端的情势反过来会促成最极端的革命。弗格森以自生自发秩序的进化论维度为理据,猛烈抨击革命的整个概念。然而,在专制的情况下,他也允许少数例外,因为专制不仅带来不幸,还贬斥自生自发秩序的进步主义维度。[4]

但弗格森没有规定这一重构过程具体是如何发生的。实际上,整个讨论都不明晰。国家是如何从其废墟中兴起并回复到进步轨道的呢,特别是当他们失去了团结一致地行动以及联合抵抗的能力时? 在这个讨论中,重建的过程似乎包含了某种社会尺度和复杂化层面的倒返。但弗格森提供的细节太过概括,无法推测

---

[1]　*P. II.*,页503。

[2]　"国家的贫穷……以及对商业的压制是专制政体完成自身之毁灭的手段"。*Essay*,页263。

[3]　*Essay*,页262—263。

[4]　*History*,页5。同时参见 *P. II.*,页292、497。

出任何清晰的情节。即便这是弗格森的意图(例如,倒返),它也体现了与其他重要观点的矛盾,如他拒绝尚古主义,相信现代性疾病的治疗在于更大的进步,而不是返回到这里暗示的一种更为基本的生存模式。无论如何,他在《文明社会史论》的一个段落中提供的唯一线索是,一旦公民离开了他所生活的村庄或城镇,他们将在其他地方重新形成小的社会单元,开始重建他们的共同体情感并最终重建他们的公民美德:"当人性表现出这种彻头彻尾的腐化堕落时,实际上已经开始改过自新了"。① 弗格森似乎期待文明社会能自动恢复,让历史证明他的政治自我修复的主张。维尔克[212]发现了弗格森此处分析的缺陷:"离历史的实例越远,他的讨论越不充分……他没有为国家从专制中重建的理论提供任何具体例证。"②此外,弗格森也疏于解释罗马帝国在恢复和重返此前伟大上的失败,这有损他关于宇宙自我修复的假定。③

　　无论如何,后一种图景已经是最糟糕的情况。问题在于他始终坚持认为,我们本能的冲动(在超验的规划保护下)不可能无法实现我们命中注定的进步。存在具有一个目标,无论在我们戏剧性的和艰难的发展过程中会遭遇什么,那个目的必将实现。大的动乱必将平息,但这些事件并非一无是处,因为它们为公民提供了宝贵的学习经历:

> 就那些在国内政策方面幸运的国家而言,即便疯狂本身,在狂暴的骚乱过后,也会渐渐平息而变为智慧;一个回到其正常状态的民族治好了他们的愚蠢并且由于经验而变得聪明起来。或者,随着能力的提高,他们在控制恰恰是由于疯狂而打

---

① *Essay*,页 264。强调为引者所加。
② Willke,《亚当·弗格森的史学思想》,前揭,页 190。
③ 尽管在下面的段落中,他似乎将自己关于自我修复的政治的主张限制在不那么暴力和富有破坏性的内乱之上,例如英国刚刚经历过的。

开的局面时,可能会显得最有资格成功地实现国家目标。正如刚刚平息了可怕的暴动的古代共和国或者正如临近内战尾声的大英帝国,他们获得了一种新近唤起来的活跃精神,而且在处理无论是警政、教育,还是艺术的每项事务中,都是同样的朝气蓬勃。由于是曾经处在毁灭的边缘,他们进入了最为繁荣昌盛的时期。①

七、结　论

弗格森在进步与衰退的表面上冲突的主题上的张力似乎可以调和,但前提是坚决地进行文本上的努力且忽略一些逻辑裂痕。虽然明显地悲观,弗格森似乎确信,尽管始终存在退化的危险,但是在繁荣的国家中它并非是不可避免的,并且当它发生时也很少(如果曾经)是一种事情的永恒状态。《文明社会史论》的结尾部分确证了这一点,他以乐观的语调结束了他对专制主义的评论,他声称行动主义而非宿命论才是应对堕落的威胁的唯一方法。② 只要[213]存在守护和培养他们的公民美德的公民,只要存在鼓励和允许大众参与的宪制,文明的国家便能够抢先阻止初期的下滑演变为衰退。正如盖尔纳所说,弗格森的"警告更多地带有忧郁不安的语气,而不是信心十足的对灾难的预测"。③

---

① *Essay*,页 202。
② *Essay*,页 264。
③ Gellner,《亚当·弗格森和市民社会惊人的稳固性》,前揭,页 121。

第十二章　弗格森的保守主义

[215]我们已经看到，文明的衰退以及与之相伴的政治堕落是弗格森的社会和政治科学中一个非常重要的论题。我们也看到，弗格森对现代性的评价如此激烈，以至于有时会被误认为是早期的马克思主义者。但他对于如何解决防止堕落的问题几乎没有推荐任何改革措施。弗格森从未提出英国应该将殖民地归还给其"合法"的所有者，也没有就逆转通向不断增长的专业化的趋势做出任何全局性建议，也没有呼吁对奢侈加以控制。更显著的是，尽管他强调公众参与公共事务的重要性，但他没有呼吁扩展公民权或为解决冷漠、涣散和政治腐败的问题而进行任何其他的重大制度变革。

他在此的相对沉默似乎与他著作的整体格调完全不符；实际上，这导致指责他不一致、软弱和不负责任。例如，凯特勒将弗格森的保守主义解释成故意忽略他作为一名道德家的责任；也就是挑战不公平的政治秩序。他写到，弗格森"完全不能或者基本上不能挑战当时主导的权力分配"，"作为现状的同伴和支持者，他满足于在他所处时代的问题上涂上理性化的色彩。"① 莱曼也指出，弗格森这里没有"革命的激进主义"，和凯特勒一样，他也察觉到，弗格森没有

---

① Kettler,《亚当·弗格森》,前揭,页179、页211。

提出什么改革措施,这要么是因为某种哲学上的无能,要么是因为道德上不愿意遵循其分析直达其合理的结论。他委婉地问到,"为什么弗格森在发出纠正现存体系的不能容忍的恶行的道德呼吁之外,不能或不愿意要求得更多呢?"[①]本章将力求澄清弗格森的立场,解释他的疏漏并通过将他的保守主义与其社会思想(即他此前对自生自发秩序和基督教-廊下主义的信念)的关键方面并列起来而至少在某些方面为其辩护。弗格森明显愿意掩盖实际上是其著作之核心的问题,这里将马上给出一些解释,但是当前值得注意的是弗格森在此并未完全忽略他的"责任"。实际上,他提议了少数制度和社会的改革以解决那些他非常重视的问题。的确,他对此的陈述非常模糊和杂乱,[216]必须由读者剔选出来,然而,最终浮现出来的模式具有公民人文主义的古典形态。弗格森告诉我们,为了避免他非常有预见地确认的破坏性趋势的必然后果,统治者必须设计合理的政治安排,通过这种安排使怠惰和冷漠的公民摆脱他们狭隘和自虑的关注,将他们的注意力引向公共领域以及更能体现团结的活动形式。[②] 因而,他建议提高民众对公共生活的参与度,引入国民军,在现行的学校课程中增加公民教育计划,维持对政府的宪法限制。

一、补 救 方 法

1. 行动主义和多元主义

前文已经指出,弗格森持有如下观点,即公民的道德品质(从而,他们的政治自由)要通过积极的、见多识广和具有高度派系性的公民才能保持。能"将公民的心智引向公共责任"的制度"更能够保护和培养美德"。相反,堕落的制度"倾向于导致主权者的专

---

① Lehmann,《评论》,前揭,页170。
② McDowell,《亚当·弗格森的宪政主义》,前揭,页546—547。

制和傲慢,臣民的奴性和卑劣……在每一颗心灵中注入嫉妒或沮
丧。"① 在公民警觉的地方,衰退完全可以避免,因此避免政治奴役
的最好方式是提升公民权能、意识和能力。大众参与也抵制简单
的或者全权统治形式的致命弱点:"一个人的自由所产生的错误的
最好矫正方式是许多人共同的自由所产生的智慧"。② 公民性情
和政治秩序之间有密切的共生关系;公民美德将导向公正的政治
秩序,而对公正的政治秩序的追求反过来会维持和增进公民美德。
公正的政治秩序的大厦不仅是创造性的公民作为的基体,也是创
造性的公民作为的目标。这些努力的主要目标是"防止权力的滥
用,确保处于不同地位的个人同样安全。"③ 实际上,弗格森注意
到,期望人们仅仅为了美德本身或仅仅是作为一种培养"精神"的
途径而践行公民美德乃是天真的想法。相反,需要向他们表明,他
们的美德能产生某些"外部利益",例如"公共安全","个人自由"的
安全,甚至"私有财产"的安全。④

　　合理的"政治制度"的存在,不管多么合理,都无法弥补以下事
实:政治体系的廉正性最终握在[217]公众的手中,在他们"坚定不
移的精神"中。⑤ 政治上的沉默是堕落的标志,而公民的活跃,甚
至党派的斗争不仅有益而且是有德的。基于此原因,罗伯森提出,
弗格森支持将"持久的派别体系"制度化以作为在政治文化中稳固
派系冲突的方式。⑥

---

① *Institutes*,页 293—294。
② *P. II.*,页 510。
③ *P. I.*,页 263。
④ *Essay*,页 132—133。
⑤ *Essay*,页 251。
⑥ John Robertson,《苏格兰启蒙运动和国民军问题》,前揭,页 205。肖(John Stuart
　　Shaw)解释到,英格兰和联合前的苏格兰政治中特别激烈的派系斗争在某种程度
　　上是因为"缺乏正规的政党组织"。John Stuart Shaw,《18 世纪苏格兰政治史》
　　(*The Political History of Eighteenth Century Scotland*,Basingstoke:MacMil-
　　lan,1999),页 18—19。强调为引者所加。

　　理想的政治秩序具有如下特征，即保护如下的公民和政治权利，如政治"救济"权、"反抗"权以及"言论和思想自由"。弗格森将它们的存在判定为"公正"和"有活力的政府"的表征。[①] 但显然，他未能规定这些权利有多广泛或如何取得和保护它们。他也没有对政治行动主义的合适形式或场域(fora)作出任何阐释，尽管应当注意，在苏格兰的情形中，弗格森的想象可能受到了下列事实的严格限制，即因为《合并法案》(1707 年)，苏格兰议会和枢密院被废除，苏格兰因而失去了其重要的政治机构。考虑到苏格兰缺乏可用的具体机构，有可能弗格森的公民权观念是社会和文化的，而非直接是政治的。如果这是真的，他或许会认为在他重构苏格兰民族认同的努力中，他已经在达成这一目的的方向上有所推进。也有可能他是将新的市民社会视为建立在非正式的而非正式的政治场域中。

2. 国民军计划

　　当弗格森作为一位信奉进步的完美主义者时，他同时也是一位怀旧的道德家，震惊于同一，大致上是自然的进步对道德品质所造成的伤害。他对于财富/德性问题的实际解决方式是建议组建国民军，他相信这是恢复公民美德而又不破坏生产力的最好机会。和大多数苏格兰温和的文人一样，弗格森总体上支持国民军，但是特别热衷于支持苏格兰征募这样的军队的权利，并撰文在总体上支持它们时，对这一事实做出了一个特别的，虽然也是谨慎的强调。[②] 这

---

① P. II., pp. 510—11. See also *Essay*, pp. 209—10. 这一态度似乎部分的是他关于自生自发秩序的观点的一个结果。弗格森指出："思考方式中的一致性，来自于交流，并通过习惯而保持，使用其他方式去取得或者维持同意是荒谬的。特别是用强力裁断意见，是荒诞和无效的"。*P. I.*，p. 219. 弗格森也提醒要留意大众，不要错误地以为人民的"沉默"意味着赞成。*Essay*, p. 260.

② Sher 注意到："《回忆录》在细致地处理苏格兰问题上是引人注目的。没有直接提到苏格兰，弗格森坚持认为不让大不列颠的一个所谓的好搞派系的地方拥有国民军将会导致这个地区日益增长的不满和敌意。"Sher，《教会和大学》(Church and University)，p. 221.

种担心部分源于下列事实：[218]军事上的勇猛是苏格兰身份认同的核心，但它也来自（确有理由）担心苏格兰将会被排除在即将生效的皮特的国民军法案之外。尽管因 1745 年的詹姆斯二世叛乱，苏格兰拥有自己国民军的权利变得"在法律上不可能"，[1]弗格森仍然希望苏格兰在某一天将被允许征募自己的国民军。实际上，国民军很可能是他恢复苏格兰公民美德在制度上最大也是唯一的希望，不仅因为苏格兰恢复其政治机构的可能性渺茫，也因为他认为《合并法案》总体上对苏格兰是有益的。[2] 弗格森的动机也具有实用性：法国入侵的威胁[3]使地方防御成为苏格兰公共话语的一个急迫的主题。[4] 还有一个"伤害民族自豪感"的问题，因为皮特的《1757 年国民军法案》确认了英格兰和威尔士征募国民军的权利，但尖锐地将苏格兰排除在外。1760 年《苏格兰国民军法案》被驳回是对苏格兰尊严更为深远和复杂的伤害。1745—1746 年詹姆斯二世党人的叛乱无疑是伦敦警惕的原因，然而，公开地反对詹姆斯二世党人的弗格森，以及其他国民军的倡导者认为将苏格兰排除在外是不公平的。[5] 弗格森与菁英协会（在协会中该问题被频繁地讨论）的其他成员都积极地鼓吹建立苏格兰国民军。弗格森以及他的朋友卡莱尔都写过有关该问题的小册子。[6]

---

① Oz-Salzberger，《文明社会史论》"导论"，前揭，页 xii。
② Smith，《亚当·弗格森的政治哲学》，前揭，页 19—20。
③ "在 1759 年夏天和秋天。"Sher，《教会和大学》，前揭，页 222。
④ Oz-Salzberger，"《文明社会史论》导论"，前揭，页 xii。
⑤ 布罗迪，《苏格兰启蒙运动》(*The Scottish Enlightenment*)，p. 91. 但是考虑到这一侮辱的话，苏格兰的反映是温和的。亚历山大·卡莱尔特别地对这一态度感到沮丧，并且认为苏格兰接受这一挫败是"奴性的"。Sher, *Church and University*, p. 221.
⑥ 弗格森的小册子的标题为《国民军建立前的思考》(1756 年)(*Reflections Previous to the Establishment of a Militia*)，而卡莱尔的标题为《有关苏格兰国民军问题的思考》(1760 年)(*The Question Relating to a Scots Militia Considered*)。

国民军的标杆是瑞士的制度,弗格森对其赞不绝口。"这些欧洲仅有的正规地武装起来的人",他写道,也是"最勤勉和最和平的公民"。① 瑞士的例子表明,与怀疑论者的观点相反,武装的公民既不会威胁生产力也不会威胁国内安全。因而,弗格森同时执着于财富和美德,明显相信归根到底调节国家的两个首要目的——安全和繁荣——是可能的。弗格森认为,服役应该被区别出来,不受职业专业化这一常规进程的影响。政治、公民和军事"部门"的分离致使从业者仅仅是"商人",弗格森对此表示谴责,他建议代之以"部门的联合",以避免总是会导致腐败的"破坏性的无知"。②但他的决心似乎不够坚定。值得注意的是,他强调军人应受制于上层阶级,以防止叛乱破坏已经确立的社会秩序。因为高阶层的人[219]受到"最好的教育",他们"最为关心(国家的)存亡。"③弗格森在整个文本中都传达出这样的印象,即在理想状态下,全体有能力的国民都应该"熟悉武器",但在这些课堂笔记中,他做了重要的修正,这种理想的状态在现代、大型和分化的民族中是不可能的,如不列颠,它的公民"并非以平等为基础",而这有助于阻止对现存秩序的反叛和威胁。④ 那么,次优的事情就是使武器仅限于"某种状况"下的人(弗格森划掉了"排斥暴民"这个词)。⑤ 在实际运行中,尽管弗格森的一些苏格兰同辈主张强制性征兵的国民军方案,但弗格森的方案似乎立足于自愿参与。为了准备他的计划,他呼吁立法开放武器使用,如《捕猎法》,以及保有不动产的人武装

① 《给威廉·伊登的信》(Letter to William Eden [later Baron Auckland])January 2,1780,*Correspondence*,No.170,I,)p.228. See also Sher,"Adam Ferguson,Adam Smith,and the Problem of National Defence",前揭,pp.240—268.
② "Separation of Departments",前揭,*Collection of Essays*,No.15,pp.141—151.
③ 1776年4月9日未公开发布的讲义,引自Sher,"National Defense",p.253.
④ Quoted in Sher,"National Defense",前揭,p.252.
⑤ Letter to William Eden,前揭,January 2,1780,*Correspondence*,No.170,I,p.228.

自己的权利。①

　　无论如何,似乎在这种情况下,至少弗格森的古典倾向盖过了其专业化是一种自然过程的一贯信念。道德品质的肢解违反了自然,而这种肢解也是自然的、自发进程的产物。弗格森应对这一作茧自缚的解决之道是武断地在军事技艺上划了一道线,但赞成所有其他形式的专业化,特别是"工业"和商业上的专业化。因而,当劳动分工一般而言是一个积极的发展时,有一个生活领域需要谨慎地避免为劳动分工所触及:战争的艺术。剥夺一个民族的军事勇气即是剥夺他们的基本人性,②他们的"尊严和力量",③他们对最高美德的享受,在一定程度上也剥夺了那种可与"无敌的"罗马匹敌的国家安全。④

3. 教育计划

　　弗格森提出的另一个解决方法是政府在现有的学校课程中适当地加入某些补救性的教育计划。弗格森强烈地意识到这是对"自然自由"体系(如斯密所述)的侵入,他做出和斯密在《国富论》中使用过的相同论证,即,尽管教育完全是私人事务,但"每当攸关国防或公共安全时,我们需要摆脱这条普遍的规则"。弗格森建议:

> 议会的委员会或其他的公共机构毫无疑问具有提供报告的优势,指出世世代代以来,为了使后来的人为那些国家安全必须强加在每个个人身上的事情做好准备,[220]在公共学校中需要什么样的措施。

---

①　Hamowy, "Progress and Commerce",前揭, p. 85.
②　"Separation of Departments",前揭,*Collection of Essays*, No. 15, pp. 142—143.
③　*Reflections*,前揭, London, 1756, p. 13.
④　*Reflections*,前揭, p. 36.

弗格森暗示,这可能是对公民的某种训练,重点是军事技艺,因为在紧接着的段落中弗格森强调,"一个不能保护自己的人不是一个真男人,一个不能参与保卫国家的人不是真公民"。[①]

4. 混合君主制

除了这一点,以及有限制的国民军计划之外,弗格森并没有提出与制度或者宪制改革有关的积极建议,以容纳他似乎强烈要求的高水平的公共参与。当然对精英统治和将大众排斥在外的问题,也没有提出补救性的建议。在他早期的著作中他似乎更加支持一种更为宽泛的公民权观念。例如,在《道德哲学要义》中,他提出既然"下级阶层"没有"大的贬损或堕落",他们应当在政府中占有一席之地(但不是"活跃"的部分),要么"对贵族的决议"行使否决权,要么能够选择"由谁代表他们去行动"。[②]但在他后期的著作中,对公众参政权的观念就缺少热情,只是隐晦地提到否决机制。

弗格森偏爱的政体整体上是现存的政体[③](当然,除了专制政体或任何其他形式的极权统治),因为依他之见,现存政体是通过自生自发秩序的各个过程自然地进化而来。在不列颠的情形下,这促使他建议保留其既存的君主立宪制。尽管在理论上弗格森个

---

① Ferguson,《论部门的划分》("Separation of Departments"),*Collection of Essays*,No. 15,p. 150. 当卢梭陈述下列主张时,他几乎和弗格森站在同一条战线上。他主张为了限制使得国家虚弱的"私人利益"并且反对那些"市民对共和国命运的冷漠"所造成的"邪恶",任何"细心和用心良好的政府"都将借助公共拨款的公民教育体系"不懈且机警地在人民之中维持或者恢复爱国主义和道德"。Rousseau,《政治经济学》("A Discourse on Political Economy"),*Social Contract and Discourses*,p. 150. 弗格森也同意卢梭的这一观点,即理想的政治共同体就是每个市民都能享有一定程度的独立,但是也"非常依赖城市"(反过来,城市的力量是"保障其成员的自由"的唯一可靠手段)。Rousseau, *Social Contract*,p. 227.

② *Institutes*,pp. 272—273.

③ *P. II.*,pp. 496—498.

人"偏好""小的"独立的国家,①但实际上,除了小的和亲密的部落群体之外,他不信任任何背景下的"大众的或者共和的"政府。对更加发达和广阔的社会而言,它们比"暴民统治"好不了多少,因而实际上不及他所偏爱的模式,即"混合君主制"。②[221]弗格森认为大众统治是对自由的威胁。毕竟,"当罗马元老院的所有权力转移至公众集会,罗马的自由就终结了。"③显然,"人民的权力并非人民的善"。④弗格森赞同罗马"尽可能阻止耳目闭塞的公众审议国家事务"的努力。⑤他警告,"若权力已经转至平民,其运用将充满恶意,缺乏判断",他同时指出,公众集会往往混乱、"任性"和"无序",⑥受"迷信"而非"理性"的影响。当一个政体"受累于进入其主权的人数"时,这个体制就会"不堪重负",遭到毁灭。因而,企图使大众("最欠思虑的公民")卷入到公共决策中至少是"放肆"的。⑦具有发达的阶层体系的商业民族,即使具有"较小的规模"也"更适合贵族政府或混合共和国"。⑧在某些非常罕见的情形下,世袭君主制可能是合适的,但只能是在其等级划分为"虚荣和个人重要"感所维系,以强固的阶级结构支撑社会秩序的民众中。"这些的人民"缺乏美德,因而他们"无法统治自己"。他们愿意遵

---

① 《给威廉·伊登的信》(Letter to William Eden),January 2, 1780, *Correspondence*, No. 170,I,p. 230.

② 这与阿兰史密斯的观点相反,他主张"弗格森明显不赞成英国这种混合君主制",而是偏爱"一种纯粹君主制"。《亚当·弗格森的政治哲学》(*The Political Philosophy of Adam Ferguson*),pp. 18—19. See,for example,Ferguson,*Remarks*,前揭,p. 13;*History*,p. 407;*Essay*,p. 252. 这也是孟德斯鸠的偏好。*Laws*,2.11. 6. p. 157. 弗格森对共和运动(对他而言这意味着扩大参政权)的不赞成可参见1780 年 1 月 10 日给麦克弗森的信。*Correspondence*,前揭,No. 171,I,p. 233.

③ *Remarks*,前揭,p. 14. Ferguson's emphasis.

④ Remarks p. 52. See also History,p. 407.

⑤ History,p. 309.

⑥ History,p. 116,pp. 119—120.

⑦ History,pp. 108—122.

⑧ Institutes,p. 273.

从等级的权威,而等级本身就意味着只有世袭君主制可以享有合
法性。但这与理想的状态还是相去甚远,因为甚至这个政权中的
君主也缺乏美德,并且也就是可以信赖他在关注"他自己的人身和
尊严之外"会照看"公共的安全和秩序"。①

当然,混合或宪政(而非世袭)君主制与公民传统(特别是苏
格兰人在其中耕耘并为自己打造那种公民人文主义版本)并非完
全对立,后者不能像一般所想的那样可以简化为宪政共和主义。
只要它们是有序建立起来的政府②便能在上述传统中找到一席
之地,这就是弗格森的想法。混合君主制受到认可是因为它们至
少是防止堕落的一种方式。这是马基雅维利的观点,他在《李维
罗马史论》中重申了波利比乌斯的主张,即单一的政治类型不稳
定,注定要走向崩溃。③ 这样,弗格森便认可了一种带有制衡体
系以及权力分立的新波比利乌斯模式④。[222]他说到:"众所周
知,为了维持自由而打造的政体,必须由很多部分组成;并且它
们施展,维持或者限制执行权时,议会,人民机会,法庭,不同阶
层的治安推事,必须结合起来彼此制衡。"⑤不列颠体系就是一个
这样的政体。引入纯粹的或者单一的政体形式的企图,要么会导
致专制要么会导致无政府⑥。相反,混合政体的一个优越之处是
"它可以抵制任何许多邪恶而不被推翻。"⑦这是因为"在恰当地

---

①　*Institutes*, pp. 274—275.

②　Robertson, "The Scottish Enlightenment at the Limits of the Civic Tradition", 前揭, in Hont, and Ignatieff, (eds), pp. 139—40. 罗伯森细致和详细地处理了公民传统的苏格兰变种的独特性,特别是就他们关于什么才是一个正规地构成的政府的态度而言。

③　Machiavelli, *Discourses*, 前揭, 1. 2, p. 109.

④　Essay, pp. 123—124; See also Crehan, "The Roman Analogy", 前揭, p. 20.

⑤　Essay, p. 252; P. II. , p. 498.

⑥　Essay, pp. 124—125.

⑦　《亚当·弗格森给尊敬的威利的信》(Letter from Adam Ferguson to the Reverend Christopher Wyvill), December 2, 1782, Correspondence, II, No. 215, p. 292.

混合起来的政府"中可以找到一种"公共自由和公共秩序"赖以存在的"平衡"。①

二、讨　论

我们已经看到,尽管弗格森持续和密集地批判机械化、政治精英主义、官僚化的中央集权以及商业主义的唯利是图的精神,但在他那里没有多少革命的或者激烈变革的精神。尽管他对大众政治参与抱有持续的修辞上的热情,但是他没有呼吁进行如下的改革,如普选(或者甚至适度地扩大选举权)、大众代表性制度、广泛的国民军计划或者专业化功能的倒返,这似乎与他对英国社会安排的看似开明的批判有冲突。因此,就谴责弗格森的保守主义以及弗格森明显只是对其大众政治参与的理想动点嘴皮子的批判而言,凯勒和莱赫曼似乎都是有道理的。

弗格森始终如一地反对任何种类的激进变革。他从未建议在任何他认为构成文明社会的毁灭性动因的制度或者发展上倒返,因为他最终还是商业以及现状的辩护者。虽然他领衔了保卫苏格兰国民军的运动,弗格森在捍卫联盟的问题上站在政府一边。此外,当威利为寻求扩大选举权的议会改革运动而试图征得弗格森的支持时,他遭到拒绝。② 并且,虽然弗格森总是谴责帝国主义并坚持每个国家自决的权利,但是在美洲叛乱的例子中,他积极地捍卫不列颠帝国的统治权利。确实,在 1778 年[223]他作为卡莱尔

---

① *Essay*,p. 158."聪明地行动以追求公共秩序和安全"的国家将会避免任何简单的宪政形式。对于等级不平等分明的任何社会而言,共和制是不合适的,与此同时"将法律的颁布以及执行授予任何单一的权力"也很少是安全的。相反,"幸运的国家"将会"采取一些混合的"形式。P. II.,p. 497。

② Kettler,《亚当·弗格森的社会、政治思想》,前揭,pp. 86—88;Fagg, *Biographical Introduction*,前揭,lxi—ii. 威利的新的复制本参见 Letter to Adam Ferguson,前揭,November 14,1782, *Correspondence*,No. 212,II,p. 289。

代表团的秘书,被派到费城去进行和谈①,并且他可能也参与了1778 年 10 月 3 日"针对议会成员的备忘录和呼吁"的写作。由弗格森和其他和谈代表(乔治·约翰顿,亨利·克林顿以及威廉·伊顿)发起的"备忘录",针对的是大陆议会,各州立法机关以及"这个国家的所有居民。"它谴责"暴乱"并且以全面战争相威胁(如果他们不认输的话)。② 弗格森在私人信件中写到,美洲人应该遭受"清醒的一击",他抱怨美洲人拒不"屈服"抽干了苏格兰的资源。他"鄙视"(他承认自己就是鄙视)地宣称他"对大不列颠是足够偏袒的,以至于希望美洲人沉入海底"③并且甚至设计了一个镇压美洲人的军事计划。他将这一计划写在一篇没有出版的文章中,此文名为"对美洲殖民地从大不列颠最终分离出来的直接前景下可采取措施的回忆录"。和"备忘录"一脉相承,"回忆录"揭示出弗格森的态度是多么偏激,并且在他的下述顽固坚持中可以看到他认为美洲局势是多么无望,他坚持认为英国"不应该放松自己的措施,对她的敌人的要求做出让步,也不应该放弃对美洲的单独占有。"④

---

① 1777 年十月 Burgoyne 将军在萨塔托加投降美洲人之后,代表团收到指示"满足一切不要求独立的条件,只要殖民地仍然保持忠诚"。Fagg, Biographical Introduction,前揭, pp. xlviii, li. 弗格森因被拒绝给予去往首都的护照而受挫。Lehmann, Adam Ferguson, p. 19.

② 如 Benson J. Lossing 所报告的。*The Pictorial Field Book of the Revolution*, in 2 Vols, New York: Harper and Brothers Publishers, 1859, Vol. II. p. 144. 这一备忘录"很可能完全或者主要出自弗格森之手"。Oz-Salzberger,《解析启蒙运动》, p. 320. 应该注意的是这一备忘录上没有他的签名,而只有 Clinton, Carlisle and Eden 的名字出现了。Lossing, *Field Book of the Revolution*, p. 144. 也可以参考弗格森写的这封信,名为"给总统以及大陆议会的其他成员", Appendix G, Correspondence, II, pp. 552—554. 这封信先于"备忘录"的发表提交给大陆议会,在语气上更为温和,这是很可能的,因为它写在美国人清楚地表明自己不准备妥协之前。

③ 《给麦克弗森的信》(Letter to John Macpherson), October 27, 1777, Correspondence, No. 100, I, p. 156.

④ 《关于在美洲殖民地最终与大不列颠分裂的直接前景下可以采取的措施的备忘录》("*Memorial Respecting the Measures to be Pursued on the Present Immediate Prospect of a Final Separation of the American Colonys From Great Britain*"), Appendix III, Collection of Essays, p. 306.

弗格森反对美洲独立的立场,在英国政府委托并且匿名出版的一本小册子中得到了详细的讨论①。这个小册子名为"对普锐斯博士最近出版的小册子的评论"②。普锐斯在 1776 年出版了一本小册子支持美洲的立场(《论公民自由的性质,政府的原则以及与美洲战争的正义性和政策》)③。在对普锐斯的粗鲁回应中,他捍卫现状,反对他认为欠考虑的美洲人在民主和社会平等方面的尝试,他确信这会将[224]"美洲人立刻抛入军事政府"。④ 美洲问题可以被轻易地解决,但不是通过继承,而是通过授予殖民地在议会中的代表席位⑤。这一小册子完美地卫护了政府利益,据说引发了"高兴的"回应。⑥

弗格森有些狡猾地声称"大不列颠以及依附势力不是'真正的帝国而是王国'"来捍卫自己的立场。作为"同一个国家"的成员,它们对彼此有义务,而这是美洲人现在想要逃避的⑦。很可能他认为这是合理的,考虑到英国是在与先前不列颠的居民交战,而不是与本地居民交战。而且,在他的周围,在支持英国反对美洲殖民地这一点上他一点也不孤立,因为这在温和的知识分子圈中是一个普遍的观点⑧。例如,罗伯森反对美洲人,卡梅斯勋爵同样如此,至少在某些方面是如此。面对同样的情形,其他和弗格森同样亲近的人则持有不同的观点。休谟严厉地谴责殖民地政策,他对美洲革命的态度清楚地表现在他给艾略特爵士的一封信中:"让我

---

① Fagg,《亚当·弗格森:苏格兰的加图》(*Adam Ferguson: Scottish Cato*), pp. 142—145.

② Fagg,《亚当·弗格森:苏格兰的加图》, pp. 142—145.

③ "这一作品在大洋两岸都激发了无数的小册子". Fagg, *Biographical Introduction*, p. 1.

④ 这是由于美国太大以至于难以承受民主制这一事实。Remarks, 前揭, pp. 23—24.

⑤ *Remarks*, pp. 10—11.

⑥ Fagg, *Biographical Introduction*, 前揭, p. i.

⑦ *Remarks*, pp. 19—22, pp. 57—58.

⑧ Fagg, *Biographical Introduction*, p. xlvii.

们……将所有的愤怒放到一边；握手，友好地分手。"①部分地以自由贸易之名，斯密认为英国要么应该放弃其对殖民地的主权，要么建立一个"新的帝国制度，在其中殖民地也承担防卫和内政管理的费用。"②米勒也支持美洲人（以及法国大革命）。③

　　弗格森对爱尔兰独立问题采取了一个保守派的立场（虽然相对于他对美国的立场而言远不那么严厉）。他承认爱尔兰人的不满应该被严肃地对待，并且为了"获得一些公正的措施以改善他们的状况和财产"，应该找到一个解决方案。④但是他对授权独立的想法犹豫不决。弗格森承认自己更为偏好小的国家和独立的立法机关，但是他也保证"就那些他喜欢的国家而言，他不会将这一点推进到比它们的安全所要求的更远地步"。弗格森相信与爱尔兰"最终的结盟"不仅对于保障内部繁荣，而且对于保障英国的安全免于"欧洲敌人"的侵犯具有根本意义。⑤

三、解　释

　　[225]初看起来，弗格森的保守主义似乎带有矛盾的，甚至政

---

①　Dated July 22, 1768. Letters of David Hume, II. pp. 184—185.

②　"与殖民地分离，通过商业协定保持自由贸易，在斯密看来似乎是最令人满意的解决方案，但是因为不能指望任何一个国家自愿地放弃统治，能期待的最好方案就是革新帝国"。Dalphy I. Fagerstrom，《苏格兰意见和美国的革命》（"Scottish Opinion and the American Revolution"），The William and Mary Quarterly，Vol. 11 (2)，1954，pp. 252—275，p. 259.

③　Meek，《苏格兰人对马克思社会学的贡献》，前揭，p. 46.

④　Letter to John Macpherson，前揭，December 18, 1779, Correspondence，No. 169，I. p. 223.

⑤　Letter to William Eden，前揭，January 2, 1780, Correspondence，No. 170，I. pp. 230—231. 这里的敌人就是法国人。正像安德鲁·斯图尔特写给弗格森的："为了我们最近在爱尔兰的良好表现我向你祝贺，叛乱的迹象在他们的法国朋友来临之前，就已经以一种正当的方式被粉碎了"。Letter to Adam Ferguson，前揭，June 4, 1798，No. 340，Correspondence，pp. 435—436.

治奴性的色彩,实际上弗格森的保守主义能够容易地追溯到他先前的神学的和社会学信念。其中最为重要的是自生自发秩序的安排。

已经指出过,弗格森强调我们的关键制度的起源是多元的,并且在它们的发展中并没有什么长远设计。使它们暴露在放纵的改革者的任性之下,只会带来灾难。他心情沉重地认为,美洲人以及他们的支持者,"可能不知道自己正在做什么。"历史已经教导我们"没有什么时代比狂热地期望做出巨大而危险的改变的时代更为危险的了。"①在《原理》中,弗格森提出了这一夸张的问题;"我们应该祈求什么样的政府,或者我们应该住在什么样的屋顶之下?"在回答中他断然地主张,"当前的!"②我们伟大的成就不是起于一夜之间;是日积月累的发展使得它们适应于人类需要。我们的智慧和能力与我们的制度一同并借助后者而成长,而后者既是自然秩序的产物,也是自生自发秩序的基体。革命造成了我们无法应对的剧烈制度变迁,因为我们没有与之一起演变;"任何种类的突然变革都将把人抛入他们没有能力应对的境地。"③每个时代必须被允许去做出自己对这一物种发展的贡献,并且,因为所有变革都是受制于时间的,"没有一个时代能够一劳永逸地为接下来的时代立法。"④

因此,弗格森支持现存秩序,不情愿扮演"伟大的立法者"的角色,不纯粹是策略性的或者建立在无法决断这一弱点之上(虽然毫无疑问这两种因素都存在),而是真正地信奉一种秩序。他认为这种秩序不仅是科学地完美的,而且是神所授予的。他作为道德哲学家和历史学家的研究,在他面前揭示出一种看似不可反驳的复杂的证据模式,确证了那种被设计成自我组织,自我调节和自我维

---

① *Remarks*,前揭,pp. 23—24, p. 59. 强调为弗格森所加。

② P. II. , p. 496.

③ *Institutes*, p. 274.

④ "Separation of Departments",前揭,*Collection of Essays*,No. 15,p. 150.

持的社会体系的存在。这种体系只能被那些具有宏大的理性幻觉的干涉者所打乱。弗格森不仅认为，只要存在社会的地方"就应该也存在政府"是"神的意志"，而且进一步，神也希望"人使自己适应自身的形式"而非其他。毕竟"变革相对于追随事物的实际秩序所带来的微不足道的不便而言更加危险"，预测"所有后果和影响"是困难的。激进的革命者类似于这样一个疯狂的建筑师，[226]他在"房屋已经建成"①之后，才将"他的计划"呈现给委托人。弗格森试图在任何他所确认的腐败的原因上避免修正主义，因为它们是在其他方面积极且进步的自生自发秩序之驱动力的产物。在承认在大多数情形下"当前的政府可能是有其缺陷的，正如我们居住的大厦的墙壁或者屋顶可能也有问题"之同时，弗格森警告革命者"小心，你们并不像屋顶就要倒塌那样立刻获得如此多的支持。"②

　　但是弗格森在其保守主义上并不是绝对的，他承认在一些处在滥权和暴政的状况之下的情形，人们具有"收回"他们的主权的权利。③ 他愿意呼吁变革甚至革命，但是仅仅当已经表明现存政体是压迫公民德性的政治奴役状态时。④ 和柏克（并非完全成功地）调和辉格的自由原则与托利的秩序概念的尝试一样，弗格森发现自己处在同一个麻烦的基础上。⑤ 专制主义有时会激起革命性的疯狂，导致正当的暴乱：

　　　　大众的利益如此依赖于拥有稳定的政府，当他们撕裂他们本身赖以保护的权力时，我们必须假设他们要么是疯了，要

---

① 　P. II. , pp. 496—498.

② 　P. II. , p. 497. 强调为弗格森所加。

③ 　P. II. , p. 292; P. II. , pp. 234—235.

④ 　Kettler, *Adam Ferguson*, 前揭, p. 217.

⑤ 　应该记住对于 18 世纪的心智而言这不是多大的问题，因为党派标签在那个时候"特别地混乱模糊。" Ward, "The Tory View of Roman History", 前揭, p. 413.

么是因为冤屈而变得绝望。①

　　但是这是最为极端的情况。弗格森赞成哈奇森更早时候对反抗权②的捍卫,但是包含了一个重要的修正,即现存的秩序不管看起来多么难以容忍,都几乎总是比"变革"好,不管多么小的变革,总是会带来不受欢迎的、未预见到的变化。"变革"应该总是"最后的措施"。③

　　已经指出过,这一最后评论的重要性在于、它是在法国大革命期间写下的,并且被弗格森出版于英国反雅各宾的歇斯底里期间。④ 但是弗格森的立场早在这一时期之前就已经确立了,虽然它确实随着时间变得更加强硬。他看不到有什么理由,居住在"美国"的英国臣民比那些居住在"豪恩斯洛荒野或者芬奇利公地"的臣民有更多的权利"收回他们的忠顺"。⑤ 此外,除了反对革命之外,美国民主的整个概念使弗格森感到惊恐,他深深地相信大规模的共和国[226]是不稳定的。⑥ 最后,弗格森的反对中也存在一个经济面向。英国无法承受放弃它在建立,"照顾"和"保护"美国⑦方面做出的巨大投资,而且除了打一仗之外不要指望英国会这样做。⑧

---

① P. II. , p. 291.

② Waszek, *Man's Social Nature*,前揭,p. 56.

③ P. II. , p. 497.

④ Kettler, *Adam Ferguson*,前揭,p. 299. 虽然弗格森最终是反对革命的,然而他确实对法国的"活力和炽热"留下了深刻印象。引自 Fagg, *Biographical Introduction*,前揭,lxxxii.

⑤ *Remarks*, p. 35.

⑥ *Remarks*, pp. 9—10, p. 23.

⑦ *Remarks*, pp. 28—30.

⑧ 但是,他迟至 1798 年会写到:"人是如此的蠢货,以至于认为征服就是繁荣,并且对他们而言这两者都是无限的。我们抱怨法国是一个依靠大陆从事征服的大国,但是我们那些公然的劫掠者在海上不是同样富有侵略性吗?不列颠尼亚对海洋的统治不也就是凑合吗?"Letter to Sir John Macpherson,前揭,May 14, 1978, *Correspondence*, No. 339, p. 433.

然而,弗格森在爱尔兰方面的立场,不那么容易在他的框架中得到调和,因为当英国人将统治强加于爱尔兰时,难道英国人不就是激进的变革者吗? 弗格森从来没有令人满意地处理这个问题,也没有解释清楚为什么爱尔兰就不是一个傲慢的帝国主义和暴政的明显例证? 此外,尽管他全力地避免种族中心论的人类学,他也没有解释清楚下列事实,即在英国殖民期间美洲人已经繁衍生息,几乎不能被看成是一块可以被对立的诸帝国主义殖民者所瓜分的空白地域。就这一方面而言,弗格森的失望的批评者们确实有更为扎实的依据。

除了自生自发秩序的约束,弗格森也从辉格—长老派保守主义的视角写作,这一保守主义认为其哲学性的作用是为"现存的制度秩序提供辩护性支持",并将这一支持等同于公民德性。虽然温和派在宗教和智识自由的问题上持自由立场,但是他们在社会和政治问题上一般是保守的。[①] 同样,也可以将弗格森的立场看成是典型的廊下派的;忠顺于现存的秩序就是智慧,就是献身于普遍之善:

> 爱比克泰德说,我所处的位置是上帝安排的。带着这一反思,一个人应该安于每一个位置;没有这个反思,他在任何位置都不会快乐。难道这是神的指定还不以压倒任何其他的考虑吗? 这使得奴隶的处境适合于爱比克泰德,使得君王的位置适合于安东尼乌斯。这一考虑使得任何处境对一个理性的存在者来说都是适宜的,他不是对局部的利益,而是对普遍的善感到高兴。[②]

---

① Sher, *Church and University*,前揭, p. 180, p. 189, p. 262.

② *Institutes*, pp. 158—9. 这段评论不应该被解读成弗格森赞成奴隶制,这是弗格森所谴责的。Sher, *Church and University*, p. 180. 幸福的一个组成部分是"在上帝为我们的命运所指派的任何事情上,愿意顺从上帝的意志"。P. II., p. 61. 虽然这似乎与弗格森的行动主义相矛盾,他的立场最好这样解读:人们应该使自己适应任何演化出来的制度并且积极地服务于它。

因此,弗格森认为任何对社会机体的干扰都是非社会的。当"我们全力地抗拒我们的本性,逃避我们位置,并且消解我们自己时","我们都是社会的坏成员,或者是上帝手中的不情愿的工具。"①弗格森的保守主义从而受到了如下两方面的支持,一是对自生自发地产生的秩序的哲学上的信念,一是基督教/廊下派的信念。这一解读符合认为弗格森的保守主义具有神学功利主义维度的观点。

[228]虽然热情地赞扬斯巴达避免腐败的做法(这就是完全避免奢侈),弗格森不将苦行节俭作为现代商业国家病症的解决方法。这样的补救将会要求他弃绝商业技艺和市场社会本身②,这是弗格森对自生自发秩序法则的抽象信念以及对英国繁荣(特别是苏格兰)的具体关怀所不允许的。

弗格森认为奢侈是不可避免的,因为我们是进步的动物,不断地在衣食住行和舒适方面造就进展。我们可以"提议在它们进步的任何阶段终止技艺的进展",但是我们"仍然会被那些还没有进展到如此之远的人们谴责为奢侈。"③这是因为"生活的必需是一个模糊和相对的词汇。在野蛮人的观念中是一回事,在文雅的市民的观念中是另一回事。"④无法回到想象中的具有原初德性的宁静时代。在弗格森时代的辩论中,对奢侈的苛责被看成是在现实问题上的道德说教,对方便品方面的自然进展所造成的腐败的预告只不过是"决疑论者"的陈词滥调。进步是不可避免的,它所提供的方便品在道德上是中性的。⑤ 那些在禁欲生活中怀想德性以

---

① *Institutes*, p. 158.
② "斯巴达的政治来自于与贸易准则截然相反的原则,并且在其所有的效果上都是限制和延缓商业技艺的"。P. I. , p. 252.
③ *Essay*, p. 232.
④ *Essay*, pp. 137—138. 强调为弗格森所加。以及参见 P. I. , pp. 247—248.
⑤ *Essay*, pp. 232—234.

及将来不朽的人应该承认，"为了获得将来的幸福，而放弃当前状态的幸福无论如何不是必要的。"① 弗格森和苏格兰长老派教会的其他温和分子一般回避禁欲主义并且如福格所指出的，"自由开明之人享受周日晚上的晚餐派对，看戏，玩牌和跳舞。"② 弗格森公然地捍卫舞台剧，并且警告其批评者不要谩骂"那些无害的或者中性的对象"，他们应该保留自己的"反对"去针对"真正的邪恶和腐败。"③

容忍奢侈还有其他合理理由。如果私有财产和商业主义方法被废除的话，占有欲，这一商业的驱动力量将会被侵蚀，而文明社会——更不用说进步本身，将会举步维艰。富人的炫耀性消费激发了穷人的劳动，他们知道自己有一天会像社会地位更为优越的人一样享受自己的劳动果实。自利，这一商业主义的关键引擎，得以保存。④ 此外，因为人类需要的不可餍足性是进步的关键驱动，采用廊下的"限制需要"策略的任何做法都是不可取的，如果不是灾难性的话。商业技艺上的追求不仅是内在野心的自然表达，而且"在人类的本性注定要改进的能力的施展中，构成了一个实质性部分。"[229]特别是，已经指出过，商业发展了"审慎"以及其他冷静的德性，如进取心，节俭、冷静和消极正义。我们作为创造者的命运就是发明，改善我们的能力和将之专业化、追求商业技艺。财富的获得，一般要求训练和践行上述德性。从而可以同时获得财富本身和恰当使用财富所要求的自我约束。我们对财富精心的和自觉的追求提供了财富获得之后恰当地使用财富的调控机制。提供财富的"进步本身"也提供了"享受上的品味以及行为上的合

---

① P. I., p. 185.
② Fagg, *Adam Ferguson: Scottish Cato*, 前揭, p. 33.
③ Adam Ferguson, *The Morality of Stage Plays Seriously Considered*, Edinburgh, 1767, pp. 1—2.
④ *Essay*, p. 225. See also P. II., p. 371.

度"①。奢侈甚至对具有混合宪政或君主立宪制以及高度发展的阶级结构的国家具有正面好处。②"除了对艺术和商业的鼓励之外",它提供了投射在"世袭的或者建制性的显贵"之上的"光彩",给予现存的社会秩序以重要支持。③ 奢侈提供了"使不同阶层相互依赖,并对彼此有用的方法",间接地产生了社会整合。因此,我们必须"忍受商业技艺的果实",劳作"以获得享受"。④

　　奢侈仅仅在两个条件下成为问题:首先,当它是以恰当地关注公民生活为代价而追求时;其次,当用于奢侈的财富是通过掠夺而得,而不是借助在其他时候也将调控其消费的勤勉来获得时。

　　　　假设财富毫不费力而一次性地获得,假设野蛮人突然暴富,住在官殿之中,供以庞大的产业或者收入所能提供的一切衣食住行或者享用上的手段,他将要么不会对这样的财产抱有永远的喜爱,要么不知道怎么使用或者享受它,他将受到粗野和不受控制的激情的影响,展示出本性的野蛮,由于这样的本性,在欲望和他的处境的艰难之间,他在很大程度上受到了限制。

　　这就是为什么通过帝国主义获得的奢侈是如此有害,因为它没有"勤勉,冷静和节俭的德性随之而来,而这些是自然赋予来作为获取的手段的。"⑤因此,弗格森嘱咐其读者漠视道学家们提出的清教徒式的抱怨,承认奢侈是发展的积极过程无害且不可避免的结果,是劳作的创造性副产品。⑥ 除此之外,智慧之人

---

① P. I., pp. 253—255.
② 注意,虽然奢侈被认为对以普遍平等为特征的社会构成伤害。*Essay*, p. 241.
③ *Essay*, p. 235.
④ *Essay*, pp. 232—234.
⑤ P. I., pp. 254—255.
⑥ P. II., pp. 326—327.

将会知道品格并非必然与外在表象联系在一起："我们必须在心智的品质中寻找人的品格,而不是在他们的食物,或者他们服装的样式中寻找。"①一旦关于优先级的恰当感觉成立,奢侈和腐败不一定就是同义的;道学家们对身体相关的事情的执念应该代之[230]以更为建设性地关注心智教育。② 总而言之,只要没有"偏好"奢侈胜过"义务","朋友,国家或者人类",③文雅的国家应该就能够同时一方面享受财富,安全和权力,另一方面享受德性。

四、结　语

虽然弗格森审慎地关注当前的趋势,他似乎不相信这一体系需要大规模检修。似乎他心中所想的不过是一些小的明智的修补。类似柏克,他认为为了防止最终可能会导致彻底革命或"变革"的退化趋势,少数小的改革是可以允许的。④

弗格森不愿支持一些领域中的改革的犹豫态度,部分地可以归结为这一事实,即正好是在变革的机会展现出来,特别是在他生命中的晚期阶段展现出来的时候,他的保守倾向似乎变得更为顽

---

① Essay, p. 234.

② "在这一主题上道德的用处,不是将人们限制在特定种类的住所,饮食或者服饰上,而是防止他们将这些方面看成是人类生活的主要目标。"Essay, p. 234.

③ Essay, pp. 232—234.

④ 在这一基础上,柏克在"改革"(reform)和"变革"(innovation)之间做出了一个经典区分。他写到:"不是我对变革的爱,而是我对变革的恨造成了我的改革计划。我不纠结于逻辑图示的精确性,我认为它们在本质上是相反的。是为了防止恶,我才提出这样的措施"。Edmund Burke,《给一位高贵的爵士的信》(A Letter to a Noble Lord),《关于法国革命的进一步反思》(Further Reflections on the Revolution in France), Daniel E. Ritchie (ed.), Indiana: Liberty Press, 1992, p. 292. 甚至卢梭,现代性的一个更为尖刻的批判者,也不主张激进的解决方案,比如回到原始状况,而是主张以德性的培育作为对抗腐败的最好手段。《论不平等》,前揭, Social Contract and Discourses, pp. 125—126.

固了。与此同时,任何弗格森的读者都会相当敏感地为这一点所困惑,即弗格森没有就造就(那种他如此热衷于鼓吹的)新的公共领域的制度机制做出什么建议。除了他对精选的市民国民军计划相对温和的呼吁,单独一次提到公民教育计划,(使用秘密的手段)保护下述自由,如言论自由,"反抗"权和抗议权以及维持现存体制之外,就没有什么能激发乐观主义的了。最引人注目的忽略可能是他对政治平等原则的放弃,而政治平等原则是他轮流地捍卫和批评过的。他对爱尔兰和美国的态度也难以与他的其他思想并置,一如他对军事专业化表面上武断的态度一样。给定他对进步和自由意志的信念以及他相信人是历史的承担者,人们会纳闷变化原则如何安排在政治学中。他似乎关闭了人类制度演变的可能性,没有给人类的能动性留下多少空间。[231]坚持认为进步应该不知不觉,零敲碎打地前进是一回事,明显地拒绝无论是理性的还是所有其他变革是另一回事。①

　　找不到解决这些弗格森在其一生的工作中所造成问题的具体方法,部分地是一个瘫痪了的哲学立场的症状。作为不仅有社会学敏感性而且有社会良知的道德学家,他对正在商业化的英国的状况感到震惊,但是作为一个捍卫自生自发成长法则的反契约论的完美主义者,他既不能鼓励激进的变革也无法鼓吹回到原始状况。

　　弗格森似乎相信他对英国公众,特别是对其政治家所做的警告,是一个足以带来恰当修正的激励。这是他对其时代的社会问题的特别贡献;这一针对性提醒本身就是一项公民行动。在一封给威利的信中,弗格森称自己为"我们宪制的诚挚的朋友",他反思

---

① 即使,在《原理》中,他承认一定程度的理性革命是常常是必要的。"社会的形式可能是野蛮的或者有缺陷的,需要运用理性消除它的不便,或者获得容易获得的好处"。P. I. , p. 263.

道,既然他"不能在实践中对它有用",他至少能够"在(他的)思辨中赋予其应得的尊重。"①尽管弗格森已经将自己描述得如此窘迫,弗格森的保守主义虽然令人失望,但是不应该被单纯地解释成不负责任或者不真诚的标志,而是应该解释成他执着于一组成熟的哲学和道德信条的逻辑结果。这就是他同时对下述两方面,廊下派—长老派教义以及可能更为重要的,自生自发秩序的安排的执念。

① 《弗格森给尊敬的威利的信》(Letter from Adam Ferguson to the Reverend C. Wyvill), December 2, 1782, *Correspondence*, No. 215, II, p. 292. 进一步的讨论参见 Ian R. Christie,《威尔克斯·威利和改革》(*Willkes Wyvill and Reform*), London: Macmillan and Co. Ltd, 1962.

第十三章 结 论

弗格森的成就

[232]就像所有的世纪一样,18 世纪也有自己独特的冲突。这个世纪有许多对立的世界观之间的冲突,包括宗教的与世俗的对立,古典的与现代的,享乐的与道学家的。更特别的,社会和政治学家们在下述方面争论不休:进步的相互竞争的价值和对秩序的需要;义务和政治、社会方面的举措的对立;财富和德性;信念和理性;宗教和科学,以及理性和激情在理解社会生活上的不同角色。

弗格森卷进所有这些冲突中,并且他是以将 18 世纪苏格兰话语中两种竞争的语言——公民人文主义和商业的或自由的人文主义结合起来的辩证方式卷入的。他同时流利地说这两种语言,这一事实有时候导致了困境。但有时候结合的效果是富有原创性和显著的。

弗格森是一个应用正在发展的社会科学方法的道德哲学家,他不仅应用、而且有助于塑造这些方法;这些方法是为了反驳其无神论的、享乐主义的和主张革命的对手,也是为了说明一种日益复杂的,启蒙运动式的对"上帝"、目的论和设计论证的解读与科学地研究社会仍然是相关的。他想要科学地证明,而不只是作为一种信念去断言,世界即使在其最陈腐和不和谐的方面,也是设计和仁慈的意图的结果。他将自己看成是后来时代的廊下派圣徒,其任务是经验性地揭示那些调节人性,以作为其生活的道德指导的统一法则。因此,不管什么时候我们在弗格森的作品中探查到社会学的味道,我们都需要记得他展现的道德议程,以及这些议程得以形成的神学背景。但是这些事物不会使弗格森不那么原创和有预见性,这主要是因为他非常依赖动力因或第二因去解释社会过程和均衡。

弗格森的方法建立在早先孟德斯鸠的社会科学之上,并且推进了后者,使我们离当前所理解的现代社会科学又更进了一步。虽然他的规划中仍然充斥着 18 世纪那些独特的学科——圣灵学,道德哲学和政治学——的方法,弗格森对人类学的兴趣以及他对普遍的、深层的机构和功能的感知,使他可以谈论社会法则。加上他对社会变迁的后果的敏锐感受,这种能力使他成了一个早期的历史社会学家。

[233]弗格森不是"社会学之父",但是他肯定是许多父亲中的一员。并且在他的作品中肯定存在丰富的原创性洞见。他对自生自发秩序观念的发展为社会科学的起航奠定了重要的基础,并因此而影响了自由理论和政治经济学的一个重要分支。他对社会变迁的理解既深刻又广泛,并且他提出了关于经济膨胀、官僚化、过度扩张和专业化的社会后果的第一个深入分析。弗格森也就消费主义对政治生活的消极影响提供给了我们一个开创性的描述,这一描述强调社会资本和政治效能对维系强大政体的重要性。他对习惯的社会功能以及物质环境的角色的观察展现了巨大的先见之明,一如他对冲突的积极影响的观察一样。最后,他的反理性主义和反契约论的情感社会学也是重要的;通过将"激情","情感","欲望和厌恶"看成是独立的变量,他给予我们一种关于社会发展的精当理论,这一理论代表着与传统历史编纂的重大决裂。

　　虽然他的思想来源主要是宗教的和古代的,弗格森引入的独创性视角构成了许久之后社会科学的许多关注点的预兆。社会学的印象因将古代诊断传统应用到崭新的道德市场社会难题上而受到影响。例如,弗格森对"失范"的关注,实际上是对廊下派关于群体和社会亲密的兴趣的现代改编;他对市场伦理和契约论的批判,又是重新塑造廊下派对团结联系机制以及人道和同情的德性的关注;他对冲突的正面效果的评论激活和扩展了塔西陀、修昔底德和马基雅维利的观察;他对腐败的关注最初是亚里士多德,廊下派和波利比乌斯式的;过度扩张,是修昔底德式的;奢侈和公民参与,则是廊下派的。弗格森的独特贡献在于,他给予古典洞见以"社会学歪曲"的能力①,从而跨越了现代和古代传统之间的鸿沟。他的作品之所以有价值,部分是因为它展现了 19 和 20 世纪社会学以社会有机整体观重新表述古代关怀的做法。

　　弗格森及时地提醒他的读者注意进步的陷阱以及保卫文明社会免于其影响的重要性。为进步必胜论者们欢呼的冷淡友谊的温柔韵律、友善的陌生以及政治平静确实带来好处,但它们也招致漠不关心、政治麻木和暴政的可能。弗格森也对社会与政治安排日益增长的理性化和制度化抱有社会科学意义上的反对。不断增长的中央计划,官僚化和理性建构主义可能不会带来秩序和繁荣,这是那些将自己的全部信仰寄托于理性的启蒙思想家所预期的。实际上,它们同样可能会遭遇相反的后果。

　　[235]弗格森的哲学是一种神义论,持续地试图捍卫其对仁慈的神以及无恶存在的宇宙的深刻信念。反对世界因为恶的增长而处在其老年阶段的观点,并与其对逆境的好处的正面强调保持一致,弗格森认为腐败不过是错误的结果,从长期看来,对我们的道

---

① 借用 John Brewer 的词。Brewer,"Adam Ferguson and the Theme of Exploitation",前揭,p. 473.

德发展非常有益。我们与本能总是可靠地指导着它们的其他动物不同,我们拥有意识和野心,远见,判断和意志;我们在采取任何行动时,这些总是与我们的非认知的本能混合在一起。我们特定的选择自由具有令人遗憾的副产品;我们有时候自我毁灭地行动,这是其他物种不会干的事情。其他"动物"从来不会超越其身体需要而行事,它们总是遵循领头的本能,这些本能也从来不会超出它们的合理需要跨越它们的私人领地。但是因为我们是"特殊的动物",注定要进步和结成神圣同盟,并因这一特出的目的而装备了相应的能力,事情有时候会越轨。

但是我们的行动不会是真的邪恶;商业时代的腐败不过是发挥其他正面功能的嗜欲被错误引导的结果。我们自然的野心,好斗以及自我保存一般会将我们引向进步和道德完美,但是当它们被错误地应用,就会导致追求那些不适当的注意目标,如不必要的领土、就其本身而言的财富、享乐主义和无所事事的消遣。弗格森热心地提醒他的读者,对生活而言,除了自利、个人偏好、炫耀性消费、宽敞的住所、闲暇和政治寂静之外还有很多。但是因为他也认为进步是不可避免的和自然的,他将自己的精力用在最小化它所派生的消极影响之上,在群体和商业,财富和德性,公民义务和私人自由之间寻找平衡。已经指出过,他所提出的解决既是制度上的也是文化上的,但是弗格森花费更多注意力在描绘原因而不是指出任何补救措施上。它们通常只是以最为隐晦的形式被暗示一下。这是奇怪的,并且与弗格森对腐败问题的持久的、公开的忧虑是不成比例。可能他认为体现在他一生的学术中的这一持续警告本身就是一个充分补救了。

此外,完全不清楚弗格森是否在其心中就财富与德性的平衡问题下过决断。确实,关于经济进步的矛盾心情是其著作中最为一贯的线索,甚至最为耐心的读者也将发现弗格森在调和上的尝试是未决的。例如他清楚地认为商业是相当肮脏的事务,但是仍然奉献了许多篇幅去歌颂其正面的社会经济影响。在某处,他将"国家财富……的扩张和权力"描述成"德性"的通常后果,将"这些优势的丧失"描述成邪恶的后果,但是大多时候他提出相反的主张。① 他激烈地谴责帝国主义,但是支持英国对美国,爱尔兰甚至苏格兰的做法。他对劳动分工的毁损效应予以严重批判,但是除了军事上的建议,没有提出逆转它的建议。他就奢侈的不良效应长篇大论之后却认为它终究大概是无害的,[236]只要对奢侈的追求和消费得到恰当的规制。他似乎也从来没有在利益和仁慈之间的关系上找到一个明确的立场。此外,尽管存在所有那些怀旧感伤以及明显的遗憾,弗格森认为通过进步获益良多这一点是清楚的。自由和法律权利得以扩张,②财富和经济独立地位得以散播,更多更好的安全,野蛮、"宗教迷信"、残忍和恶意都有所削弱。③

弗格森的分化了的忠诚——一方面,他的古典和返祖的偏见,另一方面他对进步作为神所激发的自生自秩序法则的后果的拥抱——为他制造了很多麻烦。他对其读者多有苛责,为了恰当地解开他的体系的各种线团也要付出许多努力。然而,他的许多犹豫不决要么没有被调和,要么无法调和。例如,在苦行禁欲的修辞之下,他对奢侈的最终立场是可以辨认出来的;冲突和廊下主义之间的张力也是可以解决的,他明显的政治寂静主义也差不多。其他时候,调和也产生了进一步的紧张;例如,对"进步和衰落的悖论"的解决回答了许多问题,但是也使弗格森的反理性主义信念打了折扣。此外,他没有说明历史在道德领域中真的是一个逐渐改进的过程;实际上通过反复说明恶的增长以及前商业文明在情感上的优越性,他说明的似乎是反面。

---

① Essay, p. 196;Sher,《从穴居人到美国人》("From Troglodytes to Americans"),pp. 394—395.
② Essay, p. 247.
③ P. I. , p. 305.

　　弗格森的成就部分地体现在他是现代性和市场伦理对社会生活的影响的敏锐观察者，以及他应对实际的经济和社会状况的限制所做的准备。他对腐败的处理代表着平衡廊下派价值与现代对进步的接受这两方面，将古典共和主义者的敏感性与快速商业化的状况和限制协调起来的持续努力。弗格森通过将所有的驱动力甚至自利都看成自然的，保证了自己对自生自发秩序的执着，与此同时，他也坚持公民人文主义的核心教义，因此，有主张认为他是一个自由-廊下派，警惕进步但是也留心其好处。

　　已经提到过，弗格森是一个有些混乱的，有时候令人抓狂的学者。这部分地与其浪漫的理想主义和实际的现实主义之间的张力有关，但是也与他对人类状态的复杂性的领会，以及他的下述信念有关。这就是，他相信不仅仅是理性，而且看不见的、未计划的、次理性的和情感的力量也在推动人类世界的运动。弗格森对这一事实的深刻领会，以及他为之打造社会科学的努力，是一项巨大的成就。

参 考 文 献

1. PRIMARY SOURCES

Ferguson, Adam. *A Sermon Preached in the Ersh Language to His Majesty's Highland Regiment of Foot, Commanded by Lord John Murray, at their Cantonment at Camberwell on the 18th Day of December. Being appointed as a Solemn Fast*, 1745, London: A. Millar, 1746.

—*Reflections Previous to the Establishment of a Militia*, London: R and J. Dodsley, 1756.

—*The Morality of Stage Plays Seriously Considered*, Edinburgh: n.p., 1757.

—*The History of the Proceedings in the Case of Margaret, Commonly Called Peg, Only Lawful Sister of John Bull, Esq.*, Edited and with an Introduction and Notes by D. R. Raynor, Cambridge: Cambridge University Press, [1761] 1982.

—*Analysis of Pneumatics and Moral Philosophy*, For the Use of Students in the College of Edinburgh, Edinburgh, A. Kincaid and J. Bell, 1766.

—*An Essay on the History of Civil Society*, Edited and with an Introduction by Fania Oz-Salzberger, Cambridge: Cambridge University Press, [1767] 1996.

—*Institutes of Moral Philosophy*, New York: Garland Publishing Company, [1769] 1978.

—*Remarks on a Pamphlet lately Published by Dr. Price, intitled 'Observations on the Nature of Civil Liberty…'*, *in a Letter from a Gentleman in the Country to a Member of Parliament*, London: T.Cadell, 1776

—*The History of the Progress and Termination of the Roman Republic*, London: Jones and Company, [1783] 1834.

—*Principles of Moral and Political Science: Being Chiefly a Retrospect of Lectures Delivered in the College of Edinburgh, in Two Volumes*, Edinburgh: Printed for A. Strahan and T. Cadell. London; and W. Creech, Edinburgh, 1792.

—'Minutes of the Life and Character of Joseph Black, M.D, Addressed to the Royal Society of Edinburgh', *Royal Society of Edinburgh Transactions*, Vol. 5 (3), 1801, pp. 101-117.

—*Biographical Sketch or Memoir of Lieutenant-Colonel Patrick Ferguson, Originally Intended for the British Encyclopedia*, Edinburgh: Printed for J. Moir, 1816.

—*The Correspondence of Adam Ferguson*, Edited by V. Merolle with an Introduction by J.B. Fagg, in Three Volumes, London: William Pickering, 1995.

—*Collection of Essays*, Edited and with an Introduction by Yasuo Amoh, Kyoto: Rinsen Book Co., 1996.

—'Memorial Respecting the Measures to be Pursued on the Present Immediate Prospect of a Final Separation of the American Colonys From Great Britain', in Ferguson, *Collection of Essays*, Appendix III.[1472]

2. SOURCES KNOWN OR LIKELY TO HAVE BEEN CONSULTED BY FERGUSON[1473]

Abulgaze, Bahadur Chan. *Genealogical History of the Tartars*, Translated into English from the French, with Additions, in 2 Vols.1730.

Alison, Archibald. *Essays on the Nature and Principles of Taste*, Edinburgh: Bell and Bradfute, 1790.

Appianus of Alexandria. The History of Appian of Alexandria, London: Printed for John Amery, at the Peacock against S. Dunstan's Church in Fleet-street, 1692.

Arbuthnot, John. *Miscellaneous Works* (including *The History of John Bull*), London, in 2 Vols, 1770.

Aristotelis. *Opera Omnia quae Exstant*, Graece et Latine,1629.

Bacon, Francis. *The Works of Francis Bacon ... In Four Volumes. With Several Additional Pieces*, London: Printed for A. Millar, 1740.

Baxter, Andrew. *An Enquiry into the Nature of the Human Soul; Wherein the Immateriality of the Soul is Evinced from the Principles of Reason and Philosophy*, London: Printed by James Bettenham, for the Author, 1733.

Beccaria, Cesare. *An Essay on Crimes and Punishments*. Translated from the Italian. With a Commentary, Attributed to Mons. de Voltaire, Translated from the French, London: Printed for J. Almon, 1767.

Berkeley, George. *A Treatise of the Principles of Human Knowledge*, London: 1710.

Blackstone, William. *Commentaries on the Laws of England*, Oxford: Clarendon Press, 1765.

Blair, Hugh. *Lectures on Rhetoric and Belles Lettres*. London: Printed for W. Strahan; T. Cadell and W. Creech, in Edinburgh, in 2 Vols, 1783.

Buffon, Georges Louis Leclerc, Comte de. *Buffon's Natural History,* London: C. and G. Kearsley, 1792.

Burke, Edmund. *A Philosophical Enquiry into the Origin of our Ideas of the Sublime and Beautiful*, London: J. Dodsley, 1782.

—*Observations on the Late State of the Nation,* London: J. Dodsley, 1769.

[1472] A recently discovered essay almost certainly written by Ferguson. Amoh, Introduction to *Collection of Essays*, p. xvi.

[1473] Aside from standard references to sources such as: Homer, Virgil, Shakespeare and The Holy Bible.
There is no known record of the contents of Ferguson's library. This list has been compiled by referring to works directly cited by Ferguson or likely to have been available to him. Exact editions are not known though the likely edition is determined, where possible, by date and availability and by cross-referencing with editions owned by either Hume or Smith. Full publishing details are provided where available. For further details on the contents of the Smith and Hume libraries see: David Fate Norton and Mary J. Norton, *The David Hume Library*, Edinburgh: Edinburgh Biographical Society, 1996 and Hiroshi Mizuta, *Adam Smith's Library: A Catalogue*, Edited and with an Introduction and Notes by Hiroshi Mizuta, Oxford University Press: New York, 2000. For editions used by the author, see below, Section III.

—*Speech of Edmund Burke, esq. on American Taxation*, April 19, 1774. London: J. Dodsley, 1775.

—*Speech of Edmund Burke, esq. On Moving his Resolutions for Conciliation with the Colonies, March 22, 1775*, London: J. Dodsley, 1775.

—*Thoughts on the Cause of the Present Discontents*, London: J. Dodsley, 1770.

—*A letter from Edmund Burke, esq; One of the Representatives in Parliament for the city of Bristol, to John Farr and John Harris, esqrs. Sheriffs of that City, on the Affairs of America*. London: J. Dodsley, 1777.

Butler, Joseph. *The Analogy of Religion, Natural and Revealed, to the Constitution and Course of Nature*, London: 1736.

—*Fifteen Sermons Preached at the Rolls Chapel*, London: 1726.

Burnett, James (Lord Monboddo). *Antient Metaphysics: or, the Science of Universals*, Edinburgh: J. Balfour and Co. Edinburgh, 1779 and London: T. Cadell, 1784.

Carceri, Giovanni Francesco Gemelli. *A Voyage Around the World, 1699-1700*, English transl, London: 1704.

Chardin, J. *The Travels of Sir John Chardin into Persia and the East-Indies, Through the Black Sea, and the Country of Colchis,*[1474] London: Christopher Bateman, 1691.

Ciceronis M. Tullii. (Cicero) *Opera, cum delectu commentariorum*. Edebat Josephus Olivetus . Tomus Primus [-nonus] Editio Tertia, Emendatiossima. Genevae: apud Fratres Cramer, 1758.

—*De Officiis ad Marcum Filium Libri Tres*. Glasguae: Excudebant Rob. et And. Foulis, 1757.

Clarke, Samuel. 'Discourse Concerning the Unchangeable Obligations of Natural Religion', *The Boyle Lectures of 1705*, London: 1706.

—*A Discourse Concerning the Being and Attributes of God*, London: 1716.

Colden, Cadwallader, *The History of the Five Indian Nations of Canada, which are Dependent on the Province of New-York in America*, London: T. Osborne, 1747.

Charlevoix, Pierre, *Journal of a Voyage to North-America, Undertaken by Order of the French King,*[1475] Translated from the French of P. de Charlevóix, London: Printed for R. and J. Dodsley, .1761.

Cooper, Anthony Ashley, (Lord Shaftesbury) *Characteristics of Men, Manners, Opinions, Times*, Edited and with an Introduction and Notes by John.M.Robertson, in 2 Vols, London: Grant Richards, 1723.

—*An Enquiry Concerning Virtue, or Merit*, London:1699.

D'Arvieux, The Chevalier, *Travels in Arabia the Desert*, London: 1718.

Dalrymple, J. *An Essay Towards a General History of Feudal Property in Great Britain*, Edinburgh: 1757.

[1474] '[C]ontaining the author's voyage from Paris to Ispahan: to which is added, The coronation of this present King of Persia, Solyman the III.'.

[1475] 'Containing the geographical description and natural history of that country, particularly Canada; together with an account of the customs, characters, religion, manners and traditions of the original inhabitants in a series of letters to the Duchess of Lesdiguières.'

—*Memoirs of Great Britain and Ireland from the Dissolution of the last Parliament of Charles the Second, till the Capture of the French and Spanish Fleets at Vigo,* 3 Vols, Edinburgh: 1771-88.

Dampier, William. *A New Voyage Round the World, A Collection of Voyages,*[1476] London: James and John Knapton, 1729.

Davila, Enrico Caterino. *The History of the Civil Wars of France,* Translated into English by W. Aylesbury, London: 1647, and by Charles Cotterel, London: 1666.

De Retz, Jean François Paul de Gondi, Cardinal. *Memoirs of the Cardinal de Retz,* Nancy: 1717 and Edinburgh: 1731.

Diogenes Laertius. *De Vitis, Dogmatibus et Apophthegmatibus Clarorum Philosophorum Libri X. Graece et Latin,* Amstelaedam: apud Henricum Wetstenium, 1692.

Dion Cassius Cocceianus. *Historiae Romanae quae Supersunt,* Hamburg: Christiani Heroldi, 1750.

Epictetus. *Enchiridion,* et Cebetis Tabula, Graece et Latine. Prioribus editionibus Emendatiora & auctiora, Amstelodami: apud Joannem Ravensteinum, 1670.

—*His Morals, with Simplicius His Comment. With the Life of Epictetus, from Monsieur Boileau,* in 8. Vols, London: Printed by W.B. for Richard Sare, 1721.

Frederick the Great. *Memoirs of Brandenberg,* English Translation, 1752.

Florus, Lucius Annaeus. *The History of the Romans,* Done into English; Corrected, Amended, and with Annotations illustrated by M. Causabon, D.D. London: Printed by R.B. for Daniel Pakeman, 1658.

Gibbon, Edward. *The History of the Decline and Fall of the Roman Empire,* in 6 Vols, London: 1776-88.

Gray, Thomas. *The Poetical Works of Thomas Gray,* London: William Pickering, 1836.

Grotius, Hugo. *De Jure Belli ac Pacis,* Amsterdam: 1667.

Halley, E. 'An Estimate of the Degrees of Mortality of Mankind',[1477] *Philosophical Transactions,* Vol. 17, 1693, pp. 596-610.

Harris, James. *Hermes: or, a Philosophical inquiry Concerning Language and Universal Grammar,* London: Printed by H. Woodfall, for J. Nourse and P. Vaillant, 1751.

—*An Essay Upon Money and Coins,* Parts I and II, London: 1757-8.

Hartley, David. *Observations on Man, His Frame, His Duty and His Expectations,* London: 1749.

Hawkesworth, John. *An Account of the Voyages Undertaken by the Order of His Present Majesty, For Making Discoveries in the Southern Hemisphere, and Successively Performed by Commodore Byron, Captain Wallis, Captain Carteret,*

[1476] '*Containing I. Captain William Dampier's voyages round the world II. The voyages of Lionel Wafer ... III. A voyage round the world: containing an account of Capt. Dampier's expedition into the South Seas ... By W. Funnell ... IV. Capt. Cowley's voyage round the globe. V. Capt. Sharp's journey over the Isthmus of Darien ... VI. Capt. Wood's voyage ... VII. Mr. Robert's adventures and sufferings amongst the corsairs of the Levant'.*

[1477] '*[D]rawn from curious tables of the births and funerals at the city of Breslau, with an attempt to ascertain the price of annuities on lives'.*

and Captain Cook, in the Dolphin, the Swallow, and the Endeavour,[1478] London: W. Strahan and T. Cadell, 1773.

Helvetius, Claude Adrian. *De L'Esprit,* Paris: 1758.

Herbert, Edward. *The Life of Lord Herbert of Cherbury,* Written by Himself and Continued to his Death. London: Horace Walpole, 1764.

Hobbes, Thomas. *Elementa Pilosophica de Cive,* Amsterodami: apud Danielem Elzevirium, 1669.

— *Leviathan, or the Matter, Forme, & Power of a Commonwealth Ecclesiasticall and Civill.* London: Andrew Crooke, 1651.

Home, Henry (Lord Kames). *Essays on the Principles of Morality and Natural Religion,* Edinburgh: 1751.

— *Essays Upon Several Subjects Concerning British Antiquities,* Edinburgh: 1747.

— *Essays Upon Several Subjects in Law,* Edinburgh: 1732.

— *Historical Law Tracts,* Edinburgh, 1758.

— *Principles of Equity,* Edinburgh, 1760.

Home, Rev. John, *Douglas: A Tragedy,* London: 1780.

Hume, David. *A Treatise of Human Nature,* in 2. Vols, London: 1738.

— *An Enquiry Concerning Human Understanding,* Edinburgh: 1748.

— *An Enquiry Concerning the Principles of Morals,* Edinburgh: 1751.

— *The Natural History of Religion,* Edinburgh: 1757.

— *The History of England, from the Invasion of Julius Caesar to the Revolution in 1688,* in 6 Vols, London: 1770.

Hutcheson, Francis. *An Essay on the Nature and Conduct of the Passions and Affections. With Illustrations on the Moral Sense,* London: 1728.

— *An Inquiry into the Original of our Ideas of Beauty and Virtue,* London: 1725.

— *An Enquiry Concerning Moral Good and Evil,* London: 1726.

— *A System of Moral Philosophy, in Three Books,* in 2 Vols, Glasgow and London: R. Foulis et al., 1755.

Johnson, Samuel. *Dictionary of the English Language,* London: Printed by W. Strahan, for J. and P. Knapton 1755.

Jones, Sir William. *A Grammar of the Persian Language,* London: 1771.

— *Dissertations and Miscellaneous Pieces Relating to the History and Antiquities, the Arts, Sciences, and Literature of Asia* (co-authored by W. Chambers, W.Hastings, Gen. Carnac, H. Vansittart, C. Wilkins, J. Rawlins, J. Shore, J.Williams, Arch. Keir Col. Pearse, Lieut. Col. Polier and others, London: Printed for G. Nicol, J. Walter, and J. Sewell, 1792.

Kolbe, Pieter. *The Present State of the Cape of Good Hope,* London: 1731.

Lafitau, Joseph-Francois. *Moeurs des Sauvages Ameriquains, Comparees aux Moeurs des Premiers Temps,* Paris: 1724.

Law, William. *Remarks Upon a Late Book, Entitled the Fable of the Bees,* London: 1724.

Leibnitz, M. *De. Essais de Theodicèe sur la Bonte di Dieu, la Libertè de L'Homme, et L'Origine du Mal,* Amsterdam: 1720.

[1478] *'Drawn up from the journals which were kept by the several commanders and from the papers of Joseph Banks, Esq. by John Hawkesworth'.*

Livy. *The Roman Historie Written by T. Livius of Padua*, Translated out of Latine into English, by Philemon Holland, London: Printed by W. Hunt, for George Sawbridge at the Bible on Ludgate Hill, 1659.

Locke, John. *An Essay Concerning Human Understanding*, London: 1694.

—*Two Treatises of Government*, London: 1690.

Long, A.A. 'Freedom and Determinism in the Stoic Theory of Human Action', in A. A. Long, (ed.), *Problems in Stoicism*, London: The Althone Press, 1971.

Lowthorp, John. *Philosophical Transactions and Collections to the End of the Year 1700*, Abridged and Dispos'd under General Heads by John Lowthorp and F.R.S. in 2 Vols, London: 1705.

Machiavelli, Niccolo. *Machivael's Discourses Upon the First Decade of T. Livius, Translated out of the Italian. To which is added his Prince*. With some marginal animadversions noting and taxing his errors by E.D., London: Printed for G. Bedell, and T. Collins, 1663.

—*The Florentine Historie*, London: Printed by T. Creede for W. Ponsonby, 1595.

—*Works of the Famous Nicolas Machiavel, Citizen and Secretary of Florence*, London: Printed for John Starkey, 1675.

MacPherson, James. *Fragments of Ancient Poetry Collected in the Highlands of Scotland*. Edinburgh:1760

—*Fingal, An Ancient Epic Poem in Six Books, Together with Several other Poems Composed by Ossian*, London: 1762.

MacPherson, James. *Temora, An Ancient Epic Poem in Eight Books Composed by Ossian*, London: 1763.

Mandeville, B., *The Fable of the Bees or Private Vices, Publick Benefits, With an Essay on Charity and Charity Schools*, London: 1723.

Marcus Aurelius, T*he Meditations of the Emperor Marcus Aurelius Antoninus. A new translation from the Greek original; with a life, notes, etc.*, by R. Graves Bath, Printed by R. Cruttwell, for G. G. J. and J. Robinson, London, 1792.[1479]

Marsden, William. *The History of Sumatra*,[1480] London: Printed for the author by J. McCreery and sold by Longman, Hurst, Rees, Ormeand Brown, 1811.

Maupertuis, Pierre-Louis Moreau. *Essai de Philosophe Morale*, Berlin: 1749.

Metelief, Cornelius. *An Historicall and True Discourse, of a Voyage Made … into the East Indies*. London: William Barrett, 1608.

Millar, John. *The Origin of the Distinction of Ranks*, Edinburgh: 1771.

Milton, John. *Paradise Lost*, London: 1732.

Montesquieu, Charles-Louis. *Lettres Persanes*, in 2 Vols, Cologne: 1730.

—*De L'Esprit des Loix*, in 2 Vols, Geneve: 1750.

[1479] Ferguson cites this, the Robert Graves translation, first published in 1792 though he probably used an earlier and different translation for work published before 1792, possibly Hutcheson's translation (*Meditations of M. Aurelius Antoninus*, 1742) or *Antoninus the Roman Emperour, his Meditations Concerning Himselfe*, Translated out of the Originall Greeke; with Notes by Meric Casaubon, London: Printed by M. Flesher, for Richard Mynne, 1635.

[1480] '[C]ontaining an account of the government, laws, customs and manners of the native inhabitants, with a description of the natural productions, and a relation of the ancient political state of that island, 3rd ed., with corrections, additions, and plates'.

—*Les Considerations sur les causes de la grandeur et de la Decadence des Romains*, Amsterdam: 1734.

Newton, Isaac. *Opticks: or, a Treatise of the Reflections, Refractions, Inflections and Colours of Light*, London: Printed for William and John Innys,1721.

—*Philosophiae Naturalis Principia Mathematica*. Editio tertia aucta & emendata. Londini: apud Guil. & Joh. Innys, 1726.

—*A Treatise of the Method of Fluxions and Infinite Series, with its Application to the Geometry of Curved Lines*, London: Printed for T. Woodman and J. Millan, 1737.

Orosius, Paulus. *The Seven Books of History Against the Pagans*, (edition unknown).

Plato. *Platonis Omnia Opera*, Basileae: apud Henrichum Petri, 1556.

Plinius Caecilius Secundus Gaius. (Pliny). *Secundi Opera quae Supersunt Omnia*. Glasguae: Robertus et Andreas Foulis,1751.

Polybius. *Polibii Lycortae F. Meglapolitani* (*History of Rome*), Amsterdam: 1670.

Pope, Alexander. *The Works of Alexander Pope esq*. London: Printed for J. and P. Knapton, H. Lintot, J. and R. Tonson, and S. Draper, 1751.

Price, Richard. *Observations on the Nature of Civil Liberty*, London: T. Cadell, 1776.

—*Additional Observations on the Nature and Value of Civil Liberty, and the War with America*, London: Printed for T. Cadell, 1777.

—*An Essay on the Population of England*, London: T. Cadell, 1780.

—*Observations on the Importance of the American Revolution, and the Means of Making it a Benefit to the World*, London: T.Cadell, 1784.

—*A Discourse on the Love of our Country*: Delivered on Nov. 4, 1789, London: T. Cadell, 1790.

Priestley, Joseph. *An Essay on the First Principles of Government; and on the Nature of Political Civil, and Religious Liberty*, London, 1768.

Pufendorf, Samuel. *The Whole Duty of Man According to the Law of Nature*, London: Printed by Benj. Motte for Charles Harper and John Jones, 1698.

Quintilian. *M. Fabii Quintiliani de Institutione Oratoria Libri* XII. Parisiis: Ex officina Antonii Augerelli,1533.

Ramsay, David. *The History of the American Revolution*, Philadelphia: Printed and Sold by R. Aitken, 1789.

Reid Thomas. *An Inquiry into the Human Mind on the Principles of Common Sense*, Edinburgh:1764.

Robertson, William. *History of Scotland*, in 2 Vols, Peter Hill, Edinburgh: 1759.

—*The Situation of the World at the Time of Christ's Appearance*, Edinburgh: 1759.

Rousseau, Jean-Jacques, *Ouvres Diverses*, in 2 Vols, Amsterdam: 1762.

Rubruquis, William De, *Travels into Tartary and China*, 1253. English translation, 1747 (edition unknown).

Sallust. *The Workes of Caius Crispus Salustius Contayning the Conspiracie of Cateline The Warre of Iugurth. V. Bookes of Historicall Fragments. II Orations to Cæsar for the Institution of a Commonwealth and One against Cicero*, London : Elizabeth Allde, 1629.

Seneca, Lucius Annaeus. *Epistulae morales ad Lucillium*. London: Printed for Charles Brome,1685.

—*Seneca his Tenne Tragedies*, translated into Englysh, Imprinted at London: Thomas Marsh, 1581.

Shakespeare, William. *The Works of, Collected and Corrected by Alexander Pope*, London: 1723-5, Vols. 1-6.

Smith, Adam. *An Inquiry into the Nature and Causes of the Wealth of Nations*, London: A. Strahan; and T. Cadell, 1776.

—*The Theory of Moral Sentiments*, Edinburgh: J.Bell, 1759.

Strahlenberg, Philip Johan Tabbert von. *An Historical-Geographical Description of the North and Eastern Part of Europe and Asia*, London: W. Innis and R. Manby, 1736.

Stuart, Gilbert. *An Historical Dissertation Concerning the Antiquity of the English Constitution*, London and Edinburgh, 1768.

—*A View of Society in Europe*, Edinburgh: Bell and Murray, 1778.

Suetonius Tranquillus. *The Historie of Twelve Cæsars, Emperours of Rome*, newly translated into English, by Philêmon Holland, London: Matthew Lownes, 1606.

Swift, Jonathon. *Travels into Several Remote Nations of the World*, London: Benjamin Motte, 1726.

Tacitus C. *Cornelii Taciti Opera quae Supersunt*. Ex editione Jacobi Gronovii fideliter expressa, 4 Vols, Glasguae: Rob. et And. Foulis, 1753.

Thucydides. *Eight Bookes of the Peloponnesian Warre*,[1481] London: Imprinted for Laurence Sadler, 1648.

Velleius Paterculus, C. *Ex historiae Romanae Voluminibus Duobus*. Cum integris scholiis, notis, variis lectionibus, et animadversionibus doctorum Curante Petro Burmanno, Leyden: Samuel Luchtmans, 1719.

Voltaire, François–Marie Arouet Francheville. *Le Siecle de Louis Fourteenth*, in 2 Vols, Edinburgh: 1752.

Wallace, Robert. *Dissertation on the Numbers of Mankind in Ancient and Modern Times*, Edinburgh: Printed for G. Hamilton and J. Balfour, 1753.

Woollaston, William. *The Religion of Nature Delineated*, London: 1724.

3. BIOGRAPHICAL ACCOUNTS OF FERGUSON[1482]

Fagg, J. B. *Biographical Introduction* in Ferguson, Adam, *The Correspondence of Adam Ferguson*, in 3 Vols, Edited by V. Merolle, London: William Pickering, 1995.

Fagg, J. B. *Adam Ferguson: Scottish Cato*, Unpublished Doctoral Dissertation, University of North Carolina at Chapel Hill, 1968.

Kettler, David. 'Adam Ferguson: Biography', Chapter III, in Kettler, D. *The Social and Political Thought of Adam Ferguson*, Indiana: Ohio State University Press, 1965.

[1481] '*Written by Thucydides the sonne of Olorus. Interpreted with faith and diligence immediately out of the Greeke by Thomas Hobbes the author of the booke De cive secretary to ye late Earle of Deuonshire*'.

[1482] See Fagg, 'Biographical Introduction', pp. cxix-x for further sources.

Raphael, D.D., Raynor, D.R., Ross, I.S. '"This Very Awkward Affair": An Entanglement of Scottish Professors with English Lords', *Studies on Voltaire and the Eighteenth Century*, Vol. 278, 1990, pp. 419-63.

Small, J. 'Biographical Sketch of Adam Ferguson', *Edinburgh Review*, Vol.75 (255), 1897, pp. 48-85.

Willke, J. *The Historical Thought of Adam Ferguson*, Unpublished Doctoral Dissertation, Washington D.C: The Catholic University of America, 1962.

4. SOURCES USED BY THE AUTHOR

A Biographical Dictionary of Eminent Scotsmen, Vol.II, Edinburgh: Blackie and Son, 1864.

Abel, T. *The Foundations of Sociological Theory*, New York: Random House, 1970.

Adams, W.P. 'Republicanism in Political Rhetoric Before 1776', *Political Science Quarterly*, Vol. 85, 1970, pp. 397-421.

Allan, D. *Virtue, Learning and the Scottish Enlightenment*, Edinburgh: Edinburgh University Press, 1993.

Anderson, M. S. *Europe in the Eighteenth Century*, London: Longman, 1961.

Anonymous. 'Review of 'Adam Ferguson'', *Edinburgh Review*, Vol. 125, 1867, pp. 48-85.

Anspach, R. 'The Implications of The Theory of Moral Sentiments for Adam Smith's Economic Thought', *History of Political Economy*, Vol. 4, 1972.

Arnold, R. 'Hayek and Institutional Evolution', *The Journal of Libertarian Studies*, Vol. 4 (4), 1980, pp.341-51.

Aristotle. *Ethics*. Translated by J.A.K. Thomson, London: Penguin, 1976.

Aristotle. *Politics: The Athenian Constitution*, Edited and with an Introduction by John Warrington, London: Heron Books, 1959.

Arnold, E.V. *Roman Stoicism*, New York: The Humanities Press, 1958.

Atkinson, A. *Principles of Political Ecology*, London: Belhaven Press, 1991.

Bacon, F. *Novum Organum*, Edited and with an Introduction by Thomas Fowler, Oxford: Clarendon Press, 1878.

Ballestrem, K.G. 'Sources of the Materialist Conception of History in the History of Ideas', *Studies in Soviet Thought*, Vol. 26, (1), 1983, pp. 3-9.

Balme, D. M. 'Greek Science and Mechanism: Aristotle on Nature and Chance', *Classical Quarterly*, Vol. 33, 1939, pp. 198-224.

Barbalet, J. M. *Emotion, Social Theory and Social Structure*, Cambridge: Cambridge University Press, 1998.

Barber, B. 'An Essay on the History of Civil Society', *Contemporary Sociology*, Vol.9 (2), 1980, pp. 258-59.

Barker, E. *The Politics of Aristotle*, Oxford: Oxford University Press, 1961.

Barnes, H. 'Sociology before Comte: A Summary of Doctrines and an Introduction to the Literature', *American Journal of Sociology*, Vol. 23, July, 1917, pp. 174-247.

Barry, N. 'The Tradition of Spontaneous Order', *Literature of Liberty*, Vol. 5 (2), 1982, pp. 7-58.

Baxter, B. 'The Self, Morality and the Nation-State', *Ethics and International Relations*, in A. Ellis, (Ed.), Manchester: Manchester University Press, 1986.

Becker, C.L. *The Heavenly City of the Eighteenth Century Philosophers*, New Haven: Yale University Press, 1932.

Beiderwell, B. 'Scott's *Redgauntlet* as a Romance of Power', *Studies in Romanticism*, Vol.28 (1), 1989, pp. 273-89.

Belcher, G.L. 'Commonwealth Ideas in the Political Thought of the Defenders of the Eighteenth Century English Constitution', *Eighteenth Century Life*, Vol 3 (2), 1976, pp. 63-9.

Bendix, R. 'The Mandate to Rule: An Introduction', *Social Forces*, Vol. 55 (2), 1976, pp. 242-56.

—'Tradition and Modernity Reconsidered', *Comparative Studies in History and Society*, Vol. 9, 1967, pp. 293-348.

— 'The Intellectual's Dilemma in the Modern World', *Society*, Vol. 25, 1987, pp. 65-71.

Benton, T. 'How Many Sociologies?', *Sociological Review*, Vol. 26, 1978, pp. 217-36.

Bernal, M. *Black Athena*, London: Free Association Books, 1987.

Bernstein, J.A. 'Adam Ferguson and the Idea of Progress', *Studies in Burke and His Time*, 19 (2), 1978, pp. 99-118.

Bernstein, J.A. 'Shaftsbury's Identification of the Good with the Beautiful', *Eighteenth Century Studies*, Vol. 10, 1976-77, pp. 304-25.

Berry, C. J. 'Nations and Norms', *The Review of Politics*, Vol. 43, 1981, pp.74-87.

—'Review-The Nature of Wealth and the Origins of Virtue: Recent Essays on the Scottish Enlightenment', *History of European Ideas*, Vol. 7 (1), 1986, pp. 85-99.

—'Adam Smith and the Virtues of Commerce', *Nomos*, Vol. 34, 1992, pp. 69-88.

—*The Idea of Luxury*, Cambridge: Cambridge University Press, 1994.

—*Social Theory of the Scottish Enlightenment*, Edinburgh: Edinburgh University Press, 1997.

—'Sociality and Socialisation' in Alexander Broadie (ed.), *The Scottish Enlightenment*, Cambridge: Cambridge University Press, 2003.

Bierstedt, R. 'Sociological Thought in the Eighteenth Century', in T. Bottomore and R. Nisbet, (eds.), *A History of Sociological Analysis*, London: Heinemann, 1979.

Bisset, R. 'Adam Ferguson', *Public Characters of 1799-1800*, London: 1799.

Bitterman, H.J. 'Smith's Empiricism and the Law of Nature', *Journal of Political Economy*, Vol. 48 (5), 1940, pp. 487-520.

Bock, K.E. 'The Comparative Method of Anthropology', *Comparative Studies in Society and History*, Vol. 8, 1965-6, pp. 269-80.

Bognor, A. 'The Structure of Social Processes: A Commentary on the Sociology of Elias Norbert', *Sociology*, Vol. 20 (3), 1986, pp. 387-411.

Bottomore T.B. and Nisbet, R, (eds.). *A History of Sociological Analysis*, London: Heinemann, 1979.

Bottomore, T.B. *The Founding Fathers of Social Science*, London: Penguin, 1979.

—'The Ideas of the Founding Fathers', *European Journal of Sociology*, Vol.1 (1), 1960, pp. 33-49.

Bowlby, J. *Attachment and Loss*, Vol. I, London: Hogarth Press, 1969.

Bowles, P. 'John Millar, The Four Stages Theory and Women's Position in Society', *History of Political Economy*, Vol. 16, 1984, pp. 619-38.

— 'The Origin of Property and the Development of Scottish Historical Science', *Journal of the History of Ideas*, Vol. 46 (2), 1985, pp. 197-209.

Boyd, R. 'Reappraising the Scottish Moralists and Civil Society', *Polity*, Vol. 33 (3), 2000, pp. 101-25.

Branson, B. 'James Madison and the Scottish Enlightenment', *Journal of the History of Ideas*, Vol. 40 (2), 1979, pp. 235-50.

Bresky, D. 'Schiller's Debt to Montesquieu and Adam Ferguson', *Comparative Literature*, Vol. 13 (3), 1961, pp. 239-53.

Brewer, J. D. 'Conjectural History, Sociology and Social Change in Eighteenth Century Scotland: Adam Ferguson and the Division of Labour', in *The Making of Scotland: Nation, Culture and Social Change*, Edited by D. McCrone, S. Kendrick and P. Straw, Edinburgh: Edinburgh University Press, 1989.

— 'Adam Ferguson and the Theme of Exploitation', *The British Journal of Sociology*, Vol. 37, 1986, pp. 461-78.

Brissenden, R.F. 'Authority, Guilt and Anxiety in *The Theory of Moral Sentiments*', *Texas Studies in Literature and Language*, Vol. 11, 1969, pp. 945-62.

Broadie, A. *The Scottish Enlightenment*, Edinburgh: Birlinn Ltd., 2001.

Brown, R. *The Nature of Social Laws : Machiavelli to Mill*, Cambridge: Cambridge University Press, 1984.

Brown, Terence. (ed.), *Celticism*, Amsterdam: Rodopi, 1996.

Bryson, G. 'Some Eighteenth Century Conceptions of Society', *The Sociological Review*, Vol. 31, 1939, pp. 401-21.

Bryson, G. *Man and Society: The Scottish Inquiry of the Eighteenth Century*, Princeton: Princeton University Press, 1945.

Bryson, G. 'Sociology Considered as Moral Philosophy', *Sociological Review*, Vol. 24 (1), 1932, pp. 26-36.

Buchdahl, G. *The Image of Newton and Locke in the Age of Reason*, London: Sheed and Ward, 1961.

Burke, Edmund. *A Vindication of Natural Society*, Edited and with an Introduction by Frank N. Pagano, Indianapolis: Liberty Classics, 1982.

— *Further Reflections on the Revolution in France*, Edited by Daniel E. Ritchie, Indiana: Liberty Press, 1992.

Burke, P. 'Tradition and Experience: The Idea of Decline from Bruni to Gibbon', *Daedelus* Vol. 105, Summer, 1976, pp. 137-51.

Butts. R.E. *The Methodological Heritage of Newton*, Oxford: Basil Blackwell, Oxford, 1970.

Camic, C. *Experience and Enlightenment; Socialisation for Cultural Change in Eighteenth Century Scotland*, Chicago: University of Chicago Press, 1983.

— 'Experience and Ideas: Education for Universalism in Eighteenth Century Scotland', *Comparative Studies in Society and History*, Vol. 25, Jan.1983, pp. 50-82.

— 'The Matter of Habit', *American Journal of Sociology*, Vol. 91 (5), March, 1986, pp. 1039-87.

Campbell, R.H. and Skinner, A.S. (eds.), *The Origins and Nature of the Scottish Enlightenment*, Edinburgh: John Donald Publishers Ltd, 1982.

Carlyle, A. *Autobiography of Dr Alexander Carlyle of Inveresk, 1722-1805*, John Hill (ed.), Edinburgh and London, 1910.

Casini, P. 'Newton: The Classical Scholia', *History of Science*, Vol. 22, 1984, pp. 1-23.

Castiglione, L. Introductory Preface to New Edition of Adam Ferguson's *Principles of Moral and Political Science*, New York: AMS Press, 1973.

—'Mandeville Moralised', *Anna della Fondazione Luigi Einaudi Torino*, Vol. 17, 1983, pp. 239-90.

Chaplin, J.E. 'Slavery and the Principle of Humanity: A Modern Idea in the Early Lower South', *Journal of Social History*, Vol. 24 (1), 1990, pp. 299-315.

Chappell, V.C. (ed.), *Hume*, New York: Anchor Books, 1966.

Chiasson, E.J. 'Bernard Mandeville: A Reappraisal', *Philological Quarterly*, Vol. 49, 1970, pp. 489-519.

Chitnis, A. *The Scottish Enlightenment*, London: Croom Helm Ltd., 1976.

Christie, I.R. *Willkes, Wyvill and Reform*, London: Macmillan and Co. Ltd, 1962.

Cicero, *Selected Works*, Robert Baldick, C.A. Jones and Betty Radice, (eds.), London: Penguin, 1971.

Cicero. *De Finibus Bonorum et Malorum*, with an English Translation by H. Rackham, London: William Heinemann Ltd., 1961.

—*De Natura Deorum*, With an English translation by H. Rackham, London: William Heinemann Ltd, 1951.

—*De Officius*, With an English Translation by Walter Miller, London: Harvard University Press, 1990.

—*De Republica; De Legibus* With an English Translation by Clinton Walker Keyes, London: William Heinmann Ltd. 1988.

Clark, Henry, C. 'Conversation and Moderate Virtue in Adam Smith's *Theory of Moral Sentiments*', *Review of Politics*, Vol. 54, 1992, pp. 185-210.

Clarke, S.R.L. 'The City of the Wise', *Apeiron*, Vol. 20 (1), 1987, pp. 63-80.

Collini, S.D. Winch and J. Burrow, *That Noble Science of Politics,* Cambridge: Cambridge University Press, 1983.

Collins Dictionary of Philosophy, G.Vesey and P.Foulkes, (eds), London: Collins, 1990.

Conway, S. 'Bentham Versus Pitt: Jeremy Bentham and British Foreign Policy 1789', *The Historical Journal*, Vol. 30 (4), 1987, pp. 791-809.

Coplestone, F.A., *History of Philosophy V: Hobbes to Hume*, London: Burns Oates and Washbourne Ltd., 1959.

Corrigan, B. 'Dichotomy as Contradiction: On Society as Constraint and Construction. Remarks on the Doctrine of the Two Sociologies', *Sociological Review*, Vol. 23, 1975, pp. 211-43.

Coser, L. 'Social Conflict and the Theory of Social Change', *British Journal of Sociology*, Vol. 8, 1957, pp. 197-206.

—*Continuities in the Study of Social Conflict*, New York: The Free Press, 1970.

—*The Functions of Social Conflict,* London: Routledge and Kegan Paul, 1956.

Costain, K. 'The Community of Man: Galt and Eighteenth Century Scottish Realism', *Scottish Literary Journal*, Vol. 8 (1), 1981, pp. 10-29.

Crehan, S. 'The Roman Analogy', *Literature and History*, Vol.6 (1), 1980, pp. 19-42.

Cress, L.D. 'Radical Whiggery on the Role of the Military: Ideological Roots of the American Revolutionary Militia', *Journal of the History of Ideas*, Vol. 40 (1), 1979, pp. 43-60.

Crocker, L.G. 'Interpreting the Enlightenment: A Political Approach', *Journal of the History of Ideas*, Vol. 45 (2), 1985, pp. 211-30.

—*The Age of Enlightenment*, London: MacMillan, 1969.

Cronk, Lee. 'Spontaneous Order Analysis and Anthropology', *Cultural Dynamics*, Vol. 1 (3), 1988, pp. 282-308.

Cropsey, J. *Polity and Economy: An Interpretation of the Principles of Adam Smith*, The Hague: Martinus Nijhoff, 1957.

Crowley, John, E. 'The Sensibility of Comfort', *The American Historical Review*, Vol. 104 (3), 1999, pp. 749-82.

Curtis, R. 'Institutional Individualism and the Emergence of Scientific Rationality', *Studies in History and Philosophy of Science*, Vol. 20, 1989, pp. 77-113.

Davie, G.E. 'Berkeley's Impact on Scottish Philosophers', *Philosophy*, Vol. 40, 1965, pp. 222-34.

Davis, J.B. 'Smith's Cunning of Reason', *International Journal of Social Economics*, Vol. 16 (6), 1989, pp. 50-68.

De Romilly, J. *Thucydides and Athenian Imperialism*, Translated by Philis Thody, New York: Arno Press, 1979.

Dickey, L. 'Historicizing the "Adam Smith Problem": Conceptual, Historiographic, and Textual Issues', *The Journal of Modern History*, Vol. 58, 1986, pp. 579-609.

Dickey, L. *Hegel: Religion, Economics and the Politics of Spirit 1770-1807*, Cambridge: Cambridge University Press, 1987.

Dictionary of National Biography, Leslie Stephen and Sidney Lee (eds.), Vol. VI, 1917, London: Oxford University Press.

Diggins, J.P. 'The Misuses of Gramsci', *The Journal of American History*, Vol. 75 (1), 1988, pp. 141-45.

Dio Cassius. *Roman History*, With an English Translation by Ernest Cary, Cambridge, Mass: Harvard University Press, 1960-68.

Diogenes, Laertius. *Lives of Eminent Philosophers*, Translated by R.D. Hicks, London: William Heinemann, 1958.

Dodds, E.R. *The Ancient Concept of Progress*, Oxford: Clarendon Press, 1985.

Downie, R.S. 'An Essay on the History of Civil Society', Edited by Duncan Forbes: A Book Review', *Philosophy*, Vol. 42, 1967, pp. 382-3.

Driesch, H. *The History and Theory of Vitalism*, London: Macmillan, 1914.

Dumont, L. *From Mandeville to Marx*, Chicago: University of Chicago Press, 1977.

Durkheim, E. *Montesquieu and Rousseau*, Ann Arbor: University of Michigan Press, 1960.

Dwyer, J. 'The Melancholy Savage' in Howard Gaskill (ed.), *Ossian Revisited*, Edinburgh: Edinburgh University Press 1991.

Dwyer, J. and Sher, R.B (eds.). *Sociability and Society in Eighteenth Century Scotland*, Edinburgh: The Mercat Press, 1993.

Dybikowski, J. 'Civil Liberty', *American Philosophical Quarterly*, Vol. 18, 1981, pp. 339-46.

Edel, A. *Aristotle and His Philosophy*, London: Croom Helm, 1982.

Elias, N. and Dunning, E. *Quest for Excitement: Sport and Leisure in the Civilising Process,* Oxford: Blackwell, 1986.

Emerson, R. 'Peter Gay and the Heavenly City', *Journal of the History of Ideas*, Vol. 28, (3) 1967, pp. 383-402.

— 'Conjectural History and Scottish Philosophers', *Historical Papers*, Vol. 63. 1984, pp. 63-90

Epictetus. *Enchiridion*, Translated by George Long, New York: Prometheus Books, 1991.

Epictetus. *The Discourses as Reported by Arrian, the Manual and Fragments*, With an English Translation by W.A. Oldfather in Two Volumes, London: Harvard University Press, 1989.

Eriksson, B. 'The First Formulation of Sociology: A Discursive Innovation of the Eighteenth Century', *European Journal of Sociology*, Vol. 34(1), 1993 pp.251-76.

Fagerstrom, D.I. 'Scottish Opinion and the American Revolution', *The William and Mary Quarterly*, Vol. 11 (2), 1954, pp. 252-75.

Fagg, J.B. *Adam Ferguson, Scottish Cato*, Unpublished Doctoral Dissertation: University of North Carolina at Chapel Hill, 1968.

— *Biographical Introduction* in Ferguson, Adam, *The Correspondence of Adam Ferguson*, in 3 Vols, Edited by V. Merolle, London: William Pickering, 1995.

Farr, James. 'Political Science and the Enlightenment of Enthusiasm', *American Political Science Review*, Vol. 82, March 1988, pp. 51-69.

Fearnley-Sander, M. 'Philosophical History and the Scottish Reformation: William Robertson and the Knoxian Tradition', *The Historical Journal*, Vol. 33 (2), 1990, pp.323-38.

Ferguson, Adam. *The Unpublished Essays of Adam Ferguson*, in 3 Volumes Edited and Published Privately by Winifred Philip: Argull, 1986.

Ferrarotti, F. 'Civil Society and State Structures in Creative Tension', *State, Culture and Society,* Vol.1, Fall, 1984, pp. 3-25.

Firth, A. 'Moral Supervision and Autonomous Social Order: Wages and Consumption in Eighteenth Century Economic Thought', *History of the Human Sciences*, Vol. 15 (1), pp. 39-57.

Fitzgibbons, A. *Adam Smith's System of Liberty, Wealth and Virtue: The Moral and Political Foundations of the Wealth of Nations*, Oxford: Clarendon Press, 1995.

Fletcher, F.T. *Montesquieu and English Politics 1750-1800*, London: Edwards Arnold and Company, 1939.

Flew, A. 'Three Questions About Justice in Hume's Treatise', *The Philosophical Review*, Vol. 26 (102),1976, pp. 1-13.

— 'Social Science: Making Visible the Invisible Hands', *The Journal of Libertarian Studies*, Vol. 8 (2), 1987, pp. 197-211

Flynn, P. 'Scottish Philosophers, Scotch Reviewers, and the Science of Mind', *The Dalhousie Review*, Vol. 68, 1988, pp. 259-83.

—'Scotland and Sin: Moral Philosophy and Scottish Culture in the Eighteenth and Early Nineteenth Centuries', *The Dalhousie Review*, Vol. 4 (1), 1984, pp. 50-73.

Foley, M. and Edwards, R. 'The Paradox of Civil Society', *Journal of Democracy*, Vol. 7 (3), 1996, pp. 38-52.

Forbes, D. 'Scientific Whiggism: Adam Smith and John Millar', *Cambridge Journal*, Vol. 6, 1954, pp. 643-70.

—'Adam Ferguson and the Idea of Community' in *Edinburgh in the Age of Reason*, Douglas Young et al. (eds), Edinburgh: Edinburgh University Press, 1967.

—'Introduction' to Ferguson, Adam, *An Essay on the History of Civil Society*, Edited and With an Introduction by Duncan Forbes, Edinburgh: Edinburgh University Press, 1967.

—*Adam Ferguson and the Idea of Community*, Paisley, Scotland: Gleniffer, Press, 1979.

Force, J.E. 'Hume and the Relation of Science to Religion Among Certain Members of the Royal Society', *Journal of the History of Ideas*, Vol. 45 (4), pp. 517-36.

Fox, C, Porter, R, and Wokler, R. *Inventing Human Science: Eighteenth Century Domains*, Berkeley: University of California Press, 1995.

Francesconi, D. 'William Robertson on Historical Causation and Unintended Consequences', *Cromohs*, Vol. 4, 1999, pp. 1-18.

Frankena, W. 'Hutcheson's Moral Sense Theory', *Journal of the History of Ideas*, Vol. 16 (3), 1955, pp. 356-75.

Fuchs, O. *The Psychology of Habit According to William Ockham*, St. Bonaventure, N.Y.: The Franciscan Institute, 1952.

Furet, Francois. Civilisation and Barbarism in Gibbon's History, *Daedelus*, Vol. 105, 1976, pp. 209-16.

Garnsey, E. 'The Rediscovery of the Division of Labour', *Theory and Society*, Vol. 10, 1981, pp. 337-58.

Gascoigne, J. 'From Bentley to the Victorians: The Rise and Fall of Newtonian Natural Theology', *Science in Context*, Vol. 2 (2), 1988, pp. 219-56.

Gaskill, Howard, (ed.). *Ossian Revisited*, Edinburgh: Edinburgh University Press 1991.

Gaukroger, S, (ed.). *The Uses of Antiquity*, Amsterdam: Kluwer Academic Publishers, 1991.

Gay, P. *The Enlightenment: An Interpretation*, in 2 Vols, London: Weidenfield and Nicholson, 1970.

—(ed.). *The Enlightenment: A Comprehensive Anthology*, New York: Simon and Schuster, 1973.

Gellner, E. 'Adam Ferguson and the Surprising Robustness of Civil Society', in *Liberalism in Modern Times: Essays in Honour of Jose G. Merquior*, Edited by Ernest Gellner and Cesar Cansino, London: CEU Press, 1996.

—'Adam Ferguson', in *Conditions of Liberty: Civil Society and Its Rivals*, London: Penguin Books, 1994.

Gibbons, L. 'Ossian, Celticism and Colonialism' in Terence Brown (ed.), *Celticism*, Amsterdam: Rodopi, 1996.

Giddens, Anthony. *Sociology: A Brief but Critical Introduction*, 2nd ed., London: MacMillan Education, 1986.

Gill, Christopher. 'Personhood and Personality: The Four Person*ae* Theory in Cicero, *De Officiis* I', *Oxford Studies in Ancient Philosophy*, Vol. 6, 1988, pp. 169-200.

Glacken, C.J. *Traces on the Rhodian Shore*, Berkeley: University of California Press, 1967, pp. 562-8.

Gluckman, Max. *Custom and Conflict in Africa*, Oxford: Blackwell, 1955.

Goetsch, P. 'Linguistic Colonisation and Primitivism. The Discovery of Native Languages and Oral Traditions in Eighteenth Century Travel Books and Novels', *Anglia*, Vol. 106, (3-4), 1988, pp. 338-57.

Goldman, L. *The Philosophy of the Enlightenment*, London: Routledge and Kegan Paul, 1973.

Goldsmith, M. 'Regulating Anew the Moral and Political Sentiments of Mankind: Mandeville and the Scottish Enlightenment', *Journal of the History of Ideas*, Vol. 49 (4), 1988, pp. 587-606.

—*Private Vices, Public Benefits*, Cambridge: Cambridge University Press, 1985.

Gould, E.H. 'To Strengthen the King's Hands: Dynastic Legitimacy, Militia Reform and Ideas of National Unity in England 1745-1760', *The Historical, Journal*, Vol. 34 (2), 1991, pp. 329-48.

Grave, S.A. *The Scottish Philosophy of Common Sense*, Oxford: Clarendon Press, 1960.

Gray, E. 'The Population Terror Might be Just Around the Corner', *History of European Ideas*, Vol 4 (2), 1983, pp. 237-41.

Gray, John. 'F.A. Hayek on Liberty and Tradition', *Journal of Libertarian Studies*, Vol. 4 (2), Spring 1980, pp. 119-137.

Griffin, M. *Seneca, A Philosopher in Politics*, Oxford: Clarendon Press, 1976.

Grobman, N.R. 'Thomas Blackwell's Commentary on the Oral Nature of Epic', *Western Folklore*, Vol. 26 (1), Jan., 1967, pp. 186-198.

—'Adam Ferguson's Influence on Folklore Research: the Analysis of Methodology and the Oral Epic', *Southern Folklore Quarterly*, Vol. 38, 1974, pp. 11-22.

—'David Hume and the Earliest Scientific Methodology for Collecting Balladry', *Western Folklore*, Vol. 34, 1975, pp. 16-51.

Groenwegan, P.D. 'Adam Smith and the Division of Labour: A Bicentenary Estimate', *Australian Economic Papers*, Vol. 16 (29), 1977, pp. 161-74.

Grotius, Hugo, *Prolegomena*, to *The Life and Works of Hugo Grotius*, W.S.M. Knight, London : Sweet & Maxwell Ltd., 1925, 1869.

Gunn, J.A.W. 'Interest Will Not Lie: A Seventeenth Century Political Maxim', *Journal of the History of Ideas*, Vol. 29 (4), 1968, pp. 551-64.

—*Politics and the Public Interest in the Seventeenth Century*, London: The Chaucer Press, 1969.

—'Influence, Parties and the Constitution: Changing Attitudes, 1783-1832', *The Historical Journal*, Vol. 17 (2), 1974, pp. 301-28.

Haakonssen, K. 'Natural Law and Moral Realism: The Scottish Synthesis', *Studies in the Philosophy of the Scottish Enlightenment*, M.A. Stewart (ed.), Oxford: Clarendon Press, 1990.

Hale, Sir Matthew. *The Primitive Origination of Mankind*, London: Printed by W. Godbid for W. Showsbery, 1677.

Hamowy, R. 'Adam Smith, Adam Ferguson and the Division of Labour', *Economica*, Vol. 35 (139), August, 1968, pp. 244-59.

—*The Social and Political Philosophy of Adam Ferguson*, Unpublished Ph.D. Dissertation: University of Chicago, 1969.

—'Progress and Commerce in Anglo-American Thought: The Social Philosophy of Adam Ferguson', *Interpretation*, Vol. 14, Jan. 1986, pp. 61-87.

—*The Scottish Enlightenment and the Theory of Spontaneous Order*, Southern Illinois: University Press, 1987.

Hampson, N. *The Enlightenment*, London: Penguin, 1982.

Harpham, E.J. 'Liberalism, Civic Humanism and the Case of Adam Smith', *American Political Science Review*, Vol. 78, 1984, pp. 764-44.

Haugan, K.L. 'Ossian and the Invention of Textual History', *Journal of the History of Ideas*, Vol. 58 (2), 1998, pp. 309-27.

Hayek, F.A. 'Dr. Bernard Mandeville', *The Proceedings of the British Academy*, Vol. 52, 1966, pp. 125-141.

—'The Results of Human Actions But Not of Human Design', *Studies in Philosophy, Politics and Economics*, London: Routledge and Kegan Paul, 1967.

—'Kinds of Rationalism', in Hayek, F.A. *Studies in Philosophy, Politics, and Economics*, London: Routledge & Kegan Paul, 1967.

—'Adam Smith (1723-1790): His Message in Today's Language', in *The Trend of Economic Thinking*, London: Routledge, 1991.

Heidegger, M. *The Question Concerning Technology and Other Essays*, Translated and with an Introduction by William Lovitt, New York: Garland Publishing Inc., 1977.

Heilbroner, R.L. 'The Paradox of Progress: Decline and Decay in the Wealth of Nations', *Journal of the History of Ideas*, Vol. 34 (2), 1973, pp. 243-62.

Hellenbrand, H. 'Not to Destroy But to Fulfil: Jefferson, Indians and Republican Dispensation', *Seventeenth Century Studies*, Vol. 18 (4), 1985, pp. 522-48.

Herlihy, D. J. 'Attitudes Toward the Environment in Medieval Society' in *Historical Ecology: Essays on Environment and Social Change*, Edited by Lester J. Bilsky, New York: Kennikat Press, 1980.

Hill, L. 'Adam Ferguson and the Paradox of Progress and Decline', *History of Political Thought*, Vol. 18 (4), 1997, pp. 677-706.

—'Anticipations of Nineteenth and Twentieth Century Social Thought in the Work of Adam Ferguson', *European Journal of Sociology*, Vol. 37 (1), 1996, pp. 203-28.

—'Ferguson and Smith on 'Human Nature', 'Interest' and the Role of Beneficence in Market Society', Vol. 4 (1-2), 1996, *Journal of the History of Economic Ideas*, Adam Smith Special Edition, pp. 353-99.

—'The Liberal Psyche, *Homo Economicus* and Different Voices', *Journal of Applied Philosophy*, Vol. 13 (1), Spring, 1999, pp. 21-46.

—'The Two Republicae of the Roman Stoics', *Citizenship Studies*, Vol. 4 (1), 2000, pp. 65-79.

—'The First Wave of Feminism: Were the Stoics Feminists?', *History of Political Thought*, 22 (1) 2001, pp. 12-40.

—'The Hidden Theology of Adam Smith', *European Journal of the History of Economic Thought*, Vol. 8 (1), Spring 2001, pp. 1-29.

Hill, L. and McCarthy, P. 'Hume, Smith and Ferguson: Friendship in Commercial Society', in Preston King and Heather Devere, *The Challenge to Friendship in Modernity*, London: Frank Cass, 2000.

Hirschman, A.O. *The Passions and the Interests*, New Jersey: Princeton University Press, 1977.

Hobbes, T. *Leviathan*, Edited and with an Introduction by C.B. MacPherson, Middlesex: Penguin, 1981.

Hont, I, and Ignatieff, M, (eds.). *Wealth and Virtue: The Shaping of Political Economy in the Scottish Enlightenment*, Cambridge: Cambridge University Press, 1983.

Hont, I, and Ignatieff, M. 'Needs and Justice in the Wealth of Nations: An Introductory Essay', in Hont, I, and Ignatieff, M., (eds.), *Wealth and Virtue: The Shaping of Political Economy in the Scottish Enlightenment*, Cambridge: Cambridge University Press, 1983.

Hoogvelt, A.M. *The Sociology of Developing Societies*, London: The MacMillan Press, 1976.

Hope, V. *Philosophers of the Enlightenment*, Edinburgh: Edinburgh University Press, 1984.

Hopfl, H.M. 'From Savage to Scotsman: Conjectural History in the Scottish Enlightenment', *Journal of British Studies*, Vol. 17 (2), 1978, pp. 19-40.

Horne, T.A. 'Envy and Commercial Society: Mandeville and Smith on 'Private Vices, Public Benefits'', *Political Theory*, Vol. 8-9, November, 1981, pp. 551-569.

Horne, T.A. '"The Poor Have a Claim Founded in the Law of Nature": William Paley and the Rights of the Poor', *Journal of the History of Philosophy*, Vol. 23 (1), 1985, pp. 51-70.

Hoskin, M.A. 'Newton, Providence and the Universe of Stars', *Journal of the History of Astronomy*, Vol. 8, 1977, pp. 77-101.

Hothersall, D. *History of Psychology*: Philadelphia: Temple University Press, 1985.

Howe, D.W. 'Why the Scottish Enlightenment Was Useful to the Framers of the American Constitution', *Comparative Studies in Society and History*, Vol. 31, 1989, pp. 572-89.

Howe, D.W. 'The Political Psychology of the Federalist', *William and Mary Quarterly*, Vol. 44, July 1987, pp. 484-507.

Hume, David. *Essays Moral Political and Literary*, Edited by Eugene F. Miller, Indiana: Liberty Classics, 1987.

—*A Treatise of Human Nature*, Analytical Index by L.A. Selby-Bigge, Second Edition with Text Revised and Notes by P.H. Nidditch, Oxford: Oxford University Press, 1976.

—*Enquiries Concerning Human Understanding and Concerning the Principles of Morals*, Reprinted from the 1777 edition with Introduction and Analytical Index by L.A. Selby-Bigge and Text Revised and Notes by P.H. Nidditch, Oxford: Clarendon Press, 1992.

—*The History of England*, in Six Volumes, William B. Todd, (ed.), Indianapolis: Liberty Classics, 1983.

—*Dialogues Concerning Natural Religion*, Edited and with an Introduction by Martin Bell, London: Penguin, 1990.

—*Letters of David Hume*, in 2 volumes, J.Y.T. Greig, (ed.), Oxford: Clarendon Press, 1932.

Hunt, G. 'The Development of the Concept of Civil Society in Marx', *History of Political Thought*, Vol. 8 (2), 1983, pp. 263-75.

Issa, A. 'Ibn Khaldoun, Montesquieu and the Theory of Climate', *Studi de Sociologia* Vol. 30 (2), 1992, pp. 181-7.

Jack, M. 'Progress and Corruption in the Eighteenth Century: Mandeville's 'Private Vices, Public Benefits'', *Journal of the History of Ideas*, Vol. 37 (2), 1976, pp. 369-76.

James, William. *The Principles of Psychology*, in 3 Volumes, Cambridge MA: Harvard University Press, 1981.

Jary, D. and Jary, J. (eds.). *Collins Dictionary of Sociology*, Glasgow: Harper Collings, 1991.

Joad, C.E.M. *Guide to Philosophy*, London: Victor Gollancz, 1937.

Jogland, Herta Helena. *Ursprunge und Grundlagen der Sociologie bei Adam Ferguson*, Berlin: Dunker and Humbolt, 1959.

Kalyvas, A. and Katznelson, I. 'Adam Ferguson Returns: Liberalism Through a Glass Darkly', *Political Theory*, Vol. 26 (2), April 1998, pp. 173-97.

Kaye, F.B. 'The Influence of Bernard Mandeville', *Studies in Philology*, Vol. 19, Jan. 1922, pp. 83-108.

—'Mandeville on the Origin of Language', *Modern Language Notes*, Vol. 39 (1), 1924, pp. 136-42.

Keane, J. (ed.). *Civil Society and the State: New European Perspectives*, London: Verso, 1988.

—*Civil Society. Old Images, New Visions*, Stanford: Stanford University Press, 1988.

Kettler, David. *The Social and Political Thought of Adam Ferguson*, Indiana: Ohio State University Press, 1965.

—'The Political Vision of Adam Ferguson', *Studies in Burke and His Time*, Vol, 9 (1), No. 30, 1967, pp. 763-78.

—'History and Theory in Ferguson's *Essay* on the History of Civil Society: A Reconsideration', *Political Theory*, Vol. 5, 1977, pp. 437-60.

—'Ferguson's Principles; Constitution in Permanence', *Studies in Burke and His Time*, Vol. 19, 1978, pp. 208-22.

Kidd, Colin. 'Gaelic Antiquity and National Identity in Enlightenment Ireland and Scotland', *The English Historical Review*, Vol. 109 (434), November 1994, pp. 1197-214.

Kindleberger, C.P. 'The Historical Background: Adam Smith and the Industrial Revolution', in Wilson, T. and. Skinner A. (eds.), *The Market and the State*, Oxford University Press, 1976.

Krader, L. 'Social Evolution and Social Revolution', *Dialectical Anthropology*, Vol.1, 1976, pp. 109-20.

Kristol, I. 'Rationalism in Economics', *The Public Interest*, Special Issue, 1980, pp. 201-18.

Kubrin, D. 'Newton and the Cyclical Cosmos: Providence and the Mechanical Philosphy', *Journal of the History of Ideas*, Vol. 28 (3), 1967, pp. 325-46.

Kugler, Michael, 'Provincial Intellectuals: Identity, Patriotism, and Enlightened Peripheries', *The Eighteenth Century: Theory and Interpretation*, Vol. 37, 1996, pp. 156-73.

Kumar, K. 'Civil Society: An Inquiry into the Usefulness of an Historical Term', *The British Journal of Sociology*, Vol. 44 (3) September 1993, pp. 375-95.

Kurzweil, E. (ed.). *The Age of Structuralism: Levi Strauss to Foucault*, New York: Columbia University Press, 1980.

Lane, M. *Structuralism*, London: Jonathan Cape, 1970.

Lapointe, F. 'Origins and Evolution of the Term 'Psychology'', *American Psychologist*, Vol. 25, 1970, pp. 640-6.

Laurie, H. *The Scottish Philosophy in its National Development*, Glasgow: James Macklehose and Sons, 1902.

Lehmann, W.C. *Adam Ferguson and the Beginnings of Modern Sociology*, New York: Columbia University Press, 1930.

—*John Millar of Glasgow: 1733-1801*, London: Cambridge University Press, 1960.

—*Henry Home, Lord Kames, and the Scottish Enlightenment: A Study in National Character and in the History of Ideas*, The Hague: Martinuss Nijhoff, 1971.

—'Comment on Louis Schneider; Tension in the Thought of John Millar', *Studies in Burke and His Time*, Vol. 13-14, 1971-72.

—'Review of P. Salvucci's Adam Ferguson: Sociologica e Filosofia Politica', *History and Society*, Vol. 13 (2), 1974, pp. 163-81.

Leigh, R.A. 'Rousseau and the Scottish Enlightenment', *Contributions to Political Economy*, Vol. 5, 1986, pp. 1-21.

Lemay, J.A. Leo 'Notes on the Significance of the Comparative Method and the Stage Theory in Early American Literature and Culture', *American Antiquarian Society*, Vol. 88, October 1988, pp. 204-20.

Levine, N. 'The German Historical School and the Origins of Historical Materialism', *Journal of the History of Ideas*, Vol. 48 (3), 1987, pp. 431-51.

Locke, J. *Essay on the Laws of Nature*, 1676, W. Von Leyden, (ed.), Oxford: Clarendon Press, 1954.

Locke, John. *An Essay Concerning Human Understanding*, Edited and with a Forward by P.H Nidditch, Oxford: Clareondon Press,1979.

Lossing, B.J. *The Pictorial Field-Book of the Revolution*, in 2 Vols, New York, Harper & Brothers Publishers, 1859.

Lovejoy, A.O. 'The Parallel of Deism and Classicism', *Modern Philology*, Vol. 29, 1931-2, pp. 281-99.

Lovejoy, A.O. *Great Chain of Being: A Study of the History of an Idea*, Cambridge, Mass: Harvard University Press, 1964.

MacClancy, J. (ed.). *Sport, Identity and Ethnicity,* Oxford: Berg Publishers, 1996.

Macfie, A.L. 'The Scottish Tradition in Economic Thought', *Scottish Journal of Political Economy*, Vol. 2 (1), 1955, pp. 83-8.

—*The Individual in Society*, London: George Allen and Unwin Ltd., 1967.

—'The Invisible Hand of Jupiter', *Journal of the History of Ideas*, Vol. 32, (4), 1971, pp. 595-99.

Machiavelli, Niccolo. *The Chief Works and Others*; Edited by Translated by Allan Gibert, North Carolina: Duke University Press, Vols 1-2, 1965.

—*The Discourses*, Edited and with an Introduction by Bernard Crick, Suffolk: Penguin, 1998.

—*The Prince*, Translated and with an Introduction by George Bull, London: Penguin, 1981.

MacIntyre, A. *Whose Justice? Which Rationality?*, Indiana: University of Notre Dame Press, 1988.

Macrae, D. 'Adam Ferguson; Sociologist', *New Society*, Vol. 24, 1966, pp. 792-94.

—'Adam Ferguson' in T. Raison, (ed.), *The Founding Fathers of Social Science*, London: Penguin Books, 1969, pp. 27-35.

Mahon, J. 'Engels and the Question about Cities', *History of European Ideas*, 1982, Vol. 3 (1), pp. 43-77.

Malthus, T. *Three Essays on Population*, New York: Mentor Books, 1960.

Mandeville, B. *The Fable of the Bees or Private Vices, Publick Benefits*, Edited by F.B.Kaye, Oxford: Oxford University Press, 1924.

Marcus Aurelius. *Meditations*, Translated and with an Introduction by Maxwell Staniforth, London: Penguin, 1964.

Marshall, G, (ed.). *Oxford Dictionary of Sociology*, Oxford: Oxford University Press, 1998.

Marshall, P.J. 'Empire and Authority in the Later Eighteenth Century', *Journal of Imperial and Commonwealth History*, Vol. 15 (2), 1987, pp. 103-22.

Marx, K. *Capital*, Vol. I., Moscow: Progress Publishers, 1977.

—*The Poverty of Philosophy*, With and Introduction by Frederick Engels, International Publishers: New York, 1969.

Mason, S. 'Ferguson and Montesquieu: Tacit Reproaches?', *British Journal for Eighteenth Century Studies*, Vol. 2 (2) 1988, pp. 193-203.

McClurrie, H. *The Individual and the State*, London: Aldine Press, 1973.

McCosh, J. *The Scottish Philosophy*, New York: Robert Carter and Brothers, 1874.

McDonald, L. *Early Origins of the Social Sciences*, Montreal: McGill-Queen's University Press, 1993.

McDowell, G.L. 'Commerce, Virtue and Politics: Adam Ferguson's Constitutionalism', *Review of Politics*, Vol. 45 (4), 1983, pp. 36-52.

McGuire, J.E. 'Force, Active Principles and Newton's Invisible Realm', *Ambix*, Vol 15, 1968, pp.154-208.

McLachlan, H. *The Religious Opinions of Milton, Locke and Newton* Manchester: Manchester University Press, 1941.

McLynn, F.J. 'The Ideology of Jacobitism — Part II', *History of European Ideas*, Vol. 6 (2), 1985, pp.173-88.

Meek, R. *Economics and Ideology and other Essays*, London: Chapman and Hall Ltd., 1967.

—'Smith, Turgot and the 'Four Stages' Theory', *History of Political Economy*, Vol. 1, 1971, pp. 9-27.

—*Social Science and the Ignoble Savage*, Cambridge, Cambridge: University Press, 1976.

—'The Scottish Contribution to Marxist Sociology', *Economics Ideology and other Essays*, London: Chapman and Hall, 1967, pp. 34-45.

Merton, R.K. 'The Unintended Consequences of Purposive Social Action', *American Sociological Review*, Vol. 1, 1938, pp. 894-904.

Mill, John Stuart. *Collected Works of John Stuart Mill*, Edited by Robson, John. M. Mineka, Francis. Lindley, E. Dwight, N. Stillinger. J, and Robson. A. Toronto: University of Toronto Press, 1963.

Millar, John. *An Historical View of the English Government from the Settlement of the Saxons in Britain to the Accession of the House of Stuart*, in 4 Vols, Glasgow: 1787-1803.

Millar, W.W. 'Review of *Essay on the History of Civil Society*, 1767', *Sociology*, Vol. 1, 1967, pp. 201-05.

Minson, J. 'Men and Manners: Kantian Humanism, Rhetoric and the History of Ethics', *Economy and Society*, Vol. 18 (1), Feb.1989, pp. 191-220.

Mizuta, H. 'Towards a Definition of the Scottish Enlightenment', *Studies in Voltaire*, Vol. 154, 1976, pp. 1459-64.

—'The Two Adams in the Scottish Enlightenment', *Studies on Voltaire and the Eighteenth Century*, Vol. 191, 1981, pp . 812-19.

—*Adam Smith's Library: A Catalogue*, Edited and with an Introduction and Notes by Hiroshi Mizuta, Oxford University Press: New York, 2000.

Montesquieu, Charles-Louis. *Consideration of the Causes of the Greatness of the Romans and Their Decline*, New York: David Lowenthal, 1969.

—*Persian Letters*, Translated with an Introduction and Notes by C.J.Betts, London: Penguin, 1973.

—*The Spirit of the Laws*, Translated and Edited by A. M.Cohler B.C. Miller, H.M. Stone, Cambridge: Cambridge University Press, 1990.

Moore, J. 'Hume's Political Science and the Classical Republican Tradition', *Canadian Journal of Political Science*, Vol. 10, 1977, pp. 809-39.

—'Hutcheson's Theodicy: The Argument and the Contexts of *A System of Moral Philosophy'*, in *The Scottish Enlightenment*, Paul Wood (ed.), Rochester: University of Rochester Press, 2000.

Moravia, S. 'The Enlightenment and the Sciences of Man', *History of Science*, Vol. 18, 1980, pp. 247-68.

Morgan, E.S. 'Slavery and Freedom: The American Paradox', *The Journal of American History*, Vol. 59, 1972, pp. 5-29.

Morrow, G.R. *The Ethical and Economic Theories of Adam Smith,* New York: Augustus M. Kelley, 1969.

Mossner, E. (ed) 'Of the Principle of Moral Estimation: A Discourse between David Hume, Robert Clerk, and Adam Smith: An Unpublished MS by Adam Ferguson.' *Journal of the History of Ideas*, Vol.21 (2), 1960, pp. 222-32.

—'Adam Ferguson's 'Dialogue on a Highland Jaunt' with Robert Adam, William Cleghorn, David Hume, and William Wilkie', *Restoration and Eighteenth-Century Literature: Essays in Honour of Alan Dugald McKillop*, Chicago: University of Chicago Press, 1963.

—The Life of David Hume: London: Thomas Nelson and Sons, 1954.

Mullen, W. 'Republics for Expansion: The School of Rome', Arion, Vol. 3, 1976, pp. 298-364.

Murphy, J.B. 'Nature, Custom and Stipulation in the Semiotic of John Poinset', Semiotica, Vol. 82 (1-2), 1990, pp. 33-68.

Myers, M. The Soul of Modern Economic Man, Chicago: University of Chicago Press, 1983.

Nazareth, J. M. 'Demography and Human Ecology', Analise Social, Vol. 28 (4-5), 1993, pp. 879-85.

Nederman, C.J. 'Nature, Sin and Origins of Society; The Ciceronian Tradition in Eighteenth Century Thought', Journal of the History of Ideas, Vol. 49 (1), 1988, pp. 3-26.

Nielson, T., 'The State, the Market and the Individual: Politics, Economics and the Idea of Man, in the works of Thomas Hobbes, Adam Smith and in Renaissance Humanism', Acta Sociologica, Vol. 29, (4) 1986, pp. 283-302.

Nisbet, R. History of the Idea of Progress, London: Heinemann, 1980.

Norton D.F. and Norton, M.J. The David Hume Library, Edinburgh: Edinburgh Biographical Society, 1996.

Noyen, P. 'Marcus Aurelius: The Greatest Practitioner of Stoicism', Antiquite Classique, Vol. 24, 1955, pp. 372-83.

Nussbaum, M. 'Kant and Stoic Cosmopolitanism', Journal of Political Philosophy, 1, 1997, pp. 1-25.

Owens, J. 'Teleology of Nature in Aristotle', The Monist, Vol. 52, 1968, pp. 158-73.

Oz-Salzberger, Fania. Translating the Enlightenment: Scottish Civic Discourse in Eighteenth Century Germany, Oxford: University Press, 1995.

—'Introduction' to Ferguson, Adam, An Essay on the History of Civil Society, Edited and with an Introduction by Fania Oz-Salzberger, Cambridge: Cambridge University Press, [1767] 1996.

Pack, Spencer. J. 'Theological (and Hence Economic) Implications of Adam Smith's 'Principles which Lead and Direct Philosophical Enquiries', History of Political Economy, Vol. 27 (2), 1995, pp. 289-307.

Pascal, R. 'Herder and the Scottish Historical School', Publications of the English Goethe Society, Vol. 14, 1938-9, pp. 23-49.

—'Property and Society: The Scottish Historical School of the Eighteenth Century', Modern Quarterly, Vol. 1, 1938, pp. 167-79.

Passmore, J. Man's Responsibility for Nature, (2nd Ed.) London: Gerald Duckworth and Co. Ltd., 1980.

Passmore, J. The Perfectibility of Man, London: Gerald Duckworth and Co. Ltd., 1979.

Patey, D.L. 'Art and Integrity: Concepts of Self in Alexander Pope and Edward Young', Modern Philology, Vol. 83 (4), 1986, pp. 364-378.

Petsoulas, Christina, Hayek's Liberalism and its Origins, His Idea of Spontaneous Order and the Scottish Enlightenment. New York: Routledge, 2001.

Philip, W. (ed.) The Unpublished Essays of Adam Ferguson, in Three Volumes, Edited and Published Privately, Argull: 1986.

Phillipson, N. 'Adam Smith as Civic Moralist', in Hont, I. and Ignatieff, M. (eds.). *Wealth and Virtue: The Shaping of Political Economy in the Scottish Enlightenment*, Cambridge: Cambridge University Press, 1983.

— 'The Scottish Enlightenment', in Porter, R. and Teich, M. (eds.), *The Enlightenment in National Context*, Cambridge: Cambridge University Press, 1981, pp. 19-40.

Phillipson, N. and Mitchison, R. *Scotland in the Age of Improvement*, Edinburgh: R and R Clarke Ltd., 1970.

Philp, M. 'English Republicanism in the 1790s', *The Journal of Political Philosophy*, Vol. 6 (30), 1998, pp. 235-62.

Pickens, D. 'Scottish Common sense Philosophy and Folkways', *Journal of Thought,* Vol. 22, 1987, pp. 39-44.

Pierce, J. 'The Scottish Common Sense School and Individual Psychology', *Journal of Individual Psychology*, Vol. 31, 1975, pp. 137-49.

Plato. *The Republic*, Translated by A.D. Lindsay, London: Everyman, 1995.

Plumb, J.H. *England in the Eighteenth Century*, Middlesex: Penguin, 1972.

Plutarch. *Fall of the Roman Republic: Six Lives*, Translated by Rex Warner, London: Penguin, 1958.

Pocock, J.G.A. 'Between Machiavelli and Hume: Gibbon as Civic Humanist and Philosophical Historian', *Daedelus*, Vol. 105, 1976, pp. 153-69.

— *The Machiavellian Moment*, Princeton: Princeton University Press, 1975.

— *Virtue, Commerce and History,* Cambridge: Cambridge University Press, 1985.

— *Barbarism and Religion,* Cambridge: Cambridge University Press, 1999.

Polanyi, Michael. *The Logic of Liberty: Reflections and Rejoinders*, London: Kegan Paul, 1951.

Polybius, *The Rise of the Roman Empire,* Translated by Ian Scott-Kilvert, Selected and with an Introduction by F.W. Walbank, London: Penguin, 1979.

Popkin, R. *Philosophy*, London: W.H. Allen and Company, 1969.

Prewitt, K. 'Political Efficacy', *International Encyclopedia of the Social Sciences*, Vol 12, London: MacMillan, 1968.

Purviance, S.M. 'Intersubjectivity and Sociable Relations in the Philosophy of Francis Hutcheson' in J. Dwyer, and R.B. Sher (eds.), *Sociability and Society in Eighteenth Century Scotland*, Edinburgh: The Mercat Press, 1993.

Radcliffe, E. 'Revolutionary Writing, Moral Philosophy, and Universal Benevolence in the Eighteenth Century', *Journal of the History of Ideas*, Vol. 54 (2), 1993, pp.221-40.

Rahe, P.A. 'The Primacy of Politics in Classical Greece', *American Historical Review*, Vol. 89 (2), 1984, pp. 65-93.

Raison, T. (ed.). *The Founding Fathers of Social Science,* London: Penguin Books, 1969.

Raphael, D.D. *Adam Smith*, Oxford: Oxford University Press, 1975.

Rapoport, D. 'The Corrupt State: The Case of Rome Reconsidered', *Political Studies*, Vol. 16 (3), 1968, pp. 411-32.

—'Political Dimensions of Military Usurpation', *Political Science Quarterly*, Vol. 83 (4), 1968, pp. 551-72.

Rashid, S. 'Dugald Stewart, Baconian Methodology and Political Economy', *Journal of the History of Ideas*, Vol. 46 (2), 1985, pp. 245-57.

Rashid, S. 'Political Economy as Moral Philosophy; Dugald Stewart of Edinburgh', *Australian Economic Papers*, Vol. 48 (26), 1987, pp. 145-56.

— *The Myth of Adam Smith*, Cheltenham: Edward Elgar, 1998.

Redman, Deborah. A. 'Adam Smith and Isaac Newton', *Scottish Journal of Political Economy*, Vol. 40 (2), May 1993, pp. 210-20.

Reesor, M.E. *The Political Theory of the Old and Middle Stoa*, New York: J.J. Augustin, 1951.

Reill, Peter Hanns. 'Narration and Structure in Late Eighteenth Century Historical Thought', *History and Theory*, Vol. 25 (3), 1986, pp. 286-98.

Reisman, D.A. *Adam Smith's Sociological Economics*, London: Croom and Helm, 1976.

Reynolds L.T., and Reynolds, Janice. M. (eds.). *The Sociology of Sociology*, New York: McKay, 1970.

Rice, C.D. 'Archibald Dalzel, The Scottish Intelligentsia, and the Problem of Slavery', *The Scottish Historical Review*, Vol. 62, (174), Oct. 1983, pp. 121-36.

Richardson, A. and Bowden, J., (eds.). *A New Dictionary of Christian Theology*, London: S.C.M. Press Ltd, 1983.

Robbins, C. *The Eighteenth-Century Commonwealthmen*, Oxford: Oxford University Press, 1959.

Robertson, D.H. *Economic Commentaries*, London: Staples, 1956.

Robertson, J. 'Scottish Political Economy Beyond the Civic Tradition; Government and Economic Development in the *Wealth of Nations*', *History of Political Thought*, Vol. 4 (3), Winter 1983, pp. 451-82.

—'The Scottish Enlightenment at the Limits of the Civic Tradition' in Hont, I, and Ignatieff, M., (eds.). *Wealth and Virtue: The Shaping of Political Economy in the Scottish Enlightenment*, Cambridge: Cambridge University Press, 1983.

— *The Scottish Enlightenment and the Militia Issue,* Edinburgh: John Donald, 1985.

—'The Scottish Contribution to the Enlightenment', in *The Scottish Enlightenment, Essays in Reinterpretation*, Edited by Paul Wood, Rochester: University of Rochester Press, 2000.

Robin, L. *Greek Thought and the Origins of the Scientific Spirit*, New York: Russell and Russell, 1967.

Robinson, D.N. *Aristotle's Psychology*, New York: Columbia University Press, 1989.

Roche, K.F. *Rousseau: Stoic and Romantic*, London: Methuen, 1974.

Rosenberg, N. 'Adam Smith and the Stock of Moral Capital', *History of Political Economy*, Vol. 22 (1), 1990, pp. 1-17.

— 'Adam Smith on the Division of Labour: Two Views or One', *Economica*, Vol. 33, Feb., 1965, pp. 127-39.

— 'Adam Smith, Consumer Tastes and Economic Growth', *Journal of Political Economy*, Vol. 76, 1968, pp. 361-74.

Ross, D. *Aristotle*, London: Methuen, 1960.

Rousseau, J. *The Social Contract and Discourses*, Translation and Introduction by G. D.H. Cole, London: Everyman's Library, 1973.

Runciman, W.G. 'On the Tendency of Human Societies to Form Varieties', *Proceedings of the British Academy*, Vol. 72, 1986, pp. 149-65.

Ryan, A. 'An *Essay* on the History of Civil Society', *New Society*, Vol. 3, 1966, pp. 63-4.

Sabine, G.H. *A History of Political Theory*, Third Edition, London: George Harrop and Co. Ltd., 1964.

Sailor, D.P. 'Newton's Debt to Cudworth', *Journal of the History of Ideas*, Vol. 49 (4), Oct-Dec., 1988, pp. 511-16.

Scheffer, John D. 'The Idea of Decline in Literature and the Fine Arts in Eighteenth-Century England', *Modern Philology*, Vol. 34 (2), 1936, pp. 155-78.

Schneider, L. *The Scottish Moralists on Human Nature and Society*, Chicago: University of Chicago Press, 1967.

—'Mandeville as a Forerunner of Modern Sociology', *Journal of the History of Behavioural Sciences*, Vol. 6, 1979, pp. 219-30.

—'Tension in the Thought of John Millar' in *The Grammar of Social Relations: The Major Essays of Louis Schneider*, Edited by Jay Weinstein with an Epistolary Forward by R.K. Merton, New Brunswick: Transaction Books, 1984.

Schofield, T.M. 'Conservative Political Thought in Britain in Response to the French Revolution', *The Historical Journal*, Vol. 29 (3), 1986, pp. 601-22.

Schreyer, R. 'The Origin of Language: A Scientific Approach to the Study of Man', *Topoi*, Vol. 4, 1985, pp. 181-86.

Schultz, D.P. *A History of Modern Psychology*, New York: Academic Press, 1969.

Schumacher, Matthew A. (trans.), *Fathers of the Church: Saint Augustine Against Julian, a New Translation,* Catholic University of America Press: 2003.

Schwoerer, L. *'No Standing Armies!': The Anti-Army Ideology in Seventeenth Century England*, Baltimore: John Hopkins University Press, 1974.

Scott, P.H. *The Boasted Refinements: The Consequences of the Union of 1707*, Edinburgh: The Saltire Society, 1999.

Scruton, R. *A Dictionary of Political Thought*, London: Pan, 1982.

Seeman, M. 'On the Meaning of Alienation', *American Sociological Review*, Vol. 24, 1959, pp. 783-91.

Seigal, J.E. 'Civic Humanism or Ciceronian Rhetoric? The Culture of Petrach and Bruni', *Past and Present*, No. 34, July, 1966, p. 3-48.

Sekora, J. *Luxury*, London: Johns Hopkins University Press, 1977.

Selby-Bigge, L.A. (ed.). *British Moralists*, in 2 Vols. New York: Dover Publications, 1897.

Selwyn, P. 'Johnson's Hebrides: Thoughts on a Dying Social Order', *Development and Change* Vol. 10, 1979.

Seneca, *Moral and Political Essays*, with an English Translation by John W. Basore, Cambridge Mass: Harvard University Press, 1965.

—*Letters From a Stoic*, Selected and Translated with an Introduction by Robin Campbell, London: Penguin, 1969.

—*Moral Essays*, with an English Translation by J.W. Basore, London: William Heinemann Ltd, 1970.

Shaw, John Stuart. *The Political History of Eighteenth Century Scotland*, Basingstoke: MacMillan, 1999.

Sheehan B.W. 'Paradise and the Noble Savage in Jeffersonian Thought, *William and Mary Quarterly*, Vol. 26, 1969, pp. 327-59.

Sher, R.B. *Church and University in the Scottish Enlightenment*, New Jersey: Princeton University Press, 1985.

—'Adam Ferguson, Adam Smith, and the Problem of National Defense', *Journal of Modern History*, Vol. 61, (2), 1989, pp. 240-68.

—'Professors of Virtue: The Social History of the Edinburgh Moral Philosophy Chair in the Eighteenth Century', in M.A. Stewart (ed.), *Studies in the Philosophy of the Scottish Enlightenment*, Oxford: Clarendon Press, 1990.

—'From Troglodytes to Americans: Montesquieu and the Scottish Enlightenment on Liberty, Virtue, and Commerce', in *Republicanism, Liberty and Commercial Society* 1649-1776, David Wootton, (ed.), Stanford: Stanford University Press, 1994, pp. 368-402.

Shils, Edward. 'The Virtue of Civil Society', *Government and Opposition*, Vol. 26 (1), Winter, 1991, pp. 3-20.

Shott, S. 'The Development of Sociological Theory in America; A Sociology of Knowledge Interpretation' in Larry T. Reynolds and Janice M. Reynolds, (eds.). *The Sociology of Sociology,* New York: McKay, 1970.

Shott, S. 'Society, Self and Mind in Moral Philosophy', *Journal of the History of Behavioural Sciences*, Vol. 12, 1976, pp. 39-46.

Shumer, S.M. 'Machiavelli; Republican Politics and Its Corruption', *Political Theory*, Vol. 7 (1), 1979, pp. 5-34.

Siebert, D.T. *The Moral Animus of David Hume*, Newark: University of Delaware Press, 1990.

Silver, A. 'Friendship and Trust as Moral Ideals: An Historical Approach', *European Journal of Sociology*, Vol. 30, 1989, pp. 274-9.

—'Friendship in Commercial Society: Eighteenth-Century Social Theory and Modern Sociology', *American Journal of Sociology*, Vol. 95 (6), 1990, pp. 1474-1504.

Simmel, Georg. *Conflict* tr. by K.H. Wolff and *The Web of Group-Affiliations*, tr. by R. Bendix; with a foreword by E.C. Hughes, New York: Free Press 1966.

Simmons, Sir Matthew. *Changing the Face of the Earth*, Oxford: Basil Blackwell 1989.

Simpson, D. 'Joseph Schumpeter and the Austrian School of Economics', *Journal of Economic Studies*, Vol. 10 (4), 1983, pp. 15-28.

Skinner, A. *A System of Social Science: Papers Relating to Adam Smith*, Oxford: Clarendon Press, 1979.

Skinner, A. 'A Scottish Contribution to Marxist Sociology', Bradly, I. and Howard, M. (eds.). *Classical and Marxian Political Economy: Essays in Honour of Ronald L.Meek*, New York: St Martin's Press: 1982.

Skinner, A. 'Adam Ferguson: The History of Civil Society', *Political Studies*, Vol. 15, 1967, pp. 219-21.

Skinner, A. 'Economics and History-The Scottish Enlightenment', *The Scottish Journal of Political Economy*, Vol. 12, 1965, pp. 1-22.

—'Natural History in the Age of Adam Smith', *Political Studies*, Vol. 15, 1967, pp. 33-48.

Skinner, Q. *Machiavelli*, Oxford: Oxford University Press, 1981.

Small, Albion. *Origins of Sociology*, New York: Russell & Russell, 1967.

Smith, A. *The Theory of Moral Sentiments*, D.D. Raphael and A.L. MacFie, (eds.), Oxford: Clarendon Press, 1976.

——*An Inquiry Into the Nature and Causes of the Wealth of Nations*, R.H. Campbell, and A.S. Skinner, (eds.), Oxford: Clarendon Press, 1979.

——*Lectures on Jurisprudence*, R.L. Meek, D.D. Raphael and L.G. Stein (eds.), Oxford: Oxford University Press, 1978.

——*Essays on Philosophical Subjects*, I.S. Ross, (ed.), Oxford: Clarendon Press, 1980.

——*Lectures on Rhetoric and Belles Lettres*, Edited by J.C.Bryce, Oxford: Oxford University Press, 1983.

——*The Correspondence of Adam Smith*, Mossner, E.C., and Ross, I.S., (eds.), Oxford: Oxford University Press, 1987.

Smith, A.D. 'Nationalism and Classical Social Theory', *The British Journal of Sociology*, Vol. 3 (4), 1983, pp. 19-38.

Smith, A.G. *The Political Philosophy of Adam Ferguson Considered as a Response to Rousseau: Political Development and Progressive Development*, Unpublished Doctoral Thesis: Yale University, 1980.

Smout, T.C. *A History of the Scottish People, 1560-1830*, Suffolk: Collins/Fontana, 1972.

Sorabji, R. *Animal Minds and Human Morals*, Ithaca: Cornell University Press, 1993.

Spicer, E.E. *Aristotle's Conception of the Soul*, London: University of London Press, 1934.

Springborg, P. 'The Contractual State: Reflections on Orientalism and Despotism', *History of Political Thought*, Vol. 8 (3), 1987, pp. 395-433.

——*The Problem of Human Needs*, London: George, Allen and Unwin, 1991.

——*Western Republicanism and the Oriental Prince*, Oxford: Polity Press, 1991.

Spurr, J. 'Rational Religion in Restoration England', *Journal of the History of Ideas*, Vol., 49 (4), 1988, pp. 563-85.

Stafford, F. *The Sublime Savage: A Study of James Macherson and the Poems of Ossian*, Edinburgh: Edinburgh University Press, 1988.

Staniforth, Maxwell. 'Introduction' to Marcus Aurelius, *Meditations*, Translated and with an Introduction by Maxwell Staniforth, London: Penguin, 1964.

Stanton, G.R. 'The Cosmopolitan Ideas of Epictetus and Marcus Aurelius' *Phronesis: A Journal for Ancient Philosophy*, Vol. 8 (1), 1968, pp. 183-95.

——'Marcus Aurelius, Emperor and Philosopher', *Historia*, Vol. 93, 1969, pp. 570-87.

Steele, David Ramsay. 'Hayek's Theory of Cultural Group Selection', *The Journal of Libertarian Studies* Vol. 8 (2), Summer, 1987, pp. 171-95.

Stephen, L. *History of English Thought in the Eighteenth Century*, London, Smith, Elder and Co., 1902.

Stephen, L. and Lee, S. (eds.). *Dictionary of National Biography*, Vol. 6, London: Oxford University Press, 1917.

Stewart, Dugald, 'Account of the Life and writings of Adam Smith, LL D', I.S.Ross, (ed.), in Adam Smith *Essays on Philosophical Subjects*, W.P.D.Wightman and J.C.Bryce (eds.), Oxford: Oxford University Press, 1980.

Stewart, M.A. 'Religion and Rational Theology', in Alexander Broadie (ed.), *The Scottish Enlightenment*, Cambridge: Cambridge University Press, 2003.

— 'The Origins of the Scottish Greek Chairs', in *Owls to Athens: Essays on Classical Subjects*, E.M. Craik (ed.), Oxford: Clarendon Press, 1990.

— 'The Stoic Legacy in the Early Scottish Enlightenment' in Margaret J. Osler (ed.). *Atoms, Pneuma and Tranquillity*, Cambridge: Cambridge University Press, 1991.

Stewart-Robertson, J.C. 'Cicero Among the Shadows: Scottish Prelections of Virtue and Duty', *Rivista Critical Di Storia Della Filosofia*, Vol. 38, 1983, pp. 25-49.

— 'The Rhythms of Gratitude: Historical Developments and Philosophical Concerns', *Australasian Journal of Philosophy*, Vol. 68 (2), June, 1990 pp. 189-205.

Strasser, H. *The Normative Structure of Sociology: Conservative and Emancipatory Themes in Social Thought*, London: Routledge and Kegan Paul, 1976.

Sumner, W.G. *Folkways: A Study of the Sociological Importance of Usages, Manners, Customs, Mores and Morals*, Boston: Ginn, 1906.

Suttie, I. *The Origins of Love and Hate*, London: Kegan Paul, 1935.

Swingewood, A. 'Origins of Sociology: The Case of the Scottish Enlightenment', *The British Journal of Sociology*, Vol. 21, 1970, pp. 164-80.

— *A Short History of Sociological Thought*, London: Macmillan, 1984.

Tacitus. *The Agricola and the Germania*, Translated and with an Introduction by H. Mattingly, London: Penguin, 1970.

Tacitus. *The Annals of Imperial Rome*, Translated and with an Introduction by Michael Grant, London: Penguin, 1989.

Teggert, Frederick J. *Theory of History*, New Haven, Conn.: Yale University Press, 1925.

The Fontana Dictionary of Modern Thought, A. Bullock, O. Stallybrass and S. Trombley, (eds.), London: Fontana, 1989.

The Holy Bible, Containing the Old and New Testament, Authorised King James Version, London: Collins Cleartype Press, 1952.

Thoits, Peggy A. 'The Sociology of Emotions', *Annual Review of Sociology*, Vol. 15, 1989, pp. 317-32.

Thomson, Herbert, F. 'Adam Smith's Philosophy of Science', *Quarterly Journal of Economics*, Vol. 79, (2) 1965, pp. 212-23.

Thucydides. *History of the Peloponnesian War*, Translated by Rex Warner with an Introduction and Notes by M.I. Finley, London: Penguin, 1972.

Tomaselli, S. 'The Enlightenment Debate on Women', *History Workshop Journal: A Journal of Socialist and Feminist Historians*, Vol. 20, 1985, pp. 100-14.

Townsend, D. 'From Shaftsbury to Kant. The Development of the Concept of Aesthetic Experience', *Journal of the History of Ideas*, Vol. 48 (20), 1987, pp. 287-305.

Turner, F.M. 'British Politics and the Demise of the Roman Republic:1700-1939', *The Historical Journal*, Vol. 29 (3), 1986, pp. 577-59.

Ullmann-Margalit, E. 'Invisible Hand Explanations', *Synthese*, Vol. 39 (2), 1978, pp. 263-91.

Valauri, J.T. 'Social Order and the Limits of Law', *Duke Law Journal*, Vol. 3, 1981, pp. 607-18.

Van Den Bergh, P.L. 'Dialectic and Functionalism: Towards a Theoretical Synthesis', *Sociological Theory*, W.L. Wallace (ed.), Chicago: Aldine Publishing Company, 1969.

Van Krieken, R. *Norbert Elias,* London: Routledge, 1997.

Varty, J. 'Civil or Commercial? Adam Ferguson's Concept of Civil Society', *Democratisation* Vol. 4, 1997, pp. 29-48.

Veitch, J. 'Philosophy in the Scottish Universities', *Mind*, Vol. 2, 1877, pp. 74-91 and 207-34.

Vernon, Richard. 'Unintended Consequences', *Political Theory*, Vol. 7 (1), 1979, pp. 57-73.

Vidal, F. 'Psychology in the Eighteenth Century: A View from Encylopaedias', *History of the Human Sciences*, Vol. 6 (1), 1993, pp. 89-119.

Viner, J. *The Long View and the Short: Studies in Economic Theory and Policy,* Chicago: The Free Press, 1958.

Viner, J. *The Role of Providence in the Social Order,* Philadelphia: American Philosophical Society, 1972.

Wallech, S. 'The Elements of Social Status in Hume's Treatise', *Journal of the History of Ideas*, Vol. 45 (2), 1984, pp. 207-18.

Ward, Addison. 'The Tory View of Roman History', *Studies in English Literature, 1500-1900*, Vol. 4 (3), 1964, pp. 413-56.

Warner, James H. 'The Reaction in Eighteenth-Century England to Rousseau's Two Discourses', *Publications of the Modern Language Association of America*, Vol. 48 (2), June, 1933, pp. 471-87.

Waszek, N. 'The Division of Labour from the Scottish Enlightenment to Hegel', *The Owl of Minerva: Quarterly Journal of the Hegel Society of America*, Vol.15 (1), 1983, pp. 51-75.

——'Two Concepts of Morality: The Distinction of Adam Smith's Ethics and its Stoic Origin', *Journal of the History of Ideas,* Vol. 45 (4), 1984, pp. 591-606.

——*Man's Social Nature: A Topic of the Scottish Enlightenment in its Historical Setting*, Frankfurt: Peter Lang, 1986.

——*The Scottish Enlightenment and Hegel's Account of 'Civil Society'*, Boston: M. Nijhoff, 1988.

Waterman, A.M.C. 'Economics as Theology: Adam Smith's *Wealth of Nations*', *Southern Economic Journal*, Vol. 68 (4), 2002, pp. 907-21.

Watson, R. *The Great Psychologists From Aristotle to Freud,* Philadelphia: J.B. Lippincott Company, 1968.

Weber, Max. *Economy and Society: An Outline of Interpretive Sociology*, Berkeley: Berkeley University Press, 1978.

Wertheimer, M. *A Brief History of Psychology*, New York: Holt, Rhinehart and Winston, 1970.

West, E.G. 'Adam Smith's Two Views on the Division of Labour', *Economica*, Vol. 31, Feb. 1964, pp. 23-32.

——'The Political Economy of Alienation: Karl Marx and Adam Smith', *Oxford Economic Papers*, Vol. 21, 1969, pp. 1-23

——*Adam Smith and Modern Economics*, Aldershot: Edward Elgar, 1990.

Whitney, L. *Primitivism and the Idea of Progress*, Baltimore: The Johns Hopkins Press, 1934.

Willke, J. *The Historical Thought of Adam Ferguson*, Unpublished Doctoral Dissertation, Washington D.C: The Catholic University of America, 1962.

Wills, G. *Inventing America*, New York: Doubleday, 1978.

Wilsher, J.C. 'Power Follows Property-Social and Economic Interpretations in British Historical Writing in the Eighteenth and Early Nineteenth Centuries', *Journal of Social History*, Vol. 16 (3), 1983, pp. 7-26.

Wilson, E.K. 'What is This Sociology We Profess?', *Journal of Research and Development in Education*, Vol. 9 (1), 1975, pp. 3-12.

—'Comments from a Servant of the Scattered Family', *Contemporary Sociology*, Vol. 8 (6),1979, pp. 804-08.

Wimstatt, W.G. 'Teleology and the Logical Structure of Function Statements', *Studies in History and Philosophy of Science*, Vol. 3 (1), 1972, pp.1-80.

Winch, D. *Adam Smith's Politics*, Cambridge: Cambridge University Press, 1978.

Womack, Peter. *Improvement and Romance: Constructing the Myth of the Highlands*, Basingstoke: Macmillan 1989.

Wood, P.B. 'The Natural History of Man in the Scottish Enlightenment', *History of Science,* Vol. 28 (1), No.79, 1990, pp. 89-123.

Wright, J.P. 'Materialism and the life Soul in Eighteenth Century Scottish Physiology', in *The Scottish Enlightenment*, Paul Wood (ed.), Rochester: University of Rochester Press, 2000.

Xenakis, I. *Epictetus Philosopher-Therapist*, Martinus Nijhoff: the Hague, 1969.

Xenos, N. 'Classical Political Economy: The Apolitical Discourse of Civil Society', *Humanities in Society*, Vol. 3 (3), 1980, pp. 229-41.

Young, J.D. 'Mandeville: A Populariser of Hobbes', *Modern Language Notes*, Vol. 74 (1) 1958, pp.10-13.

Zaret, D. 'From Political Philosophy to Social Theory', *Journal of the History of the Behavioural Sciences*, Vol. 17, 1981, pp. 153-73.

5. SUGGESTED FURTHER READING ON THE TOPIC OF SPONTANEOUS ORDER

Adelstein, Richard. 'Language Orders', *Constitutional Political Economy* Vol. 7, Fall, 1996, pp. 221-38.

Berger, Peter and Luckmann, Thomas. *The Social Construction of Reality: A Treatise on the Sociology of Knowledge*, Garden City, NY: Doubleday, 1967.

Bromley, David W. 'Searching for Sustainability: The Poverty of Spontaneous Order', *Ecological Economics*, Vol. 24 (2-3), pp. 231-40.

Charny, D. 'Illusions of Spontaneous Order: "Norms" in Contractual Relationships', *University of Pennsylvania Law Review*, Vol. 144 (5), pp. 1841-58.

Cronk, Lee. *That Complex Whole: Culture and the Evolution of Human Behaviour,* Colorado: Westview Press, Boulder, 1999.

Di Zerega, Gus. 'Market Non-neutrality: Systemic Bias in Spontaneous Orders', *Critical Review,* Vol. 11 (1), 1997.

Diamond, Arthur. M. 'F.A. Hayek on Constructivism and Ethics', *The Journal of Libertarian Studies*, Vol. 4 (4), Fall 1980, pp. 353-65.

Dobuzinskis, Laurent. *The Self-Organizing Polity: An Epistemological Analysis of Political Life*, Boulder, Colorado: Westview Press, 1987.

—'The Complexities of Spontaneous Order', *Critical Review,*Vol 3 (2), 1989. pp. 241-66.

Dyke, C. *The Evolutionary Dynamics of Complex Systems: A Study in Biosocial Complexity*, New York: Oxford University Press, 1988.

Eisner, Wolfram. 'Adam Smith's Model of the Origin and Emergence of Institutions: The Modern Findings of the Classical Approach', *Journal of Economic Issues*, 23 (1), 1989, pp. 189-213.

Fehl, Ulrich. 'Spontaneous Order' in Peter J. Boettke (ed.), *The Elgar Companion to Austrian Economics*, Aldershot, UK: Elgar, 1994, pp. 197-205.

Fleetwood, S. 'Order Without Equilibrium: A Critical Realist Interpretation of Hayek's Notion of Spontaneous Order', *Cambridge Journal of Economics*, Vol 20 (6), pp. 729-47.

Foss, Nicolai Juul. 'Spontaneous Social Order: Economics and Schutzian Sociology', *American Journal of Economics and Sociology*. Vol 55 (1), January, 1996, pp. 73-86.

Gray, John. 'F.A.Hayek on Liberty and Tradition', *The Journal of Libertarian Studies*, Vol. 4 (2), Spring, 1980, pp. 119-137.

—*Hayek on Liberty*, Oxford: Basil Blackwell, 1985.

—*Liberalisms: Essays in Political Philosophy*, London: Routledge & Kegan Paul, 1989.

Haakonssen, K. *The Science of a Legislator: The National Jurisprudence of David Hume and Adam Smith*, Cambridge: Cambridge University Press, 1981.

Habermas, Jürgen. 'Towards a Theory of Universal Pragmatics', in Habermas, J. *Communication and the Evolution of Society*, Boston: Beacon Press, 1979.

Haller, Markus. 'Carl Menger's Theory of Invisible-Hand Explanations', *Social Science Information*, Vol. 39 (4), 2000, pp. 529-65.

Hayek, F.A. *The Road to Serfdom*. Chicago: University of Chicago Press, 1944.

—'The Use of Knowledge in Society', in Hayek, F. A. *Individualism and Economic Order*, Chicago: University of Chicago Press, 1948, pp. 77-91.

—*The Theory of Complex Phenomena*, New York: Simon and Schuster, 1967.

—'The Legal and Political Philosophy of David Hume', in Hayek, F.A. *Studies in Philosophy, Politics and Economics*, New York: Simon and Schuster, 1967, pp. 106-21.

—*Kinds of Order in Society*, Menlo Park, CA: Institute for Humane Studies, 1975.

—*The Mirage of Social Justice*, Chicago: University of Chicago Press, 1976.

—'Competition as a Discovery Procedure', in Hayek, F.A., *New Studies in Philosophy, Politics, Economics and the History of Ideas*, Chicago: University of Chicago Press, 1978, pp. 179-90.

—*The Political Order of a Free People*, Chicago: University of Chicago Press, 1979.

—*The Fatal Conceit*, W.W. Bartley (ed.), London: Routledge, 1989.

Horwitz, S. *Of Human Action But Not of Human Design*, Frank P. Piskor Lecture, Canton, NY: St Lawrence University, 1999.

—'From Smith to Menger to Hayek: Liberalism in the Spontaneous-Order Tradition', *The Independent Review*, Vol. 6, Summer, 2001, pp. 81-97.

Inayatullah, N. 'Theories of Spontaneous Disorder', *Review of International Political Economy*, Vol. 4 (2), pp. 319-48.

Keller, Rudi. 'Invisible Hand Theory and Language Evolution', *Lingua*, Vol. 77, 1989, pp.113-27.

Khalil, Elias L. 'Friedrich Hayek's Theory of Spontaneous Order: Two Problems', *Constitutional Political Economy*, Vol. 8 (4), 1997, pp. 301-17.

Kley, R. 'Hayek's Idea of a Spontaneous Social Order–A Critical Analysis', *Kölner Zeitschrift fur Sociologie und Sozialpsyclogie*, Vol. 44 (1), 1992, pp. 12-34.

—*Hayek's Social and Political Thought*, Oxford: Oxford University Press, 1994.

Lavoie, D. 'Democracy as Spontaneous Order', *Critical Review*, Spring, 1989, pp. 206-40.

—'Economic Chaos or Spontaneous Order- Implications for Political Economy of the New View of Science', *Cato Journal*, Vol. 8 (3), 1989, pp. 613-35.

—'Understanding Differently–Hermeneutics and the Spontaneous Order of Communicative Process', *History of Political Economy*, Vol. 22, 1990. pp. 359-77.

Lawrence, R. 'Hume's Theory of Social and Political Order', *South African Journal of Philosophy*, Vol. 4 (4), 1985, pp. 137-42.

Luhmann, N. *Social Systems*, Stanford: Stanford University Press, 1995.

Menger, K. *Investigations into the Method of the Social Sciences with Special Reference to Economics,* New York: New York University Press, 1985.

Merton, R.K. 'The Unintended Consequences of Purposive Social Action', *American Sociological Review*, Vol. 1, 1938, pp.894-904.

Moore, S.F. *Law as Process: An Anthropological Approach,* Boston: Routledge and Kegan Paul. 1978.

Nozick, R. *Anarchy, State and Utopia*, Oxford: Basil Blackwell, 1974.

Paul, Ellen Frankel. 'Liberalism, Unintended Orders and Evolutionism', *Political Studies*, 1988, Vol. 37, pp. 251-72.

Rappaport, Roy. *Ritual and Religion in the Making of Humanity*, Cambridge: Cambridge University Press, 1999.

Rosenberg, N. 'Mandeville and Laissez-Faire', *Journal of the History of Ideas*, Vol. 24 (2), 1963, pp. 183-96.

Rothschild, E. 'Adam Smith and the Invisible Hand', *American Economic Review*, Vol. 84 (2), pp. 319-22.

Rowland, B.M. *Ordered Liberty and the Constitutional Framework: The Political Thought of Frederick von Hayek*, New Haven: Greenwood Press, 1987.

Seidentop, L. 'Two Liberal Traditions', *The Idea of Freedom*, Alan Ryan, (ed.), Oxford: Oxford University Press, 1979. pp. 153-74.

Vanberg, V. 'Spontaneous Market Order and Social Rules', *Economics and Philosophy*, Vol. 2, 1986, pp. 75-100.

索 引

（原书页码，即正文中方括号内数字）

译 后 记

在承担本书的翻译之前，我从来没有想到自己会这么快地接翻译的活。毕竟，在浙江大学攻读博士学位期间，曾经长时间参加师门下的集体翻译工作，深知译事之艰。去年暑假陪岳父去北京求医，偶然在一个学术会议上遇见了丛书主编黄涛兄。黄涛兄是个爽利的人，彼此寒暄几句师承和学术兴趣之后，黄涛兄直截了当地提出我是否能够承接本书的译事。考虑再三之后，我答应了此事。

本书的翻译工作并非我个人完全从空白开始。实际上，前期曾就职于浙江传媒学院的汪海涛兄已经有了一个完成百分之九十的初稿。因为工作等原因，汪兄已经不能亲自完成最终的译稿。但是，汪兄的前期工作为我后续的翻译和校对奠定了良好的基础。在此，我郑重表示感谢。当然，最终的译稿质量完全由我个人负责。交稿之际，诚惶诚恐。重读自己的译稿，觉得雅实乃完全不敢想望之事。是否做了信和达，也还要请读者评判。

此外，我要感谢我的师姐张亚萍和师弟李杨，在即将完稿时，在几处语法问题上伸出了援手。最后，要感谢我的妻子许丹女士。她"每临大事有静气"，具有女性特有的那种坚韧。虽然没有直接参与翻译，但在生活中对我帮助良多。

本书的翻译工作也得到了浙江省社会科学基金项目"世界主义：未来世界的价值基础"（基金号：16NDJC273YB）的资助，在此一并感谢。

张江伟

2017 年 3 月

图书在版编目(CIP)数据

激情社会：亚当·弗格森的社会、政治和道德思想 /(澳)希尔著；张江伟译.
--上海：华东师范大学出版社，2018

ISBN 978 - 7 - 5675 - 4732 - 2

Ⅰ. ①激… Ⅱ. ①希… ②张… Ⅲ. ①亚当·弗格森
(Adam Ferguson，1723—1816)—政治思想—研究 Ⅳ. ①D095.614.1

中国版本图书馆 CIP 数据核字(2018)第 047312 号

华东师范大学出版社六点分社

企划人　倪为国

Passionate Society：The Social，Political and Moral Thought of Adam Ferguson
by Lisa Hill
Copyright © 2006 Springer Netherlands
Springer Netherlands is a part of Springer Science＋Business Media Simplified Chinese Translation Copyright © 2018 by
East China Normal University Press Ltd.
All Rights Reserved

上海市版权局著作权合同登记　图字：09 - 2015 - 443 号

激情社会：亚当·弗格森的社会、政治和道德思想

著　　者　(澳)丽莎·希尔
译　　者　张江伟
责任编辑　陈哲泓
封面设计　刘怡霖

出版发行　华东师范大学出版社
社　　址　上海市中山北路 3663 号　邮编　200062
网　　址　www.ecnupress.com.cn
电　　话　021 - 60821666　行政传真　021 - 62572105
客服电话　021 - 62865537
门市(邮购)电话　021 - 62869887
地　　址　上海市中山北路 3663 号华东师范大学校内先锋路口
网　　店　http://hdsdcbs.tmall.com/

印 刷 者　上海景条印刷有限公司
开　　本　890 ×1240　1/32
插　　页　2
印　　张　12
字　　数　260 千字
版　　次　2018 年 3 月第 1 版
印　　次　2018 年 3 月第 1 次
书　　号　ISBN 978 - 7 - 5675 - 4732 - 2/B · 1113
定　　价　68.00 元

出 版 人　王 焰